国家社科基金项目"中国社会失衡问题的法治对策研究"研究成果
（项目批准号：14BFX008）

贺电/著

平衡法时代

ZOUXIANG PINGHENGFA
SHIDAI

平衡法治范式以法治
国家、法治政府、法治社
会一体建设为基础，倡导
法治精神理念平衡，法治
价值追求平衡，法治建设
目标平衡，法治运行机制
平衡，法治规则系统平衡，
法治保障体系平衡

人民出版社

目　录

前　言

改革开放四十年来，我国经济社会发展取得巨大成就的同时，发展不平衡不充分的问题随之凸显，成为亟待解决的重大现实课题。中国特色社会主义进入新时代，社会主要矛盾发生了关系全局的历史性变化，"依法治国"作为新时代坚持和发展中国特色社会主义的基本方略之一，必须反映社会主要矛盾变化的新特点、新规律，拓展法治建设的新目标、新作为，以不断满足人民日益增长的美好生活需要。法学理论应把握时代脉搏、坚持问题导向，不断探索属于中国的法之"道"方能有功于斯世，"继往圣，开来学"是当代法学理论研究应有的中国品格，也是本课题研究的一片初心。

本书契合转型期中国社会发展不平衡不充分问题，对其产生的原因及对广大人民群众根本利益实现的影响进行深度解读，剖析法治不足在社会失衡中的催化作用，提出平衡法思想和理论，系统阐释解决当前社会失衡问题的平衡法治对策，以期通过平衡法促进公平正义，实现社会和谐与国家长治久安，使改革和发展的成果更多、更公平地惠及全体人民。

马克思将"问题"这一哲学范畴解读为"时代的口号"①，平衡法即是以问题为导向而产生的思想体系，针对中国社会发展不平衡不充分的现实，法应当通过平衡机制，消减可能的无序、低效、动荡状态，将不平衡不充分的变量控制在利于经济发展和社会进步的范围内，因此，我们溯本求源、抽丝剥茧，形成以下方面认识：

第一，对"失衡"现实的高度关注与理性分析。中国正处于社会价值重

---

① 《马克思恩格斯全集》第40卷，人民出版社1982年版，第290页。

构、秩序重建和文明再生的关键期，中国社会的结构冲突、利益格局错位不是资源配置永久失序而只是暂时异化；中国文化信仰萎缩并不意味价值规范体系的解体而只是价值重塑过程中的阵痛；中国社会心理失范并不是不可逆转的阻力而只是一种应急反应。

第二，"失衡"问题在中国法治理论、法治道路与法治实践层面均存症结，但以法治理论不完善为要因。法治视域下治理社会失衡应当审慎对待欧美国家法治以及社会治理方面的理论预设，结合我国国情理性看待法治与民主、政府与市场之间的关系，重新评估它们对我国经济、政治、文化、社会以及生态等方面的影响。妥善处理经济改革、社会改革与政治改革的关系，法律制度的建设、法治运行环节的改进以及各法律职能部门的完善应以三者协调互动为导向和指南。

第三，平衡法治范式为治理中国社会失衡提供了可行进路，是中国特色社会主义的法治范式。平衡法治范式以法治国家、法治政府、法治社会一体建设为基础，倡导法治精神理念平衡，法治价值追求平衡，法治建设目标平衡，法治运行机制平衡，法治规则系统平衡，法治保障体系平衡，具体体现为以权利、义务、权力为基本要素的"六对平衡"，通过统筹协调社会主体力量，弥合社会运转系统、平衡社会利益结构、规范社会行为秩序、调节社会多元关系、防范社会失衡陷阱。

第四，为破解社会失衡问题，平衡法治范式从概念系统转化为八个方面的对策供给：（1）通过本土法治文化、法治运行革新、法治职业共同体、法治话语体系等理论彰显平衡。（2）通过动态法治思维、价值平衡思维、权力制衡思维、底线平衡思维、利益衡量思维提升平衡。（3）通过健全法律体系、突出宪法权威、平衡法律要素、拓展立法领域、重视立法过程构建平衡。（4）通过推进依法行政、优化行政治理方式、确保公正司法、完善司法职能独立、优化司法职权配置、提升司法质量与公信力践行平衡。（5）通过强化法治监督保障、监督主体多元设置、监督对象全面覆盖、监督网络多维编织保障平衡。（6）通过探寻法治社会的文化基因、萃取法治社会的东方经验、改善法治社会的微观环境、培育法治社会的公民观念缔造平衡。（7）通过抓住平衡法治教育的关键少数、凝聚法律共同体平衡法治共识、系统推进学校的平衡法治教育滋养平衡。（8）通过突出法治队伍价值、突破法治队伍体制制约、加强法治队伍职业化建设、创新法治人才培养机制、保障法治队伍权益奠基平衡。

平衡法的全部特征自然彰显为"平衡"，其天然内蕴着社会和谐的核心要素，能够回应社会现实的强烈呼唤，深入人民美好生活的内在机理。我国当前的改革更加注重系统性、整体性、协同性，这种全新的改革方略和治理模式彰显着平衡的思想。对于解决中国发展不平衡不充分的问题，平衡法治对策是具有靶向意识的因地制宜之策。当代中国正面对"百年未有之大变局"，作为构建中国特色社会主义法学思想体系、话语体系和实践体系的尝试，平衡法理论将以强大的前进定力坚持走自己的路，立足法治核心要素和底线原则，从思想和制度层面推进法治建设的平衡之道，为人类社会制度文明提供中国智慧，助力实现中华民族伟大复兴的中国梦。

第一章
转型期中国的失衡困境及其深层根源

  人类社会的发展之路从开端之时就并非一片坦途，社会总是在"失衡"与"平衡"的角力中迂回前行、曲折发展。失衡一方面造就了社会发展的各种阻滞和困难，另一方面也为谋发展、求平衡提供了动力和突破口。由于"失衡"现象作为社会发展的"病灶"能够准确地反映出社会各个层面长期积累的深层次问题，因此，我们客观总结和科学剖析中国社会的种种失衡问题，绝非简单地展示和回顾这些失衡之痛，而是对通过失衡现象的汇集、失衡问题的剖析来察觉失衡问题带来的真正危害，挖掘产生失衡问题的根源。此种中国社会失衡问题的靶向研究，对于有的放矢地研究失衡的形成，阐述解决失衡的办法，具有十分重要的理论价值和实践意义。

一、社会平衡与失衡的界定

（一）社会平衡的含义

  "社会平衡"是不同学科所共同关注的话题，但关于什么是"社会平衡"，目前尚没有统一的概念。这是因为"社会平衡"本身包罗万象，无论对其如何进行抽象概括，都不能涵括其所蕴含的丰富内涵。抽象概括方法运用的是形式逻辑思维，形成的是由孤立要素构成的抽象概念，此种概念表达内涵明确但不够形象立体，不利于从整体上对"社会平衡"进行深刻把握。因此，我们对"社会平衡"采用了描述式的界定方式，通过描述不同学科对

"社会平衡"这一概念的理解，从不同视角阐释"社会平衡"的整体形象，在此基础上总结规律，揭示"社会平衡"的基本特征，而后通过界定社会平衡与失衡的界限，明确社会平衡的最大弹性限度，以避免对社会平衡或失衡产生误读和误解。

1. 马克思主义哲学视角的社会平衡

（1）马克思主义原理对社会平衡的解读。"平衡论"是关于事物和社会发展的平衡理论，是马克思主义哲学的重要组成内容。布哈林被列宁誉为"党的最可贵和最伟大的理论家"[1]，"平衡论"在他的哲学代表著作《历史唯物主义理论》一书中首次被提出，该理论的哲学基础是唯物辩证法，其核心思想立基于唯物主义运动观之上，主体内容始终贯穿着对立统一规律、质量互变规律以及否定之否定规律等唯物辩证法三大规律。布哈林指出，"我们在自然界中和社会中所看到的那种平衡，并不是绝对的、静的平衡，而是动的平衡"[2]，没有任何东西是绝对静止和不动的，一切都处于不稳定的变化状态，表现为不平衡，平衡只能存在于不平衡之中，是有条件的、相对的平衡。矛盾是推动事物和社会运动发展的动力，矛盾既是不平衡的基础和前提，也是平衡的基础和前提，"历史的'发展'就是矛盾的发展"。[3] 平衡状态是矛盾双方"实际的'斗争'隐蔽起来了"[4]，也就是说矛盾尚未明显地表现出来，但是，只要其中一方力量改变，内部矛盾就立刻暴露出来，平衡遭到破坏，矛盾统一体则失去平衡。具体来说，矛盾有两种，即外部矛盾和内部矛盾，任何一种矛盾发生变化均可引起体系运动状态的改变。体系具有某种自我保持的倾向，而经常变化的环境对体系产生某种分离作用，体系的自我保持倾向和环境对体系的分离作用之间的这种矛盾，就是体系的外部矛

---

[1] 《列宁全集》第 36 卷，人民出版社 1959 年版，第 617 页。

[2] [苏]尼·布哈林：《历史唯物主义理论》，何国贤、李光谟等译，人民出版社 1983 年版，第 75—76 页。

[3] [苏]尼·布哈林：《历史唯物主义理论》，何国贤、李光谟等译，人民出版社 1983 年版，第 81 页。

[4] [苏]尼·布哈林：《历史唯物主义理论》，何国贤、李光谟等译，人民出版社 1983 年版，第 285 页。

盾。构成体系的各要素彼此之间形成相互协调的内部结构，当体系的自我保持倾向强于环境分离作用时，体系能够持续对其内部结构进行调整，此种调整以体系内部矛盾的相互作用为动力，表现出平衡与不平衡的交替运动。当体系的自我保持倾向弱于环境的分离作用时，组成体系的各要素相互分离，平衡遭到破坏，严重时会发生体系的瓦解。体系瓦解以后，分离的各要素将进行重新组合，建立新的体系，开始新的平衡运动。因此，社会不是始终如一的平衡或是不平衡，社会的进步就是平衡—不平衡—平衡这样循环发展的过程。"平衡经常被破坏，又经常被恢复；这里存在着矛盾，它经常得到克服、又重新产生、又重新得到克服，这也就是社会发展或社会衰落的基本原因。"[1] 而社会平衡的破坏和恢复是通过质量互变规律完成的，在运动的一定阶段上，量变引起质变，这种量到质的转化是以飞跃的形式实现的，这时渐进性和连续性一下就破坏了。[2] "布哈林所讲的平衡状态，就是事物的量变阶段；平衡的破坏就是事物的质变阶段；平衡在新的基础上恢复即在新质基础上开始的新的量变，如此循环往复，以至无穷。"[3] 按照布哈林的平衡论，社会是一个现实的有机体，"是相互作用着的人们的最广泛的，包含他们的一切持续性相互作用、建立在他们的劳动之上的体系"。[4] 这个体系中每一个社会现象都有自己的矛盾，这些矛盾促成社会进步发展，旧的平衡被打破，新的平衡被建立，都是矛盾运动的结果，社会就是在平衡与不平衡的交替运动中实现螺旋式上升。总体说来，社会矛盾集中体现在两大领域，社会平衡就是这两大领域的平衡：一是社会与自然界之间的平衡，二是社会要素之间的平衡。前者是环境和体系、外部条件与人类社会之间的基本关系；后者是社会内部各要素之间、各个组成部分之间、不同种类的社会现象之间的相互联系。具体而言，社会平衡包括质和量两方面的规定，质上要求自觉调

---

[1] [苏]尼·布哈林：《历史唯物主义理论》，何国贤、李光谟等译，人民出版社1983年版，第127页。

[2] 参见 [苏]尼·布哈林：《历史唯物主义理论》，何国贤、李光谟等译，人民出版社1983年版，第284—285页。

[3] 曾天雄：《布哈林平衡论的哲学思想研究（上）》，《湘南学院学报》2006年第6期。

[4] [苏]尼·布哈林：《历史唯物主义理论》，何国贤、李光谟等译，人民出版社1983年版，第96页。

整社会的内部结构和外部关系，实现经济、政治、文化、社会、生态协调发展，城乡、区域、央地、人与自然、人与社会、人与人、国内发展和对外开放统筹兼顾；量上要求正确处理和安排社会主义建设中各领域、部门之间的比例关系，实现个人利益和集体利益、局部利益和整体利益、当前利益和长远利益的统一协调。

（2）马克思主义原理下社会平衡的类型。社会平衡具有多样性，概而言之，社会体系"如果不能自动地（auto-matically），即没有从外面加给它的能，改变本身的状态，人们就说它处于平衡的状态"。[①] 按平衡破坏后社会平衡恢复的速度，社会平衡可以分为"稳定的平衡"与"不稳定的平衡"。"要是平衡的破坏很快停止，物体恢复到原来的状态，这种平衡就称为稳定的（stable）平衡；否则就称为不稳定的（labile）平衡"。[②] 在稳定的社会平衡中，社会体系处于不变的状态，即使遭到破坏，也能重新回到原来的状态。但要注意，稳定的社会平衡并不意味着社会静止，只是说在平衡破坏之后又在原来的基础上恢复平衡。这种稳定的平衡在现实中是不存在的，它只是一种想象、理想的状态，实际上存在的只是不稳定的即动的平衡。因为世界上存在着各种相互作用的矛盾，这些矛盾只是在某些例外的场合才在某一时刻互相平衡，暂时保持静止状态，只要矛盾一方发生变化，或是外部环境发生变化，内在矛盾便会暴露出来，原有的平衡就受到破坏，然后在新的基础上生成新的平衡，而这种新的平衡不可能丝毫不差地与旧的平衡保持一致，它是在新的条件下和新的基础上所形成的新的平衡。按社会运动时平衡变化的方向，社会平衡可以分为"积极的带正号的动的平衡"和"消极的带负号的动时平衡"，两者的共同特点是在新的基础上建立新的平衡，社会体系自身或外部环境要发生改变，旧矛盾为新矛盾所代替，矛盾在数量上也要发生变化。不同的是前者的平衡有了更高级的基础，社会体系是前进和发展的；后者是在低级的基础上确立的新的平衡，外部环境和社会体系之间的平

---

① ［苏］尼·布哈林：《历史唯物主义理论》，何国贤、李光谟等译，人民出版社 1983 年版，第 76 页。

② ［苏］尼·布哈林：《历史唯物主义理论》，何国贤、李光谟等译，人民出版社 1983 年版，第 81—82 页。

衡每一次都是在体系的一部分消解的基础上确立起来，它表现为社会体系的破坏甚至消亡。按社会平衡发生的领域，社会平衡可以分为内部平衡和外部平衡。前者是社会体系构成要素之间的平衡；后者是社会体系与外部环境之间的平衡。这两种平衡是互相联系不可分割的，它们的联系表现在，内部平衡依赖于外部平衡，社会体系的整个状态、它的运动的基本形式（衰落、发展、停滞），都受社会和环境之间的外部平衡关系的影响和制约，同时，社会内部平衡对外部平衡又有能动作用，社会与环境的平衡性质取决于社会内部结构的设计和安排。①

2. 社会系统学视角的社会平衡

（1）社会系统学对社会平衡的解读。社会发展史告诉我们，当代社会发展呈现从一元目标向多元目标递进的走势，单一线性的目标易导致社会发展的不平衡，社会发展的绝对不平衡又致使社会系统的稳定性降低，因此，平衡发展应当是整体的、内生的、综合的。所谓"整体的"，就是不仅要考虑人类整体的各个方面，而且在其内在的关系中要考虑到所必须承认的各个方面的不一致。"内生的"指一个国家的内部力量和资源的合理开发与利用。"综合的"要求各种单位和因素聚集在一起，形成一个单一整体。② 以这样的思想为指导，平衡社会发展目标从结构设计、价值定位到实现模式上都有了深刻的变化：第一，目标的结构设计从以经济增长为单一目标导向发展到兼顾政治、文化、社会的发展，再到以经济增长、政治民主、自然协调、生态平衡、科技水平和文化素质提高等为综合目标的协调发展观；第二，目标的价值定位从单纯以客体经济增长为目标向以主体人的价值、人的需要、人的潜力的实现和发挥为中心的目标转移；第三，目标的实现模式从单一追求经济繁荣的高代价发展模式转向社会发展目标的综合、协调、平衡的可持续发展模式。简单地说，社会发展经历了目标从单一到多元、从客体到主体、从绝对不平衡到相对动态平衡的发展过程。动态平衡是社会的运动变化方式，随

---

① 参见曾天雄：《布哈林平衡论的哲学思想研究（上）》，《湘南学院学报》2006 年第 6 期。

② 参见 [法] 佩鲁：《新发展观》，张宁等译，华夏出版社 1987 年版，第 2 页。

着时间的变化，社会经历着从平衡到不平衡，再到新的平衡的交替上升的过程，但它并不是简单的周期循环，而是不断吐故纳新，使有序性逐渐增高的前进过程。社会得以动态平衡的方式向前发展，根源于社会本身是一个开放的系统。按照现代系统自组织理论，开放系统与外界进行物质、能量和信息交换条件下形成的自组织结构，可以通过新陈代谢保留符合生存发展要求的所谓"合理"的布局，诸因素具有差异但又能够协同合作的质和量上的关系。在这种结构下产生一定的稳定运动形式，即相互协调的运动形式，使系统出现空间有序的状态，对于社会来讲，此时便是平衡的社会。① 进一步讲，由于社会系统是一个复杂的立体网络，所以当这些外部物质、能量和信息流入时便会发生随机的耦合，当一个合乎社会系统运动要求的耦合出现时，它会使社会诸因素更加和谐，这些因素又会反过来作用于整个社会系统，使社会形成稳定平衡的状态；相反，当一个具有破坏性的耦合出现时，它会对社会诸因素的协同作用造成破坏，社会平衡是否受到威胁取决于社会诸因素相互作用的协同累进效果，若累进的协调性大于耦合作用对社会系统的干扰，即差异小于协同，社会平衡不被破坏，反之，社会失去原有的平衡。②

（2）社会系统学视角下社会平衡的条件。社会系统学视角下的社会平衡至少要满足三方面条件：第一，社会系统具有开放性。只有开放的系统才能进行物质、能量、信息的传递，实现系统的有序化演进。社会是由人、人的互动以及人在互动中所形成的各种关系所构成的一个复杂系统，社会通过人与外界的生产交往活动而具有开放性。开放的系统可以通过社会内部与外界进行交换的过程增加社会的有序性；而封闭孤立的系统只能依靠系统自身消解内部的不和谐，系统内部对失衡的承载能力有限，当失衡超过社会承受限度时，社会最终趋于无序化。换句话说，前者能够以不断得到外界能源和资源的支持的方式来激活整个系统，出现向上的整体层次跃迁的发展趋势；后者得不到外界能源和资源的支持，由此它不可能以重组系统结构的方式实现

① 参见乌杰：《系统科学方法论与科学发展观》，《系统辩证学学报》2005 年第 3 期。
② 参见胡皓、楼慧心：《从自组织理论看改革、发展和稳定的协合》，《社会科学》1995 年第 11 期。

向上的层次跃迁，其必然的演化趋势是崩溃。[1] 因此，开放的社会系统是社会动态平衡发展的首要条件，封闭系统无法解决自身延续这一根本性问题。第二，社会系统具有整体性。发展是整体的发展，"毛泽东思想的核心部分就是从整体上来认识问题"。[2] 人们在实践活动中形成了社会关系，社会关系的有机联系便是社会结构，社会结构把孤立的个人联结为社会整体，实践活动是持续的、稳定的、有机的、联系的，因此由实践活动构成的社会也是整体的。实践活动具有开放性，随着人们认识水平和实践手段的不断提高，实践活动也会不断变化，这就要求社会的整体性随之发生改变，社会在此基础上不断发展演进。系统的方法就是直接诉诸社会整体，通过研究社会整体的性质和结构，获取对整体的认识方法，但社会整体性也不能忽略否认个体、部分在社会整体形成过程中的贡献和价值，否则就会制造出各种形式的社会整体绝对至上论。第三，社会系统要素进行非线性差异协同运动。"组成社会整体的诸部分之间的关系不是单向的、线性的、机械的因果关系，而是多向的、交互的、非线性的因果关系，是一种复杂的相互作用的关系。"[3] 总体上看，在社会行动主体互动的基础上，这些相互作用的复杂关系表现为由社会系统、经济系统、政治系统、文化系统以及生态系统等组成的相对平衡稳定的体系，这些子系统以差异协同的方式动态演进。但在演进过程中，各子系统形成非线性的相互作用力，使社会发展出现多种选择空间。当社会系统各层次结构比例关系的运动丧失合理性时，协同率被破坏，社会系统则会失衡。因此，从系统的角度把握社会的动态平衡发展，就不能满足于一因一果的简单解释，而应着眼于社会结构和功能发展的动态性、协调性。

3. 现代运筹学视角的社会平衡

（1）现代运筹学对社会平衡的解读以经济基础和上层建筑、生产力和生产关系两大矛盾为框架。按照矛盾分析方法，一个社会主要由经济基础和上层建筑两大部分组成，经济基础是指由社会一定发展阶段的生产力所决定的

---

① 参见金强一：《论开放社会的边界效应》，《东疆学刊》2008 年第 1 期。
② 钱学森：《要从整体上考虑并解决问题》，《人民日报》1990 年 12 月 31 日。
③ 吴元梁：《论社会整体性》，《哲学研究》1993 年第 3 期。

生产关系的总和，是构成一定社会的基础；上层建筑是建立在经济基础之上的意识形态以及与其相适应的制度、组织和设施，在阶级社会主要指政治法律制度和设施。直接受生产力所推动的经济基础相对于上层建筑来说是易变的，上层建筑相对于经济基础是比较稳定的，往往落后于经济基础的变更，结果就形成了经济基础和上层建筑之间既相适应又不相适应的矛盾运动。在这对矛盾中，经济基础决定上层建筑，上层建筑反作用于经济基础。而经济基础作为生产关系的总和又是由生产力所决定的，经济基础和上层建筑的矛盾受生产力和生产关系矛盾的制约，生产力和生产关系矛盾的解决又依赖于经济基础和上层建筑矛盾的解决。因此，以矛盾法为方法论，社会平衡实际上是经济基础与上层建筑、生产力与生产关系两对矛盾的平衡。当我们以此为框架，补充以运筹学中博弈论分析工具时，能够发现更为详细的细节，并获得更为具体和丰富的分析结果。博弈论是"两个或更多的参与者，在像市场这样的竞技场上相互作用，选择对每一方都产生共同影响的行动或战略"。[1] 博弈论的基本结构包括："具有不同战略、行动的竞争者，他们的支付分配情况以及在每一种结果下博弈者得到的其他利益。"[2] 博弈论被认为是研究利益冲突和合作问题的最佳工具，"博弈论是分析利益冲突的架构，马克思主要关心的是现代社会的矛盾及其解决，而博弈论着重研究社会生活中的矛盾及利益冲突与合作。因此，博弈论可以说是为马克思主义定做的研究工具"。[3]

（2）现代运筹学对社会平衡的解读以博弈论为分析方法。从博弈论视角看，经济基础和上层建筑是社会各利益主体之间博弈均衡的结果，而社会变革或演进实际上就是博弈均衡改变的结果。这与恩格斯"社会合力"思想基本一致，恩格斯认为历史最终的结果总是从许多单个的意志的相互冲突中产生出来的，这样就有无数互相交错的力量，有无数个力的平行四边形，而由

① ［美］保罗·萨缪尔森、威廉·诺德豪斯：《经济学》（第十六版），萧探等译，华夏出版社 1999 年版，第 167 页。
② ［美］保罗·萨缪尔森、威廉·诺德豪斯：《经济学》（第十六版），萧探等译，华夏出版社 1999 年版，第 167 页。
③ 杨光斌：《政治学原理》，中国人民大学出版社 1998 年版，第 16 页。

此就产生出一个总的结果，即历史事变，这个结果又可以看作一个作为整体的、不自觉和不自主地起着作用的力量的产物。^① 社会正常运转离不开生产力、科学技术、生产关系、政治权力、意识形态以及制度设施的支撑构架。制度设施是一个社会占统治地位的生产关系的具体规定和外在体现，制度状况应该反映该社会的生产关系状况。生产关系状况是由生产力状况决定的，同时又受政治权力状况的影响。生产力状况与政治权力状况并非毫无关联，生产力状况通过改变利益群体间的暴力潜能结构而对政治权力结构产生决定性影响。特别需要强调的是，在现代社会生产力结构发生了重大改变，对科学技术的定位从生产力的影响因素上升为生产力的重要组成部分，科学技术不再是通过渗透作用对生产力状况产生影响，而是直接的生产力，是先进生产力的集中体现和主要标志。当政治与经济技术背景发生变化导致生产关系变化时，利益主体的博弈结构也随之发生改变，原有的制度框架将有可能出现不均衡，这时，制度将要向新的均衡变迁。进一步讲，经济技术背景的变化可以引起不同利益群体之间的暴力潜能结构发生变化，以致现存的政治权力结构与之不一致时，就有可能发生不同利益群体之间的政治乃至暴力冲突，这可称之为"冲突性制度变迁"的过程，其变迁目标是要形成一个新的政治制度或达到一个新的政治权力的平衡结构。社会整体变迁史虽然如此，但放在局部社会系统看，打破旧的制度平衡形成新的制度平衡并非易事。因为生产关系相较于生产力来说具有稳定性和滞后性，只要社会最基本的博弈结构未改变，原有的制度框架就会对社会继续产生作用。在一定的制度架构形成后，随着时间的推移，制度与生产力之间由开始所形成的相互促进作用逐渐衰竭并转而变成相互制约作用，此时社会将陷入僵滞状态。这一僵滞状态中，生产力与制度两者中任何一方都不能依靠内在的力量摆脱对方的约束而率先发展，打破上述僵局只能依靠外生力量，这一外生力量或是作用于生产力领域，或是作用在制度框架领域，因此，在局部社会系统中，外生因素成为打破旧平衡、建立新平衡的"第一推力"。无论外生力量作用何处，制度变迁最终是通过不同社会群体的利益博弈实现的，群体若要成为一个行动

---

① 参见《马克思恩格斯全集》第37卷，人民出版社1971年版，第461—462页。

的单位，首先要解决的是集体行动的动机和目标问题，即如何形成统一的集体目标并且每一个集体成员都能有足够的动机去积极参与集体行动。社会发展史证明，意识形态机制是集体行动目标与个人动机最好的粘合剂。意识形态作为一套关于社会的价值体系及理论体系，能够满足人们对尊严、虔诚或道德感的需要等，可以在有限范围内减少个人私利动机；意识形态不仅包括有关世界合理性问题的论证，而且包括有关世界发展趋势即必然性问题的论证，大大提升意识形态信念强的个体在群体行动中的动机；意识形态对集体行动的成功可能性及相应可获得的回报均有较高的预期，会诱发具有共同信仰的群体凝聚成一个高度严密的组织，因此，意识形态能够增加接受者的效用或利益，最终实现群体以理想为目标的统一群体行动。[①]

（二）社会平衡的特征

1. 社会平衡具有系统性

无论是从马克思主义哲学、社会系统学还是现代运筹学的视角，社会平衡都是整体的系统工程。系统性不赞成以某一指标为重心的发展模式，尤其是单纯的以经济建设为重心的社会发展模式，更易造成一系列连锁的负面效应。从国内看，政治状况、社会建设、价值信仰以及生态环境等只有与经济发展相协调，才能实现社会和谐与稳定。从国际看，只有改变以经济增长为重心的西方发展模式，才有可能改变不平等、不合理的国际经济秩序，才有可能进一步增强社会各子系统之间的依存联系，进而提高社会的有序度。可见，社会平衡的发展目标不仅指向经济增长，更在民族、历史、文化、环境、资源等条件的基础上，以人与人、人与环境、人与组织、组织与组织的一系列关系活动为主题，以经济增长、政治民主、自然协调、生态平衡、科技水平和文化素质提高等多方面的共同发展为目标。具体说来，社会平衡至

[①] 参见汪立鑫、伍柏麟：《论社会经济制度演进的实现动力——基于利益主体博弈均衡的视角》，《复旦学报（社会科学版）》2015年第3期。

少要满足以下几方面要求：

一是经济稳定有序发展。经济稳定是指基本经济制度保持质的稳定，经济运行协调有序，经济生活和经济发展过程中没有剧烈的动荡起伏，经济发展的态势具有可控性。经济是社会的物质基础，没有经济稳定就不可能有真正的社会平衡。特别是当前国际间能源资源争夺日益激烈、西方发达国家金融危机持续不断，欲想保持社会平衡发展，经济稳定尤为重要。

二是政治文明进步。当今社会已迈入政治社会，政治在社会生活中正在扮演着越来越重要的角色。可以说社会的发展进步已离不开政治文明的作用，或者说政治文明已在社会的发展进步中深深地打下了自己的烙印。社会平衡最直观表现是人的社会序列平衡，它以社会整体在历史进化过程中的开放有序为保障，政治文明以突出解决政治秩序问题为宗旨，能够最大限度促进人的自由和发展。

三是价值文化认同。价值文化认同，是人们在一个民族共同体中长期共同生活所形成的对本民族最有意义的事物的肯定性体认，其核心是对一个民族的基本价值的认同；是凝聚这个民族共同体的精神纽带，是这个民族共同体生命延续的精神基础。全球化浪潮和现代网络技术扩展也整合了现代文化空间，文化混杂性现象在向全世界蔓延，人们被"混置"于不同的制度、文化、思想和信仰的交织环境之下，不同的文化、价值观念和生活方式产生激烈的碰撞。在这种碰撞中，原有的民族文化认同正在被整合，国家的文化向心力面临多样化发展的考验。[①]"全球化的效果，势将削弱'所有'民族国家的文化向心力，即使经济上强势的国家，亦不能幸免于此。"[②]因此，社会平衡离不开对文化的自我认可和保持，只有这样才能在不同的文化接触、碰撞和相互比较的场域中，避免价值、信念的冲突和断裂。

四是信息安全。随着信息技术飞速发展，互联网和手机等新兴媒体越来越普及，不良信息、有害信息容易扩散，会放大社会矛盾和问题，加剧社会心态失衡。此种失衡甚至有可能被敌对势力利用，进行颠覆破坏活动，给国

---

① 参见张鸿雁：《核心价值文化认同的建构与文化治理——深化改革文化治理创新的模式与入径》，《南京社会科学》2015 年第 1 期。

② ［英］汤林森：《文化帝国主义》，冯建三译，上海人民出版社 1999 年版，第 328 页。

家安全、领土完整、民族团结带来巨大威胁。

五是生态环境友好。环境友好型社会是一种人与自然和谐共生的社会形态，其核心内涵是人类的生产和消费活动与自然生态系统协调可持续发展。环境友好型社会要求将生产和消费活动规制在生态承载力、环境容量限度之内，通过生态环境要素的质态变化形成有效调控生产和消费活动的关键性反馈机制，特别是通过分析代谢废物流的产生和排放机理与途径，对生产和消费全过程进行有效监控，并采取多种措施降低污染产生量、实现污染无害化，最终降低社会经济系统对生态环境系统的不利影响。因此，友好的生态环境是促进经济平稳持续发展、改善人民生活，实现人与自然和谐相处的外部保障。

2. 社会平衡具有变迁性

社会平衡变迁性是指社会平衡处于变化发展中，是一个动态的过程，是变化发展过程中的相对平衡状态。我们要坚持用动态的观点来解决社会平衡问题，不能一讲平衡就否定变化，就不积极改革创新，必须坚持用发展、全局、历史的眼光看待平衡，尤其是像我国这样处于社会转型期的国家，社会主义市场经济体制还在形成过程中，社会的经济、政治、文化等各个方面都在发生深刻的、快速的变化，社会的动态性特点已经非常突出，很多过去行之有效的维持社会平衡的办法已经难以适应实际形势的需要。因此，必须以动态的眼光来分析和把握我国面临的社会平衡新形势，以动态的眼光来科学认识我国面临的影响社会平衡的因素。动态的眼光要把握三方面要求：

一是全面性。是指既要看到社会平衡的现象，更要看到其本质、主流形势和发展趋势。这就要跳出现象看问题，而不能简单就事论事，也就是说要把具体问题放在经济社会发展的大局中来分析。要知道，社会平衡或失衡从来都不是孤立的现象，不可能游离于社会的时代背景和现实条件，社会状态是受社会物质生产方式决定和社会政治文化因素影响制约的。如果从这个立场和角度看问题，就不能不承认，现阶段我国社会发展的本质、主流态势和未来趋势是和改革开放以来新时期的整个历史发展相一致的。改革开放以来，我国经济社会快速发展，取得举世瞩目的巨大成就，然而由于处在新旧转轨转型的变革时期，也不乏消极的无序混乱现象，但不能就此否认社会进步的总体趋势。整个社会的本质是发展的、向前的，虽然暂时有艰辛曲折，存在消极负面现象，但社会整体是在螺旋式地上升，社会的进步没有停止。

二是时空性。是指要把社会平衡问题放在一定的时代背景和具体环境中来分析。社会平衡或失衡不是凭空产生的，都是一定时代背景和具体环境的产物。每个时代、每个国家要么面临特定的社会问题，要么面对贯穿于不同时代和不同国家的一些基本社会矛盾和冲突，但表现形式和侧重点会有不同。人的实践活动是在历史给定的时代背景和具体环境中展开的，时代不同、社会环境不同，社会实践产生和面临的主要问题也不尽相同。因此，我们不能把不同历史阶段、不同国家社会建设面临的不同情况和问题作简单类比，厚此薄彼、非此即彼，以问题的有无和多寡来判断和裁定社会建设的兴衰成败。但我们也不是反对比较，只不过比较需要在相同的条件和前提下进行，如果条件变了，前提不同了，那么比较就失去了科学的意义。任何问题都是要提到一定的历史条件和历史环境中来讨论，都是要具体情况具体分析。这是马克思主义经典作家经常讲的观察、分析问题的科学方法，这也是我们解决社会失衡问题、建设平衡社会时进行问题比较和研究所必须遵循的依据和出发点。

三是发展性。指看待社会平衡问题要解放思想、实事求是、与时俱进。发展是解决我国一切问题的基础和关键。既然社会失衡问题是一定时代和社会环境的产物，那么我们面临的社会问题必然带有变革转型时期的性质和特点。我们不能把社会失衡问题归咎于改革开放和发展社会主义市场经济，但又不能不看到这些问题的产生和改革开放与发展社会主义市场经济的社会条件和复杂环境有关。如何解决面临的种种问题，显然不能回到过去的年代和体制下把问题消灭掉，唯一正确可行的方法是要用改革的思路、发展的办法去认识、去解决。

3. 社会平衡具有复杂性

著名的政治学家亨廷顿关于现代化引起不稳定、现代化伴随着风险的观点已经得到了许多国家经济社会发展经验的验证。在现代化起飞的时期，是进入社会结构错动、社会问题增多、社会秩序失范、社会风险易发的时期。① 我国社会转型正面临关键的临界点，即进入了社会发展的矛盾凸显时期，也就是社会"失调"时期。这种由社会结构内部不协调而产生矛盾、冲突或人们的无序互动导致的紧张状态而产生的压力，称为社会张力。当社会张力的能量逐步积蓄起来，反过来又会对社会结构形成巨大的冲击力，并在社会结构最薄弱的环节释放出来，而这种无序的社会力量爆发就是社会危机。社会无序力量爆发不是一蹴而就的，是诸多因素互相纠缠、累积作用的结果，虽然矛盾、冲突和失序是社会转型和现代化的必然产品，但并不必然带来社会危机和崩溃，维持社会平衡关键是认清社会失调的复杂性，有针对性、有步骤地化解不同层面的矛盾和冲突。就我国现阶段来说，治理社会失衡的复杂性体现为：

一是社会主体复杂分化，导致社会失衡治理较难达成均衡博弈。改革开放前我国实行的是高度集中的计划经济体制，加上绝对平均主义的分配政策，在社会中无法形成多元化的利益群体。改革开放后这种情况发生了根本的改变。随着社会矛盾主体多元化的形成，人们之间的经济关系、社会关系，乃至政治关系变得较以前复杂得多。面对同一项改革措施和政策变化，不同的矛盾主体可能出现不同的甚至截然相反的反应。比如，国家税收政策、投资项目的某些变化，有可能产生中央同某些地方的矛盾、地方同企业的矛盾、政府同人民的矛盾、企业同企业的矛盾，乃至城市同农村的矛盾；在物价、农副产品收购政策改革的过程中，有可能产生城乡之间的矛盾、不同行业之间的矛盾、不同地区之间的矛盾、政府同人民的矛盾，甚至引发进城农民同城市管理部门的矛盾；在城市住房制度改革过程中，有可能产生房产管理部门同城市居民的矛盾、干部同群众的矛盾、房地产开发商同商品房购买者的矛盾，甚至引发低收入阶层同政府的矛盾。这就不利于社会失衡治理达成较为一致的公众合意。

二是社会矛盾形式复杂多样，导致社会失衡治理制度和机制灵活易变，

---

① 参见[美]塞缪尔·P.亨廷顿：《变化社会中的政治秩序》，王冠华、刘为等译，生活·读书·新知三联书店1989年版，第87页。

无形中加大社会失衡治理的机会成本。从起因看，目前我国的社会矛盾有经济利益矛盾、政治利益矛盾以及价值信仰矛盾。经济利益矛盾发生在社会各阶层和团体之间，工人、农民阶级内部之间存在着一定的利益冲突，工人阶级、农民阶级与知识分子之间存在着一定的利益冲突，劳资之间、干群之间存在着一定的利益冲突。政治领域内，地方性政治冲突、民族分裂活动时有发生。价值信仰领域内，宗教信仰摩擦、中外价值观念碰撞始终存在。从效应看，直接利益冲突与非直接利益冲突并存。直接利益冲突是指不同的利益主体在争取利益的过程中所产生的冲突，是人们在获取利益过程中彼此之间的矛盾趋于激化所表现的一种外在的对抗性行动。非直接利益冲突表现为冲突的参与者与事件本身无关，只是一种情绪的发泄，从冲突的双方看，表现为直接利益冲突中的双方所代表的阶层与阶层、集团与集团的冲突。从程度看，社会矛盾有对抗性矛盾和非对抗性矛盾。对抗性利益冲突是"由于冲突双方的根本利益的不相容和对立所造成的"[1]；非对抗性冲突"是在根本利益一致的前提下，或者由于实现条件和实现时间的制约，各个利益主体的利益不能同时实现或根本无法实现而造成的，或者由于人们在主观上犯了错误，打破利益主体之间的利益分配均衡状态而造成的"[2]。每种冲突矛盾都具有各自的特色，矛盾心理、矛盾诉求、矛盾症结、矛盾疏通途径以及矛盾的善后处理互不相同，维持矛盾双方平衡要求运用创新思维，有针对性地建立多元化的纠纷化解制度和机制。每一种制度机制的建立都要投入相应的社会成本，矛盾类型越多，社会失衡治理的成本消耗越大，同时也就意味着丧失了其他社会事业的投入机会，建设社会主义事业的机会成本被无形扩大。

三是社会矛盾内容纠合复杂，为社会失衡治理设下显在或潜在的多重阻力。随着社会主义市场经济改革目标的确立，我国建立了一个以公有制为主体的多种经济成分共同存在的经济制度。在这一制度下，不仅有公有制经济成分，还有个体经济、私营经济及其他形式的经济成分。公有制中又分为国有和集体所有两种形式，在股份制经济、混合所有制经济中，存在着更加复

---

[1]　王伟光：《利益论》，人民出版社 2001 年版，第 154 页。
[2]　王伟光：《利益论》，人民出版社 2001 年版，第 154 页。

杂的情况。这种复杂的所有制结构决定了复杂的经济利益格局。此外，当前以按劳分配为主的包括以生产要素分配在内的多种分配格局也使得各种利益矛盾趋于复杂。加之我国整个经济体制仍然处于一种新旧过渡阶段，新旧体制的因素相互交织在一起，形成一种混合状态，政治、经济、文化、外交等众多领域的问题，连同我国历史上沉淀下来的众多矛盾纠合在一起，相互影响，相互交织，呈现出极为复杂的局面。这就大大增加了分析和解决社会失衡问题的难度。

4. 社会平衡具有适应性

社会是动态发展的，其历史变迁主要依靠的是各种相互作用的矛盾，必须以科学眼光来看待客观存在的矛盾与冲突。无疑，矛盾与冲突具有消极作用，因此任何社会都希望矛盾与冲突越少越好。但不可否认，矛盾和冲突处理得当，又是社会前进和发展必不可少的源泉和动力。现代社会学理论也认为，"冲突是这样一种机制，通过它，社会能在面对新环境时进行调整。一个灵活的社会通过冲突受益，因这种冲突行为通过规范的改进和改造，保证它们在变化的条件下延续下去。换句话说，一个僵化的社会制度，不允许冲突发生，它会极力阻止必要的调整（也消除了一个有用的警报），把灾难性的崩溃的危险增大到极限"。[①] 富有弹性和适应性的社会结构应当是对冲突和矛盾有容忍力的社会，一味压制或无视社会矛盾，会使矛盾聚集更大的能量，当矛盾失衡到超出社会承受能力时，最终会使社会发生根本断裂。因此，"通过公开地在社会上表现潜在的不同意和敌视，反抗激起了冲突，但它有助于消除这些冲突的根源。而正是在反复出现的表达不满的制度化渠道被堵死和郁结的时候，社会崩溃的主要分裂就最有可能产生"。[②] 这就要求我们在治理社会失衡、建设平衡社会的过程中，科学客观地看待社会存在的各种矛盾和冲突，提升社会对矛盾的宽容性与适应性。"许多人不敢公开承认我国人民内部还存在着矛盾，正是这些矛盾推动着我们的社会向前发

---

① [美] L. 科塞:《社会冲突的功能》，孙立平等译，华夏出版社1989年版，第114页。

② [美] 彼德·布劳:《社会生活中的交换与权力》，华夏出版社1988年版，第348—349页。

展"[1];"在我们这样大的国家里,有少数人闹事,并不值得大惊小怪,倒是足以帮助我们克服官僚主义"[2]。无论在任何时候,只要对现存条件不满的个体和群众一起来努力改善这些条件,反抗就会出现。只有把对政府、对社会不满的表达纳入法治化、制度化轨道,才能合理地调节失衡和维护稳定。"一个社会如果对自身事实上和法律上的稳定抱有信心,那么它就相对地能够容忍、偏离正道和不遵从法律习俗的运动。"[3]因此,平衡的社会一定是对社会矛盾具有适应性的社会。适应性的社会能够正确对待与引导人们的不满情绪,及时化解社会不满情绪,维护法律公正,积极引导人们通过法律允许的途径来表达自己的利益需要,甚至和平地表达自己的不满情绪,防止矛盾和不满情绪在地下淤积;能够用动态的眼光、动态的手段来正视矛盾和解决矛盾,特别要建立相关的制度,允许和引导矛盾在制度内的途径得以表达和解决,建设一个以相互尊重、机会均等为原则的充满生机与活力的开放的、动态的大容量社会;能够最大限度地激发人的潜能,使之致力于促进新的发展,自觉维护社会的平衡和稳定,自觉地化解矛盾与不满,防止淤积成疾,使小矛盾酿成大冲突,从而危害社会大局。[4]

(三) 社会平衡的限度与社会失衡的界定

社会平衡是相对的和动态的平衡,平衡与失衡之间呈现开放态势。绝对的平衡不利于社会的流动和发展,适当的冲突和矛盾能够释放社会张力。在大局平衡的基础上,局部的失衡或量变的失衡不但不会造成社会危机,若处理得当反而会促进社会达到更加高级的平衡状态。一个充满活力的社会,不是绝对平衡的社会,更不能是绝对失衡的社会,绝对平衡的社会是停滞僵化的社会,绝对失衡的社会是崩溃瓦解的社会。因此,在平衡与失衡错综交杂

---

① 《毛泽东文集》第七卷,人民出版社 1999 年版,第 213 页。
② 《毛泽东文集》第七卷,人民出版社 1999 年版,第 237 页。
③ [法] 塞奇·莫斯科维奇:《群氓的时代》,江苏人民出版社 2003 年版,第 98 页。
④ 参见胡联合、胡鞍钢:《冲突的社会功能与群体性冲突事件的制度化治理》,《探索》2011 年第 4 期。

中，如何判断一个社会是整体失衡或是整体平衡，以避免对平衡与失衡产生错判，对该社会的科学发展至关重要。我们认为，评估社会平衡与失衡是一个系统工程，涉及不同方面和层面。判定社会平衡与否很难给出具体测量标准和量化规定，相对来说，弹性的原则规定更具有可操作性和现实意义。

1. 是否有利于人的生存和发展

社会平衡不是要制造公共利益和个人利益之间的矛盾，不是为了控制人、限制人、束缚人，而是为了解放人、规范人、发展人而建立的一种良好的社会运行秩序，它服务和服从于人的生存与发展这个最根本的目的，社会平衡是公共利益和个人利益之间的统一。公共利益是指"与文明社会的社会生活有关，并以社会名义去争取的要求、请求或需求。把他们视为整个社会的宗旨并不为过"。[①] 公共利益大致可以分为以下几个方面：一是要求公共安全的社会利益；二是追求社会制度之安全的社会利益；三是追求公共道德的社会利益；四是追求社会资源保护的社会利益；五是追求社会进步的社会利益；六是追求个体生活的利益。[②] 由此可见，公共利益本身便包含着促进个人幸福的内容，个体利益融合在公共利益的概念中。而个人利益的正当性并不是建立在完全的自利基础上的，个人利益是个人行为的动机，但与他人利益和公共利益客观上并不必然冲突，个人利益与他人利益、公共利益在客观上一致时，最后个人也会受益。"自利的行为既然是一种外向性的，这就意味着它必然要求社会上其他人的合作，因而一个理性地追求自利的人也必然是一个愿意与他人互利的人。"[③] 因此，一个社会是否平衡，形式上要看该社会是否有良好的秩序环境，而实质要看该社会是否始终坚持以满足人的各种

---

① ［美］庞德：《社会利益概论》，载《法律社会学》，郑哲民译，巨流图书公司 1996 年版，第 90 页。

② 参见 ［美］庞德：《社会利益概论》，载《法律社会学》，郑哲民译，巨流图书公司 1996 年版，第 94 页。

③ 胡玉鸿：《和谐社会与利益平衡——法律上公共利益与个人利益关系之论证》，《学习与探索》2007 年第 6 期。

利益需要为出发点和归宿点，致力于创造良好的秩序以保障人的生存权，并以社会平衡为手段，利用社会平衡不断促进人的全面发展。这就要求我们树立以人为本的科学平衡观，社会平衡并不是最终目的，若就平衡而论平衡，平衡则丧失了其存在的正当性基础。没有正当性基础的平衡，是虚假的平衡，不可能持久，最终会被湮没在历史大潮中。在中国，建设社会平衡，要坚持以人为本，以人为目的，解放人、规范人、发展人，一切为了人，一切依靠人，把满足人民日益增长的美好生活需要作为出发点与归宿点，最大限度地代表民意、凝聚民心、集中民智，统筹人民的物质生活、政治生活与精神生活的需要；必须持之以恒地深化改革，努力消除一切束缚人的全面发展的体制与机制障碍，最大限度地维护与发展各族人民的政治、经济、文化权利和利益，尊重与保障人权，坚决反对一切侵犯公民权利和损害公民利益的行为；必须正确处理各种形式的人民内部矛盾，充分发扬符合中国国情的民主，全面加强人民利益表达机制建设，把人民当家作主的各项权利落实到位，最大限度地从源头上消除影响社会平衡的因素，坚决把各种不平衡因素解决在萌芽状态。我们始终抓住"人的生存和发展"这个实质标准，社会便不会偏离平衡发展的正常轨道。

2. 是否形成社会秩序的弱化或分化

社会秩序依存于社会主体的实践活动，本质上是一定范围内各种社会关系交互作用的产物，其功能是通过整合和控制各种社会关系实现社会的有序运行。秩序是中性概念，稳定的秩序并不必然意味着社会平衡，但失序的社会必然不是一个平衡的社会。能够协调社会秩序与平衡间步调的是为秩序预设正义的基础，此种正义并非伦理上的正义，而是社会结构的正义，即分配正义。按照罗尔斯的社会正义观点，内容正义有两个基本原则：平等自由原则、机会平等与差别原则。第一个原则，指每一个人对于一种平等的基本自由之完全适当体制都拥有相同的不可剥夺的权利，而这种体制与适于所有人的同样自由体制是相容的（平等自由原则）。第二个原则，社会和经济的不平等应该满足两个条件：其一，它们所从属的公职和职位应该在公平的机会平等条件下对所有人开放（机会的公平平等原则）；其二，它们应该有利于社会之最不利成员的最大利益（差别原则）。相应于两个正义原则，有两个优先规则。第一优先规则（自由的优先性）：两个正义原则应当次序排列，只有在满足了第一正义原则所处理的平等的基本自由之后，才能满足第二正义原则所处理的社会经济利益的分配。平等的基本自由只能为了自由的缘故被限制，而不能受制于经济利益的权衡。任何一个人的基本自由，不仅政府或其他团体不能任意剥夺，就是以社会整体利益或者最大多数人利益的名义也不能剥夺，以最少受惠者的最大利益的理由也不行。第二优先规则（正义对效率和福利的优先）：第二个正义原则优先于效率原则和最大限度地追求利益总额的原则，公平机会原则又优先于差别原则。① 我们说，具有正义基础的秩序，能够促进和保障社会平衡，但绝对的秩序是建立在理想图景之上的，现实的社会是有序与失序并存的社会。社会失序情况较为复杂，失序到何种程度才可以称作社会失衡，要依失序阶段和程度具体判断。具体说来，社会失序可以分为三个层次：第一是规则缺失与秩序功能弱化；第二是关系紧张与秩序功能分化；第三是结构瓦解与秩序功能溃散。从结构功能的观点分析，社会秩序是由社会运行和发展一定阶段上的社会规范体系、价值理念和社会权威等要素构成的有机整体。社会秩序功能弱化意味着缺乏系统完善的社会规范体系，或由于已有的社会规范体系相对于变化的社会生活而言出现不合理，导致社会调控出现滞后或部分空白；价值内核凝聚和规范多元价值观念的作用受到削弱，社会精神生活出现主流退散趋势；社会权威受到一定程度质疑，影响其主导社会走向功能的发挥。当这种功能弱化发展到一定阶段仍不能得到有效控制和扭转时，秩序主体间的普遍对抗活动会进一步侵蚀原有秩序，造成秩序功能分化，也就是说，原有秩序的整合和控制功能丧失其统一性，在社会秩序的碎片化中原有功能也分化为不同的趋向。秩序功能分化的后果是社会主体丧失统一的行为规范，社会价值观念混乱繁杂，社会权威失效失灵。从秩序功能分化较弱化来说，更能体现社会深层次的冲突和矛盾，造成的社会后果和影响也更加严重。若秩序功能继续分化以致其整合和控制功能彻底溃散时，社会规则完全失灵、价值凝聚力丧失殆尽、社会

---

① See John Rawls, *A Theory of Justice*, Harvard University Press, 1971, pp.61–62.

权威倾倒颠覆，整个社会分崩离析。① 因此，对具有延续性的社会来讲，秩序功能弱化与分化对社会平衡与否影响较重。秩序功能弱化时，社会是否失衡不能一概而论，而应看其发展趋势，若失序得到及时、有效控制和扭转，这样的社会仍是平衡的社会；若失序情势恶化，那么就有可能转变为社会失衡。而当秩序功能分化时，我们可以说此时的社会已经处于失衡状态，只不过此种失衡没有超出社会的承受能力，但若无法采取有效应对措施，秩序功能分化将进一步扩大，最终结果是秩序功能溃散，此时的社会是一个绝对失衡的社会，社会土崩瓦解，秩序无法修复，只能在社会分解后重建。

3. 是否有定型化且不可调和的阶级、阶层利益矛盾

现代社会，避免形成定型化且不可调和的阶级、阶层矛盾至少要满足三方面条件：一是社会各阶级、各阶层具有流动性；二是社会各阶级、各阶层具有平等性；三是社会各阶级、各阶层具有互惠性。只有同时具备了这三个标志，方称得上是一个平衡的社会。首先，社会阶层之间相互开放和平等进入，任何阶层特别是具有较高社会位置的阶层都不应以任何理由人为地设置障碍，来排斥其他阶层的社会成员进入本阶层，以达到维护本阶层特有利益的目的。阶层流动受阻使得各个阶层之间的边界日益清晰，由此形成了一种"内局群体"与"外局群体"的关系。此种关系易向两个极端发展，不是"外局群体"依附"内局群体"，就是两个群体互相对抗。在前现代或传统社会，各阶层间的边界意识比较强，即便阶层之间流动性差，"内局群体"与"外局群体"都会各安其事，表现出来的是一种依附关系。现代社会边界意识模糊，若阶层间流动停滞，各阶层间利益差距会呈几何倍数增大，社会失衡显著加剧，"外局群体"的不公平感、挫败感及被剥夺感会对社会和谐产生极为不利的影响。② 其次，各个阶层应当得到有所差别的并且是恰如其分的回报，这就必须按照贡献进行分配。按贡献合理差别分配能够调动劳动者的积极性，推动经济效率提升，改善社会结构，带动共同富裕。合理适度

---

① 参见高峰：《社会失序的机理探析》，《北京工业大学学报（社会科学版）》2014 年第 4 期。
② 参见钱民辉：《社会阶层流动受阻的表现与危害》，《人民论坛》2014 年第 1 期。

的收入差距与社会平衡成正相关关系，只有当收入差距明显过大时，才会造成社会的失衡与失调。平均主义是对"按劳分配"的否定，不但挫败劳动者积极性，而且容易激发、激化劳动者之间的矛盾以及劳动者和社会之间的矛盾。合理适度的收入差距，一方面有助于充分调动和发挥各类生产要素所有者的积极性，使一切劳动、知识、技术、管理和资本的活力竞相迸发，从而实现微观经济效率的提高；另一方面，有助于各类生产要素的合理流动、充分利用和社会资源的优化配置，从而实现宏观经济效率的提高。① 合理的收入差距对低收入群体起到激励刺激作用，促使低收入群体收入水平不断提高；适当的收入差距对高收入群体起到抑制作用，控制高收入群体收入水平的畸高，这有利于培育收入均衡的中产阶级，形成稳定的"橄榄形"社会结构。此种结构两段人群收入差距虽然较大，但由于人数有限，冲突矛盾较易化解；中间人口集中，利益方向较为一致，且占据社会较大资源，最利于提高整个社会的财富水平，推动共同富裕逐步实现。最后，社会各个阶层之间应当保持着一种互惠互利的关系，这就必须在其相互之间实现互惠互利的公正规则。互惠互利实质是利益分享思想的集中体现，利益分享对人类发展史产生了进步的推动作用。利益分享思想在社会学领域的运用，明显改善了各阶级、各阶层之间的社会矛盾，平衡了各阶级、各阶层之间的社会关系。利益互享主要包括经济资源、政治资源和知识资源三者共同的分享。经济分享更多是通过促进效率来实现的，它通过社会各阶级、各阶层间相互合作，形成一个更大的"经济联盟"。政治分享更多是通过话语权来表现的，它通过不同阶级、阶层的共同参与，来形成一个对称的信息流，以避免弱势群体在利益分享中被边缘化。知识分享指各阶级、各阶层通过信息交流和信息扩散，使知识由一个群体流向其他群体，或是在不同群体共同参与下形成具有共识的知识积累。利益分享建立在公平、效率和发言权的基础之上，由注重效率的"分"与兼顾公平的"享"组成。"分"是承认各阶级、各阶层的差异性，"享"则是弥补各阶级、各阶层群体封闭意识所带来的资源流动缺陷，

---

① 参见白书祥：《合理的适度的收入差距与社会稳定的正相关探析》，《探索》2008 年第2 期。

是对整体利益的认可。所以，利益分享对社会资源进行再次分配，缓解资源配置带来的失衡、失序，调和了不同阶级、阶层之间的矛盾。它是在维护法律尊严的前提下，国家通过反馈性的分享来实现社会公平的机制，即面对一个做大的蛋糕，我们如何建立一个公平的分利机制。①

4. 是否有行之有效的社会控制模式

"社会控制是指社会组织体系运用社会规范以及与之相应的手段与方式，对社会成员的社会行为及其价值观念进行指导和约束，建立和维护社会秩序的过程。"② 社会控制模式是以社会情境为基础而建立起来的由控制目标、功能、实现手段和机制所造成的社会控制整体框架。社会控制是一种确立和维护社会秩序的机制，平衡的社会一定要有与之相适应的社会控制模式。大体说来，平衡社会的控制模式要符合以下几方面要求：第一，对社会情境具有较为一致的认识。对社会情境的认识和把握是选择社会控制模式的前提，社会控制模式的选择意向和价值基础随着对社会情境的评价、接受、变化而发生变化。若对社会情境认识一致，社会控制模式的选择就会符合客观的社会现实；若认识不一致，社会控制模式与社会现实便相分离。第二，社会控制目标设定得当。选择社会控制目标要兼具工具理性和实质理性，将控制目标仅仅作为社会控制的手段而与社会发展的目的相分离，是控制目标的工具理性；将控制目标与社会发展价值直接相关联，则是控制目标的实质理性。社会控制目标还应沟通和整合国家管理与社会自治，即按国家管理的需要适当设定社会控制的空间，许多社会行为经过社会控制过滤后，更易获得其普遍认同，使之合乎于国家管理要求，通过社会控制，国家与社会、政治与社会、文化与生活在获得稳定社会运行秩序的同时，也可以形成彼此平衡互动的发展态势。第三，社会控制模式以欲实现的功能为导向。不同的功能要求不同的控制模式与之相适应，强调社会局部或特定类型秩序所选择控制模式必然不同于强调社会总体的、长期的、秩序的控制模式。问题性社会控制以

---

① 参见吴君槐：《国际劳动关系在转型期的不同变化及其对中国的启示》，《甘肃政法学院学报》2011 年第 3 期。

② 周明侠：《当代中国社会控制模式转型与对策》，《社会科学战线》2007 年第 1 期。

社会问题的即时控制为目标，并且由不断专业化、职能化的社会控制机构加以实施；全面的社会控制既重视现代专业化、多元化社会问题控制的"职业性"障碍，又善于挖掘社会问题背后的深层社会存在的矛盾，将全面控制作为问题控制的基础和延伸。选择社会控制模式时，要确定功能取向，社会控制不仅是秩序的需要，更是要实现均衡的连续秩序，按功能有针对性地选取社会控制模式，有利于单一、局部控制目标与复杂、整体控制目标的整合，以实现社会控制的有效运作。第四，社会控制手段综合运用。现代社会矛盾日益复杂，建设社会平衡过程中众多控制手段综合运用的重要性日益凸显出来。社会控制手段包括社会舆论、信仰、习惯、道德、艺术、政治、法律、军事等社会生活的全部领域和过程。舆论、信仰、习惯、道德、艺术等属于社会软控制手段，此种手段的形成既含有社会自发建构的成分，又存在社会控制主体自觉引导、灌输的成分。社会软控制强制力量较弱、社会接受的周期长，需要反复循环才能奏效，但是效果持久且投入成本较低。政治、法律和军事等属于社会硬控制手段，拥有社会控制的强制性力量，见效速度快、威慑力强，但若运用不当，会取得适得其反的效果。因此，若要实现社会平衡应根据不同的目标和功能特点选择不同的软、硬控制手段，这也是社会控制模式手段选择的基本原则。第五，社会控制机制合理规划。社会控制机制是将社会控制目标、功能和控制手段进行联结起来的装置，与社会利益选择、行为规范、价值取向直接相关，是实施社会控制的决定性环节。完整的社会控制机制，至少包括社会预警、决策和整合三大机制，以实现预防、处置和控制社会失衡的功能。①

5. 是否具有积极正向的社会环境

社会环境是与自然环境相对的概念，指人类生存及活动范围内的社会物质、精神条件的总和，即在自然环境的基础上，人类通过长期有意识的社会劳动，加工和改造了的自然物质，创造的物质生产体系，积累的物质文化等

---

① 参见鲍宗豪、李振：《社会控制模式：理论与现实的选择》，《上海行政学院学报》2000年第4期。

所形成的环境体系。社会环境一方面是人类精神文明和物质文明发展的标志，另一方面又随着人类文明的演进而不断地丰富和发展，主要包括政治、经济、文化、讯息等要素。具体说来，政治要素包括政治制度及政治状况，如政局稳定情况、公民参政状况、法制建设情况、决策透明度、言论自由度、媒介受控度等。经济要素关系到经济制度和经济状况，如实行市场经济的程度、媒介产业化进程、经济发展速度、物质丰富程度、人民生活状况、广告活动情况等。文化要素指教育、科技、文艺、道德、宗教、价值观念、风俗习惯等。讯息要素包括讯息来源和传输情况，讯息的真实公正程度、讯息爆炸和污染状况等。平衡的社会要求具有积极正向的社会环境，政治上以符合本国国情和社会发展需要为导向实现秩序和民主的有机结合，扩大民众参与的广度和深度，但又不唯西方模式是从，以实事求是、务实创新为指导思想有效避免民主陷阱和危机。经济上高速发展的同时兼顾社会公平问题，社会关系和结构调整以现代化的成果惠及社会多数以及遏制两极分化为目标。文化上以"多元一体，和而不同"为民族精神核心，有效处理不同文化尤其是民族文化与外来文化的关系，减少冲突和矛盾，同时，树立本民族核心价值观，引导社会正向发展。讯息上在保持媒体客观及新闻真实的前提下，充分发挥舆论环境引导民意走向、促进民意形成的功能，寻求民意和政策之间的平衡，既要避免对民众扰乱视听、危言耸听，又要避免对公共权威唯唯诺诺、攀结趋附。

二、转型期中国社会失衡的多元表现

党的十八大以来，面对世界经济复苏乏力、局部冲突和动荡频发、全球性问题加剧的外部环境，面对我国经济发展进入新常态等一系列深刻变化，中共中央分别就政府机构改革和职能转变、全面深化改革、全面推进依法治国、制定"十三五"规划等重大问题作出决定和部署，统筹推进"五位一体"总体布局、协调推进"四个全面"战略布局，国家事业全面开创新局面。

经济建设方面，发展质量和效益不断提升。经济增长保持中高速度，国内生产总值跃升世界第二，对世界经济增长的贡献超过百分之三十。与此同时，供给侧改革带来的经济结构的优化也是有目共睹，数字经济、基础设施、农业现代化稳步推进。城镇化率显著提升，区域发展协调性增强。创新成果相继问世。在对外贸易、对外投资、外汇储备稳居世界前列的同时，开放型经济新体制逐步健全。

民主法治建设方面，积极发展社会主义民主政治，推进全面依法治国，党的领导、人民当家作主、依法治国有机统一的制度建设全面加强，中国特色社会主义法治体系日益完善，全社会法治观念明显增强。国家监察体制改革试点取得实效，行政体制改革、司法体制改革、权力运行制约和监督体系建设有效实施。

思想文化建设方面，马克思主义在意识形态领域的指导地位更加鲜明，新时代中国特色社会主义和中国梦深入人心，社会主义核心价值观和中华优秀传统文化广泛弘扬，公共文化服务水平不断提高，文化事业和文化产业蓬勃发展，互联网建设管理运用不断完善，全民健身和竞技体育全面发展。国家文化软实力和中华文化影响力大幅提升。

民生方面，一大批惠民举措落地实施，人民获得感显著增强。六千多万贫困人口稳定脱贫，教育事业全面发展，就业状况持续改善，城乡居民收入增速超过经济增速，中等收入群体持续扩大。覆盖城乡居民的社会保障体系基本建立，人民健康和医疗卫生水平大幅提高，保障性住房建设稳步推进。社会治理体系更加完善，社会大局更加稳定，国家安全全面加强。

生态文明建设方面，忽视生态环境保护的状况明显改变。生态文明制度体系加快形成，全面节约资源有效推进，重大生态保护和修复工程进展顺利。生态环境治理明显加强，环境状况得到改善。

事实证明，党的十八大以来的成就是全方位的、开创性的，变革是深层次的、根本性的。中国特色社会主义进入新时代，我国社会主要矛盾已经转化为人民日益增长的美好生活需要和不平衡不充分的发展之间的矛盾。基于社会主要矛盾的变化，可以看到，发展不平衡不充分的一些突出问题尚未解决，发展质量和效益还不高，创新能力不够强，实体经济水平有待提高，生态环境保护任重道远；民生领域还有不少短板，脱贫攻坚任务艰巨，城乡区域发展和收入分配差距依然较大，群众在就业、教育、医疗、居住、养老等方面面临不少难题；社会文明水平尚需提高；社会矛盾和问题交织叠加，全面依法治国任务依然繁重。而这些问题，必须着力加以解决，才能实现社会整体的平衡和充分的发展。

（一）经济运行结构问题

我国经济已由高速增长阶段转向高质量发展阶段，正处在转变发展方式、优化经济结构、转换增长动力的攻关期，收入差距扩大、社会阶层的固化、资源要素的错动导致的创新乏力、实体经济衰弱，以及市场与政府在经济发展中的矛盾等问题，已然成为制约经济良性运行，实现有效市场机制的重要障碍。

1. 收入差距扩大

（1）贫富差距。按照国际上衡量居民收入差距的一般惯例，基尼指数是一项重要的指标，如果基尼系数小于 0.2 视为高度平均，如果基尼系数在 0.2—0.3 之间视为相对平均，如果基尼系数在 0.3—0.4 之间视为比较合理水平，如果基尼系数在 0.4—0.6 之间视为不平均，如果达到 0.6 以上为高度不平均。贫富差距在世界各国的存在是普遍现象，各国对此也并非视为不可容忍的洪水猛兽，但贫富差距一旦过大就会对一国的经济社会发展和稳定造成影响。因此，国际上对贫富差距布设了一条基尼系数的警戒线，那就是 0.4，如果基尼系数高于这条警戒线，意味着该国的贫富差距过大，就有可能影响社会稳定甚至导致社会动荡。我国的基尼系数在改革开放前维持在 0.16，2003 年上升至 0.458，2016 年已上升到了 0.465，超过了国际公认的"0.4 警戒线"，可以说贫富差距已经到达了危险的边缘。并且我国的基尼系数在总体上还依然呈上升趋势，贫富差距的扩大本身既是公民收入和生活水平失衡的表现，也与我国"共同富裕"的经济社会建设目标相悖。因此对于贫富差距，不能仅仅当成一个经济问题来对待，更要当成一个政治问题来看待。

（2）城乡差距。先进的城市工业与落后的乡村农业并存的二元经济结构，一直伴随着中国的市场经济改革，工业品与农业产品之间的价格剪刀差，决定了农村与城市之间收入的不平衡。一般而言，随着经济的发展，工业促进的城市化必然带来农业人口的减少。一方面，农业人口在转化为城市人口，城市就业必然带来其收入的增加；另一方面，乡村减少的农业人口，带来的农业产品的供给缩小或者城市技术扩散带来的农业的升级，必然导致农业人口收入的上升，自此，城乡收入差距或可减少。然而，由于目前我国城市化进程中问题尚存，进入城市的农村劳动力就业并不顺利，而随着农业人口从乡村迁往城市，留存的农业人口多为人力资本积累薄弱的低端劳动力，无法保障技术扩散，也无法保障提升农村的收入。虽然市场经济改革和城市化进程的加快为城乡差距的缩小带来了契机，但城乡在经济改革中的利益分配及补偿机制并没有真正建立，如仅以市场经济的效率驱使，很可能会导致城乡收入差距的持续扩大，影响经济发展和社会稳定。

（3）区域差距。中国幅员辽阔，地形地貌复杂，由于自然禀赋的差异，区域差距始终伴随着中国经济社会的发展。尤其1978年以后，进入市场经济改革阶段以后，效率优先的发展理念，将越来越多的资源集中在基础条件好、地理位置佳的省份和地区，加之政策的倾斜，东南沿海省份得到了长足的发展；而中西部基础条件差、自然资源匮乏的地区，则面临着人、财、物的不断外流，工业发展尤其是创新产业、高附加值产业的发展缺乏有力的支持，进一步导致收入增加缓慢，贫困问题难以解决。政府为了缩小区域差距出台了一系列政策，如转移支付、西部大开发、振兴东北老工业基地等，虽都取得了良好的效果，但在市场经济看不见的手的主导下，资本和人才的外流还在继续，中央政府政策的落地以及执行的效果还存在一定偏差，落后地区的发展，仍然束缚在核心竞争力缺乏的围栏中。可持续发展、跨越式发展以及发展模式、路径的选择，仍然是摆在落后地区政府面前的难题。而为了提升增长速度，过度的招商引资政策，又给落后地区的发展埋下了经济安全等隐患。

（4）行业差距。市场经济条件下，农业与工业、传统行业与新兴行业、劳动密集型行业与技术密集型行业之间，必然存在收入上的差距，这是效率的差距，是先进与传统之间的差异。这种差异有利于形成传统与创新领域之间的势能，促进资源的合理分配。然而，由于信息的不对称和市场的短视行为缺乏约束等，许多重要的行业诸如农业，往往在竞争中处于弱势；某些企业在发展过程中不断兼并扩展形成行业垄断，致使效率下降，消费者剩余及社会福利下降。同时由于市场经济作用的弊端，加之政府干预而形成的行政垄断，影响了自由竞争的效率，如缺乏有效限制，必将影响经济安全和社会稳定。

（5）收入流动性减弱。所谓收入流动性，是指某个特定的收入阶层群体在经过了一段时间的变化后，其所拥有的收入份额或者所在的收入阶层所发生的变化。如果一个国家的收入流动性较大，那么即使有比较大的收入差距，也不会给经济增长以及社会稳定带来太大的威胁。因为在这个社会中，较低收入的阶层可以通过自身的努力或者外部的扶持在一段时间后提高自身的劳动水平增加收入，而高收入的阶层也没有环境通过垄断等影响市场效率的手段固化自身的收益和阶层。可以说，较高的收入流动性是经济、社会充满机会、蓬勃发展的象征。但近年来，伴随着我国收入差距逐步扩大的现实，我国的收入流动性有所减弱，一部分低收入人群无法接受高质量的教育，缺少就业机会，甚至在住房、医疗等方面也缺乏足够的制度保障。他们处在社会的底层，一方面不能为经济发展提供有效劳动，另一方面也会成为社会治安的隐患。而相对于低收入人群对社会的影响，高收入群体的固化，对经济社会发展的影响更大。众所周知，资本逐利的本性总是发挥得淋漓尽致，一旦市场竞争中存在监管的空隙或者寻租的空间，资本就会无孔不入，继而攫取非法超额利益，而这种非法超额利益一旦长期固化在某一些人群手中，一方面会带来经济利益、社会效益的损失，另一方面还会动摇甚至改变一个国家的政治格局。

2. 社会结构偏差

人与社会互构的过程充满了各种差异和冲突，社会因此而形成了不同的结构，在这个结构中人群是以社会阶级、阶层结构的形式被划分的。伴随着近几十年的经济体制改革和收入分配制度变革，我国的现有社会从简单的一元型转向复合的多元类型。如果从经济地位和收入情况来划分，我国人群的社会结构是由富裕阶层、中产阶层和贫困阶层这三部分构成的，我国社会结构的相对失衡与偏差在这三个群体的关系与差异中已初见端倪。

（1）贫困群体占比较高。贫困，不仅是危及个体生命生存状态的重要因素，同时也是危及社会稳定和经济发展的社会问题。作为人口众多而资源相对匮乏的发展中国家，我国的贫困问题由来已久。随着市场经济改革的提出与深入，中国的贫困问题由平均贫困逐渐演变出两极分化的趋势。一部分人，或者很大一部分人，在市场经济改革中，分享了改革的成果，摆脱了贫困，实现了温饱和小康；而还有一部分人仍未完成脱贫，这部分人主要包括在偏远的乡村以落后的农业为生的群体，包括在城市中由于教育投入不足或健康问题无法就业取得收入的群体，以及由于市场经济改革深入而导致的体制性失业的群体。而目前，基于我国发展中国家的实际情况，科学、合理、全面的社会保障体系仍在建设之中，扶贫攻坚需要一个过程，而由于贫困引发的社会不稳定因素，也一直困扰着政府的社会管理和区域的经济发展。

（2）中间阶层相对势弱。收入在整体社会成员中处于中上水平的中产阶级是社会结构中最为稳定的一个阶层，因此社会结构如果呈现两端小、中间大的菱形（贫困群体和富裕群体少，中产阶级多）是最为稳定的。相对的，两头大、中间小的八字形（贫困群体和富裕群体多，中产阶级少）或者三角形（贫困群体或富裕群体一方偏多）的社会结构都是比较不稳定的。在我国，收入相对稳定、生活较为充实的中间阶层不仅在数量上占比较低，并且在财力和话语权上都处于弱势。一方面，财力上捉襟见肘，仅仅维持生活需要，很难积累大量财产进行再生产和财富增值；另一方面，中间阶层的分散性决定了其很难形成统一的话语权，职业和生活的稳定性也桎梏着这一阶层在更高的层面上争取话语权，这些都是导致本应稳定的社会阶层反而不稳定的因素。

（3）精英阶层相对势强。市场经济的蓬勃发展造就了精英阶层，他们是中国经济增长的中坚力量，关系着某一行业、某一领域、某一区域甚至是整个国家的发展速度和发展质量。而我们国家的政府，不论是地方政府还是中央政府，也都将经济增长作为重中之重来看待和考量，自然也会更加注重精英阶层的利益诉求，为他们的发展提供更多的资源支持。这样的做法，在一定时期内可能会起到加速某一区域、某一行业增长的作用，但长此以往，对于长远或全局而言却是不利的，对于其他阶层和民众也是不公正的，而且也会形成部分精英阶层的"骄气"甚至是特权，形成既得利益集团，继而成为改革推进的阻力，助推身份保护、行业保护、地方保护等阻碍全局发展和社会公正的行为，加剧收入差距和发展不平衡，为社会和谐埋下隐患。

3. 资源要素的错动

（1）创新领域缺少人才和资本。一国的创新水平取决于创新能力，而创新能力是创新主体将创新要素纳入社会生产过程中的能力，因此，创新要素的合理供给和分配对于创新的可持续性至关重要，资源要素的错动会破坏和创新相关的资源和能力的组合，或者降低这种组合的效能，总体来说我国支持创新的人、财、物，以及将人、财、物组合的机制都是相对匮乏的。中国经济转型期的相当长一段时间，土地和垄断资源型产业利润巨大，导致各级政府和更多企业沉溺和满足于从这些产业中攫取快钱，大量资本投入到股市，创新领域没有得到足够的重视，创新领域的研发和发展资金比例不足，这也直接导致创新人才的流失和积极性受挫，创新人才的流失和资金匮乏导致"创动力"严重不足。一方面，政府和企业现有自主进行创新研发与开发的投入不足；另一方面，缺乏科技人员以风险企业为载体的实验开发环境。

（2）寻租与腐败造成了资源的双重浪费。寻租与腐败是负外部性极为明显的犯罪行为，但受发展阶段、法治建设以及市场经济固有缺陷的制约，一时又难以尽绝。寻租与腐败一方面使资源流入到并非最优、最有创造力的个体、企业、行业、领域，造成了有限资源的浪费；另一方面还会吸引其他个体竞相追逐非法利益，N 个个体角逐就会有 N 个单位的资源被用于寻租，损失也是成倍的。资源要素在更容易寻租的领域错动，在降低该领域的生产力的同时，也变相地减少了投入到其他更有价值、更有创造力的领域的资源数量，造成的资源配置偏差和减少的社会经济福利难以估量。与此同时，腐败的滋生不仅带来经济效果的下降，还会带来恶劣的社会效果。腐败的蔓延将直接影响政府的公信力，并进一步形成政府与民众之间的矛盾，最终可能导致政府社会治理能力下降，影响社会稳定。

（3）市场上短视经济行为并不鲜见。实体经济的发展是国家富强、民族振兴的关键，引领生产力发展的创新产品是国家强大的核心竞争力。实体经济的发展对人、财、物以及时间成本的要求较高，回报期较长；而创新产品尤其是引领时代发展的创新产品，通常又是实体经济发展到较高层次后才能不断涌现的，这就需要投资者有更长远的抱负、更理性的思考以及更强大的社会责任感。然而现实是，随着我国市场经济的高速、跨越式的发展，急功近利的经济行为市场上并不鲜见，例如我国资本市场，股票的大起大落常常不能反映实际的经济走向，实体经济的融资难，但投机行为往往却能汇集大量的资金，动辄上亿元的集资诈骗屡见不鲜。这种情况说明我国的市场缺乏对短视投机行为的有效约束，投机成本低、收益高，而长此以往必将威胁实体经济的增长，动摇经济发展的根基，目前必须进一步加强制度建设、法治建设，规范引导经济行为着眼于更长远的收益。

4.政府与市场的矛盾

（1）经济增长依赖财政刺激。中国的市场脱胎于计划经济，大规模的国有企业改制从20世纪90年代末才开始，至今不过二十年的时间，这些关系国计民生的企业在资金技术方面依旧依赖中央政府的扶持。除此之外，我国经济增长速度较快的地区也多数集中在东南沿海，除去先天地理位置、资源禀赋条件的影响，政府的政策倾斜也是显而易见的。而在应对全球金融危机方面，面对出口的乏力，政府更是动用数以万亿的财政资金来拉动内需。可以说在中国市场经济发展的过程中，财政资金、政府政策的身影无处不在，这些对经济发展的支持犹如一针又一针的强心剂，维持着经济的快速增长，但同时也养成了地方政府以及一些企业依赖财政、依赖政策的习惯，将本该用于市场竞争的精力和资源用于对政策和财政资金的争取，削弱了部分经济主体的"造血"功能和创新能力，甚至使有限的财政资金流入到并不是特别合适的领域。所以，虽然政府的政策以及财政资金能够助推经济增长，但也要把握度和分寸，应当有法可依、有章可循，最大限度地保障市场活力减少挤出效应，否则政府调节与市场调节就会失衡。

（2）政府在市场中的定位存在一定偏差。在中国，政府与市场结合得十分紧密。宏观上，中央政府能够应用财政政策、货币政策导向经济发展；中观上，地方政府可以影响到地方企业的投融资及发展；微观上，政府部门的政策、法规、规定、特许经营权都会影响到具体市场领域经济的发展态势以及企业的选择。在政府对经济方方面面的关注及引导下，中国经济的发展速度是值得肯定的。但政府若错位干预或者缺位将无时无刻不困扰着经济的发展，甚至成为滋生腐败的温床。如果政府权力在市场中的运用缺乏制度的规范、法治的约束，甚至成为某些个体谋求私利的工具，一方面将腐化政府，另一方面也将严重影响经济的正常发展秩序，造成社会公共资源及财富的巨大浪费，最终影响经济发展和社会稳定的大局。

此外，市场经济的发展，必然带来资本的成长，而资本快速增长的投资乘数效应，又会助推经济增长，可以说资本在市场经济国家的整个国民经济中起着至关重要的作用。但资本的成长也是双刃剑，在发达的资本主义国家，资本成长到一定的阶段就会进入政治领域，资本对政权的掌控，会使资本的发展更加无拘无束，其盲目与贪婪的特性也会发挥得淋漓尽致，直到经济效率下降甚至引发大规模的经济危机才会有所收敛。为了避免危机带来的经济倒退，发达资本主义国家无一例外地崇尚法治，强调法律的绝对权威，以此来控制资本、引导资本。在我国，公权力天然制约着资本的发展，不存在发达资本主义国家的问题，但现实是，资本逐利的本性使其无孔不入，少数公权力的代表经不住诱惑也会和资本结合，为资本谋求政治利益。所以说，在我国这样一个社会主义市场经济体制国家，更需要科学且强大的法治，引导资本发展的同时，制约公权力与资本的结合，让公权力做好资本的监督工作。

面对以上诸多经济结构及经济变革中的矛盾问题，必须坚持质量第一、效益优先，以供给侧结构性改革为主线，推动经济发展质量变革、效率变革、动力变革，提高全要素生产率，着力加快建设实体经济、科技创新、现代金融、人力资源协同发展的产业体系，着力构建市场机制有效、微观主体有活力、宏观调控有度的经济体制，不断增强我国经济创新力和竞争力。

（二）政治治理体制问题

中国特色社会主义政治发展道路，是近代以来中国人民长期奋斗历史逻辑、理论逻辑、实践逻辑的必然结果。要长期坚持、不断发展我国社会主义民主政治，积极稳妥推进政治体制改革，推进社会主义民主政治制度化、规范化、法治化、程序化，保证人民依法通过各种途径和形式管理国家事务，管理经济文化事业，管理社会事务，巩固和发展生动活泼、安定团结的政治局面。但在国家治理的过程中，公权力与私权利、中央政府与地方政府、行政权与司法权之间的博弈与摩擦经常表现为具体的现实问题，干扰着政府的施政效率。

1.公权力与私权利的矛盾

（1）公权力存在一定的异化与错位。公权力的产生源于全体公民利益与权利的部分让渡，这种权益的让渡在于集小流成大流，集中力量行服务公众与社会管理之功能，因此公权力应当辅佐于私权的行使与张扬。然而权力生来就是一把双刃剑，具有天然的扩张性和侵蚀性，在权力发展和运行的过程中，其功能和价值性的异化与错位时有发生，这种情况在中国社会也难以避免，时有表现。公权力的异化主要表现为公权力的代表运用权力、利用法治监管的空隙谋取个人利益；而公权力的错位则表现为权力运用的时机、方式、指向不恰当，继而导致结果不能满足公众的需要。不论是公权力的异化还是错位，最终都可能激化公权力与私权利的矛盾，造成社会与政治的不稳定。

（2）一些组织借"公益"之名谋求私利。公权力是制度化公民利益的代表，除此之外，随着经济的发展以及社会的多元化，越来越多的非政府、非营利性组织等代表着不同利益诉求的群体也应运而生，这些组织是政府职能有益的补充，也起到了调节社会关系、经济关系的重要作用。但现实中这类组织往往缺乏长期运营的有效机制，监管也基本"真空"，组织有益的社会作用不能长效发挥，也有可能被不良利益诉求所左右，成为某些个体谋求私利的武器，盲目地扩张并侵占社会资源，造成恶劣的社会后果，甚至造成他

人或某一特定群体利益的损失，而有些损失又因为监管空白，无法通过法律
途径而实现救济，造成恶劣社会影响的同时也会影响其他公益组织的发展。

（3）弱势群体表达诉求的通道还不是很顺畅。私权利相对于公权力天然
处于弱势，这种弱势在个体处于普通或较低阶层时表现得尤为明显，他们的
需求往往得不到充分的重视。但根据公共供给理论，真正能使政府实现公共
产品最优供给的条件就是政府能够充分了解民众的需求，并从积极回应这种
需求中得到足够的好处（这种好处可简要概括为"国泰民安"，实现执政宗
旨）。这种需求不仅包括那些处于社会中上层个体的需求，同时也包括处于
社会底层弱势群体的需求。但现实是，目前这种需求的表达缺乏有效的通
道，政府获得的信息常常出现不准确、不真实的情况，或者由于信息量过大
而无法甄别，这就会造成政府公共供给的偏差，导致公权力与私权利之间的
矛盾，甚至使某些个体通过极端的行为来表达自身诉求，造成恶劣的社会
影响。

2. 中央与地方的矛盾

（1）中央与地方财权的分配。财政收入是政府施政的经济基础，是政府
提供公共产品满足民众及地区发展需要的保障，可以说财权是政府权力中的
重中之重。中央与地方政府之间的财权分配，影响着二者之间的地位关系。
计划经济时期，中央政府处于绝对主导的地位，地方政府的收入需要全部上
缴到中央，然后再由中央统一分配，这一时期地方政府完全依附于中央政
府，对于促进地方经济发展的积极性比较低，公共事务的内容也完全听凭中
央的计划安排；市场经济改革初期，中央政府为了调动地方政府的积极性，
实行了放松财权的管理方式，地方政府只需要缴足一定的份额，就可以拥有
剩下的全部财政收入，这一时期地方政府发展经济的积极性足够高，但中央
的地位有所下降，对地方的控制能力也有所减弱；1994年中央为了加强财政
收入的管理，实施了分税制改革，中央的财政地位上升，介于计划经济与市
场经济改革初期之间，不过仍然偏重于效率，有更好经济表现的地方政府，
将得到更多支持。中央与地方财权的分配是二者之间博弈的结果，而博弈的
过程又难免产生矛盾，有时也会影响改革的步伐。

（2）地方之间的竞争。地方政府为了争取更多的资源，地方官员为了更快的晋升，都会将地方经济的发展作为执政的核心目标，但有时这种发展并不是平衡的、统筹的、科学的发展，而仅仅表现为比其他地区更高的GDP总量及增长速度；这种竞争方式也会使政府的财政及政策资源投入到有更高GDP表现的领域，例如，城市的大兴土木或者发展高能耗、高增长的产业。这样做的结果确实可以带来地方经济的快速增长，但代价却是经济发展的不均衡，城乡差距扩大，环境污染严重，教育、医疗等公共产品领域得不到应有的财政支持，甚至还伴随一定程度的重复建设、政绩工程等纯粹浪费资源的项目。另外，地方政府在大力加速本地经济增长的同时也会想方设法抑制其他地区的发展，实施一些地方保护的措施，设置竞争壁垒保护本地企业就是常用的方法之一。这样做的结果虽然在短期内有一定的经济及财政效益，但从全局与长远来看，却不利于市场竞争和优胜劣汰，从而导致个体经济的发育不良。所以说，从制度上规范地方的竞争行为也是市场经济良性发展的重要环节。

（3）现代化启动与政策推进。政策在中国经济、社会的发展中一直扮演着举足轻重的角色，政策的推进带来某些地区、某些利益群体飞速成长的同时也带来差距。我国东南沿海的经济发展成绩举世瞩目，与内地尤其是西部地区形成了鲜明的对比；同样，城市与农村的差距也与城市化、工业化的政策密不可分，农业、农村、农民往往不能被经济政策兼顾。这样的差距主要源于我国不同区域资源禀赋的差异以及发展阶段的限制，但也不排除政策制定与推进中存在的偏差。例如，在货币政策及财政政策的选择方面，我国政府一直比较依赖财政政策，而又无法避免财政政策的挤出效应；另外，地方政府在追求政绩的过程中，也难免推行急功近利的扶持政策，有时可能导致一些利益群体受损（例如城市化过程中造成的耕地损失及农民失地问题）。如果能够建立平衡完善的政策制定体系，更加审慎制定及推进政府政策，将会带来更好的政策效果。

3. 行政权与司法权的矛盾

（1）司法权对行政权的依赖。我国司法权与行政权相较于西方发达国家的配合度更高，这在相当长的时间内保障了社会的稳定，为经济发展起到了保驾护航的重要作用；然而较高配合度的背后也存在司法不够独立的问题。一方面，司法机构在财政上依赖地方政府，另一方面，在人事任免方面也受地方人代会的制约，这就形成了司法权对地方行政权的一种过度依赖，尤其对政府行为的监督往往显得捉襟见肘。近年随着司法制度改革的推进，司法权的独立建设取得了较大的进展，司法机关对地方政府的财政依赖越来越小，人事任命也走上了职业化道路，司法机关工作人员的收入水平和社会地位都得到了较大幅度的提高，一定程度上缓解了司法权对行政权的依赖，但地方司法部门在很多事务上还是需要行政部门的配合和支持才能完成，特别是一些涉及面比较广、涉及群众比较多的法律事件，还需要政府落实和解决。

（2）行政权对司法权的干涉。新中国成立以来，为提高社会管理的效率，我国的行政权与司法权长期伴生在一起，其中以行政权为强，司法权在很大程度上依附、服务于行政权。随着社会的发展，市场经济呼唤更加独立的司法环境来调整政府与市场的关系。虽然以司法独立为目标的司法体制改革不断深化，但政府在地方事务管理中仍处于也必然处于绝对权威的地位，行政权对司法权的干涉，在地方保护、民生纠纷中仍然不可避免地存在，司法机关在一些地方仍然是行政管理的工具和武器。而这种关系一旦从社会治理的领域延伸到经济管理领域就会带来资源配置问题，影响公平的市场竞争，甚至可能造成严重的寻租腐败。

（3）行政权与司法权之间仍存在界限不清、权责不明现象。党的领导是社会主义法制的根本保障，行政权的运用也必须遵循社会主义法制，行政权与司法权在社会治理中都起着至关重要的作用，但二者调整社会关系的方式不同，权力之间应当有比较清晰的制度界限以及权责分配。然而现实是，我国司法体制改革才刚刚起步，完善的制度体系尚未建立，基层政府和民众的法律意识、法制观念也都有待提高，行政权与司法权的边界在具体社会管理事务中常常要在实践中摸索。这种缺乏制度标准的摸索给行政管理者与司法实践者提出更高要求的同时，也给了二者更大的权力博弈空间。如果二者实施权力的结果一致，就能达到事半功倍的效果；而如果二者的结果不一致，就会导致冲突和矛盾，进而导致利益诉求者放弃法律维权的途径，转而以上访或其他极端的方式绑架公权力维护个体的利益，既不利于具体事件的解决，也不利于整体的社会管理目标的实现。

（三）价值文化问题

中国特色社会主义文化，源自中华民族五千多年文明历史所孕育的中华优秀传统文化，熔铸于党领导人民在革命、建设、改革中创造的革命文化和社会主义先进文化，植根于中国特色社会主义伟大实践。发展中国特色社会主义文化，就是以马克思主义为指导，坚守中华文化立场，立足当代中国现实，结合当今时代条件，发展面向现代化、面向世界、面向未来的，民族的、科学的、大众的社会主义文化，推动社会主义精神文明和物质文明协调发展。但在市场经济改革过程中，在利益角逐的驱动下，经济利益思维的过度扩张，容易导致核心价值标准在一些人心目中发生动摇，社会心理失衡，获得感下降。

1.经济利益思维方面

（1）市场经济对价值观的冲击。市场经济是奉行效率的经济，讲求优胜劣汰，关注功效结果，并将金钱、利润、利益的多寡作为行为选择的标准。市场经济在我国的快速发展，自然也带来普通大众的意识变化，集体主义精神、共产主义精神以及中国的传统文化都受到了前所未有的挑战。金钱、资本不再仅仅是经济的标准，甚至成为人格标准，它衡量着人的成功、人的社会地位以及人的好坏。不可否认，市场价值推动了中国经济的快速发展，中国人用自己的勤劳智慧在短短三十年的时间里，成为世界第二大经济体。但当这样一种急功近利的价值观入侵到人文社会、家庭关系之中，也给人们带来了前所未有的困惑。单一的金钱价值标准，会带来传统道德文化的危机，将侵蚀经过上千年积淀而成的中国古老的"仁、和、中庸"的思想，引发家庭危机、诚信危机，进而威胁整个社会的和谐。

（2）个人主义扩张带来的副作用。自由市场经济的基本假设就是"理性人"假设，即自私人。自私与利己是市场经济发展的动力源泉，任何一个经济个体，都是为了"超额利润"而不断去完善自身，并使其在交易中处于不败的地位，由此产生的创新及生产力推动了社会的快速发展。但自由市场经济发展到了今天，也让人们认识到了极端利己主义或者个人主义扩张所带来的副作用。首先，人的理性是有限的，无法着眼全局，极端利己常常导致威胁他人利益而激化社会矛盾；其次，利己常常贪图眼前，并带来资源过度集中在某一领域生产，造成过度竞争，从而使自身造成损失。可以看到自利成就了自由市场经济的迅猛发展，同时也酝酿着其自身无法逃避的经济危机、社会危机。个人主义的极度扩张，导致的贪婪威胁资源的有序配置，资本、金钱侵蚀着人的良知与理智，甚至击穿法律的底线，挑战政府的权威，形成不稳定的因素，影响和谐与发展。

（3）不良性竞争手段的存在。良性竞争是市场经济得以发展的重要基础之一。但资本唯利是图的本性无孔不入，在众多获利的手段中，资本只会选择成本最低而收效最大的途径，不论这种手段是否有违公平、道德，只要被处罚的可能性小或即使受到处罚也有很大的利润空间，就会铤而走险，诸如串通投标、制售劣等商品、私自排污等行为。而这样的竞争不仅会在市场范围内给资源配置带来混乱，还会跨越市场的边界，进入社会乃至家庭，扰乱社会关系，激化家庭矛盾，诸如比较常见的不排队现象，以及普遍存在的拉关系、走后门的问题。社会个体在市场经济的冲击下，已经习惯在处理任何关系时，都去争取不尽或少尽义务而多得权利和好处。这种行为如果缺乏必要的约束而毫无成本，将会导致非常可怕的社会现实。那些老实本分、勤恳工作、踏实生活的人，那些讲究诚信、专注质量与创新的企业，竞争不过那些唯利是图、投机取巧的人和那些虚假宣传、玩"空手道"的企业，社会运转、经济发展都将受到严重威胁。

2.核心价值标准方面

（1）社会规范存在一定的模糊与混乱。社会规范既包括道德规范也包括法律规范，但不论是道德规范还是法律规范，其最终都体现为价值判断标准，即哪些行为是社会提倡的、肯定的，而哪些行为是被禁止的，甚至要受到惩罚的。这种规范不应仅仅是写在法律条文中，公诸于各种媒体，更应是深入人们内心，获得普遍认同的行为准则。新中国成立以来，先是确立了以公有制为基础的集体主义标准，市场经济改革以来，集体主义与市场思维发生了激烈碰撞，传统文化与传统的行为准则也受到了前所未有的冲击。忠孝仁义的价值标准、克勤克俭的生活习惯、牺牲奉献的集体主义精神受到金钱、享乐和利己的冲击。这样的社会现实，不仅影响人民生活的幸福感，同时对于执政党、对于政府、对于社会而言也存在巨大的思想隐患。

(2) 泛滥的信息容易导致文化迷茫。自由的市场主义方兴未艾，互联网时代又悄然开启，海量信息、大数据，企业获得了新的成长空间，人们体验着前所未有的便捷。信息以互联网为载体呈现出了爆炸式的增长，认识、知识、价值观的多元化前所未有，舆论成为一种可以影响预期、影响事实走向的力量，左右着人的思想与行为。面对这样的情况，如果信息的甄别、汇总与评判缺乏权威的机制，虚假的信息将会导致舆论导向的错误，影响人们的价值判断，甚至可能使人们对国家、政府、信仰、传统以及自身的生存状态产生怀疑形成不良的文化氛围，影响人们的幸福生活及社会的平衡。

(3) 民众的法治观念需要加强。市场经济是法治经济，只有在法律的规范下，才能尽可能地发挥其优势而规避自利带来的盲目和风险。西方发达国家在经历了一次又一次的经济危机后，不断总结经验，用了几百年的时间来构建市场经济的法治环境，并且注重培养民众的法治观念和规则意识，为的就是能让资本的本性受到约束与控制，在带来进步和增长的同时，减少其对社会秩序的侵蚀，减少寻租和腐败，减少不择手段的竞争带来的伦理危机、信任危机、社会危机。我国在短短三十几年里就取得了西方国家市场经济上百年的发展成果，市场经济意识迅速崛起的同时，法治进程却相对滞后，尤其是民众的法治观念还比较淡薄，知法却不用法，知法却不守法，知法却不敬法，程序规则意识没有形成，在市场经济的强势冲击下，将会产生一系列诚信问题、腐败问题，甚至是经济犯罪，威胁经济安全和社会稳定。

3. 社会心理方面

(1) 安全感有所下降。社会安全感是人们对社会安全与否的认识的整体反映，它是由社会中个体的安全感来体现的。安全感是反映社会治安状况的重要标志之一，也是衡量社会运行机制和人们生活安定程度的标志。人们经济状况的改变，如财富的迅速增加或因下岗失业导致经济收入的骤减，犯罪率的增加、危害人民生命财产的恶性案件的增加，人员流动造成环境的复杂化，人际亲和程度、人际信赖程度、个体对危险或不安全因素的耐受性等都可能影响人们的安全感。安全感既包括人身的安全，也包括财富的安全。人的安全感能激发人的创造力，能改善人与人之间的关系，能促进社会的和谐。而目前因一定程度上价值标准的模糊、信仰的相对缺失，导致行为失范的概率上升，偶发的极端事件或公共安全事件也将增加整个社会的焦虑，使社会整体安全感下降。

（2）平等感易受挫。市场经济是效率经济，鼓励先进的劳动者和强势的经济组织。所以，那些人力资本投入较高、自身素质较强的劳动力更容易被市场认可，得到更高的收入，而那些规模更大、效益更好、资本更充裕的企业也更容易在市场中取得竞争优势。这样的现实很自然地让人们产生财富容易叠加的感觉（越有钱的人越容易赚钱）；而相对越贫困、越困难的个体，不论在教育方面还是在就业方面都不占优势，那些规模较小的个体经济，也无法得到更多融资的机会。所以说，即使市场经济正常发展，不存在机制和监督的缺陷，也会自然导致社会中间阶层和弱势群体的相对剥夺感上升，而平等感受挫，为社会的和谐埋下隐患。

（3）正义感缺乏。随着传统社会向现代社会的转化，正义观念在现代市场经济、民主政治、文化生活中日益凸显其重要性，并开始占据关键地位。正义制度是实现社会正义的根本保障。制度正义是实质正义和程序正义的有机统一，并最终由现实社会中的人来实现。制度正义和社会正义的实现要求社会成员普遍拥有相当的正义感，以便进行良好的社会合作，维护正义原则和正义制度，建立公正而又稳定的社会秩序。然而，在当前中国的社会现实生活中，社会成员的正义感水平较以往有所下降，一部分人在内心深处缺乏应有的正义感，表现在个体功利价值取向相对突出，群体、利他的价值取向相对受到轻视，人际交往中情感、友谊等因素不断弱化，而现实功利因素却不断强化等方面。

（四）民生改善问题

保障和改善民生要抓住人民最关心最直接最现实的利益问题，在诸多民生问题中，就业问题、包括教育在内的公共产品供给的不平衡以及公共安全等问题关系到人民生活的根本利益，涉及人民根本权利的保障。随着经济的发展和社会的进步，人们的权利需求以及权利意识都在不断提升，这种提升既包括数量上的提升也包括质量上的提升，然而与人们对美好生活的向往相比我国的经济社会发展还存在不均衡不充分的问题，继而形成了当下亟待解决的民生问题。

1. 就业问题

（1）劳动权利保障方面。劳动权利是人最基本也是最重要的权利之一，劳动权利是否能够得到充分的保障决定着劳动者的生存与发展，以及社会的基本公平。劳动者的劳动权利包括就业的权利、取得合理收入及福利的权利、获得劳动保护的权利，劳动法是保障这些权利的重要法律。我国人口众多，劳动力供给长期处于供大于求的状态，而劳动力市场受计划经济时期体制的影响，又存在一定程度的分割，其中至少有一种分割可以将我国的劳动力市场划分为正规市场及非正规市场。所谓正规市场就是劳动者与用人单位签订规范的劳动合同，双方在合同的约束下行事，劳动者可以享受合同约定的报酬、福利和劳动保护，劳动者的权利受到劳动法的保护；而非正规市场是指劳动者与用人单位之间临时形成雇佣与被雇佣的状态，没有劳动合同，用人单位不为劳动者缴纳社会保险，所有的劳动风险由劳动者个人承担，因为没有签订劳动合同，所以在很多时候不受劳动法的保护。我国现阶段有大量的劳动者（如农民工）都集中在非正规的劳动力市场，劳动权利的全面保障仍然任重道远。

（2）就业平等及收入公平方面。平等的就业机会以及公平的收入是社会公正的体现，也是弥合现阶段收入差距的基础。我国劳动力供大于求的现实使用人单位有更大的选择空间，性别、相貌、籍贯等先天个体差异也会成为用人单位筛选雇员的考量标准，这造成一定程度的就业歧视，使一部分劳动者丧失与他人公平竞争的机会，影响社会公正。而收入方面也存在不公平现象，主要表现在从事同一种劳动的劳动者由于所处的组织不同，不能享受同等的待遇，这样的情况多数是由于垄断或体制分割造成的，这种非市场竞争形成的差距，不利于劳动者劳动积极性的调动，有害经济发展的同时也不利于社会稳定。

（3）人力资本投资回报率方面。人力资本投资是劳动者个体通过自身努力改善生存的最为重要的途径。公平的教育机会和充分竞争的劳动力市场是保障人力资本投资回报、公平发展机会的重要前提。除此之外，人力资本投资回报率的高低与教育内容是否适应时代发展有关。以高等教育为例，那些社会经济需求较旺盛的专业，学生毕业后相对就业容易，收入较高；而一些基础研究领域，学生本科毕业后择业相对困难，通常需要继续深造，而最终多数都会走向教育教学及科研岗位，这些岗位比较稳定但收入并不是特别具有吸引力。这样的人力资本投资回报导向容易导致社会人才多元性下降，教育引领时代发展的作用被弱化，转而成为被市场牵着走，社会基础创新不足的同时还可能带来结构性失业。

2. 公共产品供给问题

（1）领域失衡。政府是公共产品供给的主体，而我国作为发展中国家，从中央到地方都将经济发展视为重中之重，所以公共产品供给经济利益取向是一种必然。受经济利益的驱使，公共资源积聚在一些体现政绩、见效快、效益较好的领域，生产型或为生产服务的公共产品供给较多，例如，住房、公共交通等方面。但在另外一些见效慢、周期长、效益较差的民生型领域，公共产品供给却比较匮乏，例如文教、科技、卫生、社会保障及生态领域。而这些领域的供给匮乏在一定程度上制约了可持续发展的潜力，制约着国民素质的整体提高，为经济和社会的发展带来隐忧。尤其在城市化进程不断加快的今天，城市的承载力受民生型公共产品供给制约的矛盾已经凸显，对流动人口的就业、医疗、子女教育、社会保障等领域的社会管理提出了更高的要求。

（2）城乡失衡。二元经济结构不仅带来城乡经济发展的差距，也带来城乡公共产品配置的差距。目前我国农村公共产品配置相对匮乏，农业基础建设投入相对不足，现有科技水平对农村支撑不够；农村义务教育、医疗卫生、社会保障投入不足，使农村可持续发展潜力受限。而已投入的公共物品没有得到较好的维护和运用，公共物品缺乏可再生和自生的社会基础。城市集中着大量行政资源，同时也是经济发展的动力源，公共产品的倾斜是必然的，但基于社会公正及经济的可持续发展，农村公共产品投入的合理性，也考验着政府的执政能力及社会的长治久安。

（3）地区失衡。由于地区间的自然禀赋和经济发展程度不同，必然存在公共产品供给地域间的差异，而目前我国地区间公共产品供给正处在一个差异比较大的时期。发达地区和城市因公共产品供给质优价廉，导致大量的人口不断流入，而形成大城市病，例如北京、上海、广州等城市。另外，国家层面计划经济色彩的利益分配政策惯性也造成了地区间公共产品的差异，这种非市场化的影响更容易加剧经济发展的差异。基于公共产品非营利的特性，公共产品必须由政府主导供给，因此需要加强对于政府行为的监督尤其是法治监督。所以，保证均衡供给的非常重要的一方面就是将公共产品供给科学化、标准化、制度化，并建立保障其均衡供给的法治监督。

3.公共安全问题

（1）食品安全问题。食品安全指食品无毒、无害，符合应当有的营养要求，对人体健康不造成任何急性、亚急性或者慢性危害，食品（食物）的种植、养殖、加工、包装、储藏、运输、销售、消费等活动符合国家强制标准和要求，不存在可能损害或威胁人体健康的有毒有害物质以导致消费者病亡或者危及消费者及其后代的隐患。该概念表明，食品安全既包括生产安全，也包括经营安全；既包括结果安全，也包括过程安全；既包括现实安全，也包括未来安全。由于市场发育中存在信息不对称的问题，消费者很难全面了解生产者及销售商的状况，资本的唯利是图及短视自然就会导致食品不安全，所以说，食品安全是"管"出来的，必须依靠健全的食品安全监督和管控体制，才能在市场经济高速发展的条件下保障食品安全。而目前，我国的食品安全管控水平相对较低，法律制度设计也存在不足，导致食品安全问题一定程度的频发。

（2）犯罪问题。我国人口众多，又处在市场经济发展的起飞阶段，各种社会矛盾相对比较集中，犯罪率处于上升的态势，其中青少年犯罪案件、经济犯罪案件的增长速度比较快，犯罪的智能化、网络化程度提高，而增速减缓的暴力犯罪却出现了低龄化、极端化的倾向。相对犯罪形势的严峻，我国的公安执法能力及相应的法律法规有待提高和完善，有法难依、有法不依、无法可依的情况时有发生，加之偶见的执法、司法队伍中出现的"人情案""金钱案"等，都对执法、司法机关的工作带来了挑战。除此之外，执法机关、司法机关的物质保障也有待提高，如何充实保障警力、如何发挥技术侦查的效果，都不仅仅是资金投入的问题，还有体制机制完善的问题，各级各部门的协调配合规范化的问题，等等。只有建立起强大的、规范的公共执法部门，才能有效地应对、遏制不断增加、不断变化的刑事犯罪。

（3）公共安全事件。公共安全事件是指可能造成严重社会危害的自然灾害、事故灾难、公共卫生事件及社会安全事件，通常具有突发性、破坏性、复杂性和持续性。公共安全事件不但严重影响涉事群众的生命财产安全，同时也会造成极大的社会恐慌，影响社会稳定。我国幅员辽阔，自然地质条件比较复杂，是世界上受自然灾害影响最为严重的国家之一，受灾种类多、频度高、损失大。而除了受不可抗力的影响形成的公共安全事件外，人为因素导致的公共安全事件也不容忽视，例如影响较大的上海外滩踩踏事件、天津港口爆炸事件等。这些事件相比于自然灾害引起的公共事件更加可防可控，同时也更加令人痛心。所以在预防、治理以及公共安全事件的问责方面都应建立必要的法律机制，制度化、规范化、严格化地进行管理，才能减少公共安全事件，让群众满意的同时提高社会治理效率。

在民生问题的解决上要突出重点、完善制度、引导预期，完善公共服务体系，保障群众基本生活，不断满足人民日益增长的美好生活需要，不断促进社会公平正义，形成有效的社会治理、良好的社会秩序，使人民获得感、幸福感、安全感更加充实、更有保障、更可持续。

（五）生态治理问题

中国要建设的现代化是人与自然和谐共生的现代化，既要创造更多物质财富和精神财富以满足人民日益增长的美好生活需要，也要提供更多优质生态产品以满足人民日益增长的优美生态环境需要。但在现实经济发展的过程中，高速的经济增长同样需要消耗大量的资源，而生态环境保护，必然会在一定程度上导致经济增长趋缓，如果考虑到各区域的差异，尤其是后发区域的困难，考虑发展的公平与均衡，就需要建立完善的生态补偿机制和支持绿色经济发展的市场机制。

1. 生态保护与经济发展的矛盾

（1）粗放式的生产方式危及生态环境。粗放式的生存方式是生产力发展水平较低而经济增长需求较高时期的必然选择，在市场经济改革初期，刚刚得到解放的生产力凭借这样的生产方式实现了最初的高速增长，积累了大量的财富。但粗放式生产方式的弊端也显而易见，大量的不可再生或短期内不可再生的资源被低效攫取，废水、废气、废渣无序排放，高速的经济增长背后酝酿着不可持续的危机，这一危机也引起了政府重视，加大环保投入、加强政策规范、完善立法等多种手段并举。这些措施对于经济发展较好、已经到了产业升级转型阶段的地区效果是比较好的，但对于刚刚起步或承接发达地区产业转型的地区（经济增长及改善贫困压力比较大的地区）效果甚微，生态环境的破坏仍在继续，先污染后治理的环保模式并没有得到根本的扭转。

（2）生态环境的过度开发。我国人口众多，总体资源消耗量较大，而目前又处在社会主义市场经济的初级阶段，经济发展同样需要消耗大量的资源，所以不可避免地需要开发原始的生态环境，使其适应人及生产的需要。但是由于经济发展初期缺少环境保护的意识，也没有建立起开发利用资源的相关法律制度，生态环境作为公共资源又没有明确的产权约束，在相当长的时间里，开发环境资源是只有收益没有成本的行为，这导致除正常生产生活消耗的资源以外，还有大量资源被浪费，生态环境的过度开发归根结底都是社会的损失，子孙后代的损失，为经济社会的可持续发展带来忧患。

（3）保护环境难免牺牲经济效益。环境保护是功在当代利在千秋的事业，但环保的成本同样非常高。相比于环境保护投入的具体费用，其对当下经济效益的影响极为显著。一个环保政策的推行，就意味着在这个领域内的相关企业生产成本的增加，或者面临技术工艺的升级、环保设备的采购，或者面临相应的罚款及缴纳治污费用，企业的利润空间被压缩，利税就会减少，地方财政也会紧缩，如果环保政策涉及的是这一地区的支柱型产业的话，就会导致该地区整体经济的下滑。这也是为什么环境保护政策虽然好，但执行却非常难的原因。面对不断增长的社会需求，资源的开发利用是必然趋势，任何环保政策都会或多或少地带来社会产品的供需矛盾，企业、政府又都不想牺牲眼前的经济利益，所以环保政策推行起来总是困难重重。

2. 生态补偿缺乏应有实效

（1）"生态"产权不清。保护生态环境，减少过度开发，除依靠法制政策外还要依靠实施有效的生态补偿，增加环境破坏的成本，才能从根本上减少生态的过度开发，转变粗放式生产方式对环境的破坏。然而生态环境属于公共产品，原则上归全体国民的代表国家所有，具体由政府管理，但生态环境遭受破坏影响的个体或者群体却不是产权意义上的所有者，很少能得到直接的补偿，或者有权力通过法律支持的途径阻止环境破坏的行为。如此就造成过度或不合理的开发行为常被忽视，遭受侵害的个体、组织或地区又申诉无门，即使开发资源、造成污染的企业愿意依照政策规定承担义务，实践生态补偿，却又很可能无法落实到受侵害的具体个体，被削弱的生态补偿的效果，也会降低人们保护环境的积极性。

（2）破坏环境的惩处力度小，缺乏补偿资金。生态补偿既可以弥补环境污染造成的损失，又可以合理开发环境的成本，对于那些被划归到环境保护区不能发展经济的地区，生态补偿也是公平社会分配的重要方式。生态补偿资金的重要来源就是对造成污染和资源消耗较大企业的处罚或收取环保税。然而现实是，环境污染或资源消耗或环境保护的损失有时难以衡量，为了不确定的损失而牺牲经济效益通常不会是政府的选择，所以生态补偿的资金几乎无法落实。尤其是当生态补偿涉及多个地区时，地方政府往往又会基于地方利益使生态补偿陷入艰难的博弈，很难将其规划到财政支出当中。所以要落实生态补偿，不仅需要政策的推进，而是需要系统地平衡各方面的关系，平衡经济发展与环境保护之间的关系，制度化补偿的对象、数额、方式和资金来源等一系列问题。

（3）没有形成系统化的补偿方法。制度化、系统化的生态补偿方案是环境保护、环境治理长效机制建立的基础。法制化的生态补偿，可以起到约束企业及政府行为、维护社会公平的重要作用。一方面将企业的污染成本合理化、标准化，另一方面将生态保护的补偿合理化、标准化，减少矛盾产生的空间，为政府协调管理该事务提供法律依据、公平施政的同时，最大限度地减少寻租空间。然而，制度化、法制化生态补偿既需要顶层设计，也需要地方政府的相互配合，更需要企业以及环境保护涉及的个体积极参与。因为生态补偿标准的设定涉及多方利益的平衡，既要保护好环境又要促进经济发展，既要维护公民个体享受良好环境的权利又要考虑区域布局及整体效益，不论从理论还是实践角度都是重大的课题，很难一时之间一蹴而就。所以在当下，生态补偿问题还仅仅处于理论探讨阶段，各方利益仍处于博弈的阶段，矛盾问题比较突出。

3.绿色经济发展缺乏应有支持

（1）绿色经济成本高。绿色经济是以市场为导向、以传统产业经济为基础、以经济与环境的和谐为目的而发展起来的一种新的经济形式，是产业经济为适应人类环保与健康需要而产生并表现出来的一种发展状态，具体可以表述为生态农业、循环工业和可持续的服务业。发展绿色经济是解决生态问题的又一重要出路。绿色经济的好处显而易见，然而绿色经济的发展规模却总是不及传统经济，除了绿色经济的基础不如传统经济之外，很重要的一点是发展绿色经济将环保成本纳入了生产成本中（生产的过程就考虑了环保因素），成本高的产品相比传统产品利润空间就小，很难吸引投资，发展规模就会受限，在激烈的市场竞争中自然处于劣势。

（2）绿色产品缺乏市场竞争力。绿色经济产品与传统经济产品相比缺乏市场竞争力，最主要的原因不是绿色产品的品质，而是绿色产品的成本高但市场认可度低。中国作为发展中国家，绝大多数民众的生活水平并不高，生存发展意识强而环保健康意识差，几乎不可能花更高的价钱购买与传统产品使用功能相近的绿色经济产品，所以说该类产品在现阶段是缺乏市场竞争力的，缺乏市场竞争力的产品，最终的结果就是被市场淘汰，而只有那些创新型的能弥补传统产品市场空白的产品才能在市场中有一席之地。但创新产品要求市场有很好的知识产权保护机制，而我国又缺乏这种机制，继而导致好不容易科技投入形成的创新型绿色产品，还没有收回研发成本，就被纷纷效仿，仿冒品充斥市场，价格低廉，创新型绿色产品的生产企业的利润空间被不合理压缩，最后不得不退出该产品领域。所以说，不仅是传统型的绿色产品，创新型绿色产品同样缺乏在我国的市场长久立足的优势。

（3）绿色经济的发展依赖政府扶持。绿色经济的成本高，市场竞争力差，长期发展必须依赖政府资金的扶持。首先，政府资金的扶持能够弥合绿色产品与传统产品的价格差距，使绿色产品具有同传统产品竞争的可能；其次，政府对创新型绿色产品的资金扶持，可以增强这类企业的创新实力，生产出更具竞争力的产品。但必须强调，在没有相关制度的约束下，政府的资金扶持很难偏向于绿色经济体，这主要是因为，同样的资金投入，传统经济对 GDP 的回报要高于绿色经济，传统经济的基础好，GDP 表现更好，政府更倾向投入传统经济；最后，政府的资金扶持也会带来新的寻租隐患，有可能出现一些企业打着绿色经济旗号骗取政府扶持。因此，政府对绿色经济的扶持必须在制度及法制的框架下实施，如此才能保证资金支持，真正起到促进绿色经济发展、解决生态问题的目的。

总而言之，若想实现经济发展与环境保护的平衡，人与自然的和谐，必须坚持节约优先、保护优先、自然恢复为主的方针，形成节约资源和保护环境的空间格局、产业结构、生产方式、生活方式，在制度设计和法制监管的框架下实现生态平衡。

三、转型期中国社会失衡的危害

失衡在各种社会形态中都普遍存在，当前我国社会主义初级阶段的社会主要矛盾即是"人民日益增长的美好生活需要和不平衡不充分的发展之间的矛盾"。可以说我们身处的社会本身就是"绝对失衡"与"相对平衡"的综合体，社会就是在失衡与平衡的交互作用下不断地调整和进步着。需要说明的是，失衡本身并非是绝对的危险，带来的也并不是必然的危害，甚至有些失衡在特定的条件下和特殊的历史时期是利大于弊。因此我们无意去片面地强调失衡的危害与危险，从而创造一个"危机时刻"，而是客观地总结失衡问题给中国社会造成的危害，发现有可能因失衡的扩大或者继续而产生的可预见的危害和危机，进而挖掘产生失衡问题的根源，以求趋利避害、防微杜渐。

（一）影响经济可持续发展

各种社会问题对经济的冲击是最为显著也最为迅速的，综观当今世界最为贫困的国家和地区，都长期存在着严重的社会失衡恶疾，都在失衡—贫困—更失衡的恶性循环中动荡不安，摇摇欲坠，可以说，阻碍经济发展、消耗经济成果是各种社会失衡问题的首要危害。

1.对经济可持续发展调控的影响

（1）政府宏观调控效果不彰

市场具有极强的利益驱动性，作为经济的重要调控手段，市场本身的缺陷无法自行修正和化解；与之相对应，政府宏观调控强调的是理性的资源配置，这种强调质量多于效率的资源配置可以弥补市场资源配置的不能和缺陷，为经济的可持续发展把握方向、创造条件。然而，社会失衡问题会给政府的宏观调控带来负面影响和制约，造成政府宏观调控失效，危及政府通过宏观调控政策对经济的控制和把握。一旦政府干预经济不当，不仅不能有效克服市场失灵，甚至还会对市场功能的正常发挥造成阻碍和限制，从而导致经济关系发生扭曲变形，经济发展不可控。首先，社会失衡会导致政府对干预经济活动的预期目标产生误判，使得调控措施与经济发展亟待解决的问题发生错位和偏差，导致政府的宏观调控措施放空箭，下药不对症；其次，作为资源配置手段的宏观调控也必须考量成本与收益的关系，严重的社会失衡问题会放大政府干预的难度和成本，即使政府干预达到了预期目标，但成本过于高昂也会造成经济发展不能承受之殇；最后，如同汽车若要拥有动力就必须排除尾气一样，政府宏观调控和干预经济的活动也会产生一些伴生品甚至是负面效应，因为政府干预经济往往不是为了实现静态的"帕累托最优"，而是为了争取动态的公平和效率，因此这些伴生品一般不会给经济的发展造成过多影响，但是社会失衡问题会使此种负面效应扩大化，从而阻碍经济发展的可控性。

（2）市场资源配置效率不高

所谓市场经济，简而言之是通过竞争机制、供求机制、价格机制等市场手段在商品交换中调节流通，进而调节生产、分配和消费等市场环节的经济，因此市场的资源配置是一种效率和效益至上的资源配置方式，能够充分激发经济发展的活力，我国改革开放四十年经济发展的伟大成就与我国发展社会主义市场经济的重大战略密不可分。然而，市场能够有效完成资源配置的功能需要诸多基本条件，而社会失衡问题对这些基本条件的撼动，直接或间接地动摇着市场资源配置的效能，进而阻滞经济发展的活力。首先，社会失衡破坏市场资源配置的经济基础，社会财富的过分集中与利益分配的失衡导致不同的财产所有者或其代理人地位和能力差距悬殊，难以实现自主经营、自负盈亏和独立决策，无法平等地遵照市场规律组织生产和销售，以实现利润最大化，这严重制约了产业独立与财产的自由移转和交易，破坏了市场经济赖以存在的基础。其次，社会失衡损害市场资源配置的核心——竞争，公平竞争、优胜劣汰是市场经济的核心和调节机制，是经济充满活力并不断发展的外在压力，失衡意味着平等和公平被挤压，没有平等与公平就没有真正的竞争，经济发展的外在压力就会减弱甚至消失。最后，社会失衡阻碍市场资源配置的制衡机制，由于市场经济是利益导向型的经济，是交易主体多元化的经济，因此市场主体之间存在复杂的财产关系、交换关系、经营关系、分配关系等，只能通过签署法律保护的契约，通过这些契约关系的建立实现资源的有效配置，并在这个过程中产生合法的利益。这种"经济行为的契约化"是市场资源配置的制衡机制，然而经济行为的契约化内在需要契约订立人的平等和意思自治，外在需要法律制度的良性作用，当这些条件因失衡而难于达成，契约对于市场经济的良性制衡也就难以实现。

2. 对经济可持续发展空间承载力的影响

资源环境与经济发展是一对关系密切的对立统一关系，二者既相互促进又相互制约。一方面，环境为经济发展提供物资条件和空间承载，给经济发展给养；另一方面，环境资源数量的有限性和构成的脆弱性又制约经济发展。现代社会中资源环境对经济的制约力愈发强烈，被看作是提供各种产品和服务的一种基础性"资产"，是提供人类从事经济活动的生存支持系统，因此环境已然成为经济大系统的一个部分。由于环境质量的改善不会随着经济的发展而自动产生，如果发展经济的同时未平衡照顾资源与环境的破坏问题，自然资源会遭到破坏，造成污染环境，甚至带来严重的环境问题，环境的自净能力丧失，长期累积下来的环境损失必然折抵经济的增长。更严重的是，当资源枯竭、环境破坏到一定程度，人类社会的发展就失去了资源环境基本物质条件的供给，经济发展自然就丧失了其必须的空间承载，失去立足之地。特别是像我国这样的人口大国，资源与环境承载的压力本来就很大，在供给 13 亿人口生存的同时满足经济发展的承载能力极其薄弱，资源枯竭、环境污染的危机时时存在并且难于恢复，如果处理不当，资源的逐步枯竭与环境问题的愈演愈烈将大幅提高社会各个层面创造新价值的成本，使生产得不偿失，交换失去意义，同时降低人民美好生活的质量，甚至造成严重的社会问题，提高社会治理的难度和成本，这"一升一降"的叠加将严重制约经济的可持续发展。

3. 对经济可持续发展动力的影响

所谓经济动力就是指带来经济变化的力量，[①] 经济的变化无论是正面的增长、发展还是负面的下降、衰退都源于某种经济动力的作用。从世界各国的经验看，经济发展并不总是一帆风顺的过程，大多数经济体的经济增长都是缓慢而曲折的。纵观各个国家和地区经济发展的过程，无论是保持长期持续的经济增长，还是在曲折中缓慢前进，保持经济可持续发展的关键是能否保持经济增长的动力，特别是在发展阶段转换、旧增长动力削弱的时期及时培育新的增长动力，这是实现经济持续发展的关键所在。中国作为一个经济快速增长、经济结构迅速转换的发展中大国，近年来也面临着经济增速下滑和经济增长动力转换的问题。[②] 如果动力选择错误，或对动力因素的运用上出现偏差，会对经济发展造成影响。

首先，社会失衡问题长期累积会削弱人的能动作用。对于什么是经济社会发展的基本动力，马克思在深刻地批判了旧唯物主义的基础上提出了"人的能动性"理论，认为人的能动作用才是经济社会发展的基本动力，而此种人的能动作用并非无源之水、无本之木，是以物质为前提条件的，因此需要社会群体能够较为均衡地获得必要的物质条件，人与物不被生硬的割裂开，否则人的价值内驱力将无法形成或发生扭曲。其次，社会失衡问题长期累积会恶化或降低生产力因素的功能。马克思主义认为，生产力是社会历史发展的最深刻的根源和最根本的动力。人类社会的经济就是在生产力的推动下由低级向高级发展，如果不重视生产力这种根本动力的作用，降低社会失衡对生产力因素的负面效应，经济的可持续发展将丧失根本动力，停滞不前。

（二）对执政党执政的影响

中国共产党能够在长期艰苦卓绝的革命斗争和国家建设中始终保持先进

---

① 参见王和山：《经济发展的动力问题研究》，《宁夏社会科学》2011 年第 1 期。

② 参见赵昌文、许召元、朱鸿鸣：《工业化后期的中国经济增长新动力》，《中国工业经济》2015 年第 6 期。

性和领导地位，一个重要的原因在于能够准确把握和及时排除各种威胁执政党地位的因素，并且在这个过程中不断地实现自我完善。新的历史时期，党领导下的中国发生了诸多深刻的变化，其中社会失衡问题呈现出不同于以往的新态势，这些具有深刻时代烙印的社会失衡问题及其带来的一系列蝴蝶效应，深刻地考验着中国共产党的执政能力和自身建设。一方面，社会失衡提升执政难度，无论是治国、理政还是谋求发展，如果不能很好地调整失衡、力求平衡，再先进的执政党也很难在充满矛盾的社会结构中独善其身；另一方面，社会失衡考验执政党的自我革新、自我完善，"工欲善其事，必先利其器""打铁还需自身硬"。

1. 社会问题长期积累容易影响人民对执政党的信任

对于任何政党来说，其在现代政治生活中稳定存在的正当性在于，不同的社会阶层若要在一国的范围内和谐共存，必须实现本阶层利益的准确表达与整合，而政党就是这种起媒介作用的社会组织。也就是说，人们对政党这种社会组织产生信任甚至是依赖源于政党能够及时反映人们的利益诉求，整合这些利益诉求，避免和减少利益冲突。执政党更是如此，一国的执政党首先要在现代政治体系里履行好利益表达和利益整合这两项基本职能，否则人民的广泛利益就无法得到有效的表达。当人们的各种诉求总是无法通过执政党表达和实现，其对执政党的权威和功能就会丧失信心。现代社会的很多社会问题和矛盾很难通过私力来救济和解决，必须通过公共权力的参与，执政党正是民众与公共权力沟通和求助的渠道和桥梁。在我国，中国共产党是广大人民利益表达和利益整合的唯一渠道，必须担负起民众与公共权力之间沟通的主要职责，人民将难以解决的各种社会问题都寄厚望于我们自己的执政党，这样执政党往往要承担更大份额的义务。如果这些社会问题和矛盾长期积累和积压，容易导致人们对执政党政党功能的怀疑，其所获得的执政地位就有可能因这种不信任而动摇，其所掌握的政权也可能因这种不信任而得不到民众最大的认同。

2. 新矛盾新问题的出现考验执政党的执政能力

身处改革深水区和转型关键期的中国，面临着经济、政治、社会各方面变革的压力，社会失衡问题引发的新矛盾和新问题加剧了执政党所面对的国内环境的复杂性、需解决社会问题的紧迫性，经济需发展、社会需稳定、民族需融合、人民需福利的客观情况深刻地考验着执政党的执政能力。这些任务不是依次上场，而是同时被提上议事日程，执政党要顺利实现这些目标、克服这些困难的最基本条件，就是要先实现局势的稳定，这客观上要求执政党务必及时有效地解决各种矛盾，控制因矛盾和利益冲突引发的各种不稳定因素，通过矛盾的解决使执政党在全社会建立起统一的社会权威、实现社会稳定，然后在稳定的社会环境中才能进行国家建设。

人类从事各种社会活动的原始初衷是获得利益和维护利益，因此执政党执政能力的核心就是利益表达和利益整合的能力，然而社会失衡问题带来的利益冲突给执政党的利益整合能力造成巨大的冲击。一方面，经济发展与社会建设的失衡导致执政党难于处理好"看得见的手"与"看不见的手"之间的关系，即解决好各种关系到群众切身利益问题的同时保持经济建设的能力和动力，为公共服务奠定坚实的物质基础；另一方面，公平与效率的失衡导致日益增长的社会财富分配严重不均，大幅提高的收入反而带来了贫富差距、利益分化的社会问题。

3. 不断完善自身建设成为执政党必须解决的课题

一方面，自我净化是执政党在复杂的社会环境下承担好政权保卫、社会管理职能，提升执政能力的关键环节；另一方面，执政党的先进性作为一种表率，对国家治理具有深刻的影响。执政党的内部问题得不到妥善的解决，直接影响执政党实现"自我完善""自我革新"。社会转型时期，社会失衡问题引发的矛盾和问题也容易在执政党的内部产生负面影响，少数党员和领导干部利欲熏心、急功近利，无法平衡好私欲与公利的关系，甚至不顾党纪国法任意而为，严重影响中国共产党在人民群众中的形象和权威，有损党和人民的血肉联系。"办好中国的事情关键在党""治国必先治党，治党务必从严"。党中央以壮士断腕的力度和决心严惩腐败，就是深刻地认识到党内问题的积累对我党执政能力建设和自我完善的恶劣影响。

4.执政党政策的有效性受到影响

从严格意义上讲，执政党推动国家经济建设、政治建设、文化建设和社会发展主要是国家政权职能的行使，此种政权职能的实现可以通过多种形式完成，其中政党政策起到绝对的定向、导向、指导甚至是检查和督促的作用。正如恩格斯所说，"一个新的纲领毕竟总是一面公开树立起来的一面旗帜"，从某种意义上说政权稳定与国家公共安全的实现就取决于执政党政策的正确性和有效性，因为党的政策对于国家政权起到指明灯的作用。社会失衡问题会影响政党政策的效果和效力。一方面，执政党政策具有鲜明的客观性和时代性，因此政策的制定必然以当前和今后一段时期的社会状况为依据和参考，然而社会失衡造成的病态客观事实有可能会在政策制定之初就导致政策的歪曲和失误，如同哈哈镜一般反映不出社会的本真。另一方面，政党政策的实现要依靠团结全体人民来共同完成，靠国家政权力量进行组织实施，只有政党政策内化为全体人民的自觉行动，党的路线方针政策才能够真正发挥效果和效能。但是这种人民对政党政策的"共识"在一个利益分化严重、社会结构失衡的国家内是无法达成的，没有了落实主体，再好的政党政策也是纸上谈兵。无论是制定环节还是落实环节出问题都会导致政党政策的失效，使党的路线方针政策无法转化为全民族层面的共同思想。

（三）社会秩序受到影响

社会秩序是社会发展的指示器和风向标，在任何一种社会形态中社会秩序都要经历漫长的从构建到成熟的过程，是衡量社会稳定与否的重要指标，随着社会失衡问题的不断加深，社会结构呈现出多元化、复杂化的特征，失衡导致的深层次利益冲突得不到及时调整和整合，从而会滋生一些社会问题，对业已形成的社会秩序造成冲击。当前，我国社会秩序正在经历一个部分消解同时全面重构的过渡转型期，社会管理的难度加大、成本显著提高。

1.传统的社会管理功能减弱

传统的社会秩序很难全部承担因失衡造成的社会动态复杂矛盾。比如，作为体制内的权威，村民委员会长期以来都是农村社会管理的重要组织。作为最基层的村民自治组织，村委会是农村社会管理无可非议的自治主体，其管理权力的行使有的长期依托于家族、乡里等基层社会组织自我管理，但随着农村经济结构和人员结构的变动，这种传统的自治组织逐渐显现出弊端和治理能力弱化。一方面，功能缺陷凸显，难以满足农村群众日益增长的美好生活需要和难以公平公正地处理日常事务；另一方面，定位存在偏差，过多地干涉本可以由社会组织自行解决的事务[①]，导致原有的系统功能弱化甚至丧失。

传统社会管理内容与手段匹配度不足。人类社会是一个系统性的有机整体，其良性运行需要借助有效的方式手段，即社会管理内容的各个环节的良好组织和协调，而社会管理方式手段必须体现社会生活内容并通过调节利益矛盾关系控制社会走向，因此两者具有高度对称性，正如社会秩序的建构与维护最终要由社会控制来体现与社会失衡问题相伴生，社会结构呈现出多元化、复杂化的特征，而传统的以行政命令调节社会秩序的管理手段难以适应新的变化，传统的单一性、强制性的管理手段与具有灵活性、多变性的市场经济难以匹配，失去效果。

传统社会管理的模式效能减弱。传统社会管理与现代社会治理的重要区别在于：传统社会管理具有强烈的人治特点；而现代社会治理具有契约管理的特性，是现代的法治理模式，需要通过社会各个层面的行为规则及其遵守形成秩序。行为规则是人们参与社会活动所遵循的具体的、基本的原则和规范，具有长期稳定的适用性。行为规则实质上是以社会利益矛盾关系为主要内容的调节整合机制，目的在于维护社会生活的有序性、稳定性以及连续性。严重的社会失衡使得社会利益关系畸变，凭借主观意识进行社会管理根

[①] 参见刘德林：《当代中国社会管理困境及其破解：政治秩序视角的解读》，《云南行政学院学报》2013 年第 6 期。

本无法形成稳定而连续的社会秩序体系。

2.社会凝聚力不足

现代社会具有个体化、个性化的特点，但是表面上的个体化、个性化呈现无法抹杀社会凝聚力在形成社会秩序过程中的重要作用，社会的"凝聚力"是社会"秩序力"的有效支撑。失衡社会所面临的风险，既是现实的又是潜在的，而社会凝聚力的弱化既是现实风险也是潜在风险。失衡社会的每个社会个体都将是失衡问题的受害者，人们需要在危机面前重新思考自身的个体化存在时，容易忽略原有较为稳定的人与人的系统联系，因为失衡会使人们错误地认为，在原有的社会关系和社会结构里吃亏的总是自己，自己并非被团结的对象，利己的个体化思潮将逐渐减弱原有的社会凝聚力，据以凝聚社会的"集体意识"混乱或者瓦解可能导致社会核心价值观的紊乱、错位甚至分裂，以及社会规则体系和行为规范的混乱与失效。

3.失范行为纠正不及时

在一个良性运转的社会结构里，失范行为应当是局部的、暂时的，并且能够得到及时的纠正，或者得到否定性评价。正如"破窗"实验中那块被砸碎的玻璃，如果不被及时修补，周围的玻璃还会被砸碎，因为"破碎的玻璃"反而成为正常现象。失范行为就如同"破窗理论"中被损坏的窗户，如果得不到及时的修补和纠正，失范行为就会被无限地模仿和扩散，甚至成为一种常态。社会失衡对人们行为的一个重要的不良影响在于，严重失衡使得社会生活的根本方式在一定时期一定地域范围内发生根本的改变，既有的那种生活方式、交往方式、生活世界失去了存在的合理性根据，曾经在一个相当长时期中对社会生活发挥有效调节作用的社会价值规范体系的合理性受到强烈冲击[1]，"群体失范"一旦形成，就很难用一般的法律的、道德的社会调控手段控制，会造成很大的社会风险。

---

[1]　参见朱力：《失范的三维分析模型》，《江苏社会科学》2006 年第 4 期。

4.制度权威性不足

现代法治社会的社会秩序是一种制度秩序，社会成员纷繁复杂的社会关系可约简为由一定规则所规范，并可以由特定权威来控制的交往关系，从而增强社会成员行为及其结果的可预期性和确定性。然而失衡的社会分配扭曲了各种社会利益关系和交往关系，溶解了制度的确定性，制度本身的历史沉淀性与制度惯性并不适应现代性急剧展现的场景，制度的规制能力与防控能力在风险的多样化面前捉襟见肘①。一方面，规范不被遵守，规范的遵守取决于主、客观两个方面条件的具备，而社会失衡问题对这两方面都存在影响：主观方面，人们对制度的遵守是建立在对制度信任的基础之上的，而制度信任的基础是制度本身的权威性与普遍性。严重的社会失衡导致人们的价值理念扭曲并与社会规范蕴含的理念相背离，在这种情况下人们便不再认同既有的规范，规范不再是解释特定行为的依据和理性的行为规律，社会成员个体不再遵守对规范的忠诚与承诺。客观方面，规范的遵守又取决于一国的物质经济基础和政治文明水平，不平衡的物质生产和长期不充分的经济建设无法为守法提供稳定的物质基础，充满失衡和不公的社会也无法为守法提供良好的环境。当人们遵守规范的主、客观条件都不具备时，规则就名存实亡，社会则可能出现失序和混乱。另一方面，规范不被执行，执行是法律规范的生命，有规范而不执行比无规范的危害更大。因为有法不依、执法不严不仅仅放纵了违法违规的行为，从而使法律规范形同虚设，更重要的是得不到执行的规范会逐渐丧失应有的权威、尊严和公信力，从而导致人们从根本上全盘否定法的意义和价值。我国在法律执行方面虽然建立了一定的执法体系，取得了很大的成绩，但仍然存在诸多问题，突出表现在执法落后于立法，一些法律得不到有效的执行，有法不依、执法不严、知法犯法、执法犯法，从而导致社会道德失范和道德水平下降，破坏社会公众对法律的信任，损害法律的尊严②。

---

① 陶建中：《风险社会的秩序困境及其制度逻辑》，《江海学刊》2014年第1期。

② 参见刘立宪、吴孟栓：《论法的执行与法治的完善》，《清华法治论坛》2000年第1期。

（四）对社会文化与价值观的影响

"社会除了追求秩序、安全、繁荣之外还要追求和谐、自由、幸福"①，所以人类除了需要拥有物质家园之外，还需要文化、价值所塑造的认同感等价值理性，这些人文家园为人提供终极的价值和意义关怀，经济结构、社会阶层、伦理观念、道德准则的巨大变化，都在促使社会文化以异乎寻常的速度发生着重大的变化。如果这种和谐、自由、幸福的价值和意义得不到人们的广泛自觉认同，团结和秩序便会产生裂痕。

1. 文化导向的正向价值体现不充分

社会构成中文化因素非常重要，因为文化是人区别于动物、人类社会区别于动物世界的主要标志，没有文化就没有人类社会，文化是社会形成和发展的动因之一。作为一个普识性范畴，通常认为文化是人类文明的总和，包括物质文明、精神文明、政治文明、生态文明等，文明蕴含的价值与社会作用落实到社会生活之中就形成了文化导向，"我们每个人诞生于某种复杂的文化之中，它将对我们往后一生的生活和行为产生巨大的影响"②，这种巨大的影响就是文化导向，而失衡的社会文化将导致文化的导向发生偏差，无法实现文化的价值和文化的社会作用。首先，失衡问题使文化不能适应当前思想意识、道德修养的需要，无法实现文化的思想教化的作用，思想无正确的教化，就难以明辨是非；其次，失衡问题使文化不能实现开阔视野、拓展知识的目标，无法实现文化科学认知的作用，知识不充分传播，就难以创新发展；再次，失衡问题使文化难以升华素质、情感，无法实现丰富内心世界、审美感染的作用；最后，失衡使文化满足不了提高生活质量之需要，无法实现调节人们生活的作用，生活质量不提高，就难以保证人们对自己文化传统的信心。

---

① 魏波、孙颖：《在治理创新与文化发展的互动中培育社会认同》，《中国特色社会主义研究》2012年第1期。

② ［美］C. 恩伯、M. 恩伯：《文化的变异——现代文化人类学通论》，辽宁人民出版社1988年版，第29页。

2.文化认同的程度不够强

文化认同作为一种纽带对于整合不同的民族和社会群体来说至关重要，因为社会是一个有机的多元结构系统，也是各种社会关系交织联合的集合，在社会发展过程中，文化黏合着处于同一社会圈中的每个成员，成为密切人际交往、维系人际情感和分配社会资源的特殊精神纽带，能够协调各方利益、优化社会结构、统一不同思想。失衡对文化认同的危害在于：第一，文化推手相对单一。文化发展的推动者主要是政府机关、教育科研机构和媒体，是以一种自上而下的舆论带动社会对软文化的关注，影响了广大民众、企业、非营利组织等基层力量的积极性和创造性的认同度。第二，文化资源开发不够。我国有着非常丰富的传统文化资源，但是对这些资源的挖掘、利用和保护远远不够，并且现有的利用和开发也不尽合理，比如这些年来，风靡全球的美国好莱坞影片《花木兰》《功夫熊猫》等都隐含着我国传统文化资源被蚕食的问题。花木兰和熊猫在中国文化中的意蕴被颠覆，完全成了美国价值观的代言人，进而又影响着中国青少年的价值理念，影响国人对传统文化的认同度。第三，经济发展的文化含金量低。从我国的产业结构类型看，需要有知识产权的、高附加值的终端产品生产，如果人们总是在仰望西方文明的成果，则难以在经济发展的成果中体会到自身文化发展的贡献。

3.人文价值与文化品位不统一

文化是依据一定的价值理念经过长期的发展而建立的，是价值理念与特定的客观历史条件的结合，人文价值影响着文化的建构与文化发展方向的选择。首先，如果出现人文价值的虚无化，会影响社会主流文化价值观念的构建，影响个人对社会核心价值理念的认同；其次，人文价值的虚无化还可能影响文化存在和合理性，人们文化的认同和遵从是通过其基本人文价值判断的，可以说文化价值和文化观直接影响着文化的价值合理性以及人对文化的认同度。如果一个社会没有明确的人文价值观，将很难建立统一的文化价值和文化品位，在没有文化凝聚力的社会群体中就容易出现意识涣散、团体意识薄弱的问题，失去民族和传统的自豪感，甚至产生被洗脑、被分裂的可能。

（五）个人基本价值与行为准则部分偏差

失衡社会中道德秩序的缺失和价值体系的不健全会给整个社会和民众生活带来巨大影响。对于社会成员来说，人际关系的冷漠和疏远，传统的感情纽带被利益的追求所隔断，成员间关系的非长久性、不稳定性和唯利益主义使得彼此以追求自身利益的最大化为目标，对于各种行为的是非观念、善恶标准认识混乱和模糊不清，对于自身从事的工作的内涵价值认识不清，等等。如此，人们在为当今物质生活的极大丰富而欣喜之时，个人的精神贫乏也将不期而至。

1. 个体精神生活丰富度不足

社会失衡对于个体最深刻的危害在于物质与精神的割裂，物质与精神的差距悬殊。人类的生活是由物质生活和精神生活这一对基本矛盾构成的，社会失衡的种种诟病会深刻地反映在个体的生活方式之中，影响这一对基本矛盾的对立统一。"物质生活以物化为特质，精神生活以超越性为特质。"[1] 随着社会经济的发展，相对富裕的物质生活使得人们从总体上摆脱了物质匮乏，也尝到了物质带来的感性快感，但在人的精神生活质量和丰富程度未能同步提高时，市场经济、消费型社会裹挟而来的功利主义与物质主义，会吞噬传统的真、善、美、理性、德性等善恶评判标准，物质生活的价值和特征侵占到精神生活领域，可能助长个体精神生活的物欲化导致精神生活的贫乏与低俗化。

2. 道德调整的价值不够强

随着中国改革开放的深入和社会的发展，社会中日趋多元化的价值观相互碰撞，道德作为调整人们行为的基本社会规范在社会转型期面临着许多挑战，在社会生活的许多领域出现了道德调整的价值弱化现象。人们以追求利益的最大化为目标而忽视了最基本的道德与人性价值，导致了一件件类似

---

[1] 邹诗鹏：《现时代精神生活的物化处境及其批判》，《中国社会科学》2007年第5期。

"长江大学学生救人落水却被索取巨额的打捞费""江苏淮安老太拾金不昧反遭起诉"的事件发生。道德调整的弱化对身处转型中的中国社会危害很大，因为"在社会转型期，要形成良好的社会秩序，最终还是要依赖于人们的道德自律，道德自律是转型社会秩序实现的最高形式"①。在社会失衡问题较为突显的转型时期，道德作为一种导向性的内心召唤，能更有效地约束主体的行为而免受外界影响，形成较为稳定和持续的社会秩序；反之，道德的式微和道德失范将对社会生活各领域的秩序稳定和精神文明建设造成负面的影响。

3. 社会信任出现一定程度的缺失

信任是社会合作的主观心理基础，无论何种社会形态都需一定的信任系统作为社会关系形成的基本支撑。而社会信任系统有两大基础系统，一是人际信任系统，二是制度信任系统，两者相辅相成，共同构成社会关系与秩序的黏合剂。人际信任的信任半径一般较小，主要建立在以亲缘、地缘等为代表的社会交往关系之上；制度信任的信任半径则辐射较广，主要建立在制度本身的权威性与普适性的基础之上。但是严重的社会失衡可能引发传统社会中人际信任和制度信任系统的双重危机，社会利益划分和社会的高流动性使传统的熟人社会在多个层面上出现割裂，一方面人际信任被置于陌生人世界中去重新理解，另一方面社会信任半径进一步收缩，人们更无法安心地放开自己的信任半径，信任在社会各个层面出现一定程度的缺失。

4. 部分个体心理失衡

社会失衡问题对个人的影响总体来说可以概括为个体困境的加深，此种困境不仅反映在物质生活层面，更作用于精神生活层面。个人在面对流动易变且纷扰烦杂的失衡社会时，很难形成稳定健康的精神生活，这种精神生活的"亚健康状态"也在扭曲和侵蚀着个体的人生观。在社会失衡问题严重的国家和地区，人们之所以经常用诸如"压抑、无助、无奈、气愤、焦虑、暴

---

① 苏令银：《道德自律：转型期社会秩序的最高实现形式》，《社会科学》2001 年第 8 期。

躁、迷惘、孤独、失望、畏惧"等词汇来描述当下的精神感受，就是因为这些词汇表征严重的社会失衡危机给人的生活造成的无意义感，是人们面对不平衡的心理、混沌的生活、不稳牢的社会直观且挥之不去的精神反映。人生无意义感显示出主体因不满而试图摆脱但又无力摆脱的一种精神处境，是对现实不满的一种无声的批判，当这种精神上的空虚达到无望、绝望的程度，人作为社会生活主体的能动性将逐步丧失，社会发展就失去了原动力。

四、转型期中国社会失衡的深层原因

虽然失衡在一定程度上是社会系统运行的常态，但绝大部分社会失衡问题却无法不治而愈，因此观望与等待无法给予我们解决社会失衡问题的出路，首先需要求索的就是社会失衡问题的根源。很多社会失衡问题反复发酵、久治不愈，原因就在于我们感性认识到的社会失衡现象及其危害，仅仅是其浅层病灶，必须克服急于解决问题的焦躁心态，潜心深入到社会的根本层面，确诊中国社会失衡问题的诱因与发端。

（一）社会结构类型与社会发展模式尚未和谐互构

社会结构类型与经济发展模式是一对矛盾共同体，不同的社会结构类型匹配不同的社会发展模式，二者既对立又统一，无法相互取代也必须相互匹配。一方面，社会结构类型作为基础决定了社会发展模式的呈现与选择；另一方面，适当的社会发展模式也促进社会结构的进化完善，二者只有和谐互构社会发展的过程才会顺利向前。作为社会主义国家，我国在改革开放初期选择了具有中国特色的社会主义跨越发展模式。在改革开放初期，生产力的极度落后状况是社会主义国家的首要矛盾，在吸取了苏联和东欧国家的经验教训后，中国确定了以发展生产力为中心的中国特色社会主义的发展模式，把解放和发展生产力定为社会主义的根本任务和本质，在发展的过程和速度上，使生产力以跨越的方式得到了迅速的发展，经过多年的经济建设，中国取得了令世人瞩目的经济成就。然而，随着改革开放的深入，中国进入了社会转型期、改革深水区，原有的社会结构发生着微妙的变化和调整，亟须社会发展模式的理念、手段、路径、目的等方面随之更新和调整，以促进社会结构的进一步优化调整。当前我国社会发展的模式与社会结构还存在着摩擦和不匹配，这是造成诸多发展负面效应的根本性原因之一。

1. 发展模式的可持续性问题

我国目前在人口、资源、环境等方面出现的矛盾和问题与我们在发展过程中主要注重经济增长速度而忽视环境效益和生态效益有重要的关联。跨越式发展需要一定的增长速度和效益，"高速度、超常规"是其基本特征[①]，即跨越发展必须保持超常规的经济高速增长，才能用尽可能短的时间实现战略目标。但是从发展的规律看，跨越式发展的模式具有不可持续性，因为发展速度必须以资源和环境所能承载的发展限度为极限，以人口增长和发展的持续性为局限，可持续的发展模式要真正跨越以资源为中心、以破坏环境为代价的传统工业化阶段。从我国来看，经过几十年的高速增长，经济获得较快增长，但所带来的资源和环境危害也很严重，跨越发展带来经济突飞猛进成果的同时，也使我们当前承受了资源、环境、生态发展的系列发展局限，制约了发展的可持续性。

2. 发展模式的均衡性问题

基于特定发展阶段的发展需要，改革开放以来，我国在区域发展上遵从"两个大局"的发展思路，实施跨越式经济发展战略。跨越式发展需要集中优势资源，首先在基础较好、发展条件成熟的重点领域、重点产业、重点区域实现，尤其在一些制约经济发展的瓶颈部门要率先实现发展，因此在过程中必然呈现出非均衡的特点。在产业发展和领域发展方面按照部分优先发展方案，沿海地区借助有利的区位优势获得率先发展，特别是在一些经济发展的薄弱环节、关键部门和瓶颈领域，尤其突出信息化在工业发展中的倍增

[①]　参见吴云：《中国特色社会主义发展模式的当前演进》，《求实》2010 年第 11 期。

作用和催化效应，使这些地区、行业、领域获得快速发展，这也直接导致我国在区域发展过程中出现了东、中、西部发展的失衡，在发展领域出现了经济、政治、社会和文化发展的不协调的非均衡发展现象。由于我国是依靠政治上层建筑的权威和主导推动经济发展和改革的模式，政府权威性不仅成为信息化和工业化交互作用的发展机制，更容易使跨越发展仅局限在生产力的层面和经济范畴，缺乏对跨越发展的整体性思考和理解。随着跨越式发展阶段的完成，非均衡性发展的弊端逐步显现，直接导致了经济、政治、文化发展的地域差异，成效在产业中的脱节。所以，如何在跨越的非均衡发展之中、之后注重整体和谐，正是我们当前统筹推进"五位一体"总体布局，协调推进"四个全面"战略布局强调的主要内容，也是平衡法社会治理的题中之义。

3. 发展模式的客观性问题

生产力发展受经济、政治和社会发展规律的制约，也受特定国家和地区自身的发展规律制约。发展必定是主体行为的主动性、创造性、能动性与规律的符合与顺应，只有那些符合客观规律的发展模式才能充分发挥主体的能动性，实现发展的目标。因此，发展不是单纯地不顾国情的头脑发热或主观臆造，而是取决于一系列客观条件以及建立在这些条件基础上的正确的战略选择，否则，会为此付出风险和代价，例如在发展过程中出现的超标、超高、盲目赶超现象。一些政府官员完全无视客观规律，凭主观意志和想当然办事，导致发展过程中浪费、腐败现象滋生，寻租、泡沫现象出现，干扰和妨碍了正常的经济发展和建设规律。所以，发展模式一旦脱离了客观规律，违背"以人为本"的科学发展观，忽视新时代的新特征，就会在违背客观规律的各个点和面产生矛盾和失衡。

（二）经济体制转轨伴生的负面效应

改革开放进行到现在，我国已经基本完成了经济体制的转轨，一方面对不适应生产力发展的传统经济体制进行了全面深刻的改革，确立了建立社会主义市场经济体制的发展思路，初步实现了国民经济市场化进程；另一方面，适应社会主义市场经济的要求，我们又积极稳妥地进行了政治体制和社会管理方式等方面的变革，迈出了建设社会主义民主政治、实现依法治国的坚实步伐。然而经济转轨这场广泛而深刻的社会变革除了创造令人瞩目的成就外，也伴生了一些负面效应，把一些前所未有的困顿置于我们面前，这些社会问题形成了一系列新的社会矛盾，考验着我们的社会承受能力。

1. 新体制与传统规范的并存与结合

体制转轨对于中国来说是一场深入骨髓的变革，与这场社会大变革相伴随，中国民众的物质世界和精神家园也在经历着前所未有的震荡。一些与农业文明条件下的自然经济和几十年的计划经济时代相联的普遍的、根深蒂固的价值观念和价值取向，如抑制个体性和主体性的集体主义、整体主义、超功利主义等价值取向，在市场经济大潮的冲刷下突然不再灵验，开始失去人们的认同，相对地，一些同工业文明和市场经济相联系的价值观念，如以个体性和主体性为核心的个体主义、参与意识、功利主义、拜金主义等正在得势。这些不同的伦理道德、价值规范在现实中并存，共同起作用，从而给人们带来了严重的思想混乱和精神失落。[①] 旧伦理因素、旧价值规范体系蜕变的过程中，新伦理道德因素、新价值规范体系悄然生长，新旧交替是一个充满矛盾的过程。这个过程中新体制与旧规范交杂共生，长期根植于人们心中的群体至上、集体为本的价值观念，推崇"精神价值"及革命英雄主义的道德观念在市场经济大潮的冲击下开始松动和变化。同时，由于市场经济是一种典型的多元经济，主体和经济形式的多元化、价值取向的自由化导致很难在不同的主体之间形成统一的思维观念，这就使其本身无法内生出道德经济，恰恰是市场经济条件下道德发展的"二律背反"现象，容易使社会迷失选择的方向。

[①]　参见尹力：《体制转轨期的社会矛盾与社会稳定》，硕士学位论文，广西师范大学，2000 年。

2. 经济发展与公共服务水平不同步

客观而言，经济发展与公共服务各自的价值体系具有天然的差异性，经济发展强调效率和效益，而公共服务注重公平和服务。也有的观点认为政府制定各种干预经济活动的决策，都是建立在政府作为社会公众利益代理人的基本假定基础之上，因此经济发展目标与社会公共利益是一致的。然而，在现实中情况并非如此，一方面，现实社会的经济发展是由各个层面的经济利益关系主导的，无论是国家还是个人只要扮演起"经济人"的角色，以追求经济效用最大化或利润最大化为准则，追求利润、重视增长、看重效益的理念就会自觉地融入各种公共政策中，挤占公共服务的空间。另一方面，从经济基础决定上层建筑的原理来看，谁更接近生产力发展的需要，谁最接近经济基础，谁就会作为决定性和根本性的要素先行一步。因为经济发展具有天然的先行性和带动性，而公共服务具有从属性和被动性，所以经济发展的水平决定了公共服务的水平。同时相应地，公共服务也反作用于经济发展，公共服务必须紧跟经济发展，如果二者长期不同步或者水平差距过大，可能产生经济成果无法惠及全体社会成员的问题，影响经济再发展的动力和社会稳定。

3. 政府职能与市场功能各有不足

首先，市场易失控。市场是通过竞争机制、供求机制、价格机制等市场手段在商品交换中调节流通，进而调节生产、分配和消费等市场环节，因此市场的资源配置是一种效率和效益至上的资源配置方式。美国经济学家萨缪尔森曾这样形容市场，"当今没有什么东西可以取代市场来组织一个复杂的大型经济。问题是市场既无心脏，也无头脑，它没有良心，也不会思考，没有什么顾忌"。市场有其天然的缺陷，即市场失灵，主要表现为：第一，由市场机制引发集体非理性行为，在个别产业、个别市场中理性经济人的选择可以有效地调节供求关系，但个人的理性选择的综合叠加却可能导致对于整体经济和市场的集体的非理性行为；第二，市场机制导致垄断发生，在完全竞争条件下，任何企业或个人都无法影响价格，而当市场主体能够左右某种商品的价格时，就会出现不完全竞争；第三，经济秩序无法在市场机制下自我优化，在市场活动中，"看不见的手"以利润为最基本导向调整着市场主体的经济行为，从而实现了一定程度的经济秩序，但是市场主体分别以谋求自我利益最大化为目标时，必然会在复杂的经济联系中彼此竞争，因此产生利益矛盾和冲突是不可避免的；第四，市场机制无法避免经济的外溢效应，经济外溢性也称经济外部性，即市场中个人或厂商的行为直接影响到他人，但却没有为此承担成本费用或没有获得应有的报酬；第五，市场机制存在道德缺陷，分配不公是市场机制最大的道德问题，市场能促进经济效率的提高和生产力的发展，但它不能自动带来社会分配结果的均衡和公正。

其次，政府职能易错位。政府职能依托于政府权力而存在，权力天然就具有扩张的属性，容易被滥用，因此政府的职能也存在着以下先天的不足。第一，政府职能易定位不当。现代市场经济中政府干预、调控、管理经济的职能应该是有限度的、受到约束的，但在政府实现其职能过程中，却往往无法自持地扩大其职能范围，恣意运用政府权力，从而损害市场正常运行的机理，反而致使市场运行混乱，加剧资源配置的失衡、失效。第二，政府机构容易效率低下。政府是一个非市场机构，其活动属于非市场活动，其行动结果属于非市场产品。而非市场产品需求和供给的影响因素是更复杂的，并且大多无法单一地从经济上进行度量，这就使政府机构等非市场机构难于以"投入—产出"标准衡量其活动和产品的效益。正是这种特性导致政府机构活动容易效率低下，并且这种低效率是从政府机构本身的性质和活动方式之中产生的。政府机构效率低下的原因是多方面的，概括起来主要有以下几个方面：（1）政府机构作为权力机关具有垄断性和不可替代性，缺乏竞争机制。（2）政府机构缺少降低成本的激励机制，政府机构的活动一般不以营利为目的，而以实现政策目标为主，因而政府许多活动大都不考虑成本。（3）政府机构缺乏监督机制，在市场经济中，政府是非市场组织，因而市场中存在的各种经济约束，对政府大多是无效的。同时为了制约政府，有效地发挥政府的经济功能而设置的监督机制，也可能因为监督机制不健全和监督信息不完备而失去监督的效力与作用。（4）政府易生寻租腐败。寻租是权力行使的副产品，当政府干预发生时就会形成经济利益的集中和经济费用的扩散，作为资源的调配者，政府容易成为权力寻租的一方，从而影响经济资源的合理配置，阻碍更有效的生产方式的实施，浪费社会的经济资源，破坏公平的竞争秩序。[①]

4.生产结构与消费结构不协调

结构性失衡的矛盾是经济社会无法良性循环的根本原因，多年来为了解决人民群众的温饱问题，我国在经济发展上一直更注重的是生产，是经济数量和相关比例的扩大，经济发展的思路往往是局部和短期的。生产决定消费，消费对生产具有反作用，长期以来由于比较注重前者、忽视后者，尤其是前些年产品结构不合理对市场的影响被过热经济所伴随的超常消费现象所掩盖。如果不能遵循消费结构变化的趋势和规律，调整生产结构，则生产结构调整不适应居民消费需求变化所导致的投资过热、外部需求乏力、出口受阻等问题就无法根本解决。

（三）社会结构及其要素的变革制约社会功能发挥

社会是一个庞大、复杂、运动着的系统，稳定的社会结构及其构成要素是社会系统发挥功能的前提条件，因为结构是功能的基础，功能是结构的表现，结构决定功能，功能又影响结构。然而当代的中国正处在社会转型期，社会结构及其要素的震荡和变动，使得"现在社会规则对团体成员的行动降低了约束力"[②]，影响着基于社会结构而产生的社会系统功能。

1.旧有社会结构矛盾释放

随改革而来的对整个社会刚性控制的松动和弱化，积累下来的旧有的社会结构性矛盾释放出来，使潜在的张力转化为现实的问题。这里所说的刚性

[①] 参见吴淑琴：《宏观经济调控中"政府失灵"的形成原因及防范》，《科技经济市场》2006年第10期。

[②] ［美］M.S.温伯格：《解决社会问题——五种透视方法》，吉林人民出版社1992年版，第49页。

控制，包括由人际互动的刚性秩序结构、传统的亲缘关系、宗法关系、文化传统和行政司法等构成的总的社会控制系统。在社会转型前，由于社会刚性控制的存在，社会结构性矛盾即便尖锐，也往往并不直接显现出来，只能以潜在社会张力的形式存在，具体表现为社会系统的内在紧张状态、内含的巨大结构性压力、种种社会冲动力量[1]。在社会转型中，由于结构弹性的出现，各种传统关系的弱化，社会中心集中作用的减弱，以及经济和文化价值取向的多元化，由社会结构性矛盾积聚起来的潜在张力得以释放，并日渐表面化、经常化为各种失衡和矛盾，成为现实的社会问题。

2. 传统文化和习惯心理同现代社会的要求存在反差

按照马克思主义历史观，现代社会是以社会主义社会为开端，在现代社会，处于主导地位的社会经济是以大机器的使用和无生命能源的消耗为核心的专业化社会大生产[2]。而中国是个农业大国，几千年历史积淀起来的传统文化具有深远的影响。传统文化既有精华又藏糟粕，其精华创造出高度发达的农业文明，其中强调集体、义务和献身的观念及对和谐、平衡的追求等合理内核，至今都是一笔宝贵的精神财富。但是在现代社会，人身依附关系减弱，业缘关系代替了传统的血缘关系和地缘关系而成为人与人社会关系的基本形态，个人发展的机会和自主程度增多，而非以人身依附为基础的宗法关系；在现代社会，法治取代人治成为政治系统运行和社会管理的基本方式，社会的民主化程度提高，人的思想观念充分更新，追求真理、相信科学、崇尚创新成为人们基本的行为或价值取向。[3] 中国社会结构转型是从农业社会向工业社会和信息社会的转变，传统文化与现代文明存在明显的差异，只有通过对传统文化进行的科学改造与传承，才能同现

---

[1]　参见黎民：《当前中国社会结构转型与社会问题的因果性分析》，《华中理工大学学报》1994 年第 3 期。

[2]　参见贺电、张翼飞：《法的发展规律：从义务本位法、权利本位法到平衡法》，《社会科学战线》2016 年第 2 期。

[3]　参见贺电、张翼飞：《法的发展规律：从义务本位法、权利本位法到平衡法》，《社会科学战线》2016 年第 2 期。

代社会相适应。

3 新社会结构功能发挥具有迟滞性

任何一个相对稳定的社会都具有某种内在的、和谐的社会结构，否则其历史的相对稳定就无法维持。而社会转型期则不同，社会转型本身就始于对现存不合理的社会结构和规范的批判和修正，继而废除不合理的结构和规范，最后用一种合理的结构和规范取而代之。在这个过程中，不仅不合理结构和规范的合法性迅速丧失，现存的全部结构和规范的权威性也同时受到相当冲击，这时原有的秩序结构出现某种程度的"解组"。另外，由于新结构的建立比旧结构的瓦解需要更多的时间和条件，因此必然无法在旧结构瓦解的同时或过后马上自然产生，而是有一个相对迟缓的滞后期。与此同时，新的规范即使形成也需要一个相对长的从认识到普遍认可的过程。这一切势必造成转型时期社会结构的非和谐性和由此而产生的相当程度的失衡和失序。正如美国社会学家斯卡皮蒂所说，"当社会制度的某一特殊方面未能使所有集团及其每个成员都充分实现自己的价值标准所确立的社会目标时，社会混乱就发生了"。因此从社会问题研究的角度看，社会结构转型期必然是一个社会问题多发的时空区间。

4.社会主体分化及认知差异

社会主体阶层分化及其在主观方面的变化与分化，使对社会问题的认定日趋复杂化和多元化。众所周知，任何一组社会事实本身构不成社会问题，只有在人们（即认识主体）关注的基础上作出否定或肯定性的价值判断后，才成为现实的社会问题。这表明社会问题不是一个纯客观的社会现象，而是同认识、评估、解释者的个人素质、生活经验、价值观念和个人认同的道德规范存在密切的关系，是主客体的统一。改革开放以来，社会环境的迅速变化、大量新文化因子的刺激，使人们对社会问题的主观认识有了不同的立场、视角和评价标准。例如，改革以前人们习惯于物价稳定（几十年固定不动）、职业稳定（无失业现象）、人口稳定（低社会流动率），非如此就是问题；而现在人们已逐渐认识到，社会过于稳定不仅不是好事，反而是一个严重的问题，即"社会停滞"问题。由于人们在经济收入上的差距扩大，在文化素质、行政权力、生活方式上的区别越来越明显，使得对同一类社会现象的认识和评价往往非常不同，甚至截然相反。这种因社会问题认识主体分化而产生的社会问题主观认定的多元化，是难于达成社会共识和社会失序的重要原因之一。

第二章
治理社会失衡问题的法治之痛

　　我国社会主要矛盾变化的新特点给中国法治建设提出了新要求、新课题。法治以人民为中心，不断满足人民日益增长的对民主、法治、公平、正义、安全、环境的需要，必将成为新时代的新要求。以此为对照，中国社会失衡问题的法治之痛可在法治理论、法治道路和法治运行三个层面进行分析。在法治理论层面，改革开放前照搬苏联法学理论的负面影响、改革开放后盲崇西方法治理论的不良倾向都在实质上妨碍和影响了中国特色法学理论的建构，是中国社会失衡在法治理论层面的重要影响因素；在法治道路层面，人治思想的传统桎梏以及新中国成立后法治道路的曲折历程都在客观上迟滞了中国法治建设的进程；在法治运行层面，立法、执法、司法、守法、监督等领域都存在一定问题，这些法治运行失衡也进一步加剧了中国社会的失衡现象。

一、原生法治理论缺失

（一）改革开放前：过度推崇苏联法学理论的负面效应

1. 新中国成立后国内外各种因素的深刻影响

　　新中国是在中国人民历尽艰辛、不懈奋斗，最终浴火而生的。从此中国人民真正站起来了，国家富强与民族昌盛的序幕逐渐拉开，但历史的发展并不像我们想象的那般顺利与美好。新中国成立后，面临着内外交困的不利局面，在那样的特殊历史时期，党与人民最主要的任务就是维护新政权的根基不动摇，保证人民民主专政有力发挥作用，确保人民当家作主的地位不受到威胁，将党的领导推向更高的水平与境界，维护社会秩序的稳定及人民根本利益。因此，时任政府的很多做法看似并不完全符合现代法治的基本理念，但在那样的特殊年代，受国内外各种因素的深刻影响，造成了我国法律实务界与理论界对苏联法学理论的过度崇拜，并产生了相关的负面效应，现在我们必须按照历史唯物主义的观点去理解其在历史发展中的必然性与合理性。

就国内因素而言，虽然中国人民在中国共产党的坚强领导下取得了国家政权，但新中国与新政权刚刚建立，国内形势十分严峻。首先，经过多年战乱与列强侵略，我国的综合国力非常低下，经济、政治、文化实力都非常薄弱；其次，虽然国民党反动派已经逐步被逐出大陆，但其潜伏在大陆的残余势力还大量存在，秘密谋划着对人民政权的各种颠覆活动；再次，在社会经济水平极低的情况下，人民政府还要领导人民群众在经济领域进行社会主义改造，具体过程极其复杂与艰辛；最后，中国共产党也经历着从革命的政党向执政的政党转变的考验，个别党员干部腐败堕落的现象也偶有发生。在这样的压力下，党和政府在维护政权和社会管理过程中，必然优先采取最有效与最有力的措施来实施行动。就国外因素而言，对于我国党和人民的考验更加严峻。新中国作为新兴社会主义国家出现在国际舞台上，首先引起的是西方帝国主义国家的恐惧与敌视。新中国成立后，对社会主义政权及人民民主专政予以承认的国家少之又少。西方帝国主义国家出于对社会主义的仇视与恐惧，联合起来对我国进行经济上封锁，政治上孤立，文化上颠覆，采取各种手段打击新中国，妄图将其扼杀在摇篮里。面对国内外各种不利因素，经过全方位的考量，党和政府最终决定在外交与治国等方面与苏联进行紧密联系及合作。一方面，尽管两国之间也存在国情差异与利益分歧，但毕竟在国家性质上两国均为社会主义国家，在意识形态和社会制度方面具有很大程度的一致性，可以考虑在共同的利益格局中进行深入合作；另一方面，迫于国内外敌对势力对新中国的威胁和压力，考虑国内政权的巩固需要及落后的经济文化状况，我国当时选择了对苏联实施"一边倒"的政策。事实上，与苏联形成同盟后，苏联在多个领域为新中国提供了帮助，既包括物质与军事方面，也包括科技文化方面。以今日的视角观之，"一边倒"也是当时面临的形势所决定的。在"一边倒"政策的影响下，我国社会科学理论界与法学理论界也出现了对苏联相关理论的过度照搬和推崇。

2. 社科理论界及法学理论界的盲目效仿

社会科学是以社会现象与社会运行规律为研究对象的理论体系与研究范式的统称。一方面，辩证唯物主义与历史唯物主义认为，人类社会与自然世界一样，具有存在与发展的客观规律，相关规律的存在与发生作用不以人类的意志为转移，同时经过研究与探索后也可以为人类所认识和掌握；另一方面，社会科学理论属于上层建筑的领域，不可避免地带有意识形态的色彩。因此，新中国与当时的苏联结为同盟后，国内的社科理论界及法学理论界开始逐渐推崇甚至崇拜苏联的主流社科理论与法学理论，体现在法学教育、法学研究等诸多方面。直至改革开放后，我国才逐渐开始中国特色的社会主义理论体系的建构及社会主义法学基本问题的研究与探索。

我国法治理论层面的失衡与苏联法学理论的不当推崇有关。总体来看，在改革开放之前，苏联主流法学理论对于我国法治事业的不利影响体现于如下几个方面。首先，苏联法学理论过度地强调了法律的阶级属性及强制性，在一定程度上为"以阶级斗争为纲"的错误路线及各种"左"的错误提供了理论依据。根据马克思主义经典理论，法律是统治阶级维护政权与国家制度的工具，是统治阶级意志的体现，这是符合客观规律的对法的属性的总结，但不应将其过度强调与泛化，因为法律也具有进行社会管理的职能，阶级属性不能完全涵盖法的所有属性。如果将法律的阶级属性推向极端，必然会给社会与人民带来深重灾难。其次，当时的苏联法学理论对于公民权利的关注不足，致使相关法律对公民个人合法权益的保护严重缺失。在社会主义法治国家，权利保护的缺位与社会主义国家更加注重保障公民基本权利、更加关注广大人民群众根本利益的本质不相符合。再次，当时的苏联法学理论对于程序正义及法律程序正当性重视不足，从而为名为法治实为反法治的行为提供了理论及制度空间。法律程序的正当行使，是保证法律制度真正得以实施、法定权利真正得以实现的前提条件与基本途径。例如，未经公开审理即进行最终审判的案件，很难保证司法过程的公正与合法，其实是为冤假错案频发创造了客观条件，为人治观念与封建思想的贯彻提供了路径。最后，当时的苏联法学理论极端性地强调了法律蕴含的国家意志与国家强制性，缺乏对社会成员个体的关注与尊重。崇尚大公无私的价值理念与理想追求，并不能否定社会中确实存在私人领域与私人利益，不触及社会主义法律的私权和私利也同样要予以尊重与保护，尤其在社会主义初级阶段，更应重视对私人利益的保护，只要是拥护社会主义的建设者，对其应得合法利益均要予以肯定及维护。

（二）改革开放后：盲目崇拜西方法治理论的不良倾向

1. 市场经济的发展助推社会舆论的偏差

十一届三中全会以来，中国共产党果断地否定了"以阶级斗争为纲"的错误路线，作出了把工作重点转移到社会主义现代化建设上来，并实行改革开放的伟大战略决策，确定了社会主义初级阶段"一个中心、两个基本点"的基本路线，形成了建设有中国特色社会主义的理论。在这个理论和这条基本路线的指引下，改革开放这场新的革命使中国社会发生了翻天覆地的深刻变化。特别是由计划经济体制向社会主义市场经济体制的转轨过程中，新旧交替的社会大变动引发社会矛盾的空前多样化和复杂化。在随后的一系列社会政治、经济、法治实践中，由于旧的矛盾的平衡被打破，新的社会秩序尚未稳固建立，社会不同利益群体间的矛盾冲突日益错综复杂，人们对中国特色社会主义、市场经济与民主法制、权利与义务的关系等还认识不足，引发了一些社会矛盾与理论认识偏差。其中很重要的一个原因就在于，人们面对市场经济的大潮，面对财富的涌流和社会利益多元化格局，形成了许多不正确的观念，比如金钱万能、享乐至上、极端个人主义以及盲目追求权利等。

在这样大的经济、社会背景之下，法学理论的发展也不可避免地打上了时代的烙印。在席卷中华大地的新的经济浪潮中，法学扮演着为解放思想提供法制支撑、为市场经济保驾护航、为打破僵化教条的纯粹义务论提供理论先导的重要角色，权利理论应运而生。党的十一届三中全会后，中国法学界随即展开了一场关于权利与义务关系的论争，权利本位论成为其间最富诚意、最为醒目也最为重要的学术成果。权利本位论的经典表述是："法是以权利为本位的。从宪法、民法到其他法律，权利规定都处于主导地位，并领先于义务。"① 同时还把"范式"理论引入法哲学研究领域，提供了一种新的思维方式和理解系统，为当代中国法哲学研究提供了一个"崭新的维度"。② 权利本位论对于我国法律意识的启蒙、法学理论转型以及法学作为一门独立学科的建立有着筚路蓝缕、手胼足胝之功。权利本位论继承和吸收了西方 18 世纪思想革命和社会革命以来所获得的最重要的法律成果，在当时中国的权利不毛之地，唤醒了人们的权利意识，开启了"走向权利的时代"。

权利本位理论将权利视为法律的基石范畴，将权利作为法律体系中的起点、核心和主导。但"如果对权利本位范式进行偏激、极端、过于简单的理解，只关注权利而忽视义务，那么，相关法律制度从创设到运行就会面临全面失效的风险"。③ 再加上时代背景和社会环境的急剧转变，众多因素形成权利场域的"地转偏向力"，使得整个社会弥漫着浓郁的"权利功利主义"气息。当社会出现问题时，往往就会有人主张应当就此问题进行专项立法来解决问题，"导致了法律与其他社会规范之间的失衡，明显的表现就是现代社会中的道德滑坡现象"④，权利往往异化为私利的掮客。某种意义上说，权利本位理论是为个体权利保障而构建的理论，社会主义市场经济体制的确立和发展前所未有地解放了个人，公民的权利意识和权利保护机制有了很大的

---

① 张文显：《法哲学范畴研究》（修订版），中国政法大学出版社 2001 年版，第 345 页。

② 贺电：《一个崭新的维度——评〈当代中国法哲学研究范式的转换〉》，《吉林公安高等专科学校学报》2007 年第 2 期。

③ 贺电、马楠：《当代中国法哲学研究范式的新发展——从权利本位范式到平衡范式》，《社会科学战线》2014 年第 1 期。

④ 钱大军：《再论"权利本位"》，《求是学刊》2013 年第 5 期。

发展，个人利益和个体精神得到高度保护和释放。但与此同时，权利也逐渐失去了当时人们为之斗争和倡导的本来含义，不再是与义务对立统一、与义务相生相伴的对应概念，而是模糊了边界，抛弃了条件，成为为私利张目、动辄用来开道粉饰的工具。市场经济常常将人定位为手段——特别是金钱和权利——而不是目的，这使得人的社会维度逐渐消失。从某种意义上说，权利逐渐成为非常热门的流行语汇，几乎到了言必称权利、无权利不成语的地步，甚至于可以说，整个社会得了一种根深蒂固的"权利病"。人们动辄以权利为修辞来为自己获取私利呐喊和助威，在这种不断的呐喊和助威声中，新的权利名称不断被创造和设置，甚至无须论证其法律上的合法性和正当性，只要人们想要得到某种利益，便直接在其后冠以"权利"的名头，这些追逐利益的行为就仿佛跟着权利神圣和伟大起来了。在这些层出不穷的"即兴型"权利新名词中，不乏挑战人们伦理道德观念的权利新要求。可以说，当代中国法学场域中千姿百态的权利的粉墨登场，权利功利主义成为支配整个社会的主观诉求，在很大程度上就已经意味着权利话语逻辑的终结，标志着权利话语走进了死胡同，在其成因方面，社会舆论对权利本位理论的误解误读以及对社会大众的不当引导难辞其咎。

2.理论研究的"西化"倾向

"权利的词汇和文法本就起源于法律家和法学家的用语"，[①] 权利问题之于法学，始终是一个观察法律的重要视角，虽然古希腊和古罗马时期已有关于权利的思想[②]，但直到近代作为有着较为清晰含义的"权利"概念才得以确立。历史上，西方法学对权利所作的探析都是那个特定时代及社会的产物，一些理论难免过于理想化，对根源于观念中的物质条件关注不够。不

---

① [美]约翰·菲尼斯：《自然法与自然权利》，中国政法大学出版社2005年版，第160页。

② 罗斯科·庞德就认为："希腊哲学家们并不讨论权利问题，这是事实。他们议论的是，什么是正当的或什么是正义的。……罗马法中的ius所具有的十种含义中有四种比较接近于现代人所理解的权利。但是，在罗马法中，也没有明确的权利分类或权利概念。"（[美]罗斯科·庞德：《通过法律的社会控制》，沈宗灵译，商务印书馆1984年版）当然，虽然古希腊没有产生权利的概念，但这并不否认其正义观念对后世"权利"概念产生的重要影响。

过这也说明权利问题不只是一个法律问题，它蕴含着伦理的、社会的丰富内涵。奥地利心理学家弗洛伊德提出过著名的"冰山理论"，[①] 借助于这一理论，"权利是什么"和"权利应当是什么"的问题可以得到较为形象的解释。形式上体现为法律规定的权利，仍然是权利"自我"层面的冰山一角，因为它最多只是回答了"权利是什么"这一合法性思维的问题，还不能涵盖权利所应具有的"本我"和"超我"。而法律中的本我和超我是"权利应当是什么"的竞争性思维，因此对权利的价值判断在回答权利应当是什么时是不可或缺的。事实上，权利的自我作为本我与超我的中介力量，发挥了中枢的调节功能。也就是说，法律的制定需要考虑权利的"自我"所要求的理性要素和现实可行性；同时，必须让获得社会持续性认可的"超我"要求得到满足，亦即权衡符合社会接受的程度；此外，还要考虑作为调控对象的社会主体的本我意愿。可以说，"本我"和"超我"构成了法律概念具备上述特征的背景原因，从某种角度上，甚至有时还会成为法律之所以能够存在的理由。由此，权利的本我、自我与超我必须达致平衡才能够获得稳定的理想状态。

普鲁东曾作《贫困的哲学》，马克思曾作《哲学的贫困》，在英国著名思想家卡尔·波普尔的名作《历史决定论的贫困》中，他指出贫困即只会以一种唯一的（在波普尔看来是僵化的）思想方式去思想，他可以想象变化，但是他只能想象不变条件之下的变化，"他无法想象变化条件之下的变化"。归根到底，"乃是想象力的贫困"的结果。人类的知识并没有任何永不错误的依据，无论是在智性层次上还是在感性层次上。然而思想的贫困却使得人们在中世纪把圣书和启示当作是永不错误的权威，而到了近代则又以理性为

---

① 弗洛伊德认为，人格应被划分为三部分："本我""自我"和"超我"。他认为人的人格有意识的层面只是冰山的尖角，而人的心理行为当中的绝大部分是冰山下面那个巨大的三角形底部，那是看不见的。然而，恰恰是这看不见的部分决定人类的行为。这三部分在人格构成中，各自代表了不同的心理需要和遵循不同的运作原则，因而往往相互矛盾、冲突，而自我作为中介，便不得不处在本我的驱使、超我的谴责、现实的限制的夹缝之中陷入"一仆三主"的人格困境。参见 [奥] 弗洛伊德：《精神分析引论新编》，高觉敷译，商务印书馆 1987 年版，第 61 页。

永不错误的权威。① 时至今日，权利话语在其发源和兴盛之地也面临着贫困的境遇，这也可以视作贫困的思想对于权利主义进行报复的结果。

"如今的法律言论更为道德、更富有对抗性、也更为权利所主导。法学界的创新者迅速地将个人权利的方兴未艾认同为时代最重大的剧目。"② 西方的权利话语越来越倾向于"表达绝对的、个人的、与责任毫无瓜葛的东西"③，普遍的、不可褫夺的、不受侵犯的权利话语日益渗透于政治言论之中。以美国为例，从联邦机构散发至全国各地的文献到美国最高法院的宣言，权利均支配着公民身份的概念。"张口权利、闭口权利的公共话语容易迎合一个问题所具有的经济的、眼前的和个体的维度，但同时却常常忽视其所具有的道德的、长期的以及社会的内涵。"④ 对于绝对而张扬的形式化的偏好，对于责任的近乎失语，对于个人独立和自我满足的过度忠诚，促进了不切实际的期盼，加剧了社会的冲突，遏制了能够形成合意、和解，或者至少能够发现共同基础的对话。它似乎能够容忍人们接受生活在一个民主福利国家所带来的利益，而不用承担相应的个人和社会的义务。营造了一种对待社会失败者的冷漠氛围，以及整体上不利于看护者和依赖者、年幼者和年长者的环境，破坏了培育市民和个人美德的主要的温床。权利话语导致了责任话语的迷失。美国大量的侵权判例似乎都在宣示着这样一种理念：一个人没有法定责任要去帮助另一个处于生死危机中的人。除非我们进入到一种导致责任产生的关系之中（就像雇佣关系），否则法律便会将我们视为彼此"陌路之人"。并且这一无责任原则的一种变体已经取得了宪法地位，最高法院宣布宪法没有为政府及其雇员施加任何帮助困苦个体的义务——"即便对于保障生命、自由或者政府不能剥夺的私人财产利益而言有必要提供帮助的情况

---

① 参见［英］卡·波普尔：《历史决定论的贫困》，何林、赵平等译，中国社会科学出版社 1998 年版，第 332 页。

② ［美］玛丽·安·格伦顿：《权利话语——穷途末路的政治言辞》，周威译，北京大学出版社 2006 年版，第 5—6 页。

③ ［美］玛丽·安·格伦顿：《权利话语——穷途末路的政治言辞》，周威译，北京大学出版社 2006 年版，第 15 页。

④ 参见［美］玛丽·安·格伦顿：《权利话语——穷途末路的政治言辞》，周威译，北京大学出版社 2006 年版，第 226 页。

下，亦是如此。"①

中国的权利本位理论受西方法理学影响很大，经过几代学者的努力，权利这一极具魅力的词语终于从法理学晦涩浩繁的经典走入了人们衣食住行的生活，从人们的唇齿之间流露，在人们的一举一动中彰显，在书斋讲堂之上传播。但更为重要的是，我们必须从这种西方当代权利话语的困境中反思自己的权利话语和权利实践，丰富我们的公共话语。权利话语与权利制度并非一体，想象这样一种权利制度，在那里，义务、自由、责任、隐私与社会性可以共存。即便在西方，强有力的权利话语也并不需要排斥一种相当发达的责任语言，权利不需要用绝对化的形式规范来使之铿锵有力。当下中国，人们争取和维护自主权利的实践，充分表明了权利意识的觉醒和高涨，但同时也遗憾地凸显了我们的权利实践存在问题，那就是权利的泛化和膨胀、义务的衰落和式微、责任的缺位、道德的空场……一言以蔽之，就是法律天平失衡、法的基本权利和义务失衡，权利的过度彰显与人们对义务和责任的极度漠视并存。权利实践的这种不平衡展开不仅会影响我国法治建设的顺利进行，还会给整个社会发展带来负面效应。我们应该对这种不均衡的权利实践进行条分缕析，以探索出适应我国当今社会现实的权利理论和权利实践机制。

（三）实质原因：中国特色社会主义法学理论发展滞缓

1. 社会科学研究的基本导向需要进一步明确

社会科学研究作为学术研究的重要组成部分，在研究范围上应该是自由的，在研究氛围上应该是宽松的，这绝不意味着社会科学研究不需要基本导向来加以引导和规制。尤其在我们社会主义法治国家，社会科学相关研究必须服务于人民大众，其最终目的及社会影响必须是归属于社会主义事业发展

---

① 〔美〕玛丽·安·格伦顿：《权利话语——穷途末路的政治言辞》，周威译，北京大学出版社 2006 年版，第 102 页。

及最终共产主义理想的实现。否则，相关社会科学如果与党和人民对立起来，就必然是反动的，在法治层面也会违反法律规定，需要承担相应的法律责任。然而，反观现实，我国当前形势下的社会科学研究的基本导向并不明确，存在很多混乱模糊之处。

首先，一些社会科学研究缺乏实事求是的基本导向。虽然社会科学研究与自然科学研究相比较，具有自身的特点与规律，不像自然科学那样在很多具体结论上具有非常明确的证伪标准，但这并不意味着社会科学研究就不具有客观性，不需要采取一种实事求是的态度来开展研究活动。按照辩证唯物主义与历史唯物主义的观点，社会发展具有其不以人类意志为转移的客观性，相应地，社会科学研究也必然具有客观性，必须实事求是。而在当前的社会科学研究领域（包括法学研究领域），很多所谓专家学者对社会科学研究采取一种虚无主义的态度，缺乏一种科学严谨的态度与作风，更有不少社会科学研究者通过伪造数据、故弄玄虚等恶劣手段实现自身不当利益最大化的目的，确实需要大力整治。

其次，一些社会科学研究缺乏客观公正的基本导向。正是因为社会科学研究与自然科学研究的差异，在很多带有争议性与政治性的问题上很难达成一致，但这并不意味着社会科学研究就不需要遵循客观公正的立场。所谓客观，就是按照客观事物存在的表现形态，通过现象看本质，而不能预设立场进行歪曲事实的评判。在许多社会科学研究具有"西化"倾向的背景下，不少学者带着先在的偏见来评价东方与西方，认为凡是西方的就是好的，是可以移植的，这显然有失客观。所谓公正，就是不带有私心地、不将自身利益裹挟其中来开展科学研究活动，按照社会主义公平正义观念来考量相关论题。而在现实中，个别学者或社会科学研究者总是将自己的利益牵涉到学术研究中去，只要是有利于自己的，就予以正面评价，只要是不利于自己的，就予以强烈排斥，这显然有失公正。

最后，一些社会科学研究缺乏目标明确的基本导向。在我们社会主义国家，学术研究的根本目的在于为中国特色社会主义建设事业服务，在于维护和实现我国人民群众的根本利益。不论在东方还是西方，学术研究活动的宗旨在于探究客观世界的内在规律。这一方面是源于人类探索客观世界的本能和兴趣，而另一方面，更为重要的是源于人类生存和发展的需要。我国是人民民主专政的社会主义国家，人民是国家的主人。在实现中国梦的伟大历史进程中，社会科学理论工作者应肩负起自己的责任，进行任何学术研究活动都要符合社会主义建设事业目标的实现，都要服务于国家和社会发展的大局。然而，在当前形势下，一些社会科学研究者已经忘却了自身肩负的职责与使命，对于开展研究活动的目的并不明确，有的徇私舞弊，有的无病呻吟，有的沉沦堕落。缺乏明确目标的社会科学研究，只能将自身与受众带入歧途，贻害无穷。

2. 中国特色社会主义法学理论需要不断发展

1997 年党的十五大确立依法治国基本方略以来，法治理论已经成为我国法学研究和社会主义法制建设中具有重大现实意义和深远历史意义的成果。党的十八大以来，我们党和国家站在历史新起点上将全面推进依法治国、加快建设社会主义法治国家作为一项重大战略任务，并提出"科学立法、严格执法、公正司法、全民守法"的法治新精神。平衡法理论是以法治理论为基础和指向的理论，由于法治的弊端和法治的优越性是一体之两面，法律所具有的滞后性、保守性既保证了法律的连续性、稳定性和可预测性，同时也带来了法的僵化性。[①] 因此，"真正伟大的法律制度是将僵硬性和灵活性予以某种具体的反论的结合的法律制度，它们将稳固连续性的效能同发展变化的利益联系起来"。[②] 实现法治各环节协同发展，实现"价值理性与工具理性在整体意义上的关联性建构"[③]，实现个人自由与政府权力之间适度张力的平衡之治是中国法治现代化的必然选择。

如果抛开角度的差异、方法的争论甚至是意识形态的干扰，我们可以清

---

① 参见陈金钊：《走出法治的误区——中国浪漫主义法治观的评述》，载张文显、李步云主编：《法理学论丛》（第 1 卷），法律出版社 1999 年版，第 664 页。

② ［美］E.博登海默：《法理学——法律哲学与法律方法》，邓正来译，中国政法大学出版社 2001 年版，第 392 页。

③ 任强：《现代理论视域中的中国法治》，载《中国法理学精粹》，机械工业出版社 2002年版，第 365 页。

楚地发现，法律归根到底是一种人类社会特有的裁判性规则，其根源于人类解决矛盾与冲突的需要，更为确切地说是平衡利益的需要。法是一种重要的利益调控和保障机制，也是一种对利益的权威性分配。法的任务或作用，并不是去创造利益，而是承认、确定、实现和保障利益，它正是通过对利益的调整来实现其对社会的控制。法律对利益的调控、保障和分配，是通过立法、执法、司法和守法等各个环节实现的。法在处理各种利益关系时，以平衡为着眼点和归宿，进而形成权利、权力和义务相互平衡的利益格局，从而实现社会的稳定、协调和可持续发展，进而保障公民合法利益的实现。从历史上看，法起源于平衡的需要，法自诞生起就追求各方利益的平衡，追求内与外、上与下、横向与纵向的平衡。法律的功能就是通过法律的精神贯注、体系布局、实体规范、程序设计等实现公共决策的制度化和公共领域的组织化。以关系为视角来观察和研究法律运行，就会发现法是力求实现时间和空间的平衡、实质和过程的平衡、系统和循环的平衡，是系统的、过程的和运动的平衡。平衡法理论从历史唯物主义哲学观点出发，从法哲学高度提出法的研究范式应顺应时代的发展，提出了"平衡范式"是当代中国法哲学研究范式的新发展。

法的发展与社会发展、时代主题、文明程度密不可分，它的走向是这些因素综合作用的结果。法律发展是一个整体性概念，它与社会经济、政治和文化发展相适应、相协调，包括制度变迁、精神转换、体系重构等在内的法律进步或变革。这显示了法律发展的核心和实质，也解释了法律发展研究的价值。从封建社会义务法，到资本主义社会权利法，再到社会主义社会权利义务平衡法，这一法的历史类型的演进，与法律发展和法治现代化基本内涵的意蕴是相通的，是不断失衡又平衡、打破平衡与矫正失衡交替发展，不断深化，向更高层次平衡运动的过程。这完整展现了法的发展规律，与马克思唯物主义辩证法高度契合，体现了逻辑、历史、现实的完美结合和惊人统一。同时，平衡法理论还丰富了法基本范畴的形式理论，强调要实现权利与义务、权利与权利、权利与权力、权力与权力、权力与义务以及义务与义务这六对基本关系的平衡，是对法的基本范畴的全面概括。平衡法理论还实现了研究视角的移动，从强调关系中的本位转为关注关系的平衡，突破了传统二元对立的研究范式，实现了法本质的回归，确立了全新的法价值取向。

二、法治道路本土准备不足

（一）人治思想的传统与桎梏

1. 封建残余思想影响深远

封建社会统治了中华民族几千年之久，对人民大众的影响很深。鸦片战争后我国沦为半封建半殖民地社会，人民处于水深火热之中。直至中国共产党诞生，领导中国人民推翻了三座大山，建立了新中国，开始进行社会主义现代化建设及社会主义法治国家建设。但是，法治国家建设进程并没有一帆风顺，与法治对立的人治思想还远未在社会经济生活中消失殆尽，甚至在某些领域、某些层面还大行其道、颇有影响。人治思想之所以长期存在，与我国的封建历史传统及其带来的桎梏密切相关，封建历史的沉重负担，阻碍着社会主义法治的发展。

在我国历史上，政治领域与社会治理领域，封建社会的核心要素就是皇权至高无上与权力高度集中。国家的权力集中于统治阶级集团，而统治阶级集团的权力则集中于封建帝王一人身上。封建君主一人的意志始终凌驾于法律之上，在国家治理与社会管理中体现出了很强的主观意志性与主观随意性，所谓"一朝天子一朝臣"，只要帝王罔替、帝位更迭，往往导致统治方式与治理手段的极大变化。这显然与现代法治的基本理念背道而驰。就这样，中华民族在君主集权的统治中度过了几千年的岁月，任由皇帝与权臣按照自己的意志对社会生活进行治理，人治传统绵延不绝。

封建君主与统治阶级拥有权力，人民大众、普通百姓必然失去相应的权利与保障。"权利"一词由西方现代法治而来，在我国封建社会的历史中并不存在。权利制度的确立，目的就在于保障普通社会主体的合法权益不受他人的侵害，也不受任何权贵的侵害，在法律面前人人平等。权利本位，也是资产阶级革命后法治国家推行的基本理念。显然，在我国漫长的封建历史中，如果假设有权利及权利制度的存在，也不过是封建帝王与统治阶级的制度保障，与人民大众、普通百姓毫无关系，被统治阶级只能依照统治阶级的意志行事，否则就会受到惩罚。在这样的社会环境中，即便存在各种法律规定，其实质也是人治模式在发挥着实际作用。

另外，虽然社会主义法治国家已经得以建立，国家性质与基本社会制度为法治事业在我国的全面推行创造了根本性前提与条件。但基于历史发展的惯性与社会意识存在的独有规律，在现阶段，封建思想的流毒还不可能在我国社会环境中全部消失，甚至个别情况下还会危害巨大。封建思想基础是儒家的礼制思想，核心是"三纲五常"，其中蕴含的思想无不与现代法治背道而驰。诸多社会弊端也多源于人们的封建思想，如利用任何机会索要回扣好处，到处要有人情关系，到哪都要尊卑高低，这些都是旧社会、封建社会中普遍存在的常态。在封建思想的影响下，很多握有权力的所谓高官考虑的不是事业，而是仕途，不是怎样服务于社会，而是怎样"伺候"上级领导。这些人治观念与封建思想都在影响着社会主义法治建设事业的既有成果与未来发展。

2.计划经济意识羁绊

计划经济体制在特定的历史时期发挥过积极的作用，对于国民经济的发展也作出过一定贡献，但总体来看，其弊大于利。改革开放以后，我国逐步进行改革，建立了社会主义市场经济体制，以往的计划经济体制也逐渐退出了历史舞台。计划经济体制把企业置于行政部门附属物的地位，企业既不能自主经营，又不能自负盈亏，极大降低了生产效率，也无法推动社会经济的进步。在计划经济体制之中，"人治"的因素又会发挥巨大的作用。因为经济生活的运行与经济主体利益的获取并非取决于市场机制，而是取决于上级的经济指令，取决于"经济指标"的分配。在这样的社会经济运行规则中，当然手中拥有分配社会经济资源权力的官员，更有能力在社会上呼风唤雨，相关法制则不会成为人们开展经济生活需要着重考量的机制性因素。而市场经济则完全不同，其以市场机制作为资源配置的基本手段。根据马克思主义经典理论，经济基础决定上层建筑。市场经济的统御，必然对应着法治事业的发达，社会主义市场经济也是如此，因为市场经济中注重市场主体的彼此平等，注重经济生活的法律性调整，这均与现代法治的要求高度契合。因此，从社会运行规律来说，既然我国现在推行社会主义市场经济，在上层建筑的层面也应该使社会主义法治统御社会经济生活的各个方面。但是，经济体制改革是一个渐进的过程，计划经济体系时代的人治因素虽然在逐渐消解，但其依然会在社会经济生活中一定程度上、一定范围中存在与发生作用，甚至有时会成为坚持社会主义法治道路的羁绊。只有随着各方面改革的逐步深入，不断健全社会主义市场经济，不断完善社会主义法治模式，才能将计划经济体制遗留的不良影响彻底消除。

（二）法治道路的曲折历程

走中国特色社会主义法治道路需要不断探索。"法律的基石是什么？这是人们关于法律的首要提问。这源自一个更基本的问题：许诺了正义的法律，何以成为非正义的借口？这个提问产生于人类对非正义的感受和对正义的渴望中。人们渴望在国家法制中发现并创造正义的可能性，这种渴望就是人们研习法律的动力。"[1] 改革开放的 40 年，也是中国法学蓬勃发展的黄金时期，中国法理学从啼声初试的婴儿成长为活泼懵懂的少年，关切国家发展与法律实践的研究者们在法、法治与法学研究等多方面论域中展开了理论争鸣，积累了众多理论成果，"在诸多领域都取得了极为可观的知识增长和理论创新的成就"。[2] 但不可否认的是，中国法理学的发展仍面临着诸多困境，一个"突出的问题"就是"真正属于法理学自己的原创性的知

---

① [美]彼得·德恩里科、邓子滨编著：《法的门前》，北京大学出版社 2012 年版，第 409 页。

② 黄文艺：《中国法理学 30 年发展与反思》，《法制与社会发展》2009 年第 1 期。

识、理论、方法较少"，① 同时缺乏对实践问题的高度关注和对实践导向研究方法的自觉运用。② 事实上，中国法治的理想图景并不是一种可以量化的运行机制，而是一种充满张力的秩序状态与生活方式，是一种如同圆周率一般的必然的"未完成"，恰当的多元互动平衡或许是它得以实现的途径。近于疾呼的权利话语往往引致权利的泛化膨胀和权利义务的严重失衡，先验的"普适性"情怀和"模式化"法治也被证明水土不服。站在民族复兴的历史转折点，温故知新，一条立足国情、文化传统和互动平衡精神的特有的中国法治道路呼之欲出，法学的研究视阈、研究领域、研究观念和研究方法的转型已不可避免。通过平衡法治来构建并维系一个和谐社会，"通过彼此努力和共同参与来解决社会冲突，这不仅是我们的胸襟，也是我们寻求的生活方式"。③

平衡法理论生动地体现了马克思主义的战略观、重点论、逻辑方法论和系统思想。平衡法理论由于脱胎于唯物辩证法，取其精华并与时俱进，获得了巨大的理论解释力，在法学领域，催生了一种新的法学理论；这种新的平衡法理论因为植根于时代气候和现实土壤，又产生了巨大的能动性，使个人、社会、国家、全球乃至全人类获得了巨大的"正能量"，从而实现了"解释世界"和"改造世界"的统一，极具时代意义。平衡是法的世界观，是法的理论原点、逻辑起点和最高理念；平衡是法的认识论，是观察解释法的总的理论系统；平衡是法的方法论，是贯穿法运行全部环节、指导法治实践的不二工具。稳定是低度的平衡，和谐是高度的平衡。我国当前的改革更加注重系统性、整体性、协同性，这种全新的改革方略和治理模式无不体现着平衡的思想。这种系统治理的社会改革措施，要求我们能够运用平衡的、整体的、系统的思维化解社会矛盾，立足法治核心要素和底线原则，确立现实的可操作的互动平衡精神与机制，推进转型中国的本土法治秩序。

---

① 黄文艺：《中国法理学 30 年发展与反思》，《法制与社会发展》2009 年第 1 期。
② 参见刘作翔：《关注实践：中国法理学研究观念与研究方法的转型》，《中国社会科学报》2012 年 1 月 12 日。
③ [美]彼得·德恩里科、邓子滨编著：《法的门前》，北京大学出版社 2012 年版，第 409 页。

三、法治运行与社会平衡治理相背离

（一）立法存在的问题

1.立法精神不一致

（1）立法规定存在冲突。立法规定彼此冲突主要体现在法律规范具体规定层面的冲突，进而导致立法层面的失衡状态。法律规范的冲突，一般是指就同一法律事实存在两种或两种以上的法律规定，其调整结果导致法律效果截然不同、法律效力相互排斥的情况。其类型表现多种多样，如上位法与下位法的冲突、特别法与一般法的冲突、新法与旧法的冲突等。① 在立法实践中，较为常见的立法规定冲突表现为处罚设定标准不同、授权执法主体不同以及权利义务内容不同等方面。例如《民法通则》和《消费者权益保护法》关于侵权损害赔偿的规定，均设定赔偿范围必须与损害事实相当，而《医疗事故处理方法》对于此项的处罚方式则是由各省、自治区和直辖市人民政府根据本地区实际酌情规定。此种区别规定就使得一些法律、法规或规章同法律基本精神和立法目的相冲突。② 即便有些下位法没有同上位法的规定直接矛盾，但也违背了法律的基本精神和立法目的。再如，一些地方法规或地方规章，出于地方保护主义的考虑，或者明令禁止外地有竞争力的产品进入本地市场，或者强令本地不得经销某些外地产品等，这些违背法律规定或法律精神的做法，均推动了立法层面的进一步失衡。

（2）部门法律协调性有待提高。部门法律互不协调是指部门法规范彼此冲突，进而呈现出立法层面的失衡状态。这种冲突源于公法与私法在基本原则上的相互对峙和在调整范围上的交叉重叠，但与部门法在制定过程中缺乏统一协调部署也存在很大关联。我国法律体系包括宪法、民商法、行政法和

---

① 参见张晓艺：《我国立法冲突现象的成因及其治理措施》，《宁夏社会科学》2001 年第 11 期。

② 参见严存生、宋海彬：《"立法冲突"概念探析》，《法学论坛》2000 年第 1 期。

刑法等部门法律，部门法之间的互不协调突出表现为"刑民冲突"和"行民冲突"等。法律实践中，一项法律纠纷往往具有高度复杂性，可能同时涉及多个部门法律，而部门法规范的冲突问题必然给案件的审理过程与审理结果带来负面影响。例如近年来最为典型的"刑民冲突"案件"帅英骗保案"，在审理过程中就反映出了《保险法》第54条与《刑法》第198条的法律规范冲突问题。这种部门法之间的法律规范冲突不适用"上位法优于下位法""新法优于旧法""特别法优于一般法"等法律适用原则，为法律实践者带来了诸多困惑，使法律争议的最终裁决处于一种不确定状态，进而造成了一种法治状态的失衡，危害甚巨。

（3）区域法律有待统筹。由于特定的历史、政治和经济等方面原因，我国区域法律间并未实现理想的平衡状态，甚至存在某些冲突，有待统筹与调整。广义的区域法律冲突既包含中央与地方之间的法律冲突，也包含不具有行政隶属关系的各行政区域间的法律冲突，还包含我国不同法域之间的法律冲突。而狭义的区域法律冲突则仅指不同行政区域的地方性立法不相一致、国家法律适用（执行）不相统一，其中表现较为突出的为内地与港、澳、台间的法律冲突和泛珠三角区域内的法律冲突。[①] 区域间地方性立法冲突首先表现为不同行政区域间立法上的不统一，例如海南、深圳等经济特区立法与一般省市区域立法就市场准入标准、技术标准及收费标准、税收标准等规定不统一甚至冲突。其次，表现为国家法律在区域间因其特殊的历史原因在法律适用和执行上存在冲突，虽然这些冲突的存在总体上具有必然性与合理性，但也不排除某些法律冲突存在进一步调整的空间，有待于在充分认可其合理性的基础上进一步进行统筹，否则也会加剧整体社会范围内立法上的失衡。

2. 立法领域不完整

（1）重点部门法律立法不充分。重点部门法律立法不充分，主要表现为

---

①　参见韦军、何峥嵘：《泛珠三角区域内地法律冲突及其解决机制》，《广西民族大学学报》2010年第9期。

重点部门法律不够健全，法律规范在实质意义上供不应求，诸多纠纷无法可依的情况大量存在。部门法律作为现代国家法律体系的基础，其基本要求在于门类齐全、层次多样且构成该部门法的法律规范充足，法律规范无论在纵向还是横向上都应彼此协调相互统一。① 而我国现行立法领域中突出的问题就在于一些比较重要的部门法律立法不充分，进而助推了法治的失衡状态。例如，在民法和经济法领域，一方面，从人类民法文化发展来看，民法作为万法之基础，也是市场经济中最为基本的法律，广泛适用于各种社会纠纷的主要领域，因此民法作为部门法律的基本类型，其重要性显而易见。但是由于我国长期受"重刑轻民"立法思想的辐射影响，致使现行立法领域对于民事纠纷的解决途径还是习惯立足于通过刑法、行政法手段调整民事关系。迄今为止，我国尚未构筑民事法律部门的核心法律规定——《民法典》。虽然制定了《民法总则》《物权法》等民事法律，但从其立法结构和规范内容看都显得过于单薄，难以胜任"典"的作用。并且，一些民事法律部门的相关重要单行法律也有待于进一步健全完善。另一方面，随着经济发展步伐的加快，经济法作为部门法的一种，其作用日显重要，但是，一些新兴的"经济关系"和"经济行为"潮涌而至，使得人们面对这些情况显得无所适从。而我国现行经济法的立法发展严重滞后，显然跟不上改革的进程，亟待进一步健全完善。例如，房产作为商品进入市场并且已经成为人们生活的重要部分，其运行机制不健全，造成纠纷频出、管理混乱甚至出现国有资产流失等诸多现象，因此关于房地产经营相关的法律规范不断完善与出新已成为众望所归。

（2）法律规范内容不甚周严。法律规则的抽象性、稳定性与社会关系的复杂性、多变性之间的矛盾贯穿于立法的整个过程，这种矛盾可以通过提高立法技术和法律修订来部分弥合，但是却难于消除，这直接导致了法律规范内容的滞后性、矛盾性和简陋性。首先，我国现行法律规范中，存在诸多滞后性的法律规范，例如《著作权法》明确规定外国人、无国籍人著作权取得制度适用发表制，也就是说外国人或无国籍人的作品需要首先在中国境内发

---

① 参见纪晶：《完善我国立法体制路径探究》，《法制与社会》2014 年第 7 期。

表或满足其他特定条件方能取得著作权，并非适用于"自动取得"制度，也就是说作品完成时其就自动取得著作权。这种规定的保护力度较为保守，也跟不上国际发展趋势，明显滞后，有待修订。其次，法律规范内容的矛盾性则表现为法律规范条文在文义上前后不一致、相互矛盾。例如《合同法》第10条第2款明确规定，法律、行政法规规定采用书面形式的，应当采用书面形式。当事人约定采用书面形式的，应当采用书面形式。但第36条同时规定，法律、行政法规规定或者当事人约定采用书面形式订立合同，当事人未采用书面形式但一方已经履行主要义务，对方接受的，该合同成立。这就意味着即使法律、行政法规规定或当事人约定合同必须采用书面形式，当事人也可以因履行方式而改变法律、行政法规的规定或当事人的约定。[①] 可见，后一条款一定程度上否定了前一条款的法律规定，二者互不一致前后矛盾。最后，法律规范的简陋性则体现在法律规定不明确，过于笼统，许多法律规范在具体适用时都仰仗于"解释""补充"及"意见"，这就使得一些法律规定形同虚设，也造成立法体系的混乱。特别像《妇女权益保护法》《未成年人保护法》往往在具体内容上规定得过于原则与笼统，缺乏可适用性与可操作性，很多条款在法律施行的角度来看显得简陋与随意，不符合科学立法的基本要求。

3.立法内容不平衡

（1）轻宪法治国、重部门法统御。在我国，立法上虽然强调宪法之根本，但事实上无论从宪法观念上、立法内容上，还是从具体实施上看，对宪法的重视程度远远弱于部门法。首先，从宪法观念层面看，虽然我们强调"依宪治国"，但我国的宪法权威还未在各个领域完全确立，公民普遍的宪法观念并没有形成，在整个社会层面还没有普遍建立起对宪法的尊重和基本了解[②]。其次，从宪法内容层面看，我国公民的宪法权利体系还不够完善和统一。宪法的根本在于对公民基本权利的确认和保障，建立丰富完善的公民

---

① 参见孟国碧：《论〈合同法〉中前后矛盾或自相矛盾的几个条款》，《行政与法》2007年第1期。

② 参见丁萍：《把握宪法根本维护公民权利》，《中共桂林市委党校学报》2007年第4期。

宪法权利是最为基本的要求。而事实上，公民宪法权利立法体系滞后于实践要求，现行宪法对于公民基本权利保护提出的一些新要求还没有能够及时回应。例如对于因特网技术的迅速发展和广泛应用而带来的基本权利保护的新问题、对于个人表达自由滥用的限制、关于人身权的保护方式、选举权行使的方式、文化权利享有的方式等问题在立法上依然空缺。最后，从宪法具体实施层面看，宪法实施的保障机制有待于在实践中进一步强化，宪法的有效实施仰仗于强有力的保障体系的建立，但我国现行宪法中这方面的机制有所完善但仍需强化，例如违宪审查机制的进一步健全，违宪审查标准不具体、违宪审查程序不完善以及违宪审查效力不权威等问题。

（2）轻义务履行、重权利设定。轻义务履行、重权利设定是立法内容失衡的又一表现形式。为了适应历史发展趋势，我们经历了由"义务本位"到"权利本位"的变革。无论是义务本位还是权利本位，都在其特定的历史时期发挥了不可磨灭的重要作用。虽然"权利本位"的思想并非是重权利、轻义务，也不是割裂二者对立统一的关系，但是，由于理解认识的偏差和极端化以及对义务的轻视和忽视，重权利设定、轻义务履行的现象在我国频发，造成了很多社会问题。具体到立法层面，表现为权利和义务的重视程度不同、权利和义务法律规定的数量畸轻畸重以及权利和义务的内容并不对等。首先，重视程度方面，有人常说"权利是橄榄球我要抢到手，义务是足球我要踢的远"，人们的直观认识都是喜权利厌义务，义务先天就遭致排斥。因此，人们更多的是想通过立法规范寻求权利的获得，其对于权利的重视程度大大高于义务。[①] 其次，法律规定数量方面，我们从现行的法律规范中不难发现，关于权利的法律规范在数量上远远多于义务的规定，虽然我们强调在规定权利享有的同时已经隐含了义务履行的规定，但事实上，这种现象在实践领域就会使得人们只记住自己享有的权利有哪些，而忽视对于相应义务的履行，从而使数量失衡演变为法律实施的效果失衡。最后，内容的对等上，对于权利设定的内容上相对完善，而义务履行设定的内容则相对笼统。例如关于商标权权利保护内容较义务履行内容的规定就更为完善，权利保护上除

---

① 参见郭晓明：《试论权利与义务相统一的部门表现》，《理论观察》2012 年第 1 期。

明确了商标权人应当享有哪些权利外，还将具体权利类型进一步明确为专有使用权、优先权和禁止权，而在义务履行设定内容上却仅仅规定了关于商标使用方面的义务规定。

（二）执法存在的问题

1.执法尺度不统一

（1）区别对待执法对象。区别对待执法对象是执法尺度不统一的突出表现形式，其既扰乱正常执法秩序造成执法不严，又违反党纪国法成为法治社会的"毒瘤"。所谓的"人情法""开绿灯""网开一面"都是区别对待执法现象的集中表现。虽然情感是人类的本能，但是作为执法者，面对不同的执法对象都能做到公正不阿，是对执法的底线要求。现实生活中，确实存在执法者主动或者被动地区别对待执法对象的情况，讲人情、讲关系甚至讲利益，造成执法尺度不统一。例如，在执法过程中，面对同一违法行为，"能人"违法犯罪的，不予查处，"网开一面"；"明星企业"违法犯罪的，绕道走且充当保护伞；"关系户"违法犯罪的，要么拿钱消灾，要么利益交换。执法者不能全面、准确、公正地执法，不仅没有实现立法的目的，也破坏了党和政府的形象。因此，要做到依法执法，必须坚守职业道德，捍卫法律权威，统一执法尺度，做到法律面前人人平等。

（2）不当选择执法方法。所谓的执法方法，又称执法手段，是执法者在执法过程中，依照法定的职责而实际采用的方法和手段。其多出现在狭义的执法，即行政执法之中。执法方法的种类可以既包含法律明确规定的方法，如罚款、警告等，也可包含实际执法过程中采用的习惯性方法，例如说服教育、驱赶等。执法方法不当是指执法者采用的执法方法存在随意性、暴力性甚至违法性的特点，例如暴力执法、钓鱼执法等。以城管执法为例，其在执法过程中，面对执法对象，经常采取"轰、撵、追、赶、抢、罚、扣"等机械暴力的方法，执法方法的错误和粗暴导致的不仅仅是个案侵权，更重要的危害在于降低了人们对执法及执法人员的评价与信任。例如，一段时间以来对城管的质疑和批评之声不绝于耳，使得城管执法工作一度陷入尴尬境地。① 因此，欲维护法律的权威性、执法的权威性，使执法能够发挥调整管控社会的积极功能，就必须统一和规范执法方法、完善执法手段，切勿发生执法违法的现象，在保证依法执法的前提下，确保执法对象的权益。

2.执法环境非良性

良性执法环境的建立，是实现严格执法的重要因素，二者相互依赖、互相促进。一方面，执法环境保障执法者严格执法；另一方面，严格执法又有助于构建良好的执法环境。良性的执法环境尚未完全形成是加剧执法层面失衡的重要诱因。执法环境的不良表现为：第一，以权代法。以权代法就是指用"权力"代替"法律"，不是依"法"执法，而是依"权力"执法。一些掌握权力的部门或领导，凭借手中的权力，基于部门利益、单位利益、个人利益的考虑，不正当地干预、阻碍执法，造成冤假错案频出，以权代法、以权压法。例如，某地方政府基于自身利益的考虑，强制政法部门按照他们的意见执法，制造出一个"非法捕捞水产品案"，致使徐怀江蒙冤，然而，又恰恰是上级政府出面干预，又使得这个冤假错案得以平反。那么，到底是宪法大，还是县委大？到底是法律大，还是权力大？我们在回答法律大于一切的同时，必须清楚认识到现实的执法环境中这种以权代法的现象确实存在，要想构建良好的执法环境，这种现象必须治理。第二，以令代法。在执法环境尚不健全的条件下，有的时候来自于各方的有关"指示"一定程度上代替了法律，使得执法者在执法过程中遭遇前所未有的阻力。以检察机关执法活动为例，检察机关往往受到来自个别党政部门负责人的种种"指示"的干扰和阻力。实践中，一是没有严格按照最高人民检察院关于查办大要案件的党内请示报告制度的规定去执行，随意延伸、扩大范围，阻碍了侦查工作；二是有些党政领导对某些犯罪以"有益于局部利益""对企业发展有功"等理由干预检察机关的案件办理；三是个别检察机关人员以"执行党委意

---

① 参见周悦、王华春：《"钓鱼式"执法：原因剖析与矫正路径选择》，《前沿》2010年第13期。

见"为由，不依法执法而是依意见执法。

（三）司法存在的问题

司法过程就是以审理案件为中心，将实体法律落实于实际社会生活及社会纠纷解决的过程。这对于社会主义法治社会的建构及社会主义建设事业的顺利推进具有重要意义。司法过程就是将社会公平正义价值实现于社会经济生活的过程，司法不公的问题助推了法治在司法层面的失衡，具体表现于司法程序、司法实体及司法独立性等方面。

1.司法程序问题

（1）立案程序方面。就一般意义而言，立案是司法程序的起点，以民事、行政诉讼案件为例纠纷司法机关对具体的社会纠纷、法律纠纷以及犯罪行为予以法定意义上的正式立案，司法程序才得以启动。而如果出现应该启动司法程序的情形不能得到启动，应该予以立案的社会矛盾、利益纠纷不能得到立案，则相关社会主体或利益主体即无法得到法定权利侵害的救济，这必然会导致司法过程的不公。在以往的立案机制运行中，司法机关基于各种考虑，往往将不予立案作为规避矛盾、司法不作为的"挡箭牌"，将复杂、棘手的社会纠纷阻挡于司法过程之外，进而使部门本位的利益得到维护，甚至为腐败分子设置了滋生腐败的空间。这既在实质意义上损害了社会主义法治的基本精神，也对人民群众的根本利益造成了伤害。经过司法制度改革，对于立案机制，我国开始实行立案登记制，以避免司法机关在立案环节出现的司法不公，这无疑会产生积极意义，但立案登记制在施行与完善的过程中还需要不断检视自身存在问题，不断进行制度优化，避免登记的形式化。

（2）侦查程序方面。这里的侦查，主要是指对于刑事犯罪活动或行为，拥有调查与追责权力的机关或部门进行调查和取证的活动。而侦查程序，则是规制侦查活动与侦查行为的基本顺序与规则。侦查机关的侦查活动决定了对于特定的犯罪嫌疑人是否能够采取强制措施及是否起诉至审判机关的结果，因此在刑事司法过程中占有重要地位，而侦查程序的依法正确履行则是确保侦查活动合法与公正的基本前提。反之，如果侦查程序在自身设计上存在疏漏或得不到严格执行，则必然会催生出权力滥用、合法权益受侵害等不公现象。考察我国刑事司法的历史与现实，刑讯逼供、徇私腐败等现象确实存在，虽然在社会主义法治建设的进程中，实际情况正在不断好转，但侦查活动中的违法违规问题始终未能完全杜绝。这与侦查程序的设定不够科学合理及侦查程序没得到严格贯彻密切相关，必须予以高度重视与认真反思。

（3）庭审程序方面。庭审是普通司法程序中最基本和最主要的阶段，是当事人行使诉权进行诉讼活动和审判机关行使审判权进行审判活动最集中、最生动的体现，对审判机关正确审理司法案件具有重要的意义。进行庭审，即意味着相关权力主体及当事人可以在一种相对公开的场合进行控诉与辩解，依据法律的规定充分实现自身利益。然而，就我国当前的庭审而言，在程序设计方面还存在很多可以完善的空间。例如，长期以来检察机关对审判机关在庭审中的法律监督职能履行不足，不能更好制约审判机关的司法权力。再如，庭审程序对于律师的应有地位强调不足，对律师的出庭权利保护不够，这都在很大程度上减损了庭审过程对司法不公的监督。

2. 司法实体不公正

（1）自由裁量权的不当使用。广义而言，司法活动中权力机关掌握的自由裁量权，意指司法权力机关及其工作人员在法律事实要件确定的情况下，在法律授权范围内，依据立法目的和公正、合理原则，自行判断行为条件、自行选择行为方式和自由作出司法裁决的权力，其实质是司法权力机关依据一定的制度标准和价值取向进行行为选择的过程。自由裁量权及相关制度的存在有其合理性与必然性，因为法律法规的内容即便再详尽，也不可能完全涵盖错综复杂的社会经济生活，必须赋予司法权力机关一定的权限，依据自身的价值判断来适当运用法律。然而，在司法机制不甚健全、人员素质良莠不齐的情况下，自由裁量权易被滥用，司法权力机关及工作人员在行使自由裁量权时，容易受到各种非法治因素的影响，导致徇私舞弊、玩忽职守案件有发生，此乃司法不公之中影响最为直接、后果最为严重的问题。

（2）案件定性不准确。案件定性，一般是对特定司法案件予以定性，具体而言是司法权力机关针对一起已经发生或涉嫌实施的违法犯罪行为，依据相关法律规定、借助所掌握的证据，对案件的性质进行判断与确定，如确定是行政案件还是刑事案件，是此罪还是彼罪等。从诉讼类型来说，我国的司法体制内包括民事诉讼、刑事诉讼与行政诉讼。在不同类型的诉讼模式中，相关程序不同、责任类型不同，对所涉利益主体产生的实际影响也差别巨大，因此，司法权力机关对于案件性质的确定，对于司法过程极为重要。例如，对于经济纠纷，到底归为民事纠纷还是刑事案件，直接决定其适用的实体规范、程序规则以及审判结果。近年来，随着社会生活的发展与丰富，关于案件定性的争议不断（如盗窃犯罪、非法集资犯罪等），社会舆论也不断施压，显现出了司法权力机关在案件定性方面的不科学与不合理，进而间接诱发司法的不公平、不正义。

（3）责任划分不公平。从某种意义上说，法律责任的追究与归属凸显了法治、法律及司法的生命力与威力。因为法律责任是因违反了法定义务或契约义务，或不当行使法律权利、权力的行为人必须承担的不利后果，只有针对特定的违法行为进行法律责任的追究，使违法者实际承受不利结果，法治、法律及司法的尊严才会得以维护，法治的惩戒和警示效果才能得以保持。也正是因为如此，对于司法过程中的责任划分，司法权力机关必须慎之又慎。对于法律责任的归结与划分，如果不以"法""理"为依据和标准，定责不公允，不仅在个案中损害当事人的合法权益，同时还会严重损害司法的均衡性和公正性，降低司法权威。

3.司法独立性问题

（1）一些地方政府横加干涉。司法权必须同行政权和立法权分别行使，非经司法机关，非经正当司法程序，不得剥夺任何人的生命、自由和财产。司法独立包括两个层面，一是观念层面，二是制度层面。就观念层面而言，司法机关应当形成自己的职业化的观念，即形成司法职业所共有的某些理念，这些理念保证审判人员在类似的案件中有可能作出类似的客观的而非纯个人的判断。就制度层面而言，要求司法人员能按司法规则独立办案。两者缺一不可，相互促进。在社会主义法治框架内，我国相关司法机制设计重点强调司法独立，在法律观念与制度运行上要求司法机关独立行使职权，不受行政机关及其他组织与个人的不法干预。但是，在我国当前的司法环境中，不少地方政府仍然通过一些方式对司法机关正常依法履行职责的活动施加干涉，背离全面推进依法治国的基本精神，使司法机关不能完全发挥应有作用，甚至造成司法不公现象发生。当前的司法体制改革也对这一问题高度关切，正在着力进行调整。

（2）一些上级机关以权施压。司法独立不仅要求司法机关及其工作人员在行使司法权力、开展司法活动的过程中不受其他机关或组织的不法影响，也要求司法机关及其工作人员在履行司法职责时保持自身的独立性，严格依法办事，不受来自上级机关的不当干涉。然而，基于司法机制设置及各方面的原因，我国司法机关及其工作人员在办理案件过程中却往往受到上级机关的不当干预，严重危害司法权的公正行使。由于在人事权、财政权、决策权等方面，下级机关受到上级机关的诸多限制，很难在确保自身利益不受损害的情况下"忤逆"上级的不当意见和安排，这种司法现象也是导致司法不公的重要因素之一，有待平衡调整、综合治理。

（3）人情关系干扰。中国社会是一个以家庭为单位的人情社会，此种人与人的关系形态根植于中国文化传统，一方面，使中国社会相较于其他社会形态更具"温暖感"和"人情味"；另一方面，也容易给相关制度与规则的功能实现造成障碍。人们经常将我们所生存的环境称之为"熟人社会"，在司法环境中，司法机关工作人员也是同时处于各种社会关系中的社会主体，也同样会受到各种人情关系的负面影响，威胁到司法活动的正常开展与司法公正的应有维护。尤其是在基层司法机关及法治程度较弱的地域，各种人情关系对于司法过程干扰更为严重，加剧了司法不公，较大危害了司法机关履行职权的公信力。由于"熟人社会"的文化与流弊不可能在短期内完全消除，我们要始终关注人情关系因素对司法公正的损害，采取各种措施进行综合治理，在循序渐进中排除人情关系在司法活动中的负面影响。

（4）一些舆论的不当干扰。司法过程的结果，不仅涉及特定当事人的切身利益，还涉及司法典型的塑造问题及其他社会活动的效仿效应，因此，社会舆论对于司法过程总是高度关注。一方面，社会舆论确实在一定程度上反映出了人民群众的某些意见与看法，值得司法机关及其工作人员予以适当的关注；另一方面，也不能说社会舆论就完全可以代表社会公平正义与人民的意志，过于激烈的民众情绪甚至民粹主义催生的激进行为都不是社会主义法治事业发展中所提倡的正确导向或合理现象。随着各种新兴媒体迅速发展，当前形势下的社会舆论在很多情况下对司法机关及相关司法活动施与了不当与过多的压力，一些媒体甚至为某些不法利益代言，已经影响到了正常合法的司法权力行使，同样会导致司法不公。

（四）守法存在的问题

对于应然法律关系的维护及应然法律的遵守，其基础均在于守法主体的自觉践行，需要主观认识层面和客观规则层面的互相支撑。因此，考察当前中国社会主义法治运行层面的失衡原因，不能忽视思想认识层面和守法机制层面的问题。

1.守法意识方面

（1）守法主体性意识欠缺。缺乏主观能动性的外在行为，终究不会实现预期的实际效果。对于守法不诚而言，根本原因还是来源于守法主体守法认识的缺失。决定主体守法与否，至少应具有两种内在要素，一是法意识，二是主体性意识，这是守法行为的基本主观条件。全民守法的真正实现，关键不仅在于制度层面，也在意识层面，但树立现代守法者的主体性意识很难一蹴而就，需要一个很长的培育过程和时间。人们的守法主体性意识欠缺，直接影响其守法的普遍性和自觉程度，如果没有主体性意识上的自觉，就可能导致对被动守法的误区和法律工具主义的盛行，从而使法治建设无法正常进行。虽然社会主义法律从立法层面彻底消除了封建等级制度和人身依附关系对人们的束缚，确立了人民的主体地位，但人们的守法意识整体上还处于一个较低的水平，与现代法治的要求相去甚远。受传统观念影响，很多人没有充分认识到自己是一个独立的守法主体。加之在社会主义初级阶段，构建与维护法治社会运行的基本条件与客观环境还有待完善，致使法治建设中人们的守法主体性意识整体上还比较淡薄，人们还普遍缺乏对社会主义法治的权威信仰与内心确信。在西方发达国家，社会的法治理念经历了很漫长的历史进程，时至今日，即使在法治机制与法律制度的层面，需要完善与改进之处也很多，但在社会经济生活中，人们已经形成了较为普遍与坚定的法治信仰。在价值意义上，人们普遍认为法治的意义极为重要；在手段意义上，人们也普遍确信法治的力量。而在当前的中国社会，人们对于法律及法治的重视程度还亟待提升，迷信人治与权力的思想在很大范围内与很大程度上还客观存在，人们既不认为法治应该是社会成员普遍具有的信仰与信念，也不会觉得自己在日常生活中遇到的问题与纠纷可以通过法治途径得以圆满解决。在这种思想意识主导下，人们对于守法往往并不真诚，因而引发守法领域的一系列问题。

（2）守法内涵理解僵化。将守法理解成"不违法"是现实生活中很多人在理解守法的内涵时极易陷入的一种凝固僵化的思维定式，以至于对守法的认识比较简单漠然与粗陋。不论是在法治宣传教育中还是在法学研究中，总是用不违法来代表守法。① 对守法过程中人的主体性作用认识不足，往往导致人们将法律视为一种外在束缚，进而将守法作为一种消极推定的结果。事实上，法律规范一般包括三种类型：禁止性规范、义务性规范与授权性规范。将守法理解成不违法，只是认识到了禁止性规范必须遵守，而对义务性规范和授权性规范没有涉及。这种片面认识容易使人们形成主体"被动守法"或"被迫守法"的观念，造成人们对法律缺乏亲切感和信任感，从而疏远、逃避法律甚至对法律不屑一顾，这样很难产生持久有效的守法行为。完整意义上的守法，首先在于守法主体对于法治精神、法治规则的普遍信仰，需要其积极地投入其中，而不是被动消极地不越界、不抵制。只有使社会大众能够获得对于守法内涵的完整理解与全面认识，守法的行为才能实现法治所要求的目标。

（3）守法主体的认知偏差。就语义分析而言，主体一词有两种含义：一是事物的主要部分或关键部分，二是处于认识和实践中的人。前者是作为

---

① 参见单颖华：《当代中国全民守法的困境与出路》，《法学研究》2015 年第 7 期。

"实体"即事物的载体而存在的,后者是马克思所说的"实践中的人",即具有主观能动性的人。实体含义下的"主体"是被动承担者,因为在这里主体不具有任何主观能动性,很多人对守法主体的理解,与其说是"主体"不如说是"实体"。他们认为在守法过程中任何主观能动性都是不重要的,人们在守法过程中表现为没有任何主体性的"工具机器",这种认识忽视守法者的主体性,使居于主导、核心地位的人的需求和价值在守法中成为极不重要的东西。"我要守法"变成了"要我守法",守法主体的真实地位和作用被遮蔽,守法者的积极性消失殆尽,守法成效可想而知。对守法地位的错位认知,将最终导致被动守法观,使构成普通民众的每个个体的自主性、独立性和个性被泯灭消融于神秘的全体之中。[①] 因此,若想改变与改善中国当前社会中社会主体的守法状况,就必须首先培养民众的守法"能动性""主体性",这是守法真诚、守法坦诚、守法诚信的最根本前提,其次才是一些具体的途径与方式,如广大民众懂得法治的完整含义、理解法治运行的规律、掌握法治应用的技能等。

2. 守法机制方面

(1)宪法意识淡薄。要守法,首先就要确立宪法的崇高地位,崇尚法律之根本就是建立宪法至上的理念和机制。党的十八届四中全会通过的《中共中央关于全面推进依法治国若干重大问题的决定》指出:坚持依法治国先要坚持依宪治国,坚持依法执政首先要坚持依宪执政。宪法至上,是指就法律内部秩序而言,宪法处于法律位阶的顶端,任何个人和组织都必须在宪法范围内活动,一切违反宪法的法律均无效。一方面,宪法宣示了法治的基本精神及其在社会治理中的重要地位;另一方面,其他具体部门法的内容无不从宪法规定中衍生而来。但是,长期以来我国存在公民总体上宪法意识淡薄,对宪法是规范和约束政府权力并保护公民权利这一核心理念还没有形成共识,对宪法诉讼的含义和价值还相当陌生,对宪法实施比较冷漠以及将宪法当作不如刑法、民法、行政法的虚法和软法来对待等问题。我国当前宪法至

---

① 参见吴丹梅:《法治的文化解析》,博士学位论文,黑龙江大学,2003年。

上的保障机制还不够健全，宪法在法治运行过程中所发挥的作用与功效还有所欠缺。在这种情况下，守法主体的守法状态就必然会在基础意义上无法获得有力支撑。

（2）守法激励机制欠缺。我国目前的守法机制在很大程度上还依赖于国家强制力的实施，缺乏守法激励机制。传统守法理论站在国家立场上观察社会成员的守法过程，忽视了守法个体在接受法律过程中的主体性。事实上，在一个民主法治的社会中，人们遵守法律不是由于强权，而是出于自愿。人们遵守法律不仅是生存的一种手段性方式，更应是人们生活的一种目的性需要。如果人们因为被强制而遵守法律，法律就不能成为社会交往的需要，就不能内化为人们的行为准则，这种守法就缺乏促进社会发展的能力。"强制论"的最大理论失误在于误用法律的强制性解释守法，这种法治思路只会造成民众对法律畏而避之，而不是自觉遵守。因此，在促进社会主体守法的过程中，确立相应的守法激励机制是必要的和适宜的，不仅要使违法主体受到法治的否定与惩罚，更应该让守法主体切身体会到守法带来的肯定与收益。

（3）"守法政府"尚需加强。古语云："法之不行，自上犯之。"因此，建设一个守法政府是实现守法的关键所在，也是实现全民守法的基础性步骤。政府守法必要性具体体现在：其一，政府守法是对公民最大的教化，其关乎民众对法律的信任。掌握强大权力进而具有相当社会权威的政府积极主动守法，定会起到率先垂范的积极与导向作用。其二，政府守法是权力有效运作以及公民权利得以实现的根本保障。只有政府权力得以正当运用，法治社会才能得以真正建构，权力被滥用永远是对法治社会的反动与侵蚀。其三，一切权力属于人民，政府守法既是权力的基本伦理要求，也是政府获取公信力与合法性的重要途径。只有通过将权力运行内化为人民利益的实现，才能避免权力与人民的对立，将法治社会的内在逻辑贯彻到社会实践的层面。

（五）监督存在的问题

法治的运行离不开权力的运用，而权力基于其易被滥用的先天倾向，需要举社会之力通过各种途径与方式对其进行监督与规制。法治不仅需要依法全面开展监督，法治更需要通过监督产生控制权力的实效。在我国，虽然法治监督在法治运行的过程中已经较为充分地贯彻，但是究其效果却不尽如人意，整体不甚协调，"监督不力"是中国社会当前的法治监督层面失衡的症结所在。

1. 监督机制不协调

（1）监督体系有待优化。我国目前的监督体系尚不健全，没有将各种相关因素统一考虑并全面构建起来，没有形成一个有机的法治监督体系。具体表现在：内外监督不对等，一强一弱；防范监督不到位，亡羊补牢；监督力度不统一，两极分化。事实上，一个社会的权力监督体系，应当根据不同的角度，分为不同的构成部分，并需要将这些部分统一协调起来，如此才能获得法治监督的效应最大化。从监督的指向方向上区分，应当包括自上而下的监督、平行监督和自下而上的监督；从权力运行的环境区分，权力监督可分为内部监督和外部监督；从权力运行的过程区分，权力监督可以分为事前监督、事中监督和事后监督。[①] 只有将这些不同层面、不同方式的法治监督有机结合起来，使其协调一致，并形成合力向同一方向前进，才能将法治监督的力量推向正轨。

（2）监督方式、模式单一。我国目前的法治监督方式主要是仰仗党内监督、人大监督、纪检监察监督和审计监督等内部监督方式。对于其他民主党派的监督、媒体监督和群众监督等方式还仅仅停留在起步阶段，还未得到应有的重视和充分的运用。这些监督方式的积极应用是内部监督的有效补充，也是内部监督的"监督"，其监督力度不可小觑。例如，媒体监督具有传播速度快、信息获得及时以及舆论压力大等特点，其监督能够在最短的时间内发现问题并迅速曝光，不给贪污腐败、违法乱纪预留喘息之机。多元化的监督方式是构建协调有效监督机制的必要所在，能够提升监督的能力和效率。另外，在我国现有的监督模式中，有些已经不能顺应时代发展要求，不能够

---

① 参见温莉：《党内同级监督的难点与对策》，《金融经济》2010 年第 4 期。

发挥监督应有的作用，有待进一步的优化、创新与发展。例如，对于贪污腐败案件而言，往往是在已经对国家和人民的利益造成了巨大损害之后才东窗事发，以至于很多贪官在事情败露曝光之前，还在公开场合做着"教育"他人防腐拒变的"精彩"演说。因此，有效转变陈旧的监督模式也是顺应法治监督发展的迫切需要。

2.上级监督不到位

上级监督干扰因素"太多"。上级监督的缺位与干扰上级监督的因素太多密不可分。其一，所谓的"上级监督"实质上是一种纵向监督，上下级彼此之间在某种程度上存在千丝万缕的利益关系。因此，"下级犯了错上级脸上也无光"的思想，成了诸多"上级"进行监督时考虑的因素，如此干扰之下，就容易出现包庇袒护、放弃原则、亲疏有别、流于形式等不当监督行为。其二，所谓的"上级"是相对的上级。例如，"市级"相对于"县级"来讲是上级，理应对其进行监督。但是，作为"省级"来讲，一旦对于市级的监督加以干扰，那么这个所谓的"上级监督"将无法继续进行。因为，相对于"省级"来讲"市级"不再是上级，反而成为"下级"，成了被监督对象。其三，上级监督对下级过度"信任"。上级部门往往认为放手让下级干事是对其的"基本信任"，即便有点小毛病，都似乎可以原谅。因此，出于此种"信任"，这种上级监督就越来越远了。

3.同级监督被虚化

（1）同级监督认识误区多。同级监督之所以被虚化首先源于对同级监督的错误认识。目前较为常见的将同级监督认为是"找茬子、捅娄子""自己跟自己过不去""影响班子团结""多一事不如少一事"，有的甚至还认为上有上级监督，下有群众监督，同级监督可有可无。这些认识上的误区使得同级监督机制从最初推行就陷入了困难，即便日后开展监督工作，也无外乎是走走形式，睁一只眼闭一只眼，其最终的监督结果就是互保平安、互换利益。

（2）同级监督机制薄弱。同级监督机制薄弱具体表现在：没有明确的考核标准，没有明确的操作规定，没有明确的责任追究。没有明确的考核标准，监督者就无法判断被监督主体是否存在问题，即不知如何监督；没有明确的操作规定，监督者就无法按部就班地进行监督，即不知怎样监督；没有明确的责任追究，监督者就无法处理监督过程中的问题，即不知监督结论。可见，切实可行的监督制约机制是进一步开展监督工作的必要所在。

（3）同级监督制度欠科学。具体表现在：制度设计过于简单，缺乏连贯性、系统性。有些制度只规定不准出问题，至于出现问题如何处理没有配套办法；有些制度只顾眼前不管长远，缺乏预见性和前瞻性；有些制度只是停留在喊口号的层面上，具体规范分散、零碎、不成体系。因此，科学的监督制度必须做到监督范围具体、权限内容明确、方法程序得当，只有建立科学有效的监督制度，同级监督才能有序进行。

4.群众监督难度大

（1）知情权利不足。群众了解信息是搞好群众监督的基本前提，我们的国家机关及其公务员的一切政务活动和行政行为除了涉及党和国家机密外，都应当及时向群众公开，让群众知晓。然而，我国行政事务的公开度一直不够，存在应该公开的不公开、应该向社会公开的只在内部公开、应该全部公开的只部分公开等情况，使广大人民群众不能充分享有全面了解和监督社会运行过程中各项社会活动的权利。知情权的不足使得群众监督工作难于充分开展。

（2）监督途径少。群众监督活动的正常开展有赖于切实可行的监督途径。我国的宪法和其他法律文件中尽管都有关于群众民主监督的条文，但都过于概括和笼统，在立法上很少具体规定监督权的权能、内容、范围、程序和方式，在学理上也鲜被探讨。许多群众监督的途径在实际运作过程中过于灵活、弹性，缺乏程序性保障，依据的时常是党的政策和行政文件，监督途径的制度化、正规化尚未完全实现，有些国家机关甚至对群众监督予以忽略，忽视其在监督制度中的重要作用。

（3）监督意识比较淡薄。群众监督意识包括监督者积极参与监督的意识和被监督者诚恳接受监督的意识。① 由于历史和现实的原因，在我国这两种意识均比较淡薄。从国家机关内部来看，影响群众监督的主要障碍是部分领导干部自视甚高，居高临下，脱离群众，甚至认为自己是领导干部、国家公务员，对党的方针、政策学得多、吃得透、理解深、觉悟高，不需要监督；更有个别干部特权思想严重，不习惯、不愿意或不接受群众监督，把群众监督当作摆设。从人民群众自身来说，影响监督的障碍则主要源于广大人民群众对国家机关及其公务员的监督缺乏积极性和主动性，认为群众监督领导并非是自己的权利，只有当自身利益受到直接侵害时才会投诉告状。这种不成熟的社会意识导致群众监督力弱的问题难以在根本上得到扭转，使得群众监督的真正实现难上加难。

---

① 参见高亚军：《对群众监督问题的思考》，《理论学刊》2005 年第 8 期。

第三章
治理社会失衡问题的法治理论（上）

—— 平衡法治范式的兴起与证成

中国正处于新的历史发展阶段，全面综合转型和多元利益博弈是目前中国社会的时代特征。多样文化知识、多种利益观念和多重秩序结构相互催生，经济社会发展不平衡、体制改革进度不协调、法治建设碎片化等，诸多因素相互作用，加剧了中国社会失衡问题的复杂性，阻碍了社会主义和谐社会的型构。坚持和发展中国特色社会主义，全面建成小康社会，首要任务是治理社会失衡。法治作为社会建设工程之基，在统筹社会力量、平衡社会利益、调节社会关系、规范社会行为等方面具有不可替代的比较优势。我们应当在正确认识中国社会现状的基础上，探索国内外依法治理社会失衡的经验教训，寻求既符合中国国情和文化传统，又遵循法治发展一般规律的社会失衡治理之路，以此保证中国社会在深刻变革中科学发展。

一、社会失衡问题治理方式的选择

（一）法治是社会失衡问题最佳治理方式

社会失衡问题是一个全球性话题和国家性难题，因此亟须确定适当的社会失衡治理方式。法治国家、法治政府与法治社会一体建设，已经成为当前中国共产党和人民所共同追求的社会发展目标与国家治理模式，依法治国对解决社会失衡问题和走出社会失衡困境具有不可超越的理论优越性和不可替代的实践优越性。

1. 中国社会失衡的本质是利益失衡

中国社会失衡首先不是政治化的问题，更不是意识形态的问题。从本质上看，社会失衡是与人们切身相关的利益问题，即利益的冲突和矛盾导致的社会失序。在过去的 30 年里，我们建立起了社会主义市场经济的基本框架，但与其相适应的利益均衡机制没有建立起来，长期积累下来的利益倾向性配置造成社会利益格局的失衡。利益格局失衡成因较为复杂：

（1）从机制上看。市场经济是资源的分配与再分配系统，运作机理建立在利益分层与分化的基础上，其自身就蕴含着失灵的倾向。利益最大化驱使不规范、不正当竞争反复发生，利益失衡不能通过市场机制本身得到修复，政府干预在引导市场机制规范化运作中发挥举足轻重的作用。

（2）从职能上看。改革开放很长一段时间内，中国实际实行的是市场经济与国家调控并行的双轨制，这种双轨制并非理性选择的结果，政府对市场的不信任以及对权力的天然青睐，促使其不愿退出资源与利益分配的历史舞台。政府与市场职能分工不清，政府过多承担经济职能，市场低效运转，"正在成长起来但远未成熟的市场经济机制和仍在发生作用的行政集权式经济机制同时发生作用，必然会引起分配不公"[①]。

（3）从手段上看。当前我们对新产生的各种利益矛盾，并没有成熟且有效的应对手段，这给调和利益冲突和矛盾提出了一系列难题："如何使利益博弈合法化、如何为利益博弈提供合法的舞台、利益博弈的组织形式是什么、利益博弈的机制和规则如何制定、国家如何面对利益博弈，等等。"[②] 概括来说，即如何运用各种手段理顺国家宏观调控与市场自由竞争之间的关系，使社会各利益团体博弈法治化。

（4）从政策上看。中国的市场经济建立在薄弱的物质基础之上，而市

---

① 党志全、袁剑英：《改革进程中利益失衡与法律调整》，《浙江省政法管理干部学院学报》1998 年第 3 期。

② 孙立平：《中国进入利益博弈时代》，《经济研究参考》2005 年第 68 期。

场经济中利益冲突与失衡的解决需要耗费相应的社会成本。为加强物质积累，在改革开放之初，中国选择了"效率优先，兼顾公平"政策，此政策包含了贫富分化的潜在因素。当贫富分化发展到一定程度，占得社会大部分资源的少数既得利益者失去变革动力甚至阻碍变革发生，多数利益既得者又因占有少量社会资源而缺少变革的能力，社会资源的不同社会力量之间的利益格局定型化，以公平为目的的利益失衡纠正措施在社会中的落实效果不尽人意。

（5）从结构上看。改革开放之前的中国以政治身份作为社会分层的主要依据，政治地位决定了利益分配与再分配状况。改革开放后，"社会分层结构的一个重大变化就是，中国从政治分层为主体的社会转变为经济分层为主体的社会，换言之，是经济上的不平等取代了政治上的不平等"。[1]经济上的不平等若限制在合理范围内，对社会经济增长具有强大的刺激作用；但如果超过合理限度，则会引发连锁反应，政治利益、社会利益、文化利益会随着经济利益的失衡发生倾斜，可能导致社会关系变得愈发紧张。

（6）从心态上看。改革开放以来，中国的资源分配经历了从平均主义到平均主义修正再到差距不断拉大的历史阶段。近些年来，中国基尼系数一直高于国际警戒线，资源分配尤其是收入分配改革势在必行。改革过程中的"不患寡而患不均"的平均主义思想呈现回潮趋势，这固然与中国文化性格有关，但更多的是利益长期失衡下所折射出的一种社会恐慌。平均主义与社会公正不同，平均主义在特定的历史时期可以为国家自主性提供结构支撑，"国家自主性就在于不受社会支配阶级和利益集团的左右而推行符合整个社会利益的公共政策"[2]。但平均主义具有牺牲效率的固有缺陷，"平均主义至上"会带来更大的不公，以平均主义纠正利益失衡无疑是饮鸩止渴。

---

[1]　李强：《改革开放 30 年来中国社会分层结构的变迁》，《北京社会科学》2008 年第 5 期。

[2]　王彩波、陈霞：《中国经济发展道路中的国家自主性》，《吉林大学社会科学学报》2015年第 2 期。

2. 法治是利益失衡的最权威调整方式

（1）调整利益失衡最直接、最有效的方法是树立规则、建立秩序。调整利益关系的行为规范有多种，道德准则、风俗习惯、法律规范等从根本上来说都体现了人类在共同生活、发展和完善过程中对秩序的需要。有效调整利益关系的行为规范都要具备一些共同的特点：首先，无论是限制或鼓励某种行为，这种限制或鼓励均是一种公理性的认知，即受到普遍认可，任何一种规则在接受者与拒绝者之间都存在一定的张力，只有当拒绝规则者明显少于接受规则者时，这种规则才能具有社会压力，否则该规则便不能落实于行；其次，对于接受规则者来说，他们是从内在观点，即接受规则并以此指导行为的群体一员的身份去认可规则，而不把自身仅视为行为规律观察者，从前者出发人们认可义务的存在，而后者关心规则是出于对违反规则后果的忌惮；[①] 最后，违反规则会遭受否定性的评价及不愉快的后果，它既可能是软性的舆论压力、自我谴责，也可能是硬性的制裁措施，后者较前者来说具有更高的确定性与可执行性。

（2）法治调整利益失衡具有形式和实质双重合理性。在诸多行为规范中，法律规范因具有特殊优势，对利益关系的调整更加有效和公正，这使得法治调整利益失衡具有其他治理方式无法比拟的形式合理性。首先，法律规范是国家意志规范化的表达，以外部可见的法律渊源为载体，条件假设、行为模式、法律后果确定；而道德准则、风俗习惯的外部表现形式无需国家机关制定认可，内容主要存在于社会成员的意识、观念、言论、行为中，具有一定的不确定性。其次，法律规范具有体系性，不同部门法律规范按效力位阶有层次地组织在一起，完善的规范体系不会发生冲突与抵触；道德准则、风俗习惯按民族、种族、阶级、阶层等有不同的体系，彼此之间不能做到完全兼容。最后，法律制裁以国家强制力为后盾，具有明确的标准和强大的外力保障；而道德制裁执行标准不确定，依靠舆论谴责，执行力度较弱，违反

---

① 参见［英］哈特：《法律的概念》，张文显等译，中国大百科全书出版社1996年版，第91—94页。

风俗习惯的制裁只针对特定群体，效力来源于群体成员对规则的非正式或半正式认可，效力范围极为有限，且没有强有力的执行保障。因此，法治因以法律规范为调整利益关系的准则，具有其他治理方式所不具的形式合理性。而法治作为一种行为模式、一种公共意识、一种社会秩序的独特属性，使法治在调整社会失衡时又彰显了不可替代的实质合理性。首先，国家与政府均受治于法，法律处于一切利益团体之上。法律不是工具，在社会中具有绝对权威，相对于国家、政府、阶级、阶层、个人来说法律起主导作用，利益失衡接受法律的治理。国家生活、社会生活、个人生活中的利益关系法律化、制度化，各方主体都要按法律规定的方式调整自身的利益关系，调整利益失衡不会因主观因素而走错方向。其次，法治不崇拜人格化的权威，没有特殊利益和特殊的判断标准，具有超越性。利益失衡治理反映的是公众的意志与意识，不受任何团体意见左右，不会随当权者更迭或国家政局起落而频繁变动，法治能够稳定、连续、客观公正地调整失衡的利益关系。最后，法治自身兼顾各种利益的平衡。"宏观调控的目标是多元的、矛盾的。在宏观调控中，所追求的各种目标之间存在着矛盾、冲突，只有通过博弈和协调，才能趋向于达成某种预期或接近预期的结果。"[①]只有在法治的框架内，利益的博弈才具有正当性和可控性，法权的配置才具有公信力与执行力。公权力、社会权利、私权利之间，公权力之间，社会权利之间，私权利之间，相互制衡又彼此促进，能够避免并纠正利益调整过程中的二次失衡，保证失衡治理不偏离正常轨道与预期目标。

3. 法治调整利益失衡的机制原理

治理社会失衡，避免已经失衡的利益格局推动社会走向更加失衡，关键是要理清法治调整利益失衡的机制原理。

（1）法治与和谐理念相契合，能够为利益失衡治理提供观念和形式上的运作标准。和谐作为社会科学范畴，既是一种承载和容纳了所有人类美好生活愿望的社会理念，又是一种高级的、文明的社会生活方式和生存方式，还

---

① 史际春、肖竹：《论分权、法治的宏观调控》，《中国法学》2006 年第 4 期。

是一种结构性社会所能达到的最理性状态。[①] 以和谐为基础，法治在观念上确立了国家有限、社会自治、个人本位的法律基准。治理利益失衡要求国家必须节制其活动范围，为社会自主活动提供相应的空间；要求社会拥有创建规范、组织资源、调解纠纷的自我管理能力，为个人提供自我实现的物质依托；要求个人权利和自由是国家和社会的正当性依据，彰显人权构成国家治理、社会管理的价值之维。在形式上，和谐要求法治在调整社会失衡时能够通过完善立法保障、执法保障、司法保障、守法保障建立人与人、人与社会、人与自然之间的利益均衡机制。要求完善以宪法为核心的中国特色社会主义法律体系，明确保障社会平衡的法律依据；要求推进依法行政，加快法治政府建设，夯实保障社会平衡的动力基础；要求保证公正司法，提高司法公信力，改善保障社会平衡的救济环境；要求增强全民法治观念，推进法治中国建设，缔造保障利益平衡的社会氛围。

（2）法治能够克服利益角逐中的有限理性，纠正利益博弈过程中因主观原因产生的资源非正当倾斜。理性分为个人理性、集体理性。就个人理性而言，完全理性假设主体是自身利益的最佳判断者，而有限理性恰恰指出主体在利益判断上的局限，这是导致利益失衡的潜在隐患。"行为经济学派通过试验验证，经济人并非现实的人，现实的人是具有有限理性、有限意志力、有限自利的人。人们存在多种认识的偏差和歪曲，不是一个绝对的理性者。人们并不一定能够认识自己的利益，尤其面对多而杂的信息，更增加了人们陷入选择困境机率。"[②] 建立在个人理性之上的集体理性，除受制于个人有限理性外，其形成过程更有诸多非理性因素的干扰。目前，民主被认为是最为有效的形成集体理性的方式，但民主本身只是无奈的次优选择，因为占据优势的多数并非就一定掌握着真理，多数的并非就是精英的和智慧的，其结果可能会是多数派利用其表决优势使得他们可以得到过度的关注，这就是"多数派的偏见"。同时，当多数派处于信息劣势或组织困难时，参与成本会大大提高，多数派参与性可能会由于效率的制约而不能发挥，甚至有时一些非

---

① 参见张文显：《加强法治，促进和谐——论法治在构建社会主义和谐社会中的地位和作用》，《法制与社会发展》2007年第1期。

② 王琳琳：《自然人主体范畴反思》，硕士学位论文，吉林大学，2008年。

理智的情感、偏好等因素都会对多数派的参与产生影响，这时与其相对的少数派就会得到过分的关注，这就是"少数派的偏见"。[1] 无论是"多数派的偏见"还是"少数派的偏见"，对集体而言它们仅是部分意志的代表，很难说这样的意志一定能够符合判断者的最大利益，更不用说其是否符合集体的最大利益。法治的优点在于能够以非人格化、制度化、公开化、确定化的方式将有限理性的负面作用控制在合理限度内。法治通过沟通对话、互助协作实现私人自主与公共自主的最大均衡；[2] 以协商合作取代服从斗争建立一种新的利益秩序，这种秩序的特点是统一性与多样性的平衡，"这种平衡对于所有的发展和进化形式来说都是基本的，在自然界和历史中也是如此"。[3]

（3）法治能够培养建设并维护社会平衡的中产阶层，为纠正利益失衡提供稳定的经济基础、政治基础和价值基础。中产阶层是社会主义国家的称谓，在资本主义国家被称为中产阶级。中产阶层是指那些在财产收入和社会地位上处于中等层次的社会群体，一个社会若中产阶层比较弱小，高产阶层或者低产阶层庞大，这时社会是一种"哑铃型"结构，此种社会结构中间支撑力量弱小，两端力量强大，易造成利益分配的极端不平衡；如果一个社会的中产阶层比较强大，这个社会就是一种较为稳定的"橄榄型"结构，利益分配也趋向于均衡发展。当前中国社会既不是"哑铃型"也不是"橄榄型"，而是一种"丁字型"的结构，此种结构被称为紧张结构，起因于20世纪80年代中后期开始的资源向社会扩散并向少数人手中积聚演变。[4] 此种结构反映了利益分配的不均，以及不均向失衡固化的结构性趋势。因此，纠正利益失衡，当务之急是积极培育强大的中产阶层。从经济上来说，法治保障了中产阶层的中等收入水平，他们生活状态良好，引导社会消费，扩大国内需

---

① 参见［美］尼尔·K.考默萨：《法律的限度——法治、权利的供给与需求》，申卫星、王琦译，商务印书馆2007年版，第56—72页。

② 参见［德］尤尔根·哈贝马斯：《包容他者》，曹卫东译，上海人民出版社2002年版，第302页以下。

③ ［美］欧文·拉兹落编：《多种文化的星球——联合国教科文组织国际专家小组的报告》，戴侃等译，社会科学文献出版社2001年版，第1页。

④ 参见李强：《当代中国社会分层：测量与分析》，北京师范大学出版社2010年版，"引论"第1页。

求，维持市场稳定，可以平衡上层和底层人口之间的利益差距，使社会资源在高、中、低三个阶层之间均势分配，防止两极分化。从政治上来说，中产阶层强大，意味着社会绝大多数人口来自中产阶层，法治为他们塑造了较高的政治品格，公正、稳定、和谐是他们的政治诉求，他们反对两极分化，渴望社会稳定，对国家政策方针的制定选择能够起到延缓或促进作用，对国家政策方针的实施能够起到监督作用，有利于国家和社会向平衡方向发展。从价值上来看，中产阶层的价值取向比较保守温和，崇尚中庸，追求自由民主，渴望社会稳定，不希望革命。[①] 法治有利于维护此种价值形态的主导地位，社会的主流意识本能地排斥利益的极端分化与失衡，社会利益、公共利益作为调整社会失序的中介，缓冲了上下两层之间的利益冲突和矛盾，保障利益在不同阶层之间进行合理的再次分配。

（4）法治能够建设制度化的利益失衡调控机制，以合理地表达利益要求、平衡利益冲突、重整利益结构。利益失衡并不是可怕的社会现象，好的治理方式并不意味着没有失衡，而是表现为能够容纳失衡，消化失衡。法治恰是应对利益调节而产生的，法律制度实质上是一种利益制度，法治是对社会各利益主体意志的反映，忠实记录下各群体和个体的利益诉求以及利益获得承认的限度。法治表达利益的过程即是选择利益的过程，这一过程可以发现利益失衡的表象、原因并对治理失衡提供解决对策。在利益被法律评估前，社会各集团、各阶层对资源的控制并不是均衡的，"生活基本上是为地位而展开的斗争，这些地位决定了没有人可以对他周围他人势力毫不在意。如果我们假设每个人都在利用所能得到的资源，以使他人为他得到特定环境中的最好可能的局面效力，那么，我们就获得了一个能理解大量的分层情况的指导原则"。[②] 法治的一个功能就是对各种利益的重要性作出估价和衡量，为已经失衡的利益关系提供协调标准；当利益失衡已经不能以局部微调方式纠正时，法治又为革命和改革提供了制度框架，利益格局的重新调整和

---

① 参见牛慧娟、洪明：《中产阶级与政治稳定》，《武汉大学学报（社会科学版）》2003 年第 1 期。

② ［美］科林斯：《冲突社会学》，转引自于海：《西方社会思想史》，复旦大学出版社 1993 年版，第 421 页。

安排获得了秩序保障，同时法治也在利益格局的打破和重整过程中不断向前发展。

（二）国外治理社会失衡问题的法治实践及警示

根据美国非营利性机构"世界正义工程"（World Justice Project） 2015年 6 月 2 日发布的"2015 年世界正义工程法治指数"（2015 World Justice Project Rule of Law Index）来看，欧盟及北美组平均指数最高，南亚组平均指数最低，[①] 分析欧美和亚洲两大地域法治发展特点以及社会失衡治理经验，对中国依法治理社会失衡具有重要的借鉴和指导意义。

1. 以欧美国家为蓝本的分析

法治发源于欧洲大陆，后在北美国家生根发芽。从古希腊开始法治思想便是政治生活中的一个重要话题，经过岁月的洗礼，法治已被公认为是最有效且正义的社会治理方式。社会治理要符合一些基本规范，其中最核心的要求是平衡，如社会秩序平衡、经济发展平衡、社会福祉平衡、群体关系平衡、利益分配平衡等，法治因身负社会治理的功能与价值均衡色彩，在社会失衡治理中发挥着不可替代的作用，尤其是欧美国家的法治史源远流长，更是积累了可资借鉴的丰富经验。

（1）法治崇尚自由但同时也注重底线治理。法治与自由主义具有亲缘关系，二者产生的思想基础均是个人享有普遍的自由和权利，但公共权力以及个人权利又应当自我限制，以保障所有公民享有最大限度的自由。因此欧美国家的自由不是放任的自由，在社会治理过程中，始终恪守秩序的最低限度，"西方国家特别是英、美等国，社会治理的重点是守住'底线'，集中资源、集中力量打击和惩处违反法律、触犯社会秩序和超越社会道德底线的社会行为。对于公民的不违反法律、不严重触犯社会道德底线的行为一般不

[①] 参见《中国法治指数低于全球平均值》，见 http://international.caixin.com/2015-06-03/100815746.html。

予干预"。①

（2）依法治理同时注重刚柔并济。欧美国家以法治为社会治理的根本原则和基本手段，但同时也配以软法机制和意识形态、宗教与道德的力量。一方面是因为欧美国家法治思想发展伴随着宗教改革的轨迹，法治背后的文化力量对法治功能的发挥起到支撑作用；另一方面是因为软性力量更易形成内在的约束力，利于从根本上解决社会失衡问题。

（3）法治辅以经济杠杆调整失衡的社会关系。与我国社会治理主要运用行政手段不同，西方发达国家在社会治理中特别注重运用经济手段，倾向采用经济处罚规范社会行为，将人们的行为动机、目的与经济利益挂钩，符合人趋利避害的本性，能够提升法律的社会约束力。

（4）法治的理念随着社会经济状况的变化而变迁。前资本主义阶段，国家具有优位性，社会在国家法的夹缝中生存。到了自由资本主义时期，极度发展的个人主义促使权利观念走向利己的极端。到了 20 世纪福利国家思潮兴起，国家、社会和市场多元参与、合作共治，各方力量可以在平等的基础上合作协商解决各种社会问题。

2.以亚洲国家为蓝本的分析

依法治理社会失衡涉及经济增长、法治改革、民主和宪制等多方面问题。亚洲各国属于法治后发展国家，其法治道路存在诸多不同，在不同的社会发展时期具有不同的侧重点，但总体来说亚洲国家法治发展仍有共同规律可循，亚洲各国依法治理社会失衡具有以下共同特点：

（1）法治建设初期，均以经济增长为拉动政治文明与精神文明发展的持续动力。在这一时期，经济的快速增长与公民权利的低水平保障明显失衡，随着物质生活水平提高和财富积累的形成，政府开始对人力资本和制度建设进行投资，着手建立健全法律体系，这一体系将满足人们对于程序性或非实体性法治的基本要求，法律在经济社会中的地位逐渐增强。②

---

① 房宁：《国外社会治理经验值得借鉴》，《红旗文稿》2015 年第 2 期。
② 参见 ［美］裴文睿：《中国的民主和法治发展是一个问题案例还是范例?》，肖辉译，《国外理论动态》2013 年第 3 期。

（2）在法治发展过程中，行政权威具有强大的影响力。行政力量在很长时间内引导法治走向，具有一定的超越性，虽然有法律制度的建设、社会组织的出现和"公民社会"的形成，但公民权利依然有限，人民生活水平有待提高。在民主化之后，公民权利和政治权利虽能得到更好的保护，但滥用权力的事情在一些情况下依旧发生，权力与权利处在非平衡发展状态。

（3）法治发展具有外部依赖性。亚洲国家法治状况受经济发展水平影响较大，并且亚洲国家多是外向型经济，欧美国家是亚洲出口导向型国家的经济增长依靠，欧美经济局势变动会使亚洲国家经济状况发生难以估量的变化。若不扭转此种局面，亚洲国家的经济、社会、政治与文化的均衡发展必然陷入难以突破的瓶颈。

（4）法治建设本身是一个法律移植及本土化的过程，出现不同程度水土不服。依法治理社会失衡需要成功引入法治文化、理念、制度和技术，这取决于本国在法治发展过程中是否能够发掘自身政治、经济、文化、社会特点，并将法治与其有效融合。

3.中国的选择和出路

欧美国家具有先进的法治理念和经验，值得我们学习借鉴，但我们也应该清醒地认识到，欧美国家同样存在着自身的社会治理危机。近年来，欧美国家法治背后政治体制的固有缺陷开始显现：民主选举普遍具有的作秀导向，使选贤任能成为奢望；社会公益常被一部分非理性的民意裹挟和绑架，使国家实施有效的治理变得步履维艰；多方角力使多元博弈无法整合，社会治理效率低下。政治体制缺陷造成的恶果是政府权威渐失却又经常逾界，党派之间为胜选而进行不择手段的党争，民众对公权的信任和依赖普遍丧失。各种非正当行为披上法治外衣后，社会治理陷于前所未有的混乱和失衡，极端思潮抬头，相应的右翼极端势力也开始再次出现，严重暴力、枪击或大规模骚乱事件频出，社会矛盾不断激化。[①]

相反，虽然从整体上看亚洲国家法治起步较晚，依法治理社会失衡处

---

① 参见李以所：《现代国家治理：西方的经验和教训》，《领导科学》2014 年 6 月（中）。

于后发状态，但仍有少数国家的法治水平处于国际前列，社会治理取得巨大成就。如新加坡在充分尊重本国社会发展历史、地缘政治特点和多元社会实际的前提下，创造了融合式的社会治理模式，政治上实行精英政治与大众民主相结合的治理方式，经济上实行政府干预与市场经济相结合的治理方式，文化上实行多元文化共处的治理方式，促进了经济发展，保持了政治稳定，保证了社会治理有效。日本在治理社会失衡时，利用了自身的"后发优势"，充分汲取各国社会失衡治理的成功经验，充分发挥法治在基础设施建设、防控社会两极分化、环境污染治理等方面的引导和激励作用，完善相关领域的法律制度建设，在短时间内达到了较高的社会公正水平①。

综合欧美国家以及亚洲国家的法治经验和教训可知，要使我们的国家治理体系制度化、科学化、规范化、程序化，使国家治理主体善于运用法治思维和法律制度治理社会失衡，关键是要挖掘具有中国特色的治理社会失衡的法治范式。中国具有自己特殊的国情，不能照搬欧美国家经验，很多采用欧美模式的发展中国家，并没有得到社会经济的发展和民主政治的稳定。摸索治理社会失衡的中国模式，从而把社会主义的制度优势转化为治理国家的超凡能力，对中国社会发展具有至关重要的意义。我们在探索社会失衡治理的法治道路中要注意以下几方面问题：首先，选择治理社会失衡问题的法治范式应当总结当前欧美国家治理社会失衡时的突出难题，结合中国国情分析这些难题出现的可能性，对于出现几率较大或已经出现问题的领域，重点加大理论研究程度和法治建设力度，以做好充足的前期准备。西方当前热议的社会治理难题主要集中在六个方面：如何解决社会不平等和贫富分化加剧，如何重建对自由市场的信心，如何解决西式民主体制的失灵，如何解决不同社会群体的多元共处，如何解决"法治"异化为"律师之治"，如何进行全面体制创新。② 亚洲国家的经验教训告诉

---

① 参见王彩波：《优良的社会治理与相对的平等——日本经验的再思考》，《东北亚论坛》2010 年第 6 期。

② 参见杨士龙：《发达国家走到今天还有社会治理难题吗?》，见 http://www.globalview.cn/html/global/info_1734.html。

我们，欧美国家社会治理过程中的难题，有些是我们前进过程中不可回避的，有些则是可以避免的，前者是所有国家现代化进程所必然产生的副产品，而后者则与一国的文化传统、地缘政治、人口种族、资源分布等多方面因素相关，是否出现具有或然性。其次，选择治理社会失衡问题的法治范式应当审慎对待欧美国家法治以及社会治理方面的理论预设，结合中国国情理性看待法治与民主、政府与市场之间的关系，重新评估它们对中国经济、政治、文化、社会以及生态等方面的影响。亚洲的经验告诉我们，法治与民主并不具有必然联系，法治评价指数较高的几个国家和地区并不属于民主政体，如新加坡和中国香港；而属于民主政体的国家，法治评价指数却不令人满意，如菲律宾。[1] 同时，欧洲金融危机的事实告诉我们，不管金融危机背后的原因多么复杂，就政府和市场关系来说，政府的监管力度显然不够，新自由主义所推崇的市场万能是一种信仰偏差。最后，选择治理社会失衡问题的法治范式应当妥善处理经济改革、社会改革与政治改革的关系，法律制度的建设、法治运行环节的改进以及各法律职能部门的完善应以三者协调互动为导向和指南。社会改革是为了应付和解决经济改革所带来的负面结果，单独强调经济的快速增长易导致环境恶化、资源浪费、贫富差距扩大和严重社会分化，社会失衡治理就是对这种一元化思维的反思。社会改革要为未来经济增长奠定新的制度基础，中国的社会现状说明过去的经济增长模式已经达到了顶点，进行社会改革和建设社会制度的目标是推动中国从非消费型社会向消费型社会转型，这也是中国未来经济增长的主要途径。经济和社会改革可以为未来的政治改革提供物质和制度准备，从亚洲国家经验可以看出，那些企图在低财富水平和体制不健全情形下实施民主的国家继续在经济发展水平低下、社会秩序问题紧迫和对政治制度的极度不满中踯躅前行。[2]

---

[1]　参见［美］裴文睿：《法治与民主：中国从亚洲经验中吸取的教训》，《国外理论动态》2010 年第 8 期。

[2]　参见郑永年：《国际发展格局中的中国模式》，《中国社会科学》2009 年第 5 期。

（三）中国治理社会失衡问题的法治历程及规律

依法治理社会失衡既是经验的凝练，也是历史的选择。自新中国成立后，我国的法治经历了曲折的建设发展历程，大致可以分为法制期与法治期，每一时期的社会失衡治理都有其阶段性的目标、特点与方针、对策，这就要求我们能够在总结规律、鉴别得失的基础上，挖掘我们历史传承中所凝结的宝贵经验，以为依法破解当前的社会失衡治理难题寻求方向和出路。

1. 中国治理社会失衡问题的法治实践历程

新中国成立后，以 1978 年中国共产党十一届三中全会为界，当代中国的法治建设，经历了两个历史发展阶段。1949 年到 1978 年为第一历史阶段，可以称为法制期，分为法制初创期（1949—1956 年）、法制停滞期（1956—1966 年）和法制破坏期（1966—1978 年）；从 1978 年至今，中国开始了依法治国、建设法治国家的历史进程，这一阶段可以称为法治期，分为法治恢复建设期（1978—1996 年）、法治初步发展期（1996—2011 年）和法治加快建设期（2011 年至今）。[①] 在法治发展的不同历史时期，中国治理社会失衡具有不同的特点和目标。

（1）法制初创期的社会失衡治理（1949—1956 年）。新中国成立初期，党的第一代领导集体带领中国各族人民在总结革命根据地和解放区民主法制建设经验的基础上，确立了人民民主专政的国家政权。这一时期先后颁布了大量的法律、法令、办法、条例等法律文件，涉及建立国家政权、恢复国民经济、稳定经济秩序、打击腐化行为、改革土地制度多方面内容，主要任务是巩固无产阶级执政地位，迅速恢复在旧中国遭到严重破坏的国民经济，通过完成社会主义改造解放生产力，为大力发展工业和农业创造条件，提升广大劳动人民的生活水平。这一时期社会主义法制初步建立，但仍有许多法律法规处于空白状态，党的政策对社会生活的调整仍起重要作用。在法律与政策的共同调整下，中国顺利完成了社会主义改造，成功化解了农业与工商

---

① 参见李步云：《中国法治历史进程的回顾与展望》，《法学》2007 年第 9 期。

业、私有和集体所有以及工人阶级与资产阶级之间的失衡矛盾，使中国从新民主主义社会跨入了社会主义社会。

（2）法制停滞期的社会失衡治理（1956—1966 年）。1956 年，社会主义改造基本完成，国家的主要任务由解放生产力变为保护和发展生产力，这一阶段国民经济建设以"统筹兼顾，综合平衡，两条腿走路"为指导思想，在优先发展重工业的条件下，实现几个同时并举（包括工农业同时并举，轻重工业同时并举，大中小企业同时并举，洋法土法同时并举，中央与地方同时并举）。不幸的是，这种平衡发展的思想被极端反右和大跃进所扰乱，党内"左"倾错误和个人专断以及个人崇拜等不良倾向严重侵蚀、破坏了刚刚起步的民主法制建设。党的政策至上，法律虚无主义盛行，初步建立的社会主义法制停滞不前，经济建设脱离中国尚处于社会主义初级阶段的客观现实，脱离生产力发展状况，加快社会主义进程的主观愿望与经济文化落后的现实明显失衡，"中国式"社会主义道路的探索偏离正常轨道。

（3）法制破坏期的社会失衡治理（1966—1978 年）。1966 年"文化大革命"爆发，我国的政治、经济、文化遭受重创。这一阶段"以阶级斗争为纲"的错误路线把阶级斗争严重地扩大化、绝对化，结果伤害了一大批革命干部、知识分子、优秀人才和无辜群众，国民人权受到严重践踏；党法关系处于极不正常状态，法律被视为资产阶级产物，个人崇拜与群众专政主宰着整个国家；国民经济被推向崩溃的边缘，与发达国家的差距进一步拉大。由于对社会主义建设规律缺少充分认识，迅速到来的社会主义事业所要求的前期准备与我们社会主义建设的现存经验不相适应。党的第一代领导人憧憬的平衡发展的社会，"是一个逐步消灭社会分工，消灭商品，消灭工农、城乡、体力劳动和脑力劳动这三大差别的扁平化社会，其目标是实现人们在劳动、文化、教育、政治、物质生活方面全方位的平等"，[1] 但在处理社会主义发展过程中的政治、经济、社会、文化矛盾时，阶级斗争的经验被错误地扩大运用，新中国建立之初的法制探索受到摧毁，不但社会矛盾没有得到有效解

---

[1]　王绍光:《坚守方向、探索道路：中国社会主义实践六十年》,《中国社会科学》2009 年第 5 期。

决，社会各种关系反而更加紧张，社会主义各项事业极端失衡，社会运转濒临瘫痪。

（4）法治恢复建设期的社会失衡治理（1978—1996年）。1978年12月，中国共产党第十一届三中全会召开，第二代党中央领导集体科学地总结了新中国成立以来民主法制建设进程中的经验教训，使党和国家重新走上了民主与法治的轨道。这次会议是历史的转折，也是社会主义法治建设的新起点。会议制定了以经济建设为中心的政治路线，果断地停止了"以阶级斗争为纲"的口号，作出了把工作重点转移到社会主义现代化建设上来的战略决策；提出了健全社会主义法制和加强社会主义民主的方针。十一届三中全会后，中国制定和颁布一系列法律法规，尤其是1982年《宪法》及1988年《宪法修正案》，为法治恢复期的社会失衡治理确立了最高准则，明确了中国社会主义初级阶段的基本路线为"一个中心，两个基本点"；规定了中国社会主义经济制度的基本特征为"以生产资料公有制为主体，多种经济成分并存；以按劳分配为主体，多种分配形式并存"；把发展民主法治、保障公民基本权利和自由以及维护国家统一、民族团结上升到宪法高度。这部宪法开创了均衡发展社会主义现代化建设事业的新局面。

（5）法治初步发展期的社会失衡治理（1996—2012年）。1997年党的十五大召开，明确提出了依法治国方略和建设社会主义法治国家的目标，并对依法治国方针的科学含义、重大意义和战略地位作了全面而深刻的阐述。1999年《宪法修正案》进一步明确了"依法治国"的根本原则地位，在依法治国方略下，所有制格局发生前所未有的转变，"公有制"具有了新的内涵，不仅包括传统的国有制和集体所有制，还包括国家和集体控股的股份制、股份合作制以及劳动者的劳动联合和劳动者的资本联合为主的集体经济，为国民经济快速均衡发展奠定坚实的法治基础。2003年党的十六届三中全会明确提出科学发展观内涵，以"坚持以人为本，树立全面、协调、可持续的发展观，促进经济社会和人的全面发展"为理念，将"统筹城乡发展、统筹区域发展、统筹经济社会发展、统筹人与自然和谐发展、统筹国内发展和对外开放"上升到理论高度。2004年党的十六届四中全会提出"构建和谐社会"的总目标，按照"民主法治、公平正义、诚信友爱、充满活力、安定有序、人与自然和谐相处"的总要求，将治理社会失衡、缓解社会矛盾确定为战略任务，以实现社会建设与经济建设、政治建设、文化建设协同推进。

（6）法治加快建设期的社会失衡治理（2012年至今）。2012年之前，中国社会主义各项事业均取得较快发展，经济平稳较快增长，改革开放取得重大进展，人民生活水平显著提高，民主法治建设迈出新步伐，文化建设迈上新台阶，社会建设取得新进步，但发展中不平衡、不协调、不可持续的问题依然存在，科技创新、产业结构、农业基础、环境资源、体制障碍、收入差距、道德失范等问题的形势依然严峻。党的十八大在认真总结中国发展实践以及社会失衡治理经验的基础上，提出"五位一体"的国家战略新布局，明确把经济建设、政治建设、文化建设、社会建设与生态文明建设共同列为社会主义建设总目标，对中华民族的均衡、协调、永续发展具有重大现实意义和长远指导意义。2014年党的十八届四中全会以"依法治国"为题对法治建设理论进行系统阐释和科学发展，提出"依法治国"的"一个总目标"——建设中国特色社会主义法治体系，建设社会主义法治国家；"三个依法"——依法治国、依法执政、依法行政；"三个法治"——法治国家、法治政府、法治社会；"四个要求"——科学立法、严格执法、公正司法、全民守法；"五个体系"——完备的法律规范体系、高效的法治实施体系、严密的法治监督体系、有力的法治保障体系、完善的党内法规体系。这为中国治理社会失衡、建设和谐社会奠定了扎实的法治基础。

2.法治视域下中国治理社会失衡问题的基本特征

（1）法治视域下中国治理社会失衡具有阶段性。新中国成立之初，面对着复杂的国内外形势，一方面反动统治留下的是一穷二白的家底和社会治理的烂摊子，另一方面则遭遇了来自帝国主义的封锁和敌视。出于现实的考虑，新中国加强了与苏联的联系，照搬了苏联高度集中的计划型管理模式，此种管理模式主要依靠的是来自政府的行政权力。[①] 当时中国虽开展了一定

---

① 参见卢汉龙：《新中国社会管理体制研究》，上海人民出版社2009年版，第48页。

程度的法制建设，但在党政合一的模式下，权力过分集中，它对于稳定政权、恢复生产具有积极的意义，但由于人治的实际主导地位，最后引发了以阶级斗争为纲的意识形态和此起彼伏的政治运动。改革开放后，计划经济和行政化的管理体制已无法满足时代发展的需要，社会主义市场经济建设和法治建设提上日程。在市场经济条件下，改革的方向是将一些不需要政府实施的职能转移到市场主体上，分担政府压力，提高行政效率，激发社会活力。而市场经济本身就是法治经济，要想保证市场机制的良好运行，离不开一套系统完整的法律制度的保障，从此中国步入依法治国的新时期。近年来，中国取得了举世瞩目的经济建设成果，但社会建设明显滞后于经济发展，出现了经济与社会发展的失衡，社会结构、社会组织、社会产品、社会制度、社会心理出现不同程度的问题，社会管理创新势在必行，其核心就是要打破原有的以政府为核心的一元管理体制，构建起以政府为主导、社会各个部门以及群体共同参与、民众自我约束和管理的多元化社会管理结构。这种管理结构以法治为框架和目标，社会管理的主体都不能超越现有的法律界限和范围，必须要严格依法进行，并在法律强制的范围内进行创新。[①]任何一项社会管理创新的举措，即使在政治上是有利的、在经济上是有益的、在道德上是善的，只要不具备合法性基础，就必须被坚决的排除。[②]

（2）法治视域下中国治理社会失衡具有传承性。每个国家在现代化过程中都曾出现不同程度的社会失衡，即便是发达的欧美国家，现在也有诸多的社会问题有待解决，存在着社会治理方面的危机。不可否认，社会失衡具有一定的共同规律可循，但每个国家也各具自身的国情特色，这要求我们在面对社会失衡时应不断总结，探索中国式的治理道路和治理模式。改革开放前，我们的法治建设曾遭到严重破坏，社会各种利益关系失衡，社会各项事业停滞不前，人民生活水平低下，国家运转一度处于瘫痪状态。即便如此，我们的社会主义制度本身并未受到动摇，建设中国特色社会主义始终是我们党前进的方向，调动一切积极因素，正确处理各方面的矛盾和问题，兼顾各

---

① 参见莫良元：《社会管理创新的法治逻辑维度考量》，《求实》2012 年第 6 期。

② 参见郑成良：《论法治理念与法律思维》，《吉林大学社会科学学报》2000 年第 4 期。

方面的发展需要始终是我们处理各种社会关系的指导原则，这为改革开放后我们社会主义事业的全面修复、发展和成功奠定了根本的政治前提和坚实的思想基础。经过党的第一代领导集体的艰辛探索，党的第二代领导集体总结过去的经验教训，强调社会主义的根本任务是解放生产力、发展生产力，指出"发展才是硬道理"，以发展促协调，以"动态协调与持续性发展"为引领，实现了我国社会主义发展道路历史上的一次飞跃。党的第三代领导集体着眼于国际政治、经济格局的深刻变化，强调发展是党执政兴国的第一要务，坚持用发展的办法解决前进中的问题，坚持社会的全面发展与人的全面发展的辩证统一，确立了生产发展、生活富裕、生态良好的文明发展道路，体现了平衡社会的理论内涵。党的十七大系统总结了我们党在促进社会平衡发展方面所积累的经验，明确提出了"以人为本，全面、协调、可持续"的科学发展观和"民主法治、公平正义、诚信友爱、充满活力、安定有序、人与自然和谐相处"的和谐社会建设的总要求。党的十八大以来，我们党在继承和发展前人的基础上对依法治国做出全新概括，在"五位一体"总体布局、"四个全面"协调推进大背景下，科学部署"法治国家、法治政府、法治社会"三位一体的法治建设格局，以问题为导向，直面制约中国科学发展难题，为实现"两个一百年"奋斗目标和"中华民族伟大复兴中国梦"指明前进方向。

（3）法治视域下中国治理社会失衡具有时代性。我们党领导下的平衡社会建设历经一波三折，对时代的正确判断，是我们能够及时调整治理方式、成功走上法治治理道路的重要保障。社会主义改造时期，党的第一代领导集体抓住当时的主要社会矛盾，以巩固国家政权和恢复经济秩序为重心，成功化解了农业与工商业、私有和集体所有以及工人阶级与资产阶级之间的失衡和冲突。不幸的是，由于缺乏社会主义建设经验和对社会主义建设规律的充分认识把握，引发了"大跃进"和"文化大革命"等严重损害社会平衡发展的历史事件。党的十一届三中全会后，我们党提出了"和平与发展是当代世界的主题"的重大论断，及时调整了长期以来"以阶级斗争为纲"的敌对纲领，把我们对中国特色社会主义的探索、对社会事业平衡发展的探索引入正途。对"我国处于社会主义初级阶段，并将长期处于社会主义初级阶段"的基本国情的正确认识，为我们布局社会主义事业、设置社会主义任务指明方向。特别是当前中国发展呈现出许多新情况，经济总量与人均生产总值之间失衡、人力资源数量与质量之间失衡、工业现代化与农业现代化之间失衡、财政投入总量与公共资源占有之间失衡等问题，影响了社会的和谐稳定。我们党始终立足于我们的时代特征和社会主义初级阶段的国情，陆续提出"经济建设、政治建设、文化建设"三位一体、"经济建设、政治建设、文化建设、社会建设"四位一体和"经济建设、政治建设、文化建设、社会建设、生态文明建设"五位一体的社会主义事业布局，对中国社会和谐繁荣、中华民族永续发展具有重大和长远的指导意义。

（4）法治视域下中国治理社会失衡具有系统性。根据我们党领导人民治理社会失衡的历史，可以清晰地看到中国依法治理社会失衡具有强烈的系统性。中国共产党是社会失衡治理的领导核心，从新中国成立后社会主义改造到改革开放、和谐社会建设，经过 60 多年的艰苦奋斗，我们党发现并巩固了法治对社会失衡治理的基础和保障作用。我们党是学习型、服务型、创新型的执政党，始终坚持把法治中国建设放在党和国家事业发展的大系统中整体规划，不单纯就法治谈法治，避免法治脱离目标、脱离实际地碎片式发展。我们的法治发展战略，明确了"一元主导、多样并存"的社会失衡治理结构。在国家结构方面，以社会主义国家单一制为主，在少数民族聚居地区实施民族区域自治制度，对香港、澳门实行"一国两制"；在政党制度方面，实行共产党领导下的多党合作制；在基本经济制度方面，坚持以公有制为主体、多种所有制经济共同发展；在分配制度方面，以按劳分配为主体，多种分配方式并存；在思想文化方面，马克思主义指导下的多元文化并存。[①] 部署了"多位一体"的社会失衡治理格局，党的十五大、十六大确定和重申了"三位一体"的总体布局；十六大后建设和谐社会的任务被提出，"三位一体"布局扩展到"四位一体"；十八大生态文明建设位置提升，"四位一体"布局

---

① 参见欧阳康、杜志章：《试析中国特色社会主义道路的结构特征》，《中国特色社会主义研究》2009 年第 2 期。

进一步扩展到"五位一体"，"五位一体"既是法治体系完善与否的衡量标准，也是社会主义事业均衡发展的总体依据。确认了共同富裕的社会失衡治理目标，新中国成立以来，我们党和国家始终以共同富裕为奋斗目标，这是我们中国特色社会主义优越性的集中体现，也是中国特色社会主义的根本原则。治理社会失衡就是为了避免两极分化，通过法治建设促进经济、政治、文化、社会、生态的平衡发展，为全体人民共享社会主义建设成果奠定现实基础。

（5）法治视域下中国治理社会失衡具有融合性。社会主义社会应当是社会主义事业均衡发展、人民共同富裕的社会，极端的贫富差距、地域差距、城乡差距、身份差距不能称作社会主义。要治理社会失衡，展现社会主义的优越性，"赢得与资本主义相比较的优势，就必须大胆吸收和借鉴人类社会创造的一切文明成果"。[①] 新中国成立以来，尤其是党的十一届三中全会之后，我们党总结了国内外治理社会失衡的经验教训，最终选择依法治国、依法执政、依法行政的国家治理方式，以期建设均衡和谐的法治国家、法治政府和法治社会。法治起源于西方国家，法治移植经历了小心谨慎、盲目崇拜到自信自觉的过程，法治宗旨在于实现公权力与私权利以及私权利与私权利之间的平衡，奠基于其后的是自由、平等的自由主义思想。法治引进之初，此种思想被视为资产阶级产物，我们对之采取了比较保守的态度，对法治中可以促动政治敏感性的内容进行取舍保留；到了20世纪80年代中后期，我们的法治思想又走向另一个极端，"资产阶级自由化""极端民主化""民族虚无主义""全盘西化"等思潮一度泛滥，使我们国家的法治建设面临最为严峻的考验，直至今日此种思潮的影响仍有余威，冲击着我们法治文化的自信和自觉；步入21世纪，通过社会主义建设经验总结和民族文化自觉，我们发现中国特色社会主义道路得以顺利践行的秘诀在于坚守"一元主导、多样并存"的社会主义建设格局。现阶段依法治理社会失衡，既不能盲目自大，更不能妄自菲薄，应当在充分尊重国情的前提下，汲取各国社会失衡治理的成功经验，扬长避短，为我所用，以实现社会主义事业的均衡发展。

---

① 《邓小平文选》第三卷，人民出版社1993年版，第373页。

3.法治视域下中国治理社会失衡问题的经验总结

（1）法治视域下治理中国社会失衡，基础是整个社会要进入法治运作的常态。用法治治理社会失衡，即是用法治思维、法治方式、法治手段引领社会改造，"这意味着，以'革命'方式推进社会发展意识形态的终结；以权力为主导的纵向管理模式将出现平面化趋势，公权力机关和社会组织将会依据法律相互配合相互制约，共同实施社会管理"。① 法治运作常态要求全体社会成员建立法治理念，在此基础上运用法律规范、法律原则、法律精神和法律逻辑对所遇到或所要处理的问题进行分析、综合、判断、推理并形成结论；要求执政者通过制定、执行法律、法规、规章，运用法律创制的制度、机制、设施、程序处理各种经济、社会问题，解决各种社会矛盾、争议，促进经济、社会发展；② 要求法律职业者改变权势思维，慎重对待权力话语，重视法律逻辑，尊重法律规则和程序，掌握、理解并能熟练运用法律方法和技巧，做到在践行法治过程中凸显法律事业对社会失衡治理的活力。

（2）法治视域下治理中国社会失衡，根本是要依靠法治巩固中国共产党的领导和人民群众的主体地位。治理社会失衡是一个复杂的系统工程，必须有党的坚强领导和强有力的组织管理，有最广大人民群众的支持和参与。历史表明，当把党的领导、人民当家作主和依法治国三者有机统一起来，建立健全法律制度保障，不断推进社会法治建设时，党的领导方式和执政方式能够得到最大改善，人民群众的主体作用能够得到充分发挥，国家秩序的运转能够得到根本保证，社会平衡才能得到强而有力的系统支撑。依法治国是党领导人民治理国家的基本方略，法治应当把依法执政基本方式与社会平衡统一起来；把党总揽全局、协调各方与社会失衡治理统一起来；把人民政权的意志和广大人民的根本利益与社会的和谐、稳定与平衡统一起来。

（3）法治视域下治理中国社会失衡，核心是要利用良法为社会重构提供一个可行的践行框架。每个社会都包括以独特方式互动的四个领域，即私

---

① 陈金钊：《"法治思维和法治方式"的意蕴》，《法学论坛》2013 年第 5 期。
② 参见姜明安：《再论法治、法治思维与法律手段》，《湖南社会科学》2012 年第 4 期。

人、市场、公共和国家，此四个领域可以以多种方式组织在一起，不同的组织方式意味着不同的国家治理。① 党的十一届三中全会之前，由于实行完全的计划经济和国家控制，国家操控着市场和公共领域，对私人领域国家也是全方位的渗透和干预。改革开放之后，市场领域逐渐放宽，政府开始收缩权力，私人逐渐显现独立性和自由性，社会呈现不同程度的发展活力。近年来，我国的市场建设已经取得较大成就，相较之下，政府与社会的改革则较为滞后，政府职能转变不畅，社会职能不能充分发挥。如何协调好私人、市场、公共与国家关系，简言之，即政府、市场与社会的关系是治理中国社会失衡的最大挑战，对三者关系的处理应当限定在法治的框架内。法治视域下治理社会失衡，构建政府、市场与社会的平衡关系，实质乃是法治国家、法治政府、法治社会、法治市场的一体建设，这也是法治中国全方位建设的应有之义，其内核是通过提升法治自觉，将法治内化为中国价值和中国精神的组成部分，通过树立法治自信强化法治认同，通过建立法治自立，建构中国特色的法治话语权、治理权、管理权、发展权，最终将法治中国"从依法治权与依法维权的二元对立转向互信、和谐的权利与权力关系模式与治理格局"，② 实现政府、市场和社会的平衡发展。

（4）法治视域下治理中国社会失衡，关键是要利用良法权威妥善处理改革、发展与稳定的关系。中国的国情是人口众多、地域辽阔、各地差异极大，改革带来的快速发展又加剧了城乡之间、地区之间、经济建设与社会建设之间、人与自然之间、政府与市场之间、中央与地方之间、物质文明与精神文明之间、中国与世界之间的不平衡发展。在不平衡的社会现实中建设社会主义现代化，处理好改革、发展、稳定的关系，既是中国的核心利益，也是广大人民的共同利益。③ 法治视域下治理社会失衡，要求利用良法权威保

---

① See Janoski T., *Citizenship and Cicil Society:A Framework of Rights and Obligations Inliberal*，*Traditional and Social Democratic Regiems*，Cambrige:Cambrige University Press，1998，p.12.

② 汪习根：《论法治中国的科学含义》，《中国法学》2014 年第 2 期。

③ 参见胡鞍钢：《论新时期的"十大关系"》，《清华大学学报（哲学社会科学版）》2010 年第 2 期。

证改革、发展与稳定之间关系的处理具有合法性、权威性、可预期性和可操作性；要求以法治固有的自由、公正、平等、秩序、效益等价值理念引导改革、发展与稳定的方向；要求能够从权利、义务、权力、责任的角度确定改革、发展与稳定的边界；要求法治能够为涉及改革、发展与稳定的具体事宜设定程序规定；要求法治能为妥善处理改革、发展与稳定的关系提供最强有力的制度保障。

（5）法治视域下治理中国社会失衡，保障是依靠法治破解社会转型中的民生难题。民生问题从表象上看是一个国家的政治、经济、社会问题，究其实质仍然是利益问题，着力保障和改善民生，是治理社会失衡、共享改革成果、构建和谐社会的首要任务。法治具有实践的生命力，法治视域下治理社会失衡要求法治能够回应特定历史条件下的人民诉求，尤其是面对经济体制变革所带来的社会利益分化和社会阶层分化，要求我们党和政府以民生凝聚民族政治意志和政治向心力，以民生解决社会结构整体性变革所触发的深层次社会矛盾。"我们时代的民生话语，并不是一种满足于温饱水平的物质需求，而是公民政治、经济、文化权利的全面实现，而法治无疑是公民权利实现的最坚实保障。"[1] 贯彻法治民生，即是要以宪法为依据指导各种法律法规的制定和实施，保证每个公民普遍享有宪法所赋予的基本权利，通过建设社会主义法治国家，树立社会主义法治理念，增强全社会法律意识，推进国家经济、政治、文化、社会生活法制化、规范化，促进社会公平正义，保障社会均衡发展。

二、平衡法治范式的兴起与证成

范式概念是美国科学哲学家托马斯·库恩最早提出来的。"'范式'一词无论实际上还是逻辑上，都很接近于'科学共同体'这个词。"[2] 进一步

---

[1] 付子堂、常安：《民生法治论》，《中国法学》2009 年第 6 期。

[2] [美]托马斯·库恩：《必要的张力》，范岱年、纪树立等译，北京大学出版社 2004 年版，第 293 页。

说，"'范式'是包括规律、理论、标准、方法等在内的一整套信念，是某一学科领域的世界观，它决定着某一时期的科学家观察世界、研究世界的方式"。① 目前范式概念被广泛运用到法学研究领域，并已超出库恩提出的范式含义，但对于"什么是法治范式""如何证成一种法治范式""中国法治建设应当采用何种范式""中国法治范式的理论内涵是什么"等问题，现有资料关注较少，仅有的研究主要集中在对法治范式论证的前期准备阶段，如将法治范式概括为单纯系范式与复杂系范式②，民族国家范式与世界主义范式③。我们认为，法治范式是法治实践的规律、理论、标准、方法的共同假设，可以概括为法治理念、制度、规则得以建立起来的组织构架及其得以运转起来的动力体系。法治范式与法学研究范式是两个既不相同而又密切相关的范畴。法学研究范式运用于法律理论研究领域，法治范式运用与法律工程研究领域；④ 法治范式的确定离不开对法学研究范式的剖析，法治范式类型决定了法学研究范式类型，法学研究范式是法治范式的凝练和升华。法治范式与法学研究范式是一体两面的关系，若将二者相互呼应，更能体现法学理论与法治建设的相辅相成。法学研究范式主要有阶级斗争范式、权利本位范式、义务本位范式、社会本位范式以及平衡范式等⑤，即阶级斗争范式，本位范式与平衡范式。其中本位范式与平衡范式主要围绕权利、权力、义务关系展开，是法学研究主要范式，相应地，法治范式主要可以分为本位范式与平衡范式。

---

① 张文显、于宁:《当代中国法哲学研究范式的转换——从阶级斗争范式到权利本位范式》,《中国法学》2001 年第 1 期。
② 参见季卫东:《全球化时代的法治范式转换与中国文明的经验》,载《"北京论坛"(2004)文明的和谐与共同繁荣:"法治文明的承继与融合"法律分论坛论文或提要集》,2004 年,第 102—106 页。
③ 参见魏建国:《全球化时代与法治范式的转换——从"民族国家"范式到"世界主义"范式》,《思想战线》2011 年第 5 期。
④ 关于法律理论研究和法律工程研究的阐释参见姚建宗:《法学研究及其思维方式的思想变革》,《中国社会科学》2012 年第 1 期。
⑤ 参见贺电、马楠:《当代中国法哲学研究范式的新发展——从权利本位范式到平衡范式》,《社会科学战线》2014 年第 1 期。

（一）中国市民社会与政治国家的二元平衡——证成平衡法治范式的理论基础

从世界法治发展历史来看，法治的一切价值准则和理论原则都是在市民社会与政治国家的互动中培育出来的。市民社会与政治国家的结构关系是证成法治范式的理论前提和基本假设，法治范式是市民社会与政治国家关系模型的展开和演化。市民社会与政治国家结构关系不同，法治范式的选择和确立自然不同。

1.西方国家法治范式

西方法治的实现是以市民社会与政治国家的二元分离为基础的。"西方法律传统的形成及近代法治的确立，乃是多因之果，既有宗教的、理性文化的、政治和经济的因素，也有社会结构的、观念变革的等等因素。但归根到底，还是在市民社会和政治国家的矛盾运动中孕育出来的。"[①]可以说，西方国家法治范式实质是市民社会与政治国家矛盾关系的定位，这一关系大概经历了三个阶段的演变。

（1）前资本主义阶段，市民社会具有直接的政治性，市民法与国家法交织在一起，在国家法的夹缝中生存。古希腊、古罗马时期尽管人们已注意到了市民社会与政治国家的分野，并意识到了两者可能的对立，但这种对立更多的是为政治哲学设立先决条件，并不影响市民社会与政治国家在经验上的整体性。到了欧洲中世纪，市民社会的文明轨迹发生断裂，城市生活衰落，市民社会被强大的政治国家所湮灭。"中世纪各等级的全部存在就是政治的存在，它们的存在就是国家的存在。"[②]市民社会是对私人领域的概括，以私人利益和权利为终极目标；政治国家是公共领域的抽象，是公共意志的产物。前资本主义时期，政治国家相对于市民社会占据主导地位，法的价值追求是秩序，义务是实现社会秩序的保障，社会从无序到有序主要依靠对社会成员赋

[①] 马长山：《市民社会与政治国家：法治的基础和界限》，《法学研究》2001 年第 3 期。

[②] 《马克思恩格斯全集》第 1 卷，人民出版社 1956 年版，第 335 页。

予义务，这意味着义务相对于权利具有优越性。换句话说，在权利、义务这一对范畴中，义务是权利产生的基础，权利为义务服务，义务是目的，权利是手段，法的重心是确认义务而不是宣告权利，即义务是法治的本位。

（2）18世纪末，资产阶级革命胜利，近代西方资本主义经济关系登上历史舞台，要求政治国家对经济生活实行自由放任的政策，市民社会与政治国家分离成为自由资本主义生成和发展的内在逻辑，近代意义的市民社会取代了古典的市民社会。自由资本主义时期，私人领域迅速成长，人们要求享有的不再是依附于共同体的自由，而是独立的自由。国家是保护个人利益和私人权利而设定的普遍物，个人意志自由是一切国家活动的出发点和目的，权利是个人意志自由的法律表现形式，它不但赋予私人广泛的自由活动空间，而且划定了公共权力干预的界限和范围。市民社会是对私人领域的抽象，尊重个性自由，私人利益获得充分肯定和弘扬。政治国家是公共利益的总和，被认为是必要的恶，充当"守夜人"的角色，对市民社会负责。这一时期，权利地位凸显，个人意志自由、选择自由、人格独立、个体全面发展等成为法的最高价值。权利是法的起点和重心，义务因服务于权利才具有正当性基础，权利是义务的逻辑前提，决定义务的内容和作用，权利是第一性的因素，义务是第二性的因素。一言以蔽之，权利是法治的本位。

（3）垄断资本主义时期，失业、贫富分化、经济危机等资本主义自身的矛盾严重危害资本主义存在的根基，资本主义呈现"自我瘫痪"趋势。正是在这种背景下，福利国家应运而生。福利国家是一种国家形态，这种形态对应的是市民社会的再次式微，政治国家一改原来所充当的"守夜人"角色，积极通过各种政策来调节和干预资本主义的经济生活。可以说，福利国家是"干预主义的国家"，作为一个分层的社会体系，福利国家既有修正不平等结构的功能，也是安排社会关系的积极力量。这种国家通过一系列的社会政策、制度安排以及社会服务和社会支付，帮助它的国民抵御社会风险，减轻社会不公。① 福利国家形态下的法律是社会化的

---

① 参见［丹麦］哥斯塔·埃斯平-安德森：《福利资本主义的三个世界》，苗正民、滕玉英译，商务印书馆2010年版，第31—33页。

法律，法治是社会本位的法治。社会本位与前资本主义时期义务本位不同，它是个人与社会的统一，强调在关注社会利益的同时，仍然要注重个人的权利、自由、利益，其实质是对个人滥用自由和权利的纠偏，权利相对于义务在本质上仍具有优位性。社会本位具体表现为：一是在法律理念上，法律不再完全注重于个人的权利和自由，不再以"完全理性人"来设定法律上的主体，而是强调社会公平，通过利益的再分配来确保社会的安全与稳定。二是在法律内容上，原本属于私法传统领域的内容，逐渐加入了国家强制性的因素，在意思自治基础上运行的私法行为越来越多地受到法律的限制，一定程度上私法的调整范围逐步缩减，公法的权力领域继而扩张。三是在法律制度上，因应着福利国家的建构，社会保险、社会保障、社会救助等新型的法律制度如雨后春笋不断产生，福利制度从单纯的弱者保护扩大到全体民众。[1] 当然，在资本主义运作逻辑下，福利国家也不是无懈可击的，甚至它与资本主义本身就是矛盾的两极。"福利国家矛盾的秘密在于：尽管它对资本主义积累的影响是破坏性的，然而废除它的结果则是毁灭性的。福利国家的矛盾在于：资本主义不可能与福利国家同时存在，然而，资本主义又不能没有福利国家。"[2] 因此到了 20 世纪 80 年代，福利国家因给社会发展带来沉重负担而陷入危机，市民社会理论再度复兴。

综上可知，西方国家法治以"本位"为范式，其发展历程经历了义务本位—权利本位—社会本位的演变，机理是市民社会与政治国家的二元分离与矛盾作用。当政治国家功能甚于市民社会功能时，法治为义务本位法治；反之则为权利本位法治；而社会本位法治是对权利本位法治的纠偏，个人利益不能超越社会利益与公共利益的底线，国家也不能以公共利益为名肆意侵犯个人自由和权利。

---

[1] 参见胡玉鸿：《社会本位法律观之批判》，《法律科学（西北政法大学学报）》2013 年第 5 期。

[2] Claus Offe, *Contradictions of the Welfare State*, London: Hutchinson& Co.（Publishers）Ltd., 1984, p.153.

2. 中国特色社会主义法治范式

西方国家的政治法律发展史，实质是市民社会与政治国家的拉锯斗争史。而在消除了市民社会与政治国家严重对立的真正民主制中，国家展现出它本来的面目，即人是自由的产物，法律为人而存在，人民同国家的联系就是同自己事务的联系，从而实现了普遍和特殊的真正统一。[①] 这一真正民主制，实则是社会主义的民主制。社会主义的意识形态要求我们在法治转型过程中，对西方"市民社会与政治国家的对立"持谨慎态度。过度偏向前者会产生无政府主义，或称为自由的专制；过度偏向后者则会出现专制主义，或称为政府的极权。因此，中国的市民社会不是西方市民社会的简单翻版，[②]它应当与我们的民族特性、文化传统、社会结构以及生活方式等相适应，从解释论的立场出发，我们将中国的市民社会称为法治社会[③]，将政治国家称为法治国家。

中国法治社会的特质及其与法治国家的关系是确定中国法治范式的根基，尽管法治的价值、理念、制度、规范可以外生移植，但脱离中国法治社会这一基石，勾勒出来的也只能是不切实际的法治蓝图。法治社会具有如下特性：

第一，私域性。市民社会是特殊历史条件的产物，生发于欧陆国家特有

①　参见《马克思恩格斯全集》第 1 卷，人民出版社 1956 年版，第 282—283 页。

②　邓正来先生早年提到，市民社会这一观念基本上是西方历史经验与理论总结的产物，在中国并未存在过直接的对应形态，我们的研究必须时刻警惕不加批判和反思地把这个概念套用到中国社会的分析之中这样的取向。参见邓正来：《关于"国家与市民社会"框架的反思与批判》，《吉林大学社会科学学报》2006 年第 3 期。西方亦有学者注意到中国当代"市民社会"发展过程中"社会"与"国家"互相渗透这一普遍现象，因而程度不同地对"市民社会"这一概念的有效性提出质疑。参见梁治平：《"民间""民间社会"和 CIVIL SOCIETY——CIVIL SOCIETY 概念再检讨》，《云南大学学报（社会科学版）》2002 年第 2 卷第 1 期。

③　已有论著倾向于将中国市民社会称为公民社会，不同的是公民社会更具社群意义和共同体精神，具有整体主义倾向，某种程度上与市民社会旨趣相疏离。法治社会概念提出为中国市民社会表述提供给了一个话语选择，目前学界已开始尝试打通二者之间的内在关联。参见郭道晖：《法治新思维：法治中国与法治社会》，《社会科学战线》2014 年第 6 期。

的文化传统及社会现实，在不同的历史时期具有不同的表现形式。法治社会是市民社会在中国的话语转换，具有丰富的内涵，它是与国家相对照的独立实体，其核心是对私人领域的抽象概括。私人是法治社会的最终目的，只不过法治社会中的私人非唯理主义崇拜者，可以摆脱"主权意志"或是"先验自由"这些极端思想支配。他们既不媚权，不因团体而抹杀个人独立色彩，也不乖张，不因主张自我而把他人降为工具。他们是温和的自由个体，具有群体认同和群体依赖倾向，超越了西方市民社会对私人功利主义、浪漫主义的解读。

第二，自治性。法治社会自治具有非二元对立性，这一点是法治社会与资本主义市民社会的本质区别。首先，法治社会中私人秩序是自发的秩序，此种秩序不是人为设计的结果，没有共同的目的指向，但却因自由意志而彼此协调。其次，私人自发秩序并不总是指向有序，某些自由意志会导向失序和混乱，已建的私人秩序亦有可能随之崩塌，此时对私人秩序的重塑与维护转变成了公共秩序，即独立于私人的共同目的，但其实质仍是自由意志的选择。最后，公共秩序披着"国家干预"的外衣，这就为"主权者"的任意提供可能，公共秩序只能是私人自发秩序的补充，且不能干扰私人自发秩序的存续，从国家行动层面讲，这也是一种自生自发的秩序。①

第三，温和性。法治社会的温和性与法治社会的认识论立场休戚相关，非二元对立的认识论立场看到了私人兼具个体性与集体性，承认私人与私人间、私人与集体间的相互作用关系，并以作用关系为理解私人行动的场域。不同于当代西方对个人主义半推半就的修正，也不同于社群主义者对个人主义矫枉过正的纠偏，法治社会中的私人其本质即是温和的，从表象上看私人与私人之间，私人与集体之间互不干涉，这与西方现代性理论并行不悖，但其实质根基则是宽容和理解，因此从根本上避免了自由主义的窠臼。"也就

---

① 哈耶克将人类社会秩序分为两种，一种是自我生成的秩序，一种是人为设计的秩序。自我生成秩序受正当行为规则调整，其形成、运转必不可少的条件是个人自由，该规则构成私法社会的根基，特点在于目的独立性。人为设计的秩序是在集体指导下形成的，服务于特定目的的构建秩序。See F. A. Hayek, *Law, Legislation and Liberty*, Vol.2, London: Routledge & Kegan Paul, 1982, p.31.

是说，作为可能性的自由太容易任意选择了（外部行为能力的范围越大，自由性越大），以至于人们最终完全可以将这种空洞的自由抛弃"，① 也避免了社群主义对个人自然性以及独立性的抹杀。

第四，多元性。法治社会的结构构成具多元化特征，主体类型多元化、行为方式多元化、价值追求多元化，上升到法律层面可以归结为权利诉求多元化。多元化的社会构成来源于对个人特殊性与普遍性的同等认可。"它既可以从个人方面考虑，也可以从社会，即普遍的方面考虑；而且，事实上它永远包含着个人的和普遍的两个方面。换句话说，'社会'和'个人'并不代表两个事物，而只表示同一事物的个体方面和集体方面。"② 个人的特殊性凸显了法治社会主体的独立和自由，个人的普遍性促成了法治社会多元利益的整合共生。法治社会中异质要素冲突碰撞，是法治社会系统自我协调、持续发展的内在动力，法治社会的多元融合又保障了私法秩序的开放，使私法秩序可以随着社会的演变进化而重塑调整。

第五，包容性。法治社会中人的多重角色受到认可，多元行为方式并行不悖，多样生活秩序相互协调。多元化的法治社会之所以未沦为个人利益的角斗场，应当归功于包容和理解的社会基调。它消解了与多元化伴生的冲突和矛盾，人们尊重彼此基于不同阶层归属、角色认同、兴趣理想以及情感需要所产生的利益选择与价值判断，认可多样理想以及诉求的合理性。经由包容性整合，法治社会不同主体之间能够达成基本共识，在自由意志支配下的多元利益形成良性互动，衍生出构成私法秩序的理性规则。这些规则反映了市民社会的现实生活，具有内在逻辑的一致性，是市民法得以体系化、法典化的基础与依据。

第六，规范性。法治社会的规范性建立在其与政治国家的分野协作之上，法治社会主要功能是对私人领域进行整合，形成社会—国家的整体关系。一方面，法治社会对政治国家具有控权能力，法治社会是多元构成的社

---

① ［德］阿图尔·考夫曼：《后现代法哲学——告别演讲》，米健译，法律出版社 2000 年版，第 7 页。

② ［美］查尔斯·霍顿·库利：《人类本性与社会秩序》，包凡一、王源译，华夏出版社 1999 年版，第 27 页。

会，其要素及子系统相互独立、自律运转，而多元化的构成始终建立在包容与自治的社会基调之上，它们通过耦合作用形成自我生发的私法秩序。私法秩序格局可能随着社会分工细化变得更加复杂，但却始终保有一种向心力，即控制政治国家暴力干预，避免政治国家对法治社会消解同构。另一方面，法治社会又不意味着政治中立，法治社会的西方话语——市民社会的理想目标是通过设定私权而为公权划定一个不可随意侵犯的范围，但就此得出市民社会或法治社会是政治中立的论断未免武断，它们得以存在恰恰体现了欧陆国家公、私二元分立的政治传统，并且政治中立的论调在欧洲也受到有力反驳，私法作为自发秩序的有机组成部分，在解决自己问题的时候，必然立足于共同体认为具有约束力的政治价值判断。①

法治社会的中国特色决定了与西方市民社会与政治国家的二元分离不同。在中国，法治社会与法治国家的关系是互补、互动、互控的形式。法治社会是建设法治国家的社会基础与动力，法治社会的形成需要法治国家的扶持。"国家权力与法的本源是人民。人民是社会的主体、国家的主人。国家立法不应只是国家意志或统治阶级意志的体现，而应是全民的、全社会的共同意志的体现。法的施行，也有赖于全社会、全体民众的支持。法不应只是控制社会的工具，也是社会制约国家权力和社会自卫的利器，是建设法治国家的动力。因此，国家的法治化，不能没有社会的参与，不能搞脱离社会的法治化。否则，法治国家要么只是统治社会的专制国家，要么就是空中楼阁，只是一种难以兑现的承诺。"②同时，法治社会的形成和运转，在相当长时期内仍然有赖于法治国家的有力扶持与保障，法治社会建设需要以公权力为主导，要求透过法治社会化实现社会法治化。没有对社会权利、权力与自由的法治保障，法治社会就难以成长和活动；没有对社会权利、权力与自由的法治监督，极易滋生社会权的专横和腐败，危及社会主义宪法、法律和社会公德。

由此可见，中国特色社会主义的法治范式以法治社会与法治国家的一体

---

① 私法政治中立的欧陆反思参见薛军：《"民法—宪法"关系的演变与民法的转型——以欧洲近现代民法的发展轨迹为中心》，《中国法学》2010 年第 1 期。

② 郭道晖：《论法治社会及其与法治国家的关系》，《社会科学战线》2015 年第 1 期。

建设为基础，一体建设符合法治的一般成长规律和中国社会的现状，[①] 这样的法治范式以"平衡"为特色。

（1）基本要求是法治精神理念平衡，法治价值追求平衡，法治建设目标平衡，法治运行机制平衡，法治规则系统平衡，法治保障体系平衡。

（2）具体体现是权利与义务平衡，公权与私权平衡，公权与公权平衡，私权与私权平衡，权力与义务平衡，义务与义务平衡。

（3）终极目标是通过平衡统筹社会主体力量，弥合社会运转系统，平衡社会利益结构，规范社会行为秩序，调节社会多元关系，防范社会失衡陷阱。

（二）中国社会的重构式发展——证成平衡法治范式的历史条件

法治范式的生成和选择离不开特定的社会历史条件。中国目前正处于社会转型和体制转轨期，存在一定的失衡与失调，城乡区域发展差距拉大、收入分配不公、权力腐败、司法不公、法治公信力不高、道德失范、诚信缺失、社会不和谐因素增多、利益矛盾突出、环境污染严重、生态资源恶化等社会失衡问题，将阻碍和谐社会建设，偏离科学发展的实践轨道，与统筹推进"五位一体"立体格局和协调推进"四个全面"战略布局，贯彻落实"五大发展理念"的要求不相适宜。法律社会学的实证研究表明，对现有法治范式进行局部或非根本改革，能够使中国社会的法治实践更加趋于理性化，但不可能从整体上促进社会结构的均衡发展。走出失衡，需要在判断中国社会现实状况的前提下，从制度的合理设定与安排中寻找权力、权利、义务、责任的动态均衡；需要在科学预测中国社会未来发展趋势的基础上，确定能够为中国社会均衡重构提供法治支撑的法治范式。

1. 推进国家治理体制的改革

在经济社会急剧转型中，中国政府能够紧抓形势，及时调整国家治理的

---

① 参见江必新、王红霞：《法治社会建设论纲》，《中国社会科学》2014 年第 1 期。

方针、政策和策略，成功化解和控制了大量的矛盾和冲突。但经济社会转型是一个漫长的过程，具有一定的不确定性，国家治理必须在紧随经济社会局势灵活调整的同时，保证治理体制和制度的稳定与可预测，这势必导致国家治理能力出现一定的滞后。有待解决的社会失衡给国家治理带来了极大挑战，对于这种挑战的后果，国内外学者一直存在争议。个别学者认为，中国由于具有特殊的政治体制和结构特征，国家治理已经陷入改革陷阱，"制度瓦解，体制崩溃"难以避免。大部分学者认为，中国目前面临的经济社会问题是转型期治理危机的一种常态，转型危机与各国的经济社会发展进程相伴，中国国家治理的特点是具有适应性，在转型危机中仍然能够保持基本运转和自我调适，国家治理机制会通过自身矫正的方式得到改进和完善。①

我们说，目前中国社会因转型而伴生的体制不畅的确给国家带来了治理压力。经济社会转型意味着经济社会结构发生重大变迁，原有相对均衡的经济社会关系被打破，进而引发一系列经济社会矛盾和冲突。这些矛盾和冲突很难由经济社会自我矫正，需要通过各种治理手段干预。当经济社会矛盾和冲突超出现有国家治理体制所能发挥的能力时，原有治理体制功能部分衰退，体制外压力不断增加，这一过程会对决策权威和行政执行力带来冲击。西方国家在市场化与民主化转型过程中也曾经历这种冲击，这些危机并没有给西方国家带来所谓的"制度瓦解和体制崩溃"，而是推进了国家治理体制的适应和改革。

从中国改革开放以来的市场化与民主化的进程来看，我们的国家治理体制在社会压力作用下被迫进行了成功的自我调整和功能转型。在市场化过程中，与东欧和俄罗斯那些后社会主义国家相比较，面对多方面的转型的治理危机，中国政府并没有采取退却或者收缩的战略，反而是在探索适应战略，国家在市场化和社会转型中仍然占据着主导地位。虽然全能主义的国家形态已经不复存在，但是总体上，国家并没有从经济和社会领域退却或者收缩，而是通过不断的体制改革和政策调整来适应市场化和社会转型，重建国家的

---

① 参见徐湘林：《转型危机与国家治理：中国的经验》，《经济社会体制比较》2010 年第 5 期；马骏：《经济、社会变迁与国家重建：改革以来的中国》，《公共行政评论》2010 年第 1 期。

治理机制。在民主化过程中，与苏联激进的政治转型相比，中国总体上是一个循序渐进的政治改革过程，在特定时间内仅就政治体制的某些方面进行有限调整，或对政治体制某一领域进行一定规模调整，以减少改革所带来的风险和不确定性。这种渐进的改革维持了中国政治的基本稳定和经济的快速增长，改革的主导者和参与者能够在政治上保持战略性的改革共识和理性的政策选择，充分利用国家制度框架中有效的政治和行政资源推动经济改革和发展，以政治的稳定为基础推动渐进的政治改革，调整和重构国家治理机制，保持国家治理机制对转型危机的应对能力和适应性。[①] 目前，我们仍在经济社会转型的路上，社会失衡问题仍然存在，国家治理面对的挑战仍然比较复杂，治理危机不会很快过去，治理体制调整仍在继续。但改革开放以来，我们积累了大量行之有效的治理经验，为中国成功渡过转型危机提供了可资利用的资源和储备，国家治理将不断走向成熟。国家治理是依法治国的重要组成部分，走出治理危机，要求我们对法治范式进行调整和再塑，在新的范式下展开依法治国，在依法治国中实现国家治理体系和治理能力的现代化。

2.妥善处理中国社会的结构冲突

从现实意义上讲，社会断裂是指两极分化给社会带来的结构断裂。这种分化可以发生在贫富之间、城乡之间、区域之间、上层与下层之间，等等，可以表现在社会生活各个层面。社会断裂的实质是一个社会的不同部分几乎处在不同时代之中，社会各阶层、阶级之间缺少有机整合，社会中最先进的部分与整个社会失去联系，社会最落后的部分已经不能说是处于社会底层，而是被甩到了社会结构之外。[②]

社会断裂起因于社会失衡，社会失衡的质变结果是社会断裂。同时，社会断裂会加剧社会失衡，使社会失衡效果累积。社会失衡的本质是利益与成本在社会不同部分之间分配，进而引起社会不公。社会失衡的法治话语是社会权利失衡，"'社会权利的失衡'——不同群体在表达和追求自己利益的

---

① 参见徐湘林：《中国转型危机与国家治理：历史比较的视角》，《复旦政治学评论》2011年，第42—69页。

② 参见孙立平：《我们在开始面对一个断裂的社会?》，《战略管理》2002年第2期。

能力上存在的巨大差异。这种权利失衡不断地复制并再生产出巨大的社会不公正与社会的裂痕，日趋呈现出学者所表述的结构性的上层阶级化、下层碎片化，进而出现行动层面的上层寡头化、下层民粹化的趋势，即社会裂痕不断扩大，鸿沟不断加深"。[1] 因此，从某种意义上讲，中国的社会失衡具有断裂倾向，非均衡的断裂带沿着上层与下层、贫与富、城与乡形成，并呈现不断扩展且矛盾加剧的态势。目前中国社会所面临的种种分歧和对立，有相当一部分就是沿着这条非均衡的断裂带展开的。[2] 这种社会断裂又加速了中国社会中各利益主体的非均衡发育，进一步加剧了社会的失衡态势。

问题的关键是这种结构断裂是否已经凝固，换句话说，中国社会断裂是否已经定型化。社会结构断裂定型具有以下几重含义：第一，阶层之间的边界开始形成，并形成群体的内部认同；第二，阶层之间社会流动减少，底层群体失去向上流动的机会；第三，社会排斥和弱势群体全面弱化或弱势不断再生产。在中国，上述现象已经出现苗头，上层精英集团、中产阶层、下层普通大众边界清晰，三个阶层在居住区域、消费、教育及审美品位等方面的区隔明显，并且形成了一种阶层的内部认同；下层向中产阶层的流动渠道较为畅通，但上层精英社会较为固化和封闭；制度不公导致资源分配不均进一步加剧，下层弱势地位得到强化。庆幸的是，中国具有特殊的国家治理体制，市场崛起没有引起国家限缩，执政党与广大人民的根本利益相互一致，针对社会断裂定型化，党和政府能够超越各阶层利益对社会资源进行结构调整。近年来，我们的政治、经济、社会改革取得显著成效，尤其是党的十八大后，在政治上，进一步强化顶层设计，注重法治建设，强化宪法和法律的权威；在经济上，明确由市场发挥对资源配置的决定性作用，释放市场主体活力；在社会发展上，强调社会治理，发挥社会组织的作用，这对打破当前固化的利益结构起到不可替代的作用。失衡社会的运作逻辑缘于转型时期权

---

① 郭于华：《转型社会学的新议程——孙立平"社会断裂三部曲"的社会学述评》，《社会学研究》2006 年第 6 期。

② 参见孙立平：《断裂——20 世纪 90 年代以来的中国社会》，社会科学文献出版社 2003 年版，第 1—3 页。

力、权利、义务、责任的失衡以及精英与大众的分裂。走出失衡与断裂社会的道路只能从制度的合理设定与安排中寻找，权力、权利、义务、责任的动态均衡在宏观制度框架上将体现为法治范式的平衡。

3. 妥善处理中国的利益格局错位

改革开放以来，中国的经济社会状况明显改善，国际地位显著提升，人民生活水平普遍提高，但这并不意味着中国社会是一派"歌舞升平"，在繁荣发展下隐藏的是利益格局的错位，给中国未来发展带来日趋严重的社会危机。"改革开放越来越像一场'零和博弈'：在少数人暴富的同时，一些社会群体第一次变成了绝对意义上的'输家'。"[①] 换句话说，中国在经济社会转型期经历了社会的分化和重组，这种分化和重组与欧洲国家转型期的社会分化不同，它不是具有整合功能的功能分化，而是削弱社会整合的利益分化。[②]

改革开放初期，为了给建设社会主义市场经济体制创造制度环境，政企分离成为第一次利益关系重构的重要内容。具体要求是转变社会管理的"单位组织"形式，国家力量从"单位组织"中撤出，"单位组织"剥离各项政治职能以及社会福利和保障职能，逐步发展成为真正的市场主体。社会转型的阵痛阶段，中国社会出现了数量庞大的下岗工人。国家—单位—个人间的连接纽带被割断，大量社会成员游离在国家正式组织之外，他们成为第一批改革代价的承担者。同时，社会资源在经历短暂的普惠之后，开始向上集中，被掌握在少数的上层精英手中，造成大量社会成员逐渐向下流动，构成数量庞大的社会底层。导致这一利益格局错位的根源是国家—市场—社会的不平衡发展。主导市场领域运行的原则侵入到政府与社会行为领域中，从而造成国家、市场与社会功能发挥的错位，即造成国家机器的钝化、企业行为

---

① 　王绍光、胡鞍钢、丁元竹：《经济繁荣背后的社会不稳定》，《战略与管理》2002 年第 3 期。

② 　参见贾玉娇：《社会建设：利益协调与有序社会》，《重庆大学学报（社会科学版）》2012 年第 18 卷第 4 期。

的肆意放大与夹缝中缓慢发展的社会。[①] 在需要市场调节与社会自治的领域，国家发挥强大的"守夜人"功能，造成市场理性降低，社会自我建设、组织、调节能力无法施展。

不平衡的结构给社会平衡带来极大隐患，现阶段只有以社会建设为手段，调整国家、市场与社会三者关系，才能从根本上解决中国社会利益失衡的问题。面对以上问题，中国开始重新调整了社会发展结构，以期在国家干预、市场经济和社会自治之间寻求平衡。"科学发展观"与"和谐社会"的提出，标志着我们党对国家、市场、社会关系的重新认识。2005 年《中共中央关于制定国民经济和社会发展第十一个五年规划的建议》中，首次要求给予社会公正更多关注，自经济改革以来的五年计划中，经济增长首次不被列为压倒一切的目标，取而代之的是更为广泛的发展目标。进入 21 世纪后，国家、市场、社会三足鼎立的局面正式打开，三者各司其职、相互协调的理念已经主导了中国社会的发展走向，利益格局错位将会得到明显改善。以适度干预为导向的政府改革步入正轨，对市场不合理限制逐步减少的同时进一步加强对市场失灵的管理，对公共产品生产分配的调节作用逐步强化；以市场经济为导向的经济改革仍在继续完善和深化，市场体制逐步向国有垄断行业扩展，市场竞争从要素市场逐步向金融市场延伸；以社会自治为导向的社会改革正式开启，经济增长成果逐步向社会进行再分配，为公民提供服务和社会保障，社会组织得到制度倾斜，逐步承担起广泛的社会责任。国家、市场、社会三改并举，已经触动了中国社会的深层结构，对中国的治理能力是极大的挑战，因此，必须将结构改革的步伐、步骤限定在法治框架内，以平衡的法治范式统筹三改关系，实现国家、市场和社会的均衡发展和有效互动。

4. 关注中国文化信仰萎缩问题

"道德信仰危机指的是人们对既有道德信仰体系的怀疑、动摇乃至这种

---

① 参见孙立平：《转型与断裂——改革以来中国社会结构的变迁》，清华大学出版社 2004 年版，第 1—3 页。

信仰体系缺失的一种精神状态。它包括两个方面：一是对既有信仰体系的怀疑、动摇乃至抛弃，一是新信仰体系尚未确立。道德信仰危机是灵魂的无家可归，在现象层面它显现为道德失范。"①换而言之，文化信仰萎缩是社会发生重大变化时，社会原有的精神支柱、文化信仰被质疑甚或被削弱，个人精神世界、精神生活陷入困顿，从而发生的信仰调整、变更或重建。

导致信仰危机的原因有很多：第一是理想目标与现实状况不一致甚至相反，如俄国革命胜利后人们却发现那些为之奋斗的崇高的道德理想仍然无法革除倔强的物质欲望和人们对拥有特权的顽固遗传。那些被革命反对和摧毁的东西，在革命胜利后又再度产生，并使新社会日趋官僚化、腐败化，或者因不断推进的革命而被搅得一塌糊涂。在中国社会转型期表现为政治、经济、社会、文化等失衡发展所带来的负面影响。市场经济所激发出来的经济意识、利益意识被片面化、扩大化。市场规则不断向外渗透，使社会的很多领域都出现功利主义倾向，原本的精神支撑被经济规则所替代。第二是现代科学知识、思想观念与原有信仰内容之间产生的相互矛盾、对立。社会的发展、科学知识的普及和运用，不仅创造了更高的生产力，改变了人们的生活方式和行为方式，还促进了思维方式的变更。尤其是在社会现代化的进程中，无论是先行的现代化国家和地区，还是后发的现代化国家或地区，都在不同程度上经受着信仰危机的影响，这在中国也不例外。中国的传统文化是以儒家道德为主体的，五四新文化运动中西方科学、民主思想传入我国，不少学人主张以启蒙运动以来的西方观念取代我国传统文化。新中国成立后，新文化秩序在我国建立，马克思主义思想占据文化主流。直到社会转型期，中西文化反复碰撞，多元价值观对一元的马克思主义主流文化带来较大冲击，加之国民的理性精神和科学意识普遍不高，在缺少主流文化引导的情况下，传统文化以及西方文明中的负面价值观逐步向社会蔓延。第三是当社会制度大变化时，原有的信仰方式、信仰观念不再适合新的制度。在中国表现为对马克思主义理论的模糊认识和对传统文化的盲目排斥。在既往的社会发展过程中，广大人民群众对马克思主义理论缺乏足够的了解，存在许多模糊

---

① 高兆明：《论社会转型中的道德信仰危机》，《浙江社会科学》2001 年第 1 期。

认识。马克思主义理论揭示的是自然、社会发展的最一般规律，必须与各国实践相结合才能具有生命力；并且马克思主义是发展的科学，必须与动态的实践过程相契合，做到与时俱进，才能焕发活力。因此，马克思主义与中国传统文化并不龃龉，我们应当在与世界保持交流的情况下，充分发挥文化自觉的功能，先把我们的传统文化本土化，而后全球化，这样才能有效应对国内的文化信仰危机以及全球化过程中的文化大波动。[1]

为了重塑我们的文化信仰和价值体系，我们党提出了中国梦的执政理念和建设社会主义核心价值观的执政要求。中国梦关乎着中国未来的发展方向，凝聚了中国人民对中华民族伟大复兴的憧憬和期待；它是整个中华民族不断追求的梦想，是亿万人民世代相传的夙愿，每个中国人都是中国梦的参与者、创造者。它最大的特点是通过信仰追求把国家、民族和个人紧密的联系在一起，通过弘扬中国精神在全社会凝聚形成共筑梦想的强大合力，通过提升人们精神境界有效整合社会意识形态，通过构建强大的感召力实现社会平衡和国家长治久安。社会主义核心价值观，是实现中国梦的重要稳定器，面对世界范围思想文化交流交融交锋形势下价值观较量的新态势，面对改革开放和发展社会主义市场经济条件下思想意识多元多样多变的新特点，积极培育和践行社会主义核心价值观，对于巩固马克思主义在意识形态领域的指导地位、巩固全党全国人民团结奋斗的共同思想基础至关重要。中国梦的实现、社会主义核心价值观的培养离不开法治中国这一坚强后盾，平衡法治范式能够扫清实现中国梦道路上的体制和制度障碍，能够以法治的形式引导、强化社会主义核心价值观，这对促进人的全面发展，引领社会全面进步，实现中华民族伟大复兴具有重要现实意义和深远历史意义。

5. 关注中国社会心理失范

社会心理失范是因社会发展超出社会心理承受能力而带来的一系列社会心理偏差行为。社会平衡发展除受物质条件制约外，还受心理条件制约，社

---

[1] 参见王宏维：《信仰危机·信仰对象·信仰方式》，《华南师范大学学报（社会科学版）》2003 年第 4 期。

会发展不能超出社会心理承受能力的弹性限度，否则会危害社会和谐稳定发展。社会心理承受能力受多方因素影响，调查发现中国社会心理承受能力弱化主要根源于以下几方面的相互作用：

第一，社会期望过高，超过现实的社会条件，导致预期与社会心理承受能力负相关，期望越高，实现程度就越低，心理承受能力越弱；各职业群体的期望倾向性不同，而不易实现的期望越强，越易产生挫折感，越易对现实社会不满。科学发展、保持社会平衡的关键在于处理好这些职业群体的利益关系。

第二，公众的风险意识较 20 世纪 80 年代中期显著增强，然而实际的风险承受能力低于风险意识；人们对不同类型、不同方面的具体风险，其心理准备与承受能力有差异；由此构成社会心理承受能力最富动态变化的部分，转型期政府出台政策时须随时掌握上述特征的最新变动。

第三，普遍存在的相对剥夺感降低了公众对于社会转型的评价；几大主要职业群体的相对剥夺感程度较高；高期望人群相对剥夺感强烈，由此构成了社会心理承受力的最脆弱环节。[①]

社会心理承受能力弱化所导致的社会心理偏差有多种表现，如社会偏见、社会歧视、社会敌对等。"社会偏见是人们依据错误的和不全面的信息概括而来的、针对某个特定群体的敌对的或负向的态度。"[②] 社会歧视是社会上某一群体或社会上人们所共有的针对某一弱势群体的不公平、否定和排斥。社会敌对是因为社会分化而在不同群体之间产生的相互抵制抵触和仇视冲突，诱因既可能是直接的利益冲突，也可能是群体内的情绪扩散。目前我国已经出现了一系列的社会心理偏差行为，人际之间情感消极、相互疏离，人们彼此失去信任，由隔阂到隔绝甚至相互敌视，严重者甚至会引发纷争与冲突。这些消极的社会情绪具有较强的渗透性，易向社会生活的各个领域渗透，如果得不到及时疏导和排解，任由其积聚酝酿，就会引起爆发。对个体而言，有可能采取极端的报复社会行为；对群体而言，易导致一些突发的群

---

① 参见罗桂芬、白南风、仇雨临：《社会心理承受力的深层分析》，《社会学研究》1994 年第 4 期。

② [英] 阿伦森：《社会性动物》，邢占军译，华东师范大学出版社 2007 年版，第 220 页。

体性事件。

为根治中国社会心理失范，扭转社会心态适应不良，我国已经采取了一系列卓有成效的社会心理重构行为。党的十八大报告明确要求，全面提高公民道德素质，加强和改进思想政治工作，注重人文关怀和心理疏导，培育自尊自信、理性平和、积极向上的社会心态。这表明我国政府在深化经济体制改革和促进社会和谐发展过程中越发注重人文关怀和心理疏导。社会心理的疏导和治疗需要法治的保障和指引。平衡法治范式的优势在于，将社会心理重构看作是系统工程：社会心理重构不是就心理谈心理，从根源上是经济、社会、文化共同作用的结果。经济利益、精神文化、社会结构为中国社会心理的重构提供了重要的动力来源，为塑造积极健康的社会心理奠定了坚实的物质基础。平衡法治范式从调整物质利益分配政策、提升精神文化享受水平、加快经济社会结构转型三方面入手，极大强化了社会心理承受能力动力系统的建设。①

6. 从失衡走向平衡：重构中国社会的平衡法治范式

面对以上失衡，我们党和国家积极采取措施应对挑战，已经形成了较为清晰的治理思路，并探索出切实可行的践行路径。社会失衡只是我们社会主义事业建设过程中的短暂现象，这也是每一个国家现代化转型的必然产物，美国在社会进步的过程中同样经历了政治腐败、大财团垄断下的不自由的市场、权力和资本的勾结、贫富悬殊分化、社会动荡频仍、社会道德堕落等社会问题。② 只有从失衡走向平衡，社会才能在原有基础上更加进步，因此，我们需要一场社会进步运动，这场运动不是对已经出现的问题的被动应对，而是寻求新的思路和方式，积极地对社会进行重构。

社会重构必然要对各方利益和社会结构进行深刻调整，这就要树立权利、权力、义务、责任相平衡的法治思维；用平衡的法治理论确立社会平衡发展的理想愿景；用平衡的法治实践巩固社会平衡发展的运行机制。一言以

---

① 参见范和生、唐惠敏：《论转型期中国社会心理的重构》，《吉首大学学报（社会科学版）》2015 年第 1 期。

② 参见孙立平：《中国亟须社会重建》，《西部大开发》2011 年第 7 期。

蔽之，社会重构必须得到平衡法治范式的支撑。

第一，平衡法治范式既是符合中国国情的法治世界观、价值观和方法论，又是具有中国特色的社会失衡治理模式。平衡法治范式建立在法治国家与法治社会一体建设基础之上，与西方化和模式化的法治范式有着根本的不同，其主导思想不是体现激进主义、理想主义的权利本位，而是务实、温和的平衡精神。平衡法治范式能够避免"意识形态"对法治的修饰，从而建立真正符合我国国情的法治结构和社会秩序。

第二，平衡法治范式具有制度规范渊源，能够体现法治发展的延续性与规范性。《中共中央关于全面深化改革若干重大问题的决定》，建构了全面深化改革和法治中国建设的整体性框架，从"法治中国"建设的全局战略高度对法治范式作出统筹规划。法治中国遵循的思路是平衡理念，以此为现实依据构建的法治范式不同于传统西方的"本位"式的单向思维，充分体现了先"从外到内"再"从内到外"的动态均衡思维。按照《中共中央关于全面深化改革若干重大问题的决定》以基本共识为底线、以有序推进为统筹、以配套保障为支撑的主线，当前中国改革必须以系统性和协同性为基本要求，即要求社会主义建设事业整体推进。"加快发展社会主义市场经济、民主政治、先进文化、和谐社会、生态文明，让一切劳动、知识、技术、管理、资本的活力竞相迸发，让一切创造社会财富的源泉充分涌流，离不开法治国家、法治政府和法治社会的均衡协同。"[1]面对我国社会转型期不断增长的民众期待、社会需求，平衡法治范式能够增强政治、经济、文化发展的承诺能力，并提升法治自身的兑现力。通过解决立法、执法、司法、法律监督权力异化、权威匮乏、权能虚软等问题，平衡法治范式能够增强整个社会的协调性，均衡社会各方利益，减少社会不安震荡，提升国家治理能力。

第三，平衡法治范式下的社会重构以国家、市场、社会三者互动为视角，使社会平衡建设具有更为宽广的场域。国家治理结构的核心是实现政府、市场和社会的关系对等，政府的归政府，市场的归市场，社会的归社会，三者各司其职，各守本分，互补互助，相互制衡。以市场化取向为首要

---

[1]　廖奕：《转型中国司法改革顶层设计的均衡模型》，《法制与社会发展》2014年第4期。

目标的改革,将经济体制从行政权力的控制下释放出来,从而形成自主运行、自我调节的相对独立的经济体系。以"发展民主、加强法制、实行政企分开、精简机构、完善民主监督制度、维护安定团结"为主要任务的政治体制改革,增强了党、行政机构以及整个国家领导机关的活力,提升了工作效率。社会的重构必须放在与国家和市场的关系之中。社会是独立于国家和市场之外,但又与前两者紧密相关的一个制度空间和行动领域,相对于国家社会重构的目标是建立"公民社会",相对于市场社会重构的目标是建立"能动社会",只有这样的社会进步运动,才能够监督权力、规制市场,实现公平正义和社会的均衡和谐发展。①

第四,平衡法治范式的一个显著特点是强调"权、利、义、责"相统一,这是社会失衡治理的最核心要义。平衡法治范式既强调国家公权力自上而下的作用,也强调社会权利主体的知情、主动参与和自下而上的监督,更强调社会共同规则的一体遵守。通过平衡法治范式实现各方面权力、权利、义务、责任之间的统一,促进社会协调发展,这是平衡法治范式的价值定位和时代使命。治理社会失衡,就是要将"权力、权利、义务、责任相统一"的平衡法治理念融入社会主义法律规范体系,用平衡的法治理念指导法律运行实践,促使社会主义立法更加科学、执法更加严格、司法更加公正、守法更加全面。要将"权力、权利、义务、责任相统一"的平衡法治理念作为推进当代中国建设的核心元素,并根据构建社会主义和谐社会的要求进行法律规范的制定、修改或清理,实现不同政策、法律规则和具体制度中权利、权力、义务、责任的统一。要将"权力、权利、义务、责任相统一"的平衡法治理念作为依法建设平衡社会总体布局的最高指南,克服权力本位、忽视义务、冷落责任的立法、执法、司法、守法和法律监督弊端,以"权力、权利、义务、责任相统一"的平衡法治思维对立法、执法、司法、守法、法律监督重点和利益协调方式进行相应的调整,实现立法、执法、司法、守法、法律监督与社会平衡布局发展的和谐统一。要将"权力、权利、义务、责任

---

① 参见清华大学社会学系社会发展研究课题组:《走向社会重建之路》,《民主与科学》2010 年第 6 期。

相统一"的平衡法治理念落实到法治运作各环节，在法律规范体系和法律运行过程中实现权利与义务的平衡，权利与权力的平衡，实体法与程序法的平衡，不同法律部门之间、法律规范之间、法律机制之间的平衡，不断推进中国社会失衡治理模式创新，实现中国经济、政治、文化、社会、生态文明全面均衡协调发展。

（三）破解制约中国社会平衡发展的难题——证成平衡法治范式的现实意义

平衡法治范式充分体现了中国特色社会主义法治的理论内涵与实践精髓，它是建设"法治中国"的世界观纲领、价值观指南与方法论基础。平衡法治范式是中国特色社会主义法治理论的重要组成部分，是法治国家与法治社会一体建设的规律总结，为依法治国指明了前进方向和具体路径。同时，平衡法治范又是对中国法治建设的经验归纳和概括，是对西方法治秩序的借鉴移植和本土改造，它的确立与兴起是理论构建与实践选择的共同结果，其最大的生命力在于既具有逻辑的力量，又能够破解制约中国社会平衡发展的现实难题。

1. 平衡法治范式有利于整个社会进入法治运作常态

法治的内涵在于依法治理，在于通过法律实现国家治理、社会治理的常态化。从我国目前的法治实践来看，我们的法治还处于功利与实用主义阶段，处于主导地位的仍是以权力为核心的政治意识形态；或是"传统的讲大局、讲政治常常代替讲法治，法治常常被权力政治所绑架，难以发挥作用。这主要就是因为在传统意识形态的权力场中，法治的地位较低，法治还必须服从于政治，意识形态没有实现法治化"；[①] 或是法治在形式上主导社会治理，而实质上法治的运行依靠权力的发起，这种法治是短期的、集中式的和

---

① 陈金钊：《意识形态法治化及意义》，《北京联合大学学报（人文社会科学版）》2015 年第 1 期。

强制性的，当权力压力退去时，社会治理也可能随之停滞。

从权力主导的政治意识形态转向法治运作常态是一项系统工程，其重心是法治自身的改革，即法治范式的转变。平衡法治范式是我国法治建设的努力方向。

第一，平衡法治范式能够促进公共领域形成均衡的话语权，"话语权不仅仅是一种权利，更是一种权力。话语权利即是发言权；话语权力则是指对公共事务的影响力与控制力……话语权是否均衡在很大程度上决定着社会公共政策的公正性、有效性，利益分配的合理性，以及社会发展的和谐性"。[1]

第二，平衡法治范式有利于纠正目前错位的法治思维与逻辑，避免从法治中获取利益的投机行为，既规制部分执政者把法治当成强化管理的手段，以法治的名义把权力绝对化，又防止部分公民把法治当成捍卫权利的工具，以法治的名义追求绝对化的权利。

第三，平衡法治范式有利于吸纳各方主体积极参与法治中国的建设，打破政府、政党、社会组织和公民各自的实用主义立场和法治消费观，实现各阶级、各阶层、各团体对法治的内在认同。

第四，平衡法治范式有利于达成最基本的法治合意，减少法治理解分歧，以具有价值整合作用的平衡理念抵抗西方法治意识形态渗透，以基本一致的法治方式实现社会均衡秩序。

2.平衡法治范式能够巩固中国共产党领导人民群众治理社会失衡的主体地位

中国共产党是社会失衡治理的总设计师和规划师，是全面深化改革的领导主体。推动社会失衡治理的核心职责，只能由作为民族、国家和人民根本利益代表的中国共产党来承担。共产党在价值理念、规范程序、组织系统上具有一整套往返循环、执行监督的方法、机制与技巧，[2] 这就决定了只有中国共产党具有发动和推动全面治理社会失衡的资源和权威，这为党领导人民

---

[1] 刘成付：《推进社会转型期话语权的媒介重构》，《中国社会科学报》2014年3月26日。

[2] 参见廖奕：《转型中国司法改革顶层设计的均衡模型》，《法制与社会发展》2014年第4期。

群众治理社会失衡提供了可能性基础。平衡法治范式的意义在于，它超越了西方法治话语下党与法关系的传统基调，跳出西方法治范式理想化、模式化、条框化的理论和设计框架，摆脱了西方法治意识形态的束缚。它能从中国国情和政治体制出发，准确认识并妥善处理党与法关系，并以此为基础构建出既符合中国政治逻辑和政治立场，又不偏离法治轨迹的社会失衡治理之路。

第一，平衡法治范式肯定了中国共产党的精英性和群众性双重性质，为党领导社会失衡治理提供正当性保障。党领导社会失衡治理，意味着党的支配力量将渗透到社会方方面面，以西方法治传统为参照，这实质是"以党治国"精神的体现，与法治理念相违背。诚然，由于党的政治纲领和组织结构的特殊性，在当代中国，党对社会和政府具有方向引领作用。然而平衡法治范式下，中国共产党是代表中国最广大人民根本利益的执政党，党的领导与社会主义法治是一致的。中国共产党作为一个整体，既是精英的代表也是群众的代表，政党的意识形态可以与人类普遍正义观相融合。精英性政党保证党有能力提出社会改革发展的目标和基本措施，在这一努力中逐步建设现代的民族国家，完成一种新的社会政治权力的构成。群众性政党保证党有能力整合各种社会政治力量，表达其他利益诉求，能够将长远目标和具体的政策措施结合起来、落实下去。"从这个意义上看，中国共产党不仅是领导当代中国各方面事业的核心力量，而且是当代中国社会各阶层和各种政治力量的一个组织、动员、整合和表达机制。"[1]"这样组织起来的政党不仅是推动和引导社会变革的主导力量，而且是近现代中国社会的一种重要制度替代。"[2]这就要求党的领导应当成为中国当代法治的一个构成部分，这也是中国法治道路有别于西方法治化道路的特殊性。

第二，平衡法治范式确立了"依法治党"的执政理念，既能保证党的领导法治化，又能防止民主滥用对党统一领导的肢解。党的十八大结束以后，

---

[1]　苏力：《中国司法中的政党》，《法律和社会科学》（第一卷），法律出版社 2006 年版，第 262 页。

[2]　苏力：《中国司法中的政党》，《法律和社会科学》（第一卷），法律出版社 2006 年版，第 275 页。

强调要落实宪法，要依法治国，依法治国首先要"依法治党"。作为执政党的建设理论，"依法治党"就是要把党的建设纳入法治化轨道。"依法治党"，不等于限制、约束党的行为，其要旨是既要保证党的领导地位，又要防止党的决策和行为违背社会主义的伦理和本质，这就突显了引进平衡法治范式的重大意义。一方面，平衡法治范式能够保证做到权利、权力、义务、责任相互均衡，其目的是在党的领导下形成多元社会力量的持续互动和公众参与。这样做的优势是，首先能够避免党"把自己放在统治权威的位置上，而应以在与发展有关的行动网络中占有重要地位的调停者身份行事"[①]；其次能够避免以自由、民主为名分割、分解党的统一领导，碎化肢解国家权力；最后能够避免权利的重叠、交错、冲突甚至滥用，保证党作出合理的政治选择，把有限的公共资源投入到效益最大化的对象中去。另一方面，平衡法治范式能够实现法律与社会主义多元规则的互动平衡，使"依法治党"不偏离社会主义的道德秩序，不与社会主义伦理和本质相违背，不与马克思主义信仰相分离。"法律制定者如果对那些促进非正式合作的社会条件缺乏眼力，他们就可能造就一个法律更多但秩序更少的世界"[②]，多元规则平衡互动才是社会良性发展的出路。

3. 平衡法治范式能够利用良法为社会重构提供一个可行的践行框架

社会重构至少涉及六个方面的内容：建立市场经济条件下利益均衡机制；促进公民和公民社会的发育；优化社会结构；促进社会保障和公共服务体制的建立与完善；形成解决社会矛盾和社会冲突的制度化的方式；重建社会的基础秩序。[③] 社会重构是解决当前我国社会失衡问题的必由之路，重构必须是可控性的，失控的重构很可能带来社会的解构，因此社会重构这一治

---

① ［瑞士］弗朗索瓦-格扎维尔·梅里安：《治理问题与现代福利国家》，肖孝毛译，载俞可平主编：《治理与善治》，社会科学文献出版社 2000 年版，第 109 页。

② ［美］罗伯特·C. 埃里克森：《无需法律的秩序》，苏力译，中国政法大学出版社 2003 年版，第 354 页。

③ 参见孙立平：《走向社会重建之路》，《第七届中国改革论坛论文集》，中国经济体制改革研究会 2009 年，第 40—48 页。

国方案必须纳入法治的视角和框架之内。

实践证明，面对社会失衡，本位法治范式未能有效扭转局势，其治理能力相对于社会重构来说显得捉襟见肘。党的十八届四中全会《中共中央关于全面推进依法治国若干重大问题的决定》确立了以建构社会主义法治体系为核心的法治改革方案，这一方案的前提是建立具有中国特色的社会主义法治范式。此种范式应当能够化解我国社会发展过程中的各种矛盾和冲突，能够为实现社会平衡创造基本的秩序和条件。平衡法治范式是我们的理想选择，它除了能以平衡思想和理念对法治改革的基本目标、方案和步骤进行宏观性的"设计"和布局外，还能从技术和方法论的角度分析和探究法治改革的现实性和可行性。

第一，从立法视角看，平衡法治范式能够发挥立法的引领和推动作用，提高立法质量，完善立法体制机制，坚持立、改、废、释并举，增强法律法规的及时性、系统性、针对性、有效性，以制度先行保证社会失衡治理与社会平衡发展的所有重大事项均有法律依据，使立法主动适应我国经济、政治、文化、社会、生态协调发展的需要。

第二，从执法视角看，平衡法治范式有利于落实立法所设定的各种社会失衡治理方案，通过严格执行政府权力清单制度、依法决策机制、重大行政决策法定程序制度、行政决策合法性审查机制、重大决策终身责任追究制度、责任倒查机制等，保障权利、权力、义务、责任在社会不同主体间的均衡配置与实现。

第三，从司法视角看，平衡法治范式有利于在保障法律稳定的前提下，通过司法解释和判例对弹性法律制度进行细微性和渐进性的调整，以增强社会失衡治理制度的灵活性与适用性；通过在司法调解、司法听证、涉诉信访等司法活动中保障人民群众参与，完善人民陪审员制度，构建开放、动态、透明、便民的"阳光司法机制"，稀释审判者与公众的对立以及涉讼双方的对立。①

第四，从守法视角看，平衡法治范式通过突破个人主义场域中个人权利

① 参见陈金钊、吕玉赞：《法治改革及其方法论选择》，《学术交流》2015 年第 9 期。

绝对至上的藩篱及平复因受整体主义长期压抑而产生的个人身份焦虑，转变守法者的法治旁观和搭便车的心理，提升整个社会的守法自愿性和自主性，使全体人民在被动守法的同时能真正积极投身于法治建设中。

4. 平衡法治范式能够利用良法权威妥善处理改革、发展与稳定的关系

改革与法治是当代中国的两大突出主题，二者具有共同的社会使命，即以非革命的方式化解社会矛盾，使社会在改良中不断进步，实现社会的公平正义。尤其是我国现在进入了社会转型期，化解社会矛盾不能仅仅依靠"法治"这种保守的措施，还要用改革的方式促进发展，在发展中均衡利益关系。因此，我国治理社会失衡不仅要全面推进依法治国，而且要全面深入改革。

然而，在本质上法治与改革是存在冲突的两种思维路径，如果不协调好彼此的关系，很可能使二者的功效相互抵消。法治与改革的矛盾之处在于，"改革思维是一种建设性意见，而法治在总体上则是一种趋于保守的思维倾向"。[①]法治意味着对规则的捍卫，要求尊重法律及其体系的权威；而改革则是对规则的冲破，意味着对法律制度"合法性"的质疑。在当前的语境下，法治与稳定是一致的，"只有在社会关系稳定、在价值追求上达成基本的共识，法律才能稳定，法治才能开启"[②]；改革是发展的代名词，"社会的发展壮大既是改革开放的成果，也是改革开放进一步推动的动力"。[③]因此，治理社会失衡的顶层设计首先要处理好改革与法治、发展与稳定的关系。

中国社会的转型决定了法治与改革必须在同一时空展开，因此我们必须寻找到使法治与改革可以合作的模式和手段。正是以此为立足点，党提出了"用法治方式凝聚改革共识"的理论主张。这一命题意味着改革一定要在

---

① 陈金钊：《法治与改革思维的冲突及消解》，《南京师大学报（社会科学版）》2014 年第 3 期。

② 陈金钊：《法治与改革思维的冲突及消解》，《南京师大学报（社会科学版）》2014 年第 3 期。

③ 郭为桂：《全球化的新特点与中国的战略对策——专访中央编译局世界发展战略研究部副主任杨雪冬研究员》，《领导文萃》2013 年第 8 期（上）。

法治的框架下进行，在适当的法治范式下，法治能够防止改革的激进化，避免决策专断。之所以强调适当的法治范式，是因为"所谓'深化'改革不是改革进行得多么彻底，而是把握处理好法治与改革的关系。改革深到什么程度，需要我们研究好改革与法治破裂的临界点"。① 而不同的法治范式能够容忍的改革限度是不同的，平衡法治范式是经过理论推演与实践验证的很好选择，它是巩固我国改革发展成果和获取社会平衡稳定的首要方式。

第一，平衡法治范式可以包容改革中的多元价值追求，形成科学立法、公正司法、严格执法和全民守法的法治思维，避免单纯采取立法变动方式使法律适应社会改革发展的弊端。一般来说，只要不发生革命或出现大面积的积弊，立法手段适应社会变革是应该审慎使用的方法，以此保证法律和社会的相对稳定。

第二，平衡法治范式致力于打造国家、市场与社会的和谐关系，在保护个体权利的基础上形成廉洁的政府、公正的社会，避免改革的实用主义倾向，使改革和发展得以从长远规划，而不是沦为为了解决当下难题的临时举措。

第三，平衡法治范式有利于多方主体参与社会管理事务，利于在多方角逐中达成改革共识，削弱了"良性违法式改革"② 的正当性，增强了改革与发展的理性化程度以及社会平衡稳定程度。

第四，平衡法治范式不仅建立在我国国情基础之上，且具有中华民族的文化传承，有利于将法治意识形态化。一方面可以使改革中的各项矛盾以渐进的方式化解在法治的框架内；另一方面可以捍卫和巩固改革的成果，避免因改革打乱利益格局而爆发新矛盾，实现社会均衡发展与平衡稳定。

5. 平衡法治范式能够破解社会转型中的民生难题

在我国，民生多为政治语境下的问题，从表象上看，涉及经济、社会、文化等多个领域，而其实质则是典型的权利的问题。平衡社会以民生为根

---

① 陈金钊：《如何理解法治与改革的关系?》，《苏州大学学报（法学版）》2014 年第 2 期。
② 参见郝铁川：《论良性违宪》，《法学研究》1996 年第 4 期。

本，我国"改革开放40年来，经济建设取得了举世瞩目的成绩，但在社会结构整体性变革的结果下，也必然触发一些深层次社会矛盾问题。在这种情况下，只有着力保障和改善民生，解决社会结构整体性变革而导致的一些深层次社会矛盾问题，才能真正做到改革成果人人共享，进而最大限度地消灭社会不和谐因素"。① 法治因具有强烈的实践品格，必须对民生这一特定的政治话语作出回应。平衡法治范式在破解民生难题方面具有自己独特的优势。

第一，在现代社会，"民生和民主、民权相互倚重，而民生之本，也由原来的生产、生活资料，上升为生活形态、文化模式、市民精神等既有物质需求也有精神特征的整体样态"。② 平衡法治范式通过对丰富物质生活条件、稳定和谐生活环境、公平正义社会氛围同等构建，实现民生的整体保障和提升。

第二，"法治通过将公民的正当利益需求转化为公民权利并加以保障从而为公民生活的保障和改善创造条件。"③ 平衡法治范式更近一步，不仅能够将公民在经济、政治、社会、文化、生态等方面的利益诉求转化为法律权利，更能通过权利与义务的协调与整合，化解人的需要的多样性、发展性与社会资源的有限性之间的矛盾，防止因利益分配不均而导致的行为失范；通过将人民权利设定为政府权力的出发点和落脚点，最大限度发挥政府在保障和改善民生方面的积极功能，抑制其消极功能。

第三，就业权为民生之本，受教育权为民生之基，劳动报酬权为民生之源，物质帮助权为民生之依，安全权为民生之盾。④ 平衡法治范式通过坚持科学、民主、公平的民生立法，严格、公正、有效的民生执法，公正、权威、高效的民生司法，为人民权利提供有力的法治保障与坚实的法治根基。

---

① 付子堂、常安：《民生法治论》，《中国法学》2009年第6期。
② 李抒望：《"高度关注民生"是落实科学发展观和构建和谐社会的关键》，《济南日报》2007年3月20日。
③ 何士青：《保障和改善民生的法治向度》，《法学评论》2009年第3期。
④ 参见何士青：《通过法治迈向民生保障》，《政治与法律》2008年第5期。

第四章
治理社会失衡问题的法治理论（下）

——平衡法治范式的理论内涵

中国特色社会主义法治发展道路是从改革开放 40 年的法治实践中摸索出来的，而我们的法学理论体系受西方学术流派影响较深，学术概念以及知识承接具有明显的西化特点。从学术储备来看，虽然我们具有较大的产量积累，但相对于我国自身的法治实践来说，仍然呈现理论不足的势态。"法律的存在是以现实的人的日常生活世界为前提和疆域的，法治的生成与运作必然依赖于现实的人的具体的生活场景。"[①]平衡法治范式之所以能够堪当治理社会失衡的重任，源于其催生于我国社会主义法治实践，具有丰富的理论内涵。它的提出不但有利于建立我们自身的法治话语体系，有利于沉淀能够诠释法治生活和经验的理论资源，更有利于我们开拓践行法治的实践道路，实现社会平衡发展的理想愿景。

一、平衡法治范式的理论特色

法有其自身的发展规律，无论是本位法治范式还是平衡法治范式都有其立基于上的经济基础、社会条件和文化语境。应对中国问题，我们需要的是一种适应中国实际，能够解决中国特殊历史难题，能够指导中国法治实践的

---

① 姚建宗：《生活的场景与法治的向度》，《吉林大学社会科学学报》2000 年第 1 期。

法治范式。这一法治范式以平衡为核心，更新了既有法治理念和知识，使人们对法治的精神内核与深刻内涵有了更为完整、更为准确、更为科学的认识与理解。

（一）平衡法治范式以基本范畴平衡为研究导向

平衡法治范式强调要实现权利、义务与权力之间六对基本关系的平衡，这几对关系是对法的基本范畴的全面概括。同时，平衡法治范式理论还实现了法治研究视角的转向，从强调本位转为关注关系的平衡，实现了对现代法治基本要求的有效回应。法治的基本要求是多元平衡，多元平衡并不是简单的中庸调和或者包容妥协，而是当代多元社会诉求与自主回应性制度框架下的权利与义务、权力与权利、权力与权力、权利与权利、权力与义务、义务与义务的协调互动和比例均势，从而实现自由理性、多元和谐的社会秩序。① 平衡法治范式下多元平衡最本质的内涵是：②

1.权利与义务平衡。权利与义务是法的基本粒子，是法律结构的枢纽。就不同社会群体和个人而进行的权利分配和义务分担，应当遵循公平正义的要求，使这种分配保持平衡，这种平衡其实就是平等的具体表现。实现平等，就是要达成平衡。这种平衡要求权利义务的分配首先应满足所有人都具有某些平等的权利，同时出于实质公平的考虑，总体上应向社会弱势群体进行权利倾斜，有一定的"差别对待"。就同一主体权利义务的分配而言，想要实现平衡，就要做到权利义务的功能对称和互补，防止权利义务配置的不当倾斜。通过价值取向的引导，设定科学的规范结构，控制权利义务的种类和数量，最大限度地实现权利义务的整体效能。社会成员的权利义务分配必须实现内部与外部的平衡状态，在呼唤权利的同时，更要关注履行或承担义务，增强责任感，把自身责任的承担同整个社会福祉紧密联系起来，而不是追求立刻得到回报。

---

① 参见马长山：《法治的平衡取向与渐进主义法治道路》，《法学研究》2008 年第 4 期。

② 参见贺电、徐持：《平衡法理论对当代中国法学理论的新发展》，《吉林大学社会科学学报》2014 年第 5 期。

2.权力与权利平衡。现如今，国家、个人之间的互动联系已经延伸到了全球，国家和社会之间区隔不再。科技发展的同时，生活方式和制度却没有充分地随其发展，以领土利益为立场的"政治上的落后性"①也仍然存在。这导致权力和权利都急速膨胀。一方面，权力和权利都有集中以求控制和实现的趋势；另一方面，它们又前所未有地被分散和限制。过去我们一向强调的令行禁止、上行下效的垂直关系已经不能适应时代发展的要求，而对私权利无限制的过度彰显显然也不足取，二者都会导致公平和效率的失衡。当今中国社会结构呈现出政府、社会和市场三个基本部分相互交织的格局，它们分别反映了不同的规范特性和不同的价值取向，这三种因素又结合成一个整体。平衡法理论把简单化的纵向关系转换成了平面的、双向的、多元的、动态的、柔性的结构。在国家权力的结构和过程中，编织进了个人和市场的因素，使得国家权力与个人权利处在一种互动的平衡关系中。

3.权力与权力平衡。权力与权力平衡的实质在于维持权力与限制权力之间的平衡。中共十八届三中全会决定明确提出："全面深化改革的总目标是完善和发展中国特色社会主义制度，推进国家治理体系和治理能力现代化。"②要实现权力与权力的平衡，就要在全面推进国家治理体系和治理能力现代化的进程中，注重顶层设计，把握好放权与限权的关系。必须有事前的强制性约束以及清晰的责任划分，亦即科学限权。治理的基础不是控制而是协调，它是多元权力的持续互动、信任合作、理性对话与协调平衡。因此，我们提倡合作、沟通的精神，权力主体通过相互的交流、商谈和论证来实施管理和提供服务。通过有效的制约、激励和协商机制来实现权力和权力之间的平衡。

4.权利与权利平衡。权利是一个复合结构体，它主体多元、内容丰富、层次复杂。人们对于权利的性质、权利的交互性、权利的道德基础尤其是权利的边界认识还十分模糊。"在司法活动中，当事人对自身的权利寸土不让，排斥一切于己方不利的义务负担，浪费了大量的司法资源，甚至损害了社会

---

① 参见［德］尼可拉斯·卢曼：《法社会学》，宾凯、赵春燕译，上海人民出版社2013年版，第394页。

② 《中共中央关于全面深化改革若干重大问题的决定》，人民出版社2013年版，第3页。

公共秩序。"①权利与权利平衡的实质就是在权利冲突的场合下进行合理的价值取舍，确立平衡不同利益和权利诉求的制度框架，进而解决权利泛化和权利冲突的问题。

5.权力与义务平衡。权力与义务的关系实质是权力与权力、权力与权利关系的外化形式。②权力与义务的平衡在于权力具有义务的属性，权力的设定就意味着义务的设定。"公共权力为个人设定了义务，要求个人在行使其权利的同时同他人乃至整个社会的整体利益相协调，同时为维护社会的基本秩序而积极地履行一定的义务，如纳税、劳动、服兵役等。"③但国家权力范围过大，公民义务过重，往往形成国家与社会相对立的关系模式。一个由此产生的悖论现象就是国家庞大和社会失控，特别在社会变革和转型期更是如此。因此，我们需要针对转型期的中国特有的文化传统、发展阶段、本土乡情等情势和要求，进行权力和义务的适度调整和平衡，使权力更加理性可控，有较强合法性和控制力，以适应市场经济需要和民主法治要求。

6.义务与义务平衡。义务与义务的平衡主要解决的是义务冲突的问题。在法律上义务冲突一般是指"同一法律义务人同时承担两个或两个以上不相容的法律义务，履行其中一个法律义务，就必然要违反其他的法律义务并可能承担责任，形成的义务抵触状态"。④法律义务冲突反映了法律体系内在的矛盾和冲突，是法律义务之间的"失衡"。在现代社会中，人们对权利更加青睐，但如果我们认为权利越多越好，就必然导致法律义务在种类和数量上同样增多，相应地法律义务冲突的可能机会和几率也就提高了⑤。这就要求我们厘清不同层次的利益以及外化的权力和权利，并在立法、司法乃至执法中进行衡量，采用统筹兼顾的方法，在制度设计上综合考量各种因素，最

---

① 贺电、马楠：《当代中国法哲学研究范式的新发展——从权利本位范式到平衡范式》，《社会科学战线》2014年第1期。

② 参见童之伟：《权利本位说再评议》，《中国法学》2000年第6期。

③ 杨心宇：《法理学研究：基础与前沿》，复旦大学出版社2002年版，第3页。

④ 钱大军、宋双：《论法律义务冲突的构成要件与产生原因》，《社会科学战线》2005年第2期。

⑤ 参见钱大军、宋双：《论法律义务冲突的构成要件与产生原因》，《社会科学战线》2005年第2期。

大限度地避免义务之间的冲突，实现义务与义务平衡的理想状态。

（二）平衡法治范式以法治要素平衡为本体构成

法治是复杂的系统工程，需要多要素和子系统互相支持、配合和制约。换句话说，平衡法治建设需要法治要素共同推进，单独依靠某一方面难以有效地建成平衡法治。平衡法治对国家权力运作，对个人权利、自由的保障以及对政治稳定、经济秩序、文化发展都具有十分重要的意义。从我们的法治建设经验和中国实际情况来看，法治要素至少包括精神理念、价值追求、建设目标运行机制、规则系统及保障体系六个方面内容，建设平衡法治就是要在这六方面实现平衡、协调和有序。

1.法治精神理念平衡。法治精神不论是在法治理论体系中，还是在各国的法治实践中都占据着重要的位置，扮演着重要的角色。法治精神具有民族性和时代性，处于同一时代的不同国家或者同一国家在不同社会时期，其法治精神的内容都不尽相同。党的十八大报告强调"弘扬社会主义法治精神"，这是党中央继"社会主义法治理念"之后，围绕依法治国提出的又一重大命题。社会主义法治精神的核心是平衡，平衡精神贯穿于立法、司法、执法和守法等环节，并构成一个完整的链条。以平衡的法治精神为指引，当代中国法治实践能够达致那种相对有序的状态，实现平衡法治。平衡法治精神的最高级状态是和谐，和谐精神引领当代中国法治实践的第二次革命，即由传统型法治向现代型法治的转换，或者说由"依法而治"转向"良法善治"。善治是和谐精神的实践化，具体说就是要善待个人、善待社会、善待自然。善待个人，从个体的角度看，每个人应该得到全面、均衡的发展，这要求全社会以人为本，尊重和保障人权，使人作为人应当享有的、不可非法无理剥夺或转让的权利得到充分的维护和保障；从整体的角度看，要平等对待社会上每一个人，不能有所疏漏，特别是作为社会成员一部分的弱势群体，更要格外关注他们的生存、发展状况。善待社会，意味着要统筹兼顾各方面利益关系，调动一切积极因素为社会主义建设服务，实现人与社会的平衡发展。善待自然就是善待人类自己，为了实现人与自然的平衡发展，一方面在自然界能够承受的范围内进行开发和利用，以保证人类得以繁衍生息；另一方面要明确人类的归属，即人也是自然的一分子，要自觉遵守自然界的发展规律，维护自然界的生态平衡。[①]

2. 法治价值追求平衡。法治价值追求是成体系的，在人们的法律观念中，各种价值追求以某种结构方式整合形成统一整体，因此它具有构成要素与内在关系。法治价值体系的构成要素即法治所追求的目标和所要达到的目的，如秩序、自由、公平和正义等。而这些价值之间的内在关系并不是截然割裂的，是互相联系、互相渗透甚至是互相包容和互相从属的。平衡是促进法治价值实现的助动力，是消解法治价值冲突的润滑剂。平衡本身是一种可欲的价值目标，与法的秩序、自由、公平、正义的价值具有很大程度的兼容性与可协调性。具有历史合理性的权利、义务、权力关系在很大程度上巩固并强化着现存的秩序；而丧失环境敏感性的权利、义务、权力关系则不再符合平衡的动态性要求，最终会导致新旧秩序的更替。尤其是在权利话语成为强势话语的当代社会，秩序的维系更加有赖于权利、义务与权力的平衡，应该警惕权利滥用对秩序的严重威胁。权利、义务和权力对自由的实现具有积极的意义和独特的作用方式，权利、义务、权力平衡较之于权利本位更能实现高质量的自由。一方面，权利对自由的价值毋庸置疑，法律保障自由的一个基本途径就是把自由转化为法律权利；另一方面，义务与自由也并非水火不容，人们服从义务规定的理由是多种多样的，既可能出于对有害后果的惧怕，也可能出于内心的自觉认同，后者在一定程度上调和了义务与自由的张力。平衡与公平借由某种形式平等而产生密切的联系，平衡要求的不偏不倚、无倾向性的对待对于公平的实现不可或缺。从实践层面来看，权利、义务、权力平衡对于消除或减少社会中的不公平现象也具有积极意义。权利、义务、权力平衡并不意味绝对的平等，而往往表现为权利、义务、权力的合理分配，并且这种分配通常更加侧重弱势一方的权利与相对一方的义务。平衡与正义也具有一定的相关性，特定时空条件下的平衡符合具体的正义而能持久地维系下去，失衡的状态背离正义的要求而蕴含着变革的可能。作为一

[①] 参见贺电、董珊珊：《论当代中国法治精神的平衡取向》，《浙江学刊》2014 年第 5 期。

种价值取向的平衡对于法的价值实现具有积极意义，而法的多元价值并不总是处于协调状态，法的价值冲突并非不可调和，平衡同时可以承担起价值整合的角色。在法治运行过程中，平衡作为一种思维方式，要求兼顾、权衡与妥协，降低了法的价值冲突，提升了法的价值总量。[①]

3. 法治建设目标平衡。党的十八届四中全会提出，"全面推进依法治国，总目标是建设中国特色社会主义法治体系，建设社会主义法治国家"，明确了全面推进依法治国的重大任务。实现全面推进依法治国，建设中国特色社会主义法治国家这一目标，有赖于中国特色社会主义法治体系的建立和完善。中国特色社会主义法治体系内涵丰富、结构完整，包括：完善以宪法为核心的中国特色社会主义法律体系，加强宪法实施；深入推进依法行政，加快建设法治政府；保证公正司法，提高司法公信力；增强全民法治观念，推进法治社会建设；加强法治工作队伍建设；加强和改进党对全面推进依法治国的领导。法治建设目标的实现程度是由立法体系、执法体系、司法体系、守法体系、法治队伍体系和党依法执政体系的完善程度和执行程度决定的，法治建设目标的实现离不开法治体系各子体系的均衡开展与积极落实。这要求我们在开展法治建设的过程中，将平衡贯彻于法治建设任务始终，从思想意识层面、制度设计层面、技术操作层面全面落实平衡理念。在思想意识层面，在全社会建立起法律平衡运作的观念，树立平衡法治的国家治理理念和社会共同信仰。"在制度设计方面，包括权力的控制与制衡，权力与责任的一致，权利义务一致性基础上的平等、个人自由与社会自由系统的健全与协调；在技术操作方面，包括法治的统一，法律的效力，司法的中立和独立以及法律职业共同体的建立。"[②]

4. 法治运行机制平衡。法治运行机制是将法治落到实处的主要环节，通过法治运行机制，依法治国从概念和应然转化为实践和实然。平衡是构建法治运行机制的一种模式，是当代中国依法治国的必然选择。历史证明，无论是管理形态还是保权形态的法治机制运行模式，都有其不可避免的局限性。

---

① 参见贺电、刘乃源：《平衡视域下法的价值实现与整合》，《学术界》2014 年第 10 期。

② 徐显明、宋云峰：《试论实现法治目标的三大基本条件》，《当代世界社会主义问题》2005 年第 4 期。

"法治的管理形态，是'以政治国家作为法治圆点'的法治理论而产生的一种负面法治形态。这种形态对法律的认识还停留在法治是国家管理的工具上；权利运行上重视权力的强制功能；价值导向上重国家利益，轻个体利益，甚至以国家利益侵犯个体利益。"[1] 保权形态的法治运行则相反，以公民为法治核心，通过限制政治国家主要是政府对市民社会的干预和束缚，让公民享有充分的自由和权利。它的负面作用是忽视国家在宏观运作和整合私益方面的积极意义，在价值导向上易形成个体绝对优位的错位认知。我国市民社会的生成以人民当家作主的社会主义制度为前提，这决定了它与国家目标的一致性，也决定了权利、权力本质上的一致性。管理形态的法治是权力制约、控制权利的过程，保权形态的法治则是权利产生、制约权力，二者都或多或少地背离了人民与社会主义国家目标的统一性。平衡的法治运行机制尊重权力与权利、义务的互动与平衡，在主体参与、权力定位、权利行使、关系处置、资源配置方面都以平衡为原则，注重激励、制约与协商等手段的运用，有利于实现法治在实体和程序两方面的平衡运转。

5. 法治规则系统平衡。首先，法治规则系统平衡是指法律体系内部构成各个法律部门的各种法律规则之间、法律原则之间、法律规则与法律原则及法律精神之间的平衡。其次，按照不同的标准，可将一国的法律规范划分为不同的类别，世界上大多数国家都存在实体法与程序法、根本法与普通法、一般法与特别法以及国内法与国际法的分类。法治规则系统平衡指的就是在一国法律体系内部实体法与程序法之间的平衡、根本法与普通法之间的平衡、一般法与特别法的平衡以及国内法与国际法两个不同法律体系之间的平衡。最后，法治规则系统平衡要求法律规范与其他社会规范之间是平衡的。法并不是唯一的社会调整方法，除了法之外还存在着道德、宗教、规章、纪律、政策、习俗、村规、民约等其他规范，它们对社会关系的调整都发挥着重要作用。法并不是唯一的调整方法，也并非任何问题的解决都适宜采用法律手段，有时法也并不是成本最低的纠纷解决方式。应当看到，在建立和维护社会秩序方面，法律是主要的，也是最有力的调整方法，但在其他领域应

---

[1]　李雪沣、范辉清：《法治运行的理性思考》，《求是学刊》2000 年第 2 期。

注意发挥其他规范的调整作用，使法的调整作用与其他规范的调整作用相互衔接、相互补充，实现法律规范与其他社会规范之间的平衡。①

6.法治保障体系平衡。党的十八届四中全会《中共中央关于全面推进依法治国若干重大问题的决定》首次提出"建设中国特色社会主义法治体系"这一重大任务，并将"建设中国特色社会主义法治体系，建设社会主义法治国家"确定为全面推进依法治国的总目标。中国特色社会主义法治体系由五大要素构成，其中之一就是形成有力的法治保障体系。法治保障体系是中国特色社会主义法治沿着正确道路前进的重要保障，是确保法治高效运行的重要支撑，是保证法治大厦平稳建设的坚实地基。它关乎法治各环节的有序运行，为法治总目标的实现提供不竭的力量源泉。中国特色的社会主义法治保障体系应当以平衡精神为引领，平衡的法治保障体系符合中国社会发展国情和社会主义社会的发展规律。平衡的法治保障体系有利于重塑社会秩序、规范法律行为，并激发出社会发展动力；有利于实现从"静态法"到"行动法"、从"良法"到"善治"的统一和转化。平衡的法治保障体系包括基本构成平衡、实现路径平衡、作用领域平衡三方面内容。基本构成平衡要求在法律制定、实施和监督的全过程形成结构完整、机制健全、资源充分、富于成效的保障要素系统，包括党对法治建设的有力领导、专业的法治人才队伍、完备的法律公共服务体系、持续补给型的法学教育模式、信仰崇尚法律的法治文化、认同法律权威的社会氛围。实现路径平衡指采取均衡有效的方式有理有据，分步骤、有节奏地建设法治保障体系，要求以法治思维和法治方式为核心加强和改进党的领导，以尊重和运用法治发展规律为核心优化法治机构效能，以创新人才培养机制为核心建设法治工作队伍，以营造法治生活为核心繁荣法治文化。作用领域平衡指法治保障体系应当促进和推动法治工作基本格局的协调均衡，能够使科学立法、严格执法、公正司法、全民守法等法治工作各个环节有机配合；使依法治国、依法执政、依法行政共同推进；使法治国家、法治政府、法治社会一体建设的法治工作基本格局有序展开；既为法律实施提供体制

---

① 参见贺电、李娜:《略论法的平衡》,《法制与社会发展》2014 年第 6 期。

机制，确保法律规范体系"有功能""不闲置"，又为社会主体划定行为规则，确保社会生活"有秩序""不逾矩"。①

（三）平衡法治范式以系统参数平衡为方法基础

系统参数原是自然科学中的一个分析性概念，我们将其引入社会科学中，这将开拓我们研究法治系统的视野和思路。对于任何一个系统，我们都需要用一组系统参数来描述，采用的系统参数越多，描述越详尽，对该系统的认识也越深刻。②法治系统也不例外，我们需要采取科学的方法有效选取能够准确、正确描述法治属性的系统参数，以便我们能够作出科学的决策。系统参数的确定不是随意的，选择系统参数首选要确定识别系统参数的方法。当代中国法治系统应以平衡为方法导向，选择能够真正描述我们法治状态的系统参数，进而为我们的法治建设、法治改革提供指南和依据。

1.平衡是法治横向系统中的静态参数。法治是一个平衡的系统，无论是法治的建构还是法治的运行，甚至民众的法律意识形成，平衡都是隐含在各参数中的固定因子。"平衡"构筑了法的微观系统，并在法治现象背后，以各种形态对法治进行实际的评价与指引。首先，"平衡"决定法的制定。法从来都不是凭空制定的，法是在表述人行为本身必备的规律，所以，法一方面对普遍性的规律直接描述，一方面对违背规律的个别行为加以矫正。法的制定并非完全是统治阶级或立法者意志的体现，"反映人的生活，促进行为与生产力发展规律相平衡"才是法的目的。因而在立法活动中，法律原则、法律规则、立法目的的确定以及具体制度的设计都应当与法的"平衡"精神相契合。其次，"平衡"决定法的内容。法用任意性规范赋予人们自由，用强制性或禁止性规范施加给人们义务。义务并非是绝对的负担，有时是一种"自觉"的行为，某些法律秩序状态，看上去是"守法"的结果，其实，莫

---

① 参见付子堂：《形成有力的法治保障体系》，《求是》2015年第8期。
② 曾谦、曾黄麟：《系统参数重要性评价方法》，《四川轻化工学院学报》1999年第2期。

若说是"法律肯定并保护了人的自觉行为"的结果。法因在内容上符合"行为本身必备规律"才被自觉地遵守，才具有真正的生命力。而另一部分法的内容就是对违法行为的矫正性规定，通过对违法行为的否定性评价，指引并告诫人们不能如此作为或不作为，否则会因此承担何种不利的后果。再次，"平衡"决定法的目的。法因调整社会关系性质的不同，可分为不同的法领域。尽管权利义务是法的基本作用机制，但在不同的法域中，权利义务的表现形态是不同的，但其核心均是利益。"平衡"为法分配利益、调整利益提供了基本准则，它通过权利主导与义务主导实现不同立法的立法目的。对权利主导型的法律关系，权利具有利益导向和激励机制，其为主动方，利导功能要求是正向发展，即发展权利。义务主导型的法律关系，义务具有约束导向和强制机制，所以利导功能是要求反向发展，即发展义务。这一切从根本上讲，是为了使人们的行为模式与社会发展要求保持必要的平衡。最后，"平衡"指导法的运行。"平衡"体现为立法上权利与义务的分配。不同部门法立法目的的实现应当平衡，立法的任务就是最大限度地实现立法目的。所以在不同的部门法，立法对权利义务的配置处处体现出必要的平衡。"平衡"体现为司法上的自由心证。在司法过程中，对证据的收集采纳要求是"法定"的，即要规范化。而对证据的审查判断与最终确认，法官则是有相对"自由"的。因为法官对案件的审理过程伴随着法官对多方利益的权衡与选择，在相应法域的基本原则不违背的情况下，选择适用法律规则以追求社会妥当性的裁判效果是法官的基本职责。"平衡"体现为执法上的"强政府、大社会"状态。执法活动主要是为了实现某种公共利益与行政目的，无意侵犯、干涉、压抑私权利。公权力与私权利在本源上是一致的，无论是"权力"还是"权利"，其本身并不是目的，让人的行为符合社会发展的规律才是法的目的。"平衡"体现为守法中的全民共识。社会中的每个人都是双重角色，既是独立的个体，又是社会中的一员。他既享有独立的个人权利，又享有共同的社会管理权、监督权；他既享有市民的权利，又享有政治的权利。这样，每个人在法律上就是公主体与私主体的有机融合。因此，每个人既要想到个人权利，又要想到社会义务。只有这种法意识不断转化为自觉行为和更文明的"思维规律"，进而再作用于人的行为，社会才会在个体文明的发展下不断发展。①

2. 平衡是法治纵向系统中的动态参数。法自产生以来，历经古代法、近代法、现代法三个历史阶段，在不同国家沿着不同的发展进路走到了今天。总体而言，西方社会因具有近乎相同的社会环境、历史背景、文化传统，法律发展的路径大致相同。而中国与其相比，则有更多的特别之处。但无论西方法治发展史实还是中国法治发展进程都蕴含或揭示了"平衡"这样一个共同的规律。第一，平衡贯穿于西方法律发展过程始终。权利义务分化前，平衡以氏族成员自觉遵守的行为标准存在。这一时期，生产资料与可分配的资源十分稀缺，氏族成员不得不自发地形成协调共同行动的组织，并通过一定的行为规则来调整和平衡氏族成员之间的关系。这些关系由于得到大家的共同遵守，逐渐积累、沉淀、凝结、聚合为原始社会习俗。虽然氏族成员仅依习惯行事，尚未区分是行使权利还是履行义务，但人们在生产、分配中保持的动态平衡，是每一位社会成员都能自觉遵行的行为标准。西方封建社会是以宗法等级制度为基本特征的，法律更多关注的是正义的内涵，以及在特定场合可适用的正义标准，法律所维护的也只能是封建社会的公平和等级内的平等。法的阶级性和历史决定性意味着，法的平衡手段必须是等级制度、社会经济基础决定下实现的动态平衡，平衡关系必然也只能在同一等级内发挥作用。自由资本主义时期，西方资产阶级革命为破除封建宗法等级背负的历史使命，采取的法技术手段就是着重强调权利，从而对抗政治义务的重压，实现最终社会秩序的均衡状态。垄断资本主义时期，僵化地崇尚自然权利必然导致实质意义上的不正义。在市场交易过程中，法律关系中占据优势地位的主体附加社会义务，通过以义务偏向的法技术手段，调节终极意义上的社会秩序。由此可见，从总体趋势上看，西方法律权利义务关系内的平衡是从形式到实质、从简单到深化的前进过程。但法律权利义务间的平衡关系并不总是处于稳定、平顺的发展态势。在特殊的历史时期、受特定学术思潮影响，涌现出过"自然权利复兴"或"唯义务论"等理论异动。我们必须意识到依据事物发展规律，在新旧事物斗争过程中，旧事物绝不会自行消亡，它

---

① 参见贺电、李航：《"平衡"是法的最高境界》，《行政与法》2014 年第 11 期。

总是竭力挣扎。但无一例外的结局是，理论异动总是昙花一现，无法与权利义务关系的平衡思想的总趋势相背离。[①] 第二，我国法治的平衡导向是形式正义与实质正义的统一。中国的法律发展进路与西方国家还是有区别的，这些区别主要表现在以下两点：一是中国古代社会的法是道德化的法，其文化渊源于道德，而不是西方社会的"理性"。二是中国法律发展至近代，法律自然发展进程因外来侵略而受到强行阻断。直至改革开放，实行市场经济体制，中国的法律近代化进程才得以全新的开启。而此时，西方社会已进入现代化，所以，中国的法律近代化与现代化问题同时摆在了人们面前。法的发展程度，不取决于它自身的制度设计如何严谨，不取决于它的立法主体，不取决于它的第一目的价值是秩序、自由或正义，也不取决于法的内容距离道德究竟有多远。这些从根本上说，都是更为深刻的法律现象。"东西方尽管所处地域不同、历史文化不同、制度建构不同、宗教传统不同、发展程度不同，但东西方思想中的权利义务平衡思维却在终极意义上显现出高度的一致性和暗合性。"[②]法发展的最高境界应当是"法与法所规范的人们的生活相一致"，即符合并能反映其所规范的人们的行为的一般规律的法，应当是"权威立法与民意立法的有机统一""形式正义与实质正义的有机统一"。平衡与法存在必然的联系，平衡是法的本质要求，是法的价值内核，决定法的制定、法的内容、法的目的。在法的各个方面，无论是权利义务基本调整机制，还是法的运行环节，抑或是法的对外关系，"平衡"作为法的总特征处处得以体现。人类发展的历史，从某种意义上讲就是不断打破规则的历史，法就是在不断地进行旧规则为新规则所取代的合理性论证。这是一个渐进的摸索过程，是"如何让人的行为模式与新生产关系不断适应"的"平衡"过程，是法客观的发展过程。在渐进的"平衡"过程中，法的品质在不断提升。事实也证明，法的整体平衡性越强，法所达到的程度就越高。[③]

---

① 参见贺电、郭艳梅：《西方法哲学中平衡思想的历史考察》，《国外社会科学》2014 年第 2 期。

② 贺电、马楠：《当代中国法哲学研究范式的新发展》，《社会科学战线》2014 年第 1 期。

③ 参见贺电、李航：《"平衡"是法的最高境界》，《行政与法》2014 年第 11 期。

（四）平衡法治范式以综合效用平衡为价值依归

法治是一种有目的的社会现象，法治反映了人们对理想社会治理模式的理性追求，以法治为对象的平衡法治范式自然具有价值功能和价值属性。平衡法治范式的价值体系和价值形态在选择成分构成时以功能和效用的平衡为导向，它的目的价值和形式价值均要体现平衡理念和思想，即法治在发挥社会规范作用的过程中所保护和增加的价值是均衡协调、没有偏颇的，并且平衡自身就是其所追求的品质和属性。

1.通过平衡法治范式保障经济体制改革，使经济发展方式与经济结构布局相适应。"加快形成新的经济发展方式，把推动发展的立足点转到提高质量和效益上来"是继续推进我国经济沿着科学发展道路前进的重要目标和战略举措。经济结构布局的战略性调整是加快转变经济发展方式的主攻方向。平衡法治范式能够为解决经济结构失衡问题提供法治保障，以平衡的法律制度改善不合理的需求结构、产业结构和地区结构；以平衡的执法体制机制落实推动扩大内需战略、产业布局战略、区域发展战略；以平衡的司法体制机制纠正结构改善升级过程出现的负向行为。以平衡为指引，通过合理安排国家、市场和社会的关系，破除妨碍经济体制改革的障碍，以法治方式加快形成有利于经济方式转变的利益导向。

2.通过平衡法治范式推进政治体制改革，使社会主义民主政治与党依法执政相统一。当前，社会主义民主政治是影响我们党依法执政的重要因素之一。在我国，社会主义民主有两种主要形式：选举民主和协商民主。前者能够较为准确及时地反映人民群众的呼声，使党能够按照人民的意志行使执政权；后者是在坚持求同存异的前提下，通过公民与公民、公民与政府、公民与党之间的讨论、协商，使党的政策和决策最大限度地包容和吸纳各种利益诉求。平衡法治范式能够建立健全社会主义民主的体制和机制，通过完善协商民主、基层民主，拓展人民有序参与，以坚持党的领导为前提，保证政治体制改革的正确方向。

3.通过平衡法治范式建设社会主义文化强国，使人民精神生活与民族文化实力整体提升。文化繁荣发展是社会主义事业总体布局的组成部分，为坚持和发展中国特色社会主义提供了强大的精神力量。无论是推动经济社会又好又快发展，还是改善民生、促进社会和谐，都要求我们必须加快文化发展步伐，提高国家文化软实力，兴起社会主义文化建设高潮，建设社会主义文化强国。平衡法治范式有利于形成创新创造的文化发展环境，有利于营造宽松和谐的文化氛围，有利于鼓励人民群众发挥文化创造积极性。平衡法治范式以平衡的法治精神引导文化产品创作生产，丰富人们的精神文化生活；推动文化产业蓬勃发展，发挥市场在文化资源配置方面的积极作用；营造健康向上的舆论环境，使舆论媒体成为先进文化的传播阵地。

4. 通过平衡法治范式加强和谐社会建设，使民生保障与社会管理目标趋同。党的十九大报告指出："带领人民创造美好生活，是我们党始终不渝的奋斗目标。"保障和改善民生是坚持以人为本的具体体现，是促进社会和谐的重要保证，是全面建成小康社会的必然要求。以人为本、社会和谐以及全面建成小康社会是平衡法治的应有之义。以人为本是平衡法治的价值指南，和谐社会是平衡法治的建设目标，全面建成小康社会是平衡法治的必然结果。平衡法治以理念平衡、价值平衡、目标平衡、规则平衡、机制平衡以及保障平衡为依托，通过权利与权利、权力与权力、权利与权力、权利与义务、权力与义务、义务与义务之间的平衡，规制社会管理行为，在经济社会发展的基础上，实现人们最直接、最现实的利益，解决危及社会和谐的主要问题，全面提高人民的生活水平。

5. 通过平衡法治范式建设发展生态文明，使人与自然和谐、代际之间公平享有资源。建设生态文明，是关系人民福祉、关乎民族未来的长远大计。面对资源约束趋紧、环境污染严重、生态系统退化的严峻形势，除树立尊重自然、顺应自然、保护自然的生态文明理念，把生态文明建设融入经济建设、政治建设、社会建设、文化建设外，还应把生态文明融入法治建设的各方面和全过程，这也是平衡法治的必然要求。平衡法治能够为生态文明建设提供强有力的措施保障，通过专门立法以及在有关部门法中设立相关制度的方式，推动资源利用方式的根本改变，推动能源生产和消费革命。

二、平衡法治范式的核心要义

平衡法治范式既是一种法治理论，也是一种社会治理模式。平衡法治范式能够为全面推进依法治国和服务中国社会平衡发展提供知识支撑，其核心要义展现了中国特色社会主义法治的理论走向和治理中国社会失衡的理论进路。

（一）平衡法治范式以结构平衡为法治中国主体线索

党的十八大以来，法治中国已经成为推进法治改革的主流话语和政治法律概念。法治中国具有多维度、多层次内涵，其蕴含的诸多深层理论问题和困惑有待澄清和阐释，法治中国是否能够顺利地从理论命题转化行为逻辑，首先取决于是否能够寻找到一个立基于其上的合适的思想平台和分析框架。平衡法治范式的适时引入不仅为解读法治中国内涵提供了合适的理论平台，更为深入阐发法治中国问题提供了一个包容性的分析框架。

1. 平衡法治范式下的法治中国以政府、市场、社会协调制衡为治理结构。从国家治理层面上看，"政府、市场和社会的现实关联和协同互动直接影响着国家共同体内各个领域的运行、发展，以及相应的组织和规则的建设。"[①]自改革开放以来，持续的体制转轨使我国政府、市场与社会三者关系经历了从对立到融合的洗礼，公共治理逻辑从或是强政府或是强市场转向政府、市场和社会的协同与互动。随着改革不断深入，我国社会矛盾进入凸显期，国家和社会治理需要政府、市场和社会多元主体参与，依靠法治对三者关系进行重塑已经成为推进我国国家治理体系与治理能力现代化的关键。平衡法治框架下，政府、市场、社会围绕市场配置资源的决定地位重塑政府与市场关系；围绕政府多元治理结构重理政府与社会的关系；围绕市场失灵外

---

① 胡宁生：《国家治理现代化：政府、市场和社会新型协同互动》，《南京社会科学》2014年第 1 期。

在制衡重建市场与社会的关系。市场在法治框架内发挥配置资源的基础作用，在这一领域切实规范和压缩政府权力，转变政府职能，建设法治政府；在市场失灵的领域，充分调动政府维持宏观经济稳定作用，加强和优化公共服务，保障公平竞争，加强市场监管，维护市场秩序。在政府和社会关系中，一方面要渐进有序地扩大公众民主参与，强化公民参与公共事务积极性和对公共权力的监督；另一方面要实现政府治理和社会自我调节、居民自治的良性互动。社会和市场关系的转变，以市场和政府二元建构的双重失灵为导索，为了防止政府、市场的越位和缺位，社会作为第三方机制起到均衡二者关系，使二者各司其职的作用。

2. 平衡法治范式下的法治中国以经济体制改革、政治体制改革、社会体制改革、文化体制改革并进为动力结构。中国具有悠久的专制历史和人治传统，本身缺少民主法治基因，由具体的历史条件和现实的社会因素所决定，依法治国的引进是一个长期的辨识、认知、理解、运用的过程。我国正处于经济社会高速发展期，特殊的国情不允许我们对法治进行从下而上的百年积淀，这就要求我们的法治中国建设与经济体制改革、政治体制改革、社会体制改革、文化体制改革齐头并进，以体制改革为动力，在推进经济建设、政治建设、社会建设、文化建设的过程中重视法治，加强法治。以平衡思想为指导，法治中国建设既要充分发挥法治指导、规范、促进和保障经济、政治、社会、文化发展的作用，又要通过经济、政治、社会、文化改革为法治中国化铺平道路，把法治经济、法治政治、法治社会、法治文化视为法治中国的构成要素，进而实现法治与经济、政治、社会、文化的协调统一。

3. 平衡法治范式下的法治中国以硬体组织及软体组织共建为沟通国家与公民的主体结构。按对行政权力的依赖程度不同，社会组织可以分为硬体组织和软体组织，前者指原来就具有行政性质和职能的民间社会组织，政府职能部门转化的民间社会组织，政府支持的社会组织；后者是指民间自发形成的社会组织以及尚未登记但仍活跃于社会上的各种民间组织。民间社会组织是沟通国家与公民的平台和中介力量，能够避免空洞政治，践行公民治理、民间自治的务实民主；克服传统中国社会成员要么做忍气吞声的"顺民良民"，不问国事，要么就群起造反，进行破坏性参与的"两极"行为模式，推进理性参与。① 平衡法治范式通过完善硬体组织和软体组织建设，形成了组织化形式和群体化力量，以利益表达、反映呼声、自主管理、民主参与为形式，既能主张权利、捍卫自由，又能抵御国家权力扩张和滥用，促进了政治生活和社会生活的公开化、多元化和民主化，从而推进法治中国建设进程。同时，民间组织是立足不同群体利益主张和权利诉求的社会自组织力量，它们能够在多元利益、多元权利和多元自由的冲突与合作中，进行理性对话和自主协调，从而促进社会平衡与和谐。②

4. 平衡法治范式下的法治中国以合作性个体关系及交涉性公共关系为法律秩序结构。法律秩序结构只有适应社会发展才能具有强大的生命力。以斗争为主的秩序结构是权利本位时代主题下的必然选择，曾对社会发展发挥过巨大的积极作用。如果当下仍然过分强调斗争秩序，忽略社会合作效能，则可能导致一定的社会矛盾和危机，社会秩序结构的调整和更新也就势在必行。平衡法治范式以合作的个人关系以及交涉的公共关系为法律秩序结构，在立法层面，改变传统的精英立法的模式，扩大立法的民主化，注意培育和发掘市民社会中的知识资源，尤其是市民社会中担负着特有职能的社群和社团的知识资源，使更多的人和组织参与立法，增加知识和信息的来源，提高立法的质量，以求在权利资源的初次分配中实现最大限度的公平；在执法层面，注重协商、和解和讨论等非强制手段在行政行为中的充分运用，行政法要为行政相对方参与行政过程提供途径，创造条件；在司法层面，在充分尊重当事人意思的前提下，允许当事人表达自己的意愿，在程序保障的前提下，允许当事人通过协商的方式来解决纠纷，并且对于当事人放弃权利的行为，应当给予必要的尊重。③

5. 平衡法治范式下的法治中国以培养温和、理性的中产阶级为利益分配

---

① 参见马长山：《非政府组织中的公民参与》，《求是学刊》2009 年第 1 期。

② 参见马长山：《民间组织兴起：转型期法治进程的新兴动力》，《求是学刊》2010 年第 5 期。

③ 参见李拥军、郑智航：《从斗争到合作：权利实现的理念更新与方式转换》，《社会科学》2008 年第 10 期。

及再分配结构。党的十八届三中全会提出，要"扩大中等收入者比重，努力缩小城乡、区域、行业收入分配差距，逐步形成橄榄型分配格局"。"中等收入者一般是指在一个国家和社会中，生活比较宽裕，相对于高收入者和收入较低的贫困人口来说，收入处于中等水平的群体"，[①] 在中国它以中产阶层为依托。中产阶层能为市场经济条件下的社会整合奠定共同的利益基础，有了中产阶层，各种整合措施才能真正获得制度化的保证，"对于中国的现代化和民主法治建设而言，当务之急就是培育和扶持起一个庞大而稳定的中产阶级"。[②] 平衡法治范式下法治中国建设注重理顺收入分配秩序，提高收入分配满意度，以"提低、稳中、控高"为策略，充分发挥市场和政府在收入分配机制中的作用。通过大力发展市场经济加快城市化建设，大力推进政治体制改革加快民主化进程，大力推进制度变革加强私有财产保护，大力改进税收管理体制完善社会保障制度，壮大中产阶层规模，充实中产阶层力量。

（二）平衡法治范式以标准平衡为法治构成证成逻辑

法治构成涉及法治在何种层面上的定性，即符合哪些条件我们才能说一个国家的治理方式符合了法治标准。法治是具有时空条件的，除满足一些基本普世的构成要件外，应当允许法治在每个国家以及每个国家的不同历史发展阶段有所不同，平衡法治范式下的法治构成证成逻辑正是对这一事实的客观再现。

1. 平衡法治范式下法治构成证成遵循经验逻辑。经验逻辑是法律生命力的来源，法律的生命在于经验。法律是公众经验的产物，是一种实践智慧，"人们的立法、司法、守法活动实际上是一种价值实践，而且在大多数情况下是一种理性的价值实践，这种追求利益最大化的实践活动不仅具有利益驱动的一面，也具有服从客观规律和真理原则的一面"。[③] 虽然经验在立法、司法、守法这些环节中的应用并不平衡，但从发展趋势来看，各个环节的深

---

① 李培林、朱迪:《努力形成橄榄型分配格局》,《中国社会科学》2015 年第 1 期。
② 关雁春:《中产阶级的培育与中国民主法治秩序的建构》,《前沿》2010 年第 22 期。
③ 白建军:《论法律实证分析》,《中国法学》2000 年第 4 期。

入研究都逐渐显现出对经验分析的需求。平衡法下的法治构成证成以实证为基础，既积极吸取西方发达国家长期积累的法律经验，并把它放在社会实践中再去检验，又以可以观察和描述的事实来概括和检验中国法治建设的命题和概念，并以社会调查、资料统计、定量分析、历史考察等方法将经验命题上升为法律理论。

2. 平衡法治范式下法治构成证成遵循理论逻辑。实践与理论存在密切的关系，法律理论对法律实践的稳定性和固定性有着重要的作用。法律理论的意义在于可以将法律经验抽象化，用以指导同类的事实以及将来可能发生的类似实践。法律理论可以帮助经验摆脱偶然性和粗糙性，以一种渐进和具有创造性的方式获得经验的累积发展。平衡法治范式下的法治构成证成既注重经验的渐进积累，又注重本质规律的提炼升华，尤其重视社会主义法律理论的发现和凝练。我国是具有复杂国情的大国，没有行之有效的法律理论指导，法治建设实践很难有效地展开和持续推进。改革开放以来，法学研究领域提出了各种法律理论，平衡法治范式选择的是从中国法治建设实践中产生并经过法治建设实践检验和证明了的理论，并把这些理论成果整合为一个法律理论体系，不仅为中国特色社会主义法律理论的新发展和新创造奠定了高起点的思想平台，也为进一步推进社会主义法治国家建设提供了行之有效的理论指导。[①]

3. 平衡法治范式下法治构成证成遵循历史逻辑。恩格斯在谈到逻辑和历史的关系时曾指出："历史从哪里开始，思想进程也应当从哪里开始。"[②] 对平衡法治范式下的法治构成证成来说，历史逻辑就是我国法治发展的实践历程以及思想历程。"如果说，前者是现实历史的逻辑，那么，后者则是思想历史的逻辑。前者在现实中以感性物质的形式展开的，后者则是在思想中以理论逻辑的形式展开的。二者尽管在表现形式上不同，但都是客观的自然的历史发展过程，是统一的历史发展过程中有机的构成环节。"[③] 平衡法治范式下

---

① 参见黄文艺：《构建中国特色社会主义法律理论体系》，《社会科学战线》2011 年第 11 期。

② 《马克思恩格斯选集》第 2 卷，人民出版社 1995 年版，第 43 页。

③ 左亚文：《论马克思主义中国化第二次飞跃——理论逻辑和历史逻辑的内在契合》，《武汉大学学报（人文科学版）》2005 年第 6 期。

法治构成以历史标准为证成逻辑，能够使我们准确把握法治构成自身的演变轨迹，揭示法治构成发展的阶段性特征，并在此基础上科学预测法治构成的发展趋势。法治构成的形成与变革是社会力量一点点长期累积的结果，不可能一蹴而就，法治构成不应当割裂其与历史的联系。在中国，法治构成的证成既要梳理其产生的思想历史，它有可能来源于法律移植，也可能植根于本土文化，又要厘清法治的实践历史，它有可能具有宏观大历史的传承性，也可能是社会主义实践下发展出的独特历史脉络。

4.平衡法治范式下法治构成证成遵循价值逻辑。价值逻辑主要是指采取何种标准证明法治构成的正当性、有益性和公正性。在法治构成研究过程中，贯穿始终的一条主线，就是价值分析的方法。平衡法治范式下的法治构成不仅是描述性的，而且是规范性的；不仅要揭示出法律事实与社会实践的内在规律，而且涉及某种以价值判断为前提的评价活动，是实然与应然的有机结合。平衡法治范式下法治构成证成以事实为基础，事实的确定或被给予往往是以人类认识的经验为前提的，这就要求我们具有相应的素质和能力作出符合客观实际的事实判断。而无论事实判断如何，其背后都有价值选择的支撑，这种价值选择遵循一条基本的规律：法治本身均不能偏离公共利益，并且能够在各方利益之间达到均衡协调。法治是否具有权威性和实效性，是否具有规范和认同的功能，与其构成内容能否权威地协调各种利益和反映公众利益要求，有着非常密切的关系。法治构成从某个角度来说，就是社会利益公共选择的结果和各利益集团利益平衡的产物。

（三）平衡法治范式以系统平衡为法治改革推进思路

就我国目前形势而言，法治是改革中的法治。依法治国，建设社会主义法治国家，必须改变西方法治与我国社会历史条件不相适宜的部分，抛却一味的形而上思辨，在法治理想蓝图下展开务实的实践历程。平衡法治范式不仅能够在理论上为法治改革提供规律性指引，而且能从技术和方法层面弥补法治改革的知识缺陷，为法治改革提供明确思路。

1.平衡法治范式下的法治改革以中国共产党为坚实领导。法治领域改革具有很强的计划性和系统性，需要有强大的组织领导系统支撑。党的领导能够增强法治改革的组织化程度，成为法治领域改革向纵推进和向横拓展的强大动力。依据党的十八届三中全会精神，中央成立全面深化改革领导小组，负责改革总体设计、统筹协调、整体推进、督促落实。2018 年 3 月，中央全面深化改革领导小组改为中央全面深化改革委员会，进一步规范了党推进全面深化改革总牵头人的身份。在党强有力的领导推动下，新一轮法治改革如火如荼、有声有色，法治改革的顶层设计方案、试点方案以及一系列具体的改革项目计划相继推出。平衡法治范式下的法治改革以党的领导为动力前提，中国共产党总揽着法治发展的全局并且主导法治改革的方向，这是中国法治与西方法治的根本区别，也是对依法执政、建设中国特色社会主义法治国家的规律性总结，更能唤起党对领导中国特色社会主义法治建设的理性自觉和实践担当。

2. 平衡法治范式下的法治改革依靠多方参与共同推进。平衡法治范式下的法治改革以中国共产党为领导中国法治改革的核心力量，以政府为推进中国法治发展的主导力量，以社会为基础力量，以法治工作队伍为中坚力量。中国法治现代化采用的是政府推动模式，"因为中国的法制现代化的进程不是源自内部社会条件的逐渐成熟而自下而上地渐进地展开，而是在外域（主要是西方）法律文化的冲击下由政府主导推动的自上而下的突变过程"[1]。但同时，"中国的法治发展，就其动力机制来说，仅仅靠政府的强力推动是不够的，必须形成政府和社会良性互动的新模式、新动力"[2]。通过培育和壮大社会组织，发挥其对社会成员的引导、保护、激励、规制作用，能够使广大人民群众拓宽、加深参与法治改革的广度和深度，并能够以组织化的方式享受公共权益、承担社会责任、实现社会自治。而法治队伍作为法律精英群体，他们的政治立场、政治水平、政治责任、政治态度，直接关乎法治发展的进程和方向，加快建设中国特色社会主义法治国家，离不开强有力的法律人才保障。

---

① 公丕祥：《法制现代化的挑战》，武汉大学出版社 2006 年版，第 447 页。
② 龚廷泰：《论中国特色社会主义法治理论发展的法治实践动力系统》，《法制与社会发展》2015 年第 5 期。

3.平衡法治范式下的法治改革走渐进式的变革道路。全面推进依法治国是一个系统工程，是国家治理领域一场广泛而深刻的革命，需要付出长期艰苦努力。"因此，必须遵循现实主义的法治改革路线图，循序渐进地引导法治领域改革的逐步深入。"①尤其是中国目前正处于社会矛盾凸显、社会转型风险增多的特殊时期，激进的改革意味着高度的风险，已有的社会矛盾或秩序失范，加上高风险改革方案，极有可能突破社会既有风险的承受能力，进而使我们的法治导向失控。这是渐进改革所力求避免的情况。②平衡法治范式主张法治渐进改革，但并不意味着消极应对和畏首畏尾，而是在把握大局的前提下，稳扎稳打、积极探索，在加强法治改革方案顶层设计的同时，遵循法治领域的客观规律，将法治改革也纳入法治轨道，"实现立法和改革决策相衔接，做到重大改革于法有据、立法主动适应改革和经济社会发展需要。实践证明行之有效的，要及时上升为法律。实践条件还不成熟、需要先行先试的，要按照法定程序作出授权。对不适应改革要求的法律法规，要及时修改和废止"。③

4.平衡法治范式下的法治改革坚持问题意识的方法论导向。"在当代中国，推进法治改革事业的过程艰巨而复杂。这就要我们抛却法治浪漫主义的理想图式，以客观、冷静、严谨的理性态度，正视法治改革过程中的复杂矛盾运动。"④平衡法治范式下的法治改革突出强调问题意识，以问题为导向，把解决突出问题、破解法治难题作为深化法治领域改革的重点方向，使法治改革有的放矢。抓住法治改革过程中群众密切关注、反映强烈的领域，深入调查、周密部署，完善法治建设的薄弱环节，修正与人民群众意愿相悖的政策、法律、法规，提高立法质量。转换政府职能，加快建设服务型、阳光型政府，推进权力机构、权限、程序、责任法定化，消除权力寻租空间。树立

---

① 公丕祥：《中国特色社会主义法治的鲜明特点及其理论逻辑》，《南京社会科学》2015年第3期。

② 参见蒋立山：《法治改革的方法论问题》，《法制与社会发展》2011年第4期。

③ 《中共中央关于全面推进依法治国若干重大问题的决定》，人民出版社2014年版，第15页。

④ 公丕祥：《中国特色社会主义法治的鲜明特点及其理论逻辑》，《南京社会科学》2015年第3期。

正确理念、强化法官素质、拓宽民意渠道、完善监督机制、深化普法教育，提高司法公信力。

5.平衡法治范式下的法治改革深刻反映法治国情基本条件。"一个国家的国情状况与特点，对该国的政治、经济、社会、文化生活领域产生重要影响。'各国国情不同，每个国家的政治制度都是独特的'，因而'世界上不存在完全相同的政治制度，也不存在适用于一切国家的政治制度模式'。因此，一个国家的法治国情条件，在很大程度上决定这个国家的法治发展进程及其取向。"[①]平衡法治范式下的法治改革，必须从社会主义初级阶段这个最大的实际出发，深化研究法治改革的经济国情、政治国情、社会国情、文化国情、生态国情，解决法治领域突出矛盾，满足广大人民群众对法治的利益诉求，使法治真正服务于民，为民所用。

（四）平衡法治范式以效能平衡为法治规划验证标准

作为一种社会治理方式，验收法治顶层设计的标尺是要看其取得的社会效能如何，实践是检验真理的唯一标准。"成本—效益"是社会效能的主要逻辑之一，平衡法治范式使用"成本—效益"的方法分析法治及其进程，有助于我们在更科学、更理性的基础上认识法治及其进程，有助于我们科学地探索和选择符合中国国情特别是经济发展要求的法治之路，找到用最小的成本、最小的代价、最大限度地推进法治进程的临界点。

1.法治投入成本平衡。法治作为一种社会现象，在取得社会效益的同时也要付出一定的代价和成本。"法治成本，指的正是实行法治、建设法治国家不得不付出的代价、做出的牺牲或不得不接受的不利条件。"[②]法治成本有两种表现形式，一种是依法治理过程中所耗费的人力、物力和财力；另一种是依法治理过程中所不得不接受的负面效益。前者体现在立法、执法、司法、守法过程中，包括立法成本、执法成本、司法成本、守法成本；后者体

---

① 公丕祥：《中国特色社会主义法治道路的运动机理》，《金陵法律评论》2015年春季卷。

② 郭延军：《估量法治成本与建设法治国家》，《法商研究》2001年第6期。

现为与法治作为一个整体所相伴的副产品，包括因法治所消解的社会效率、所牺牲的实体公正、所增加的公共支出。对于法治成本而言，并非越多越好，也并非越低越好，关键是均衡适度。平衡法检验法治效果的一个标准便是法治成本是否平衡。"要看两点，一是社会能否承受所投入的法治成本；二是所投入的法治成本是否能够产出最大效用。"[1]当法治成本投入超出社会承受能力时，法治运转要么无法达到所预期的社会效果，要么被搁置而处于空转状态。当法治成本投入不能物尽其用时，则意味着法治运转某一环节或某一方面出现问题，应当给予调整，或是法治本身就应当寻求更优的替代方案。

2.法治效益平衡。法治虽然不是尽善尽美的，但中西方的国家与社会治理历史告诉我们，法治是目前我们可以选择的最好的治理方式。尽管我们还没有充分享受法治可以带给我们的全部社会效益，但是由于西方法治的成功运行所带来的良好印象，它在引进之初就被民众寄予了很大的期望和热情。然而法治运行所产生的社会治理绩效并非一成不变，若我们不能理性分析、科学创造法治运行所需要的时空条件，不能让法治产生它本应产生的社会效益，法治的移植便会产生异化，也就注定了法治命运的扭曲和失落。因此，效益自身就是法治所追求的价值之一，是检验法治效果的标准之一。平衡法治范式下法治运转的每一环节都要有利于资源的配置和社会的增值，即社会资源的配置和利用使越来越多的人改善境况而同时又没有人因此而境况变坏。[2]这就意味着法律体系这一总体制度框架要以法治效益为指引来设定权利、权力、义务、责任关系，并且这些关系不是固定不变的，要随着社会发展而更新；意味着法治效益具有多层次、多维度要求，既要注重短期效益又要重视长期效益，既要注重整体效益又要重视局部效益，既要注重直接效益又要重视间接效益，既要注重经济效益又要重视社会效益。

3.法治成本与效益平衡。"我们必须理性地认识到，法治并不是什么灵丹妙药，它只是治国方略的一种最好的形式。而且正如学者所说的，它只是

---

① 刘华：《试论法治成本》，《社会科学》2003 年第 7 期。

② 参见张文显：《法哲学范畴研究》，中国政法大学出版社 2003 年版，第 213 页。

相对好的治国方式，这种相对意蕴含着这样的内涵，人们渴望比法治更好的治国方略，但因各种因素不具备，因而人们不得不以退而求其次的办法选择了法治，而法治从被选择的那天起就伴随着缺陷。从这种意义上说，法治只是人们无奈的选择，人们在选择接受、认可法治的优点的同时，不得不（不管情愿不情愿）也认可、默许了它的缺陷。"① 平衡法治范式需要验证这种次优选择得以合理存在的条件——成本与效益之间的平衡。首先，法治并不是自动实现的，而是必须以必要的甚至是大量的资源投入，包括个人的资源投入、政府的资源投入和社会的资源投入为保障的。其次，法治成本投入应当有必要的限度。法治越精密越要付出更多成本，这些成本来自于国家财政、税收，最终来自于民众的产权。毫无限度的法治，要么盘剥尽民众的产权、消耗尽社会财富，要么因为过高的成本而无法有效实施，这种法治不能称为良善法治。最后，法治效益不仅是最大的而且是公平的。每个人都应享有法治所带来的效益，法治效益分配具有广泛性、全面性、平等性；法治效益的平等分配必须以加强广大人民整体利益为前提，能为不平等安排者所接受，并且要给予适当补偿。

三、平衡法治范式治理社会失衡问题的内在机理

平衡法治范式是对本位法治范式的继承和发展，是中国特色社会主义法治理论的有机组成部分，依靠其深刻的逻辑力量，我们能在日渐失衡失序的现实背景下，走出一条既符合中国国情又顺应国际趋势的法治发展道路和国家治理道路。

（一）平衡法治范式能够统筹社会主体力量

社会失衡治理需要社会主体广泛参与，当广大人民群众亲自参与到与自

---

① 杜宴林：《现代化进程中的中国法治》，《法制与社会发展》2001 年第 6 期。

身利益密切相关的社会活动中时，才能真切喊出自己的意愿和呼声，才能充分发挥自己无限的智慧和力量，才能有效制约具有自我膨胀性的公共权力，社会失衡治理才能取得实效。平衡法治范式治理社会失衡首先应当充分调动、统筹协调广泛的社会主体力量，这是平衡法治理社会失衡、实现社会均衡发展的基础和保证。

1.平衡法治范式统筹社会主体力量的证成逻辑

（1）平衡法治范式开创了统筹社会主体力量的前提和条件。平衡法治范式注重公众参与诉求。公众参与公共事务的历史，可以追溯到英国普通法上的"自然公正原则"，即"任何权力必须公正行使，对当事人不利的决定必须听取他的意见"。[①] 公众参与能够最直接地反映社会各主体的利益诉求，为社会相关主体表达利益要求提供平台，政治国家依民主意志统筹安排各种利益关系，为公平、公正决断国家和社会事务创造条件。平衡法治范式集程序控制和实体控制于一体，把政府的全过程都展现在社会公众的视野之中，强化了公众参与过程中对公权力的监督；为政治国家和公众之间进行深度沟通提供有效途径，有利于缓解二者之间的紧张关系，增强公众参与过程的和谐态势；有利于在权力主体和公众之间形成共识，促进公众参与过程效率提升。平衡法治范式最大限度地发挥了公众参与的制度优势，有效调动了社会各方主体承担公共职能的积极性，对公共事务向市民社会回归起到举足轻重的作用。

（2）平衡法治范式丰富了统筹社会主体力量的途径和方式。统筹社会主体力量的途径和形式，是指国家和政府在法律规定下，通过一定的方式、程序和方法，使社会各方主体积极参与社会各项事务，以达到解决国家和社会突出问题、维护社会各方主体利益的目的。国家和政府统筹社会主体力量的途径和形式是多样的，如投票选举、代表座谈会、听证会、协商谈判会、民意调查以及各种网络参与活动等。平衡法治范式以制度建设为基础，使政治国家统筹社会主体力量的形式结构化，明确各种形式的参与主体、参与的决

---

① ［英］威廉·韦德：《行政法》，楚建译，中国大百科全书出版社1997年版，第95页。

策动议权、参与的程序与参与的范围等，使公众提出的意见能够得到充分尊重，使政府的道德风险能够得到有效控制，进而促成各方主体形成共同的认知、自主的行为、公共的利益。

（3）平衡法治范式夯实了统筹社会主体力量的后盾和保障。第一，平衡法治范式通过改善统筹社会主体力量的技术水平、制度建设和物质环境，突破了统筹社会主体的诸多限制和约束。统筹社会力量需要大量的专业知识、技巧手段、资金投入和制度支撑，平衡法治范式合理地配置各种权利、权力、义务关系，有效保障了政治国家统筹社会主体力量的质量。第二，平衡法治范式有利于建设统筹社会主体的秩序。没有一定的方式和程序来引导，统筹过程将会变得混乱无序，一方面不利于长久有效机制的建立，另一方面也不利于政治国家将统筹社会主体力量落于实处。平衡法治范式建立和强化了公权力主体与公众之间的开放秩序，通过增强相互之间的互动和认同，增加了统筹社会主体力量的有效性。第三，平衡法治范式能够培育高素质的市民社会，使作为社会共同体的公民，明确地认知自己所处社会中的地位，以及因此而产生的权利与义务，使社会各方主体能够自主、自觉、自愿地参与社会事务。

2.统筹社会主体力量与社会平衡间的规律表现

（1）规范政府权力，实现社会治理平衡。政治国家统筹社会主体力量，对政府行为的有效性提出了新的挑战。政府行使职权的形式和方式趋于多样化，不同方式的政府行为具有不同的行为要件和法律效力，对权力机关职能要求也不相同。平衡法治范式通过大力加强有关政府权力的法制建设，使政府权力运行规范化和制度化，使政府服务与管理各方面各领域都能在公开、公平、公正的制度规则框架下运行，实现平衡社会本身所内含的价值目标。平衡法治范式通过重置权力机关组织建构，转化政府职能和其所担负的职责，通过把社会权力归还社会，把市场决策权还给市场，实现政府主体、社会主体和市场主体在管理社会事务方面的和合共治。

（2）内化政治观念，实现社会和谐。统筹社会主体力量除由政府主导完成外，主要是通过社区、非营利组织等社会组织的直接运作来实现的。"社会组织通过组织活动向其成员宣传有关政治信息，来达到政治文化传播、政治态度演进、个体政治观念内化的目的。政治体系要取得合法性的基础之一，就是让个人逐渐学习和接受现有的政治制度，其内容包含政治信念、思想体系、社会制度和政治态度等。"①统筹社会主体力量的过程，一方面是公民参与公共事务的过程，公民通过参加各种社会组织可以满足其政治知情权，增强了其政治认同感；另一方面也是国家传播政治信息的过程，各种社会组织经常召开成员大会和代表会议，或举办各类培训班和研讨会，发布并研讨有关政治信息，创办自己的传播媒体，通过这些媒体传播各种政治信息。政治国家统筹社会主体力量不是单方的政府操控行为，而是政府和公民的协商互动，它有效缓解了政府和公民的紧张关系，增大了公民对民族国家的认同。政府与公民的合作，是社会和谐的实质性要素，而社会和谐是社会平衡的最高级状态。

（3）体现公共利益，实现社会公平正义。从根本上说，社会平衡就是要实现社会各方面利益的协调与整合，实现社会的公平和正义。改革开放初期，为了激发市场和社会活力，国家鼓励一部分地区和人群迅速富裕，各个阶层、不同群体的利益不可避免地出现了多样化和差异化，甚至产生矛盾和冲突。统筹社会主体力量，就是要纠正非均衡发展的政策，纠正多种所有制形式和多种分配方式的并存下，政策制定过程中所出现的新权威主义和精英主义的倾向，② 以充分保障弱势群体的利益。

（二）平衡法治范式能够弥合社会运转系统

社会有机体自身的运动、变化和发展，表现为社会多种要素和多层次子系统之间的交互作用以及它们功能的持续发挥。一个良好运行的社会是系统各要素之间、系统的不同部分不同层次之间以及系统与外部环境之间相互协调与相互促进的社会。平衡法治范式能够以有序的、合理的比例关系和排列

---

① 张莉、李术：《公众参与对促进社会稳定的作用》，《吉林省经济管理干部学院学报》2010 年第 1 期。

② 参见郗正、钟贤巍：《从社会发展理论看构建和谐社会》，《学习与探索》2005 年第 1 期。

方式，严密地组织社会各要素和子系统，使社会各系统的活动和作用相互配合和促进，将失调、失衡、失控因素控制在最小的限度和范围内。

1. 平衡法治范式弥合社会运转系统的证成逻辑

（1）平衡法治范式有助于提升社会运转系统的效益性。平衡法治范式有助于社会运转系统以最小的成本投入获得最大的社会效益。首先，平衡法治范式能够最大限度地解放个人和群体，排除那些压抑个人、群体行动的不利因素，使个人和群体能够持续不断地、最大限度地释放出现实的或是潜在的能力，这是使社会运转取得最大效益的重要前提。其次，平衡法治范式有利于建立一个社会运转的最佳目标体系，这个目标体系是内在统一且有序的，消除了不利因素所造成的错乱和冗余。最后，平衡法治范式增强了社会运转系统的自主成分，减少了社会运转过程中的突发性和不可预测性，使人们能够牢牢地控制住社会运转的整个过程，使社会运转的动力机制与目标体系真正有机地结合在一起。

（2）平衡法治范式有助于提升社会运转系统的协调性。完善的社会运转模式必须具有高度的协调性，否则有可能出现畸形运转或是倾斜运转的不正常现象。首先，平衡法治范式有利于社会运转的动力系统、目标体系和控制机制的协调统一。从时间维度看，三者应该处在同一发展水平上，即使是某一部分保留了一些守旧的东西，也必须使这些过去的东西在新的体系中有新的地位和功能。否则，三者之间便会出现不适现象，这种不适发展到一定程度便会影响到整个社会运转过程。平衡法治范式能够以国家干预的方式，使三者保持发展层次的相适，并保证三者在量上实现动态均衡。其次，平衡法治范式有利于社会运转与社会发展之间保持一种协调关系。一方面，社会运转不应成为社会发展的障碍。为了做到这一点，必须尽可能地去掉社会运转过程中那些非自主性的因素而增加一些自主性的因素。另一方面，社会发展本身的速度也应尽可能地以不过度改变现有的社会运转过程为宜。平衡法治范式的显著特点是将社会运转的目标纳入科学发展的框架内，将社会运转中限制社会发展的因素限制在最小和可控的限度内，并以法治的方式改变社会运转中落后的环节和方面，使之与社会发展需求相适应。最后，平衡法治范式有利于社会运转与自然环境保持一种协调关系。社会运转总是在一定的自然环境中进行的，而且，社会运转的动力系统也离不开自然资源，两者间理应有着一种协调性。平衡法治范式把人与自然的和谐关系纳入法治视野，有利于修复被破坏的环境系统，为社会的长远发展提供了制度支持和机制保障。

（3）平衡法治范式有助于提升社会运转系统的稳定性。首先，平衡法治范式保证社会运转系统具有较强的应变性或适应性。在传统社会运转模式向现代社会运转模式转型的过程中，平衡法治范式起到了很好的控制作用，转型的速度被合理地限制在社会的承受程度之内，并且它同时还保证了社会系统的效益性与协调性，这意味着它能承受住外界的某些突然性变故的影响，能够承受住自身发展过程中所出现的意想不到的事情的干扰，使社会运转在种种不利的影响之中仍然能保持正常的运转状态而不至于中断或走样。其次，平衡法治范式对社会问题具有较强的制约能力和适应能力。平衡法治范式将社会问题限制在较小的范围内，将社会失调的几率降到最低；同时，它能够使社会系统从容应对内部因素和外在环境的变化，使社会系统容易主动调整自身与发展之间的一些不适现象，使两者保持平衡。①

2.弥合社会运转系统与社会平衡间的规律表现

（1）供给充足的社会系统避免社会发展滞迟。平衡发展的社会应当是具有现代性且与时俱进的社会。供给充足的社会系统，能够为社会发展提供持续的动力和能量。只有在社会运转的生能总量等于或者大于耗能总量时，社会才能卓有成效地实现发展。社会运转系统供给不足的结果有两个：一个结果是社会发展逐渐趋于迟缓，即社会发展的速度逐渐变慢，发展的周期逐渐变长，严重时能够造成社会发展的中断；另一个结果是社会发展困难，有效的社会运转是社会发展的必要前提，迟缓的社会运转势必会降低社会运转的抗扰能力，在遇到某些变故时，社会发展很有可能陷于瘫痪状态，并导致整个社会机体的解体重组。

---

① 参见吴忠民：《社会运转与畸形》，《社会科学家》1991 年第 6 期。

（2）目标均衡的社会系统避免社会发展偏执。社会是按照一定的轨道发展的。这种轨道不是凭空出现的，不能偏离人们实践活动所设定的目标。社会运转目标的具体状况，在相当程度上规定着社会能否顺利地发展，以及顺利的程度。目标设定不均衡极易诱发社会偏执发展，社会正常运转的目标实际上是由多个方面目标所共同组成的目标体系，如果这个目标体系内部的各个方面是协调的，那么，社会就能保持均衡发展态势。同时社会运转系统设定的目标应当明确，若目标体系过于紊乱或是过于不可行，这时的社会运转便极有可能是无目标可循，致使社会机体的运转是靠一种本能的惯性来维系，这种本能的惯性由于缺乏必要的约束力而成为一种片面的动因，从而造成社会发展的偏执。

（3）机制可控的社会系统避免社会发展失控。社会平衡离不开社会运转的控制机制，充足的社会供给、均衡的目标体系均要依靠可控的社会运转机制才能落到实处。控制机制可以牢固地将供给系统与目标体系连为一体，因此，控制机制的具体情况也就影响着社会发展的情况。在社会控制机制中，自发的、不可预测的成分越多，意味着控制机制的水准越低。由于缺乏足够的主动性和明确性，社会只能是简单地进行随机控制，缺乏足够的应变能力。随机式的控制对于简单的社会结构还能多少奏效，一旦社会机体日趋复杂，就会不可避免地使社会发展失控，这将对社会长远发展造成巨大危害。①

（三）平衡法治范式能够平衡社会利益关系

人是社会的主体，是社会活动的承担者和社会运行的推动者，任何社会运转的最终目的均是要满足人类的各种需要和利益。人的需求是多样的、变化的，决定了人、组织、社会之间的利益关系必然复杂多变，社会平衡需要对社会利益结构做出一种科学合理的安排。平衡法治范式能够顺应我国经济社会发展形势，对利益结构进行顺势调整，并能不断消解利益矛盾和冲突，

---

① 参见吴忠民：《社会运转与畸形》，《社会科学家》1991 年第 6 期。

整合多元利益关系，使各种利益关系趋于均衡。

1.平衡法治范式平衡社会利益关系的证成逻辑

（1）平衡法治范式有利于建立健全市场经济条件下的利益调节机制。机制对于协调利益关系具有重要作用。我们已经建立起市场经济体制，但与之配套的利益调整机制还有待完善。建立健全合理的利益调整机制，实现利益表达、分配、保有的合理性，才能真正实现社会平衡。平衡法治范式有利于充分发挥市场在调节利益中的作用，让市场机制为不同的主体创造公平的竞争环境，调整利益分配格局，减少不同利益群体之间的利益差距与矛盾摩擦。通过权利、权力、义务的合理配置，建立健全引导机制来教育和引导人们正确看待当前社会利益分化的现象，正确处理个人利益和集体利益、局部利益和整体利益、当前利益和长远利益的关系；建立健全约束机制来对人们获取利益的行为进行约束，促使个人或群体形成正确的价值观；建立健全利益调节机制，来调整和缩小人们之间的利益差距，调整利益分配格局，增强不同利益群体之间的实质公平；建立健全利益补偿机制，以弥补因公共利益和秩序而做出的个人牺牲；建立健全矛盾调处机制充分发挥平衡法的优势，最大限度地缓解社会冲突，减少社会对立。[①]

（2）平衡法治范式有利于建立健全公平与效率相统一的收入分配制度。构建公平合理的分配制度，是实现社会公平极为重要和紧迫的任务。平衡法治范式具有分配正义功能，平衡法治范式对收入分配的法律干预正是彰显其功能属性的过程。市场是以效益最大化为价值追求，但由于存在市场失灵，分配正义就难以单单凭借市场调节来达到。当出现收入分配不公、差距较大，隐性收入、非法收入，收入分配秩序不规范等问题时，市场调节就会失灵，收入分配的正义就难以实现。把平衡范式主导的法治作为一种非市场的机制来引导和纠正市场失灵，发挥分配正义功能，通过运用财政、税收、金融、价格杠杆、产业政策等相关法律，对社会不同群体的收入进行合理分配和利益衡平，能够矫正市场调节凸显的分配不公。同时，在社会发展

[①]　参见高虹：《协调利益关系与利益分配格局的经济学阐释》，《商业时代》2011 年第 24 期。

过程中，国家、企业和个人都要生存发展，由于天然禀赋和建设投入的差异，不可避免出现不同区域的经济水平失衡、国有企业和民营企业的利益分配失调以及对个人的收入分配差异过大等现象。平衡法治范式通过运用利益衡平机制调整不同区域和行业的权利与义务来发挥分配正义功能，从而促进区域经济协调发展，调整国民经济整体结构和运行，以实现收入分配的公平正义。①

（3）平衡法治范式有利于建立健全富有活力的良性利益结构。"利益结构指社会不同成员依据其特定的社会经济地位、职业和身份，通过社会认可的方式所获得的经济利益的组合状态。"② 我国的经济改革是市场化的改革，多元主体并存是其明显的特征，资源、财富、机会的分配和占有均以市场机制为基础，不同利益主体在追求自身利益最大化的经济选择过程中，必然出现利益的差异，出现阶层的分化。平衡法治范式能够避免社会财富和资源向社会某一阶层过度倾斜，预防和纠正贫富两极分化。除此之外，我国市场化改革还有其特殊性，其利益结构中包含着比例庞大的公有制经济体，在公有制经济与市场相结合的过程中，公有制内部利益分化，平衡法治范式能够明晰不同的利益主体以产权为核心的权益界线，避免了资源分配的行政化。

2. 平衡社会利益关系与社会平衡间的规律表现③

（1）科学的利益结构是社会平衡的重要前提。利益结构由各种形式的利益关系所构成，社会成员之间以及社会成员与国家之间的利益关系模式构成了一定的社会利益结构，它通过国家制度和政策的作用构成社会平衡的内在动力。利益结构包括结构主体、价值观念、实现方式等要素。社会利益的分化以至结构主体的形成，一方面反映了利益结构历史变迁的轨迹，另一方面反映了利益资源的分配占有状况。利益结构的变化既是社会成员之间利益冲突作用的结果，也是公众与政府之间矛盾运动的体现。社会平衡首先要在不

---

① 参见贺电、牛保忠：《平衡法视野下的分配正义观——以收入分配为例》，《吉林师范大学学报（人文社会科学版）》2015 年第 4 期。

② 陈维达：《中国模式：利益结构调整与宏观经济调控》，《当代财经》2011 年第 7 期。

③ 参见蒋京议：《在调整利益结构中构建和谐社会》，《长白学刊》2005 年第 3 期。

同利益阶层之间以及公民与现实政权之间实现资源分配及占有的公平正义。利益价值观念的形成是受一定的社会条件影响并制约的，它的形成往往需要经历长期的历史过程。因此，一定社会条件下形成的利益观念，必然会对该社会的利益结构，以至该社会的协调与稳定起到反作用。在价值观念多元化的现代社会，利益价值选择没有刚性标准，社会文明进步既要求形成有利于社会平衡的主流价值观念，又要求重视各种利益表达，各种价值观念都应当成为正确处理社会不同利益群体及其成员之间利益关系的重要参数。不同的利益群体和阶层具有不同的利益实现方式，即使在同一利益群体和阶层中，其实现方式也不尽相同。从依靠力量上来看，有的依靠个人的力量去追求利益，有的依靠国家或集体的力量去追求利益；从实施途径上看，有的通过自己的合法劳动去获得利益，有的通过合法的非劳动途径去获得利益。正确把握和科学引导利益实现方式，有利于形成与一定社会的基本经济制度相适应的思想观念和创业机制，营造鼓励人们干成事业的社会氛围，让一切劳动、知识、技术、管理和资本的活力竞相迸发。

（2）均衡的利益制度是社会平衡的本质要求。经济制度调整必然带来利益结构的变化，利益结构调整极易在利益关系变动中产生矛盾和冲突，因此政府有效供给利益均衡制度，已经成为造就现代社会和谐环境的重要条件。社会进步必然伴随多元利益冲突与整合，社会平衡不可能通过回避矛盾和压制冲突来实现，而是应当加大制度资源供给，促进新制度与机制生成，并做到在分歧中求协调、在差异中求一致、在对立中求妥协、在冲突中求共存。均衡的利益制度至少要满足两点：一是建立抑制利益独占性的均衡机制；二是确立自律自立和宽容共存的理性诉求。这种均衡制度有利于形成稳定的多元结构，换句话说，多元结构的稳定性恰恰在于不同社会群体的利益均衡性。这种均衡性的实现，关键在于实现权利资源的平等分配，进而使弱势群体与强势群体一样能够在国家政治架构中拥有表达自己利益的真实代表。利益均衡的实现将在两个维度上获得实质性效果：一是社会各个群体都会以某种形式对当前阶段新的利益制度予以确认和维护，以此形成社会和谐的基础性力量；二是国家权力不仅受到各个利益群体的有效制约，而且政府也从和谐的社会环境中获得了更大的执政合法性。于是，不仅仅是各个利益群体都不会轻易地去破坏这种均衡，而且政府也更加愿意担当创新制度的供给者。

（3）公共的利益选择是社会平衡的落实途径。在社会转型的长期过程中，体制转变始终是一个充满利益矛盾与利益冲突的过程。在这个过程中，不同的利益群体都会基于自身利益来考虑问题和制定策略，因为他们对改革所持的态度都出于一个理由，即追求自身利益的最大化。成功的制度变迁不能仅凭领导集团或是执政党的偏好，而应是社会各种利益群体公共选择的结果，只有经过公众选择的制度，才能最真实反映社会的发展状况和现实诉求，才能有利于对社会不公平的分配进行有效调整，进而激发整个社会的活力。制度的形成是各个利益群体相互关系不断发展、调整、和谐的博弈过程，而绝非政府的事前战略定位。在社会转型的过程中，利益博弈和公共选择能够冲击独占性的制度和机制，社会各方的有效参与是社会收益增长的重要途径。同时，利益分化显著的社会必须要以有效制度与具有积极意义价值观的高度一致性为保证。这种一致，不能依靠共同体的强制，必须与特定的公共价值相连接，公共价值始终制约并影响着利益分化的特点和社会功能。因此，代表社会整体利益的政府，应当把维护公共利益与鼓励市场主体追求自身利益最大化的努力相结合，以实现社会全面均衡发展和进步。

（四）平衡法治范式能够规范社会行为秩序

社会秩序本身指的就是动态有序的平衡社会状态，一个社会不可能没有冲突和无序的现象，但只要把它们控制在一定的限度内便不超出社会秩序的范围。换句话说，平衡法治范式治理社会失衡就是要规范超出社会承受能力的失调、失范，充分调动各种资源重建现代的、和谐的、均衡的秩序状态。

1.平衡法治范式规范社会行为秩序的证成逻辑

（1）平衡法治范式有利于建立坚实的秩序环境基础。规范社会行为秩序以"公平正义"的社会环境为基石。"正义犹如支撑大厦的重要支柱，如果这根柱子松动的话，那么人类社会这个雄伟而巨大的建筑必然会在顷刻之间土崩瓦解。"① 在中国改革开放背景下，"效率优先，兼顾公平"的非均衡发展思想，曾在特定历史时期激发了社会经济活力，在较短时间内让我国的面貌焕然一新。但同时，这种"效率优先"的政策取向在某种程度上也可能"牺牲公平"，而公平正义是社会秩序乃至我们社会主义制度得以存在的正当性基础。平衡法治范式从三个层面保障公平正义秩序的重建：一是基于公正的立场分配社会成员的利益。平衡法治范式致力于打破利益集团的恶性竞争，以实现绝大多数人民的真实利益为目标，充分反映社会需求和民意诉求，尤其注重保护弱势群体，合理解决由社会和经济的迅速变化所带来的新型争端，使社会秩序回归合乎公平正义的本来面目。二是重视建构社会结构的优化机制。平衡法治范式使培育中产阶层的各种手段制度化，可以畅通阶层间的流动渠道，为社会成员向上层流动创造公平机会，促成一种弹性的社会结构的形成，为社会秩序奠定稳定的社会结构基础。三是促进社会保障制度的完善。完善的社会保障制度能使人们在一个充斥着"不确定"的现代社会里获得基础的生存保障，政府应以平衡法为框架，以公平正义为价值取向，在教育、医疗、就业、养老等领域着力打造惠及全民的社会福利保障体系，让全体人民共享改革开放的成果。②

（2）平衡法治范式有利于建立科学的秩序供给途径。秩序供给有三种途径：一是强权政治，即通过高压手段获得社会秩序；二是依法治理，即通过建立稳定的规范、合理的政治经济制度获得社会秩序；三是伦理精神，即通过张扬伦理道德获得社会秩序。强制性的社会秩序是以专制与集权为基础的，但是这种专制和集权所创造的社会秩序是一种虚假的秩序，它并不是人们心甘情愿地接受约束而获得的秩序。法治与伦理为现代社会秩序形成提供了可行且有效的路径选择。平衡法治范式融合了法治与伦理的优势，打通了二者之间不可逾越的藩篱。它以法治为主体，通过建立比较严密的技术性体系，实现常规性的社会控制。同时，平衡法治范式下，法治的建立具有一定的伦理道德立场，规避了法治工具理性的一面，使法治表现在整个社会的成

① ［英］亚当·斯密：《道德情操论》，蒋自强等译，商务印书馆 2009 年版，第 106 页。
② 参见鲍宗豪、赵晓红：《现代性视域下的中国社会秩序重建》，《社会科学》2014 年第 5 期。

员视听言行上的道德品性和政治意向的自觉。①

（3）平衡法治范式有利于建立有效的秩序机制系统。秩序形成机制主要有两种形式，一种是设计控制机制，一种是自动演化机制。前者对应政府设计规划职能的优化与完善，目的是用人类理性建立主观愿景式的秩序；后者对应环境诱导下社会系统的自主演化，以期通过人类行为客观结果获得增长的秩序。两种机制间并非互相独立而是系统性互动的，政府设计规划职能与环境诱导下社会系统自主演化应当实现有机整合，这种互动与整合促成和谐社会中完整秩序的生成。②首先，秩序形成的设计控制机制以平衡法治范式为主体内容。平衡法治范式是对社会系统中各要素间关系的规律性规划与总结。在制度制定层面，平衡法治范式要求各种法律、法规以及规范性法律文件进一步完备和完善；在制度执行层面，平衡法治范式要求政府依据理性的制度设计实现对人们基本行为过程与行为路径的规范与制约。其次，秩序形成的自动演化机制以平衡法治范式为环境保障。平衡的社会需要完整的社会秩序形成机制，在依靠理性设计的同时，注重社会系统的演化特性及人类所具有的主观能动性，从而获得人造秩序基础上最大的增长秩序。平衡法治范式以"以人为本、科学发展观"为价值指南，营造了有利于公平竞争的激励环境，配以道德理念、道德规范所具有的导向、激励、协调、控制等功能，在最大程度上保障最高层次上社会秩序的形成。最后，两种机制依靠平衡法治范式实现有机整合。平衡社会中完整意义上的秩序是人造秩序与增长秩序的总和。社会系统的有机性和复杂性决定了实现上述两种秩序的机制在运作时并不能仅仅是简单的叠加，而应是围绕平衡这一主题的有机的整合。平衡法治范式用法律制度来保障诱导社会系统进行自主演化所需要的必备环境的可行性与有效性，法律制度作为设计控制机制的组成部分，反过来又受到社会信仰、文化力量、社会舆论等作用的影响。平衡法治范式使两种机制在职能上相互补充、相辅相成，共同作用于社会系统的演进和良好社会秩序的达成。

---

① 参见张康之：《论政府的社会秩序供给》，《东南学术》2001 年第 6 期。
② 参见席酉民、王亚刚：《和谐社会秩序形成机制的系统分析：和谐管理理论的启示和价值》，《系统工程理论与实践》2007 年第 3 期。

2.规范社会行为秩序与社会平衡间的规律表现

（1）社会秩序有利于关系结构的均衡稳定。社会有序首先意味着基本的生活秩序稳定，人们吃、穿、住、行处于持续供给状态，不会因自然灾害或社会事件的发生而受到威胁。其次，社会有序意味着社会关系网络稳定，社会关系是人社会属性得以存在的基础，每个社会成员都是在社会关系中实现自我的，社会关系使人得到了身份认同和情感支持。"社会秩序是人们在共同的社会性生产和生活过程中行为的有规则的重复和再现，在本质上是人与人之间关系的制度化和规范化。"[①] 制度化和规范化的秩序可以避免人与人之间关系的局部或全面断裂。最后，社会秩序意味着身份角色的稳定，"社会角色是指与人们的某种社会地位、身份相一致的一整套权利、义务的规范与行为模式，它是人们对具有特定地位、身份的人的行为期望，它构成社会群体或组织的基础"[②]。社会有序保证社会成员以稳定的角色定位参与社会活动，从而能够获得人格的独立以及财富的累积增长。

（2）社会秩序有利于行为规范的协调互补。行为规范就是"人们参与社会性生活的行为规则，它是人们在长期社会生活中，根据人们普遍认可的社会价值观对特定环境中的人类行动所做出的、必须共同遵守的程序规则"[③]。行为规范具有多种类型，法律、习俗、道德、宗教等均对人们的行为产生指导与约束作用。以法律规范为主导，习俗、道德、宗教等多元规则并存已成为现代社会所共同认同的行为调整模式。社会有序，一方面是多元调整模式的运作结果，另一方面也对多元行为规范的协调互补、相辅相成起到促进作用。社会秩序的形成和确立，并不取决于社会个体自身的强力，而正是取决于普遍适用并得到社会权威保障的规范和公理。在社会

---

① 丁烈云：《危机管理中的社会秩序恢复与重建》，《华中师范大学学报（人文社会科学版）》2008 年第 5 期。

② 丁烈云：《危机管理中的社会秩序恢复与重建》，《华中师范大学学报（人文社会科学版）》2008 年第 5 期。

③ 郑杭生：《社会学概论新修》，中国人民大学出版社 1994 年版，第 322 页。

生活中，只有各种规范适用条件、范围以及局限明晰，才能避免利益冲突和社会紊乱，保持有序的社会状态。社会有序又意味着行为规范化已经内化为人们的经验性体验，社会主体不倾向于在利益驱动下破坏各种规范的适用常态，在社会共同体以及不同社会群体间，人们对各种规范的适用产生较为确定的预期，进而在熟人甚至陌生人之间均能产生较高程度的信任和共识。

（3）社会秩序有利于社会资源的功能整合。"社会秩序作为社会的稳定与协调状态包含了特定社会生活中社会关系的具体内容，是价值内核、社会规则和社会权威的有机统一体。"① 价值内核是一个社会主导性价值理念的核心，是开放社会下由特定物质条件决定的无数个体性价值观念交互作用的结果，一经形成就会产生规范效应，无论个体是否认同均对其产生规范效力。价值内核对各种社会活动或各种社会机制、环节产生无形的导向约束作用，对社会主体的精神世界和实践活动产生间接影响，把社会主体多元的价值倾向统一或整合到主导性的价值观念上来。社会规则与社会秩序是一体两面的关系，社会规则体系作为社会秩序的具体内容作用于社会主体的活动过程，规则是社会活动的标尺和依据，有什么样的规则便会产生什么样的秩序。无论社会主体价值选择、行为动机如何，社会规则均可以把多向的个体行动统一起来，使个体行为产生协调的效果。"法律和道德就是能够把我们自身和我们与社会联系起来的所有纽带，它能够将一群乌合之众变成一个具有凝聚力的团体。"② 社会权威作为社会秩序中的主导性力量具有主动性。社会权威能够启动资源整合程序，将社会自发形成的整合需求制度化，使整合目标通过一系列的社会机制和环节展现出来，社会资源围绕整合目标发挥作用得以生成社会合力，社会合力作用于社会机体的结果通过各种社会机制反馈给社会权威，社会整合的目标和结果不断得到修正，从而使社会秩序的整合功能得到持续发挥。

---

① 高峰：《论社会秩序的功能》，《理论探讨》2013 年第 2 期。

② [法] 埃米尔·涂尔干：《社会分工论》，渠东译，生活·读书·新知三联书店 2000 年版，第 322 页。

（五）平衡法治范式能够防范社会失衡陷阱

对于社会失衡来说，防患与修复同样重要，二者是平衡法治理社会失衡的两个基点。在对待中国社会失衡问题上，我们既要以治理社会失衡作为基本的工作思路和工作理念，继续推行以往工作中的有益举措，同时又要辅之以预防社会失衡的工作思路和工作理念，开拓进取，求实创新，逐步完善防范社会失衡的各项制度和机制。

1. 平衡法治范式防范社会失衡陷阱的证成逻辑

（1）平衡法治范式有利于强化防御社会失衡陷阱的能力。研究社会失衡陷阱的目的在于预防和控制社会失衡的发生，并将其可能带来的危害限制在最小范围内。平衡法治范式有利于强化社会失衡陷阱的防御能力，在有可能造成社会失衡的诱因及本因出现时，便对其采取有效的预防和管理措施。通过平衡法治畅通信息搜集系统，在法治运行的每一环节均注重对社会失衡信息给予反映，并及时有效地对各种信息进行甄别和处理。以法治手段提升政府管理社会的能力和社会的自我调控水平，一方面依靠政府强有力的政策制定能力、贯彻执行能力、体制创新能力、秩序维持能力、社会整合能力，强化政府在防御社会失衡陷阱中的主导作用；另一方面通过保障公民知情权、公共事务参与权使越来越多的群众组织、人民团体及公民个人自发地承担起预防社会失衡陷阱的责任。

（2）平衡法治范式有利于提升应对社会失衡陷阱的能力。当社会失衡陷阱由潜在阶段进入显在阶段并持续发生作用时，维系社会结构、调整人与人之间关系的该部分规范、规则、制度已经无法得到正常的遵守和维护。这就意味着现存的社会建构已经无法抵御日益增强的危机因素，必须重新估量这一诱因的社会效应，通过宏观及微观领域的秩序调整，重新确立一种新的秩序来抵御仍在动态运转的社会失衡陷阱。从宏观层面看，平衡法治范式着眼于产生特殊社会问题的深层社会根源，把特殊的社会问题与根本性的社会结构联系起来，从源头应对社会失衡陷阱。从微观层面看，平衡法治范式对偏离主导性社会规范的社会越轨行为进行社会控制，以削弱社会失衡陷阱所带来的短期负面效应。

（3）平衡法治范式有利于加强修补社会失衡陷阱的能力。社会失衡陷阱发生作用后可以产生不同的社会效果，一种是发生局部失衡和混乱，此时应该着力于恢复原有的社会秩序；另一种是失衡泛化甚至带来社会秩序的终极价值危机，此时应该重新建构一种新秩序。对于前者要突出问题导向和目标导向，依靠平衡法治范式积极稳妥地建立完善管理社会失衡危机的体制机制；对于后者要求从法治运行各环节着手，以平衡法治范式为引领和依据对社会进行整体改革，依靠平衡法治范式确定社会改革目标，启动社会改革程序，规范社会改革内容，分享社会改革成果。

2.防范社会失衡陷阱与社会平衡间的规律表现

（1）防范社会失衡陷阱意味着打破城乡与地区之间发展不平衡、分配不平衡的局面。我国经济社会发展中存在二元结构，即发达的城市与落后的农村、现代的工业与传统的农业并存。这种二元结构造成经济和社会结构内部的不均衡，突出表现在城乡之间和地区之间发展的不均衡。中国社会目前这种较大的贫富差距现象已经形成一种惯性，还将持续存在甚至是持续加剧一段时间。较大的贫富差距现象，是社会不安全因素生成的温床，会对社会的整合和团结形成多方面的负面影响，会对人们的思想、信念和价值体系造成严重的冲击，导致社会冲突和秩序失范，一定程度上威胁社会稳定和安全。防范社会失衡陷阱就是要遏制城乡与地区二元结构的进一步扩张，采取各种有效措施保障民生，保护社会成员的生存发展权益，防止社会失衡由量变转变为质变。①

（2）防范社会失衡陷阱意味着逾越经济与社会发展不同步及人与自然发展不和谐的藩篱。近年来，随着经济的高速发展，国家的财政实力迅速增强。但我国的公共事业落后于经济发展速度，公共卫生体系建设、义务教育、社会保障等投入相对不足，从而导致经济发展与社会发展不同步。同时，我国又是发展中大国，人口多、底子薄，在当初生产力发展水平相对低

---

① 参见张维平、裴世军：《危机与我国社会危机的特点及分析》，《北京工业大学学报（社会科学版）》2006年第2期。

下的前提下，不为加快经济增长，在很大程度上牺牲了生态环境。"人与自然的不和谐发展加大了原有不均衡的经济发展过程中的结构性张力，日益成为经济增长的瓶颈和社会稳定的潜在隐患。"①防范社会失衡陷阱必须理顺经济社会发展过程中的各种重大关系，加强社会建设以稳定经济建设，不断提升发展的整体性和能力；必须让生态系统休养生息，充分运用法律、经济、技术和必要的行政手段，给自然生态以必要的人文关怀和时间空间，使自然生产力逐步得以恢复。

（3）防范社会失衡陷阱意味着扭转制度建设滞后且道德文化体系失稳的态势。制度建设滞后，体现为对于不完善或落后于经济社会发展需要的制度没有及时制定或修改，对于已经不适用于新的社会现实和不能解决新问题的制度又没有及时清理或废止。防范社会失衡陷阱要求增强问题意识，明确具体的制度需求，通过深入分析问题、主动解决问题及时确立相关制度，避免出现制度真空。在清理过时制度的时候，要注意理顺所涉及的各方利益关系，合理利益要维护，不合理利益要调整，以减少制度更新阻力，形成制度建设合力。道德文化体系失稳，指社会缺乏一个统一明确的道德规范体系，个人行为丧失是非善恶标准，不同道德观、价值观相互冲突造成道德混乱和无序，道德领域的准则或规范，已经不能够通过社会的舆论压力或人们的内心确信来有效地调整和控制人们行为。防范社会失衡陷阱需要治理道德失范现象，通过建立公平公正的制度实现道德环境的整体改善；通过推进社会主义核心价值观建设培养民众的道德信仰；通过树立道德模范典型示范引领道德行为重塑。

四、平衡法治范式治理社会失衡问题的实践路径

平衡法治范式的提出不仅具有长期效益，能够从整体上为中国特色社会

---

① 张维平、裴世军：《危机与我国社会危机的特点及分析》，《北京工业大学学报（社会科学版）》2006 年第 2 期。

主义现代化建设事业奠定法治基础，还具有即期效益，能够解决现阶段经济社会高速发展与体制转型过程中产生的失调、失序。既能为中国特色社会主义现代化建设事业的发展指引前进方向，又能为治理中国社会失调、失序有效地指明实践路径。

（一）法治国家、法治政党、法治社会一体建设

平衡法治范式治理社会失衡具有系统性，而非"头痛医头，脚痛医脚"。应当坚持法治国家、法治政党、法治社会"三位一体"建设的思路，将各种权力与权利运作纳入法治轨道，避免形成权力或权利中心主义。

1.法治国家、法治政党、法治社会一体建设体现法治中国格局平衡。法治中国作为中国法治建设的一个总体性目标和总揽性命题，具有极其丰富的内涵。从法治中国格局切入，要求法治国家、法治政党与法治社会一体建设，既是平衡法的理念要求，也是治理社会失衡的布局要求。法治国家是法治中国的核心，指国家政权在法治轨道上运行的状态，要求政治国家范畴内的治国理政通过法治实现。法治政党是法治中国的关键，指执政党严格遵循国家法律和党内法规治国治党的状态，不仅要求执政党依法执政，也要求执政党依法治党。法治社会是法治中国的基础，指社会成员依法自治自律的状态，既要求权力转移，各种社会力量依据法律与各种社会规则调整社会关系，解决社会纠纷，实现社会体系有秩序地运行，又要求社会自治，社会成员依托社会组织依法自主管理内部事务，依法自主参与公共事务。[①] 平衡法下法治中国格局，是对本位式法治格局的突破和扬弃，既实现了法治功能领域的细化，突出国家、政党与社会的三元结构，避免权力运行上的越俎代庖以及资源分配上的垄断，又实现了法治国家、法治政党、法治社会在建设推进上的统一，避免了法治国家、法治政党、法治社会分阶段、分步骤建设可能出现的矛盾，整合法治中国的建设资源。

2.法治国家、法治政党、法治社会一体建设体现法治话语中国元素与人

---

① 参见黄文艺：《法治中国的内涵分析》，《社会科学战线》2015 年第 1 期。

类普适性法治原则的平衡。"法治是人类政治文明和法律文明的构成成分与直接反映，是全人类的共同财富。法治具有无可争议的人类普适性。法治中国建设必须坚守法治作为政治文明和法律文明基本规律以及法治原则的人类普适性。"①同时，中国具有不同的法治环境和历史积淀，社会主义社会的条件和因素造就了不同于西方国家的法治文明基本规律和法治原则，需要独特的制度框架和实践运行状态。社会平衡要求法治建设必须坚持法治文明基本规律、法治价值的普适原则与法治模式、法律制度架构的中国元素相统一。"这也就是我们常说的坚持人类普适性的法治思想、观念、理论和原则与中国具体的由历史和现实的各种社会因素和条件所构成的特殊国情的统一。"②平衡法治范式将依法治理社会失衡的法治方案和实践路径建立在中国特有的法治意识形态、法治社会基础以及法治经济条件之上。法治国家、法治政党、法治社会一体建设更加凸显回应中国现实的问题意识和对中国国情的特殊适应性，是对中国政治价值、执政理念、法治传统、社会心理的回应，反映了社会转型期中国治理社会的思路和水平。③

3. 法治国家、法治政党、法治社会一体建设体现法治构成国家治理权、政党执政权、社会自治权的平衡。法治国家、法治政党、法治社会一体建设体现了依法治权与依法维权的平衡，是由权力对立转向关系和谐的必由之路。社会失衡的法治治理以对国家权力的制约与监督为手段，以实现人的全面自由发展为依归。理顺各种权力之间、国家机关与社会组织之间、执政党与广大人民之间、政府官员与百姓之间的关系对治理社会失衡具有重要意义。法治国家、法治政党、法治社会一体建设就是通过将权力重构为国家治理权、政党执政权、社会自治权，来构建一个安定和谐的法治大环境，不断完善与固化平衡的政民关系、党民关系、社民关系。与西方国家政治国家与市民社会的二元对立不同，国家治理权力、政党执政权力以及社会自治权力法治化，建构的是多向互动的良法善治关系。国家治理权力法治化的意义在于将市民社会从大国家概念中分离出来，将国家内涵和外延限定在公权力运

① 　姚建宗：《法治中国建设的一种实践思路阐释》，《当代世界与社会主义》2014 年第 5 期。
② 　姚建宗：《法治中国建设的一种实践思路阐释》，《当代世界与社会主义》2014 年第 5 期。
③ 　参见汪习根：《论法治中国的实践之维》，《江西社会科学》2014 年第 8 期。

行的范围内，其下位概念是法治政府，但又不仅限于法治政府，是整个国家权力的法治化，包括立法权、监督权、重大问题决定权、行政权、司法权等。政党执政权力法治化要求把党的执政纳入法治轨道，妥善处理党的政策与国家法律的关系，科学架构党委组织机构行使职权的权限程序，合理安排党领导政府职能部门的工作模式。社会自治权力法治化有利于回应型法治的建设，通过政府与社会的双向构建，舒缓了单极权力给社会带来的政治压力，社会的回应又从实质上促进了政府与公民对公共生活的共同治理，促成以人为本法治观的实现。

（二）理念更新、制度改革、机制建设协同推进

平衡法治范式治理社会失衡是要在法治的框架内稳步实现中国社会的平衡有序发展，这既是对国内外形势的深入分析，也是对法治理念的深刻洞察，是对法律制度的升级改造和对法律机制的创新发展。

1. 理念更新、制度改革、机制建设协同推进体现法治静态要素平衡。从法治要素构成看，法治理念、制度、机制是一种相辅相成、相互依赖的统一关系。法治理念是法治建设的精神要素，它相对稳定，反映法运行的内在规律和终极追求，对法具有支配和评价作用。法律制度是法治建设的实体要素，它是调整各种社会关系的直接依据和行动准则，以国家强制力为保障，具有行为指导和约束的意义。法律机制是法治建设的形式要素，是法治精神要素和实体要素的表现方式及实现形式，它探讨法律现象整体以及整体内各环节、要素之间的相互联系、相互运动及其发展规律。法治具有包容性，既要求法律具有至高权威，又要求法律具有社会适应功能。目前我们还处于法治建设进程中，所取得的是法治发展的阶段性成果，并且顶层设计的理想目标与法治运行的现实情况之间还存有矛盾失衡。平衡法治范式治理社会失衡，在尊重法律稳定性、捍卫法治安全性的同时，要保证法治建设能够与时俱进从而使法治事业趋于完善。这就要求我们以中国特色社会主义法治为目标，逐步革新法治理念、制度、机制与社会发展不相适应的部分，更新落后的法治精神理念，在法治确定性与灵活性之间寻求某种平衡的尺度；改革失

灵的法律规范制度，缓解制度供给与社会需求之间的紧张关系；及时建设配套的法律落实机制，增强规范制度的可操作性和实用性。

2.理念更新、制度改革、机制建设协同推进体现法治改革内在动力平衡。从系统论视角看，事物是在动力作用下发生变迁的，推动事物发展的动力有两种：一种是内在动力，即事物构成要素发生改变，引起相互之间关系发生变化，进而推动事物不断向前发展；一种是外在动力，即事物外在环境发生改变，事物因能动或被动反应发生变化，进而产生适应性的发展。就法治改革而言，除需要外部动力引发外，内部构成要素的革新也很重要，法治理念更新、制度改革、机制建设构成了法治改革的内在动力。平衡法治范式下的社会失衡治理要求理念更新、制度改革、机制建设能够以渐进的方式，有计划、有步骤、相互协调、统筹有序地展开。随着改革不断深入，我们的法治建设已经过了"摸着石头过河"的试错阶段，法治改革应当满足社会平衡发展的需要。以社会平衡为目标的法治改革，不是法治某一要素或某一环节的事情，是法治各方面、各层级、各环节相互作用而产生的平衡的秩序状态，需要从全局出发，系统考察以价值理念、制度构架、运行机制为整体的支撑体系。这一整套体系从不同方面发挥着促进社会平衡发展的作用，理念更新、制度改革、机制建设要能实现良好耦合，法律制度改革要与法治理念更新相互适应，法律机制建设要与法律制度改革协调一致。

3.理念更新、制度改革、机制建设协同推进体现法治发展结构平衡。从法治发展内在机理看，中国特色社会主义法治建设沿着理念更新、制度改革、机制建设的路径协调展开。社会平衡既体现了法治改革的工具理性，也体现了法治改革的价值理性。在法治层面上，治理社会失衡反映为理念更新、制度改革、机制建设的相互作用和相互依存，法治中国在这样的结构形式中被整合为动态发展的社会均衡系统。法治理念更新、制度改革、机制建设处在复杂的矛盾运行之中，而非简单的线性对应关系，也就是说，法治改革实际上是三者的耦合互动，每一项的单项革新，对法治发展总进程来说都是量的累积，产生的是效用的无序总和。平衡法治范式将法治理念更新、制度改革、机制建设看作一个整体，挖掘出不同于单项相加的法治建设规律，不仅注重每一项的与时俱进，而且从协调三者关系出发，把三者内容有机地统一起来，使之成为结构合理、功能优良、运行有序的动态发展系统，从而维系社会平衡发展大局。

（三）立法、执法、司法、守法、监督共同发展

平衡法治范式治理社会失衡呈现的是动态的立体图景，涉及法治运行全过程，并非是单纯的法律创建或法律实施问题。平衡法治范式应当实现立法、执法、司法、守法以及法律监督同改同建，尤其是要以系统工程视角实现各环节互动和谐，最终实现依法治理社会失衡的系统升级。

1.立法、执法、司法、守法、监督共同发展体现法治动态环节平衡。法治运行由立法、执法、司法、守法与法治监督等环节构成，影响当代中国法治改革深层推进的诸多消极因素，诸如立法条块化、执法功利化、司法行政化、守法选择化、监督形式化等，归根结底，都是法治过程内部非平衡性的征兆体现。治理社会失衡，首先需要法治过程平衡，这就要求法治内部各动态运行环节能够协调发展，各种纷繁复杂的权力关系、权力与权威关系、权力与权利关系能够均衡互动。平衡法正是以这一思想理念为核心来探求法治均衡、社会平衡的最优正解的。在立法环节坚持法律规范的严格性和法律体系的周延性，法律规范是法治体系的基本细胞，表现了掌握国家权力的统治阶级意志，必须外化为逻辑形式上严格明确的具体规则，才能发挥其调整社会关系的规范功能。另外，法律体系是一个结构严谨、层次分明、内在联系紧密的有机整体，能否达到这样的要求，往往成为衡量、评价立法活动质量乃至法治发展水平的重要指标。[①] 在执法环节以建设法治政府、服务政府、阳光政府为目标，建立一套严格、规范、公正、文明的行政执法体系；通过完善行政执法程序，规范执法自由裁量权；通过加强对行政执法进行监督和保障的二元并进，制约政府权力，保障政府高效运行。[②] 在司法环节推进司法改革、实现司法公正，司法的任务就在于把一般的法律规则应用到特殊情

---

① 参见公丕祥：《中国特色社会主义法治道路的运动机理》，《金陵法律评论》2015 年春季卷。

② 汪习根：《论法治中国的实践之维》，《江西社会科学》2014 年第 8 期。

况下的案件事实，从而使司法判决具有可靠的预测性。司法公正一方面要求司法过程程序化，这是衡量司法是否实现现代化的重要尺度；另一方面要求司法结果能够获得人民群众的较高评价，具有较高的群众满意度，这是社会主义法治的基本要求。在守法环节，培育法律在社会系统中的最高地位和最高权威，任何组织和个人都不能凌驾于法律之上，整个社会具有自觉遵守法律法规，并且通过法律或司法程序解决政治、经济、社会和民事等方面的纠纷的习惯和意识。① 在监督环节以制约公共权力为导向健全监督体系，依法治权是法治之治的关键，通过疏通以权力制约权力、以权利制约权力、以社会制约权力的三条渠道，切实做到客观、科学地评估权力，权威、有效地约束权力。

2. 立法、执法、司法、守法、监督共同发展体现法治运行体系平衡。法治运行体系是一个内涵丰富、外延广泛的法学概念，主要是指在从传统社会向现代社会的转型过程中，由法律规范体系、法治实施体系、法治监督体系所组成的反映一个国家法治运行状态的法治共同体系统。在当代中国，法律规范体系、法治实施体系、法治监督体系可以分化为立法、执法、司法、守法与法治监督等环节，它们是法治体系的主体构成要素，它们之间有机联结，形成一个法律制度与价值内在统一的和谐整体。法律社会学的实证研究表明，对立法、执法、司法、守法与法治监督等环节进行独立建设，虽然从形式上能使法治体系趋于理性化，但不可能从根本上改变整体性的社会结构和法治运行状态，并且片面追求某一环节的优化会让整个法治系统越来越不堪重负，出现越来越严重的"合法性冲突"。平衡法治范式治理社会失衡采取的是"整体性法律赋权"方式，是一个国家、政府与社会在立法、执法、司法、守法、监督领域的权能交互与制度均衡的繁杂过程。在社会转型过程中，各种有待改革的制度安排在缺乏足够动力的情况下，依靠整体性赋权方式，更能形成系统合力。② 整体性赋权，着眼于法治发展的整体均衡性，能够确保法治发展总体方向不偏失、不动摇；确保

① 参见姜明安：《论法治中国的全方位建设》，《行政法学研究》2013 年第 4 期。
② 参见刘燕、万欣荣、李典娜：《社会转型的"制度陷阱"与中国选择》，《上海财经大学学报》2011 年第 4 期。

法治策略的制定、实施具有系统性、协同性与可行性；确保法治方案具有包容性和灵活度，鼓励各地方、各部门、各组织与全体人民探索、推动各种行之有效的改革实践。

3. 立法、执法、司法、守法、监督共同发展体现法治建设任务平衡。立法、执法、司法、守法、法治监督的基本状况，是一个国家法治运行状态与机理的"指示器"，往往成为衡量该国法治发展水准的基本评价尺度。一个国家法治水平的高低，直接反映为该国的立法、执法、司法、守法以及法治监督等环节是否具有合法性以及各环节是否能够各司其职充分发挥其角色功能。目前我们的法治建设存在一定的失衡倾向，体现为在法治运行各环节之间存在中心化趋势，要么强调立法中心主义要么强调执法中心主义、司法中心主义，结果是易造成某一法治环节流于形式或是易受中心环节干扰，影响法治权威。平衡法治范式下的法治是一个系统工程，法治建设以立法、执法、司法、守法、法治监督等环节的齐头并进为任务。立法为法治之基准，立法质量会对法律运转的各个环节产生联动性影响，立法质量低劣，不仅在实践中难以执行和遵守，还会败坏立法的权威和法治的信用。执法在法治中国建设中居于重要地位，行政机关能否依法行政，不仅决定绝大多数法律法规的实施状况，而且对司法、守法等环节产生重要影响。[①]司法是法治的焦点，一方面司法机关担负着巩固共产党执政地位、维护国家长治久安、保障人民安居乐业、服务经济社会发展的神圣使命，另一方面它又是各种社会矛盾和社会问题集中显现区，司法运行上面临的诸多症结、制约往往会传递到法治运转其他环节，影响法治整体效能。守法是法治的生命线，反映的是法律的社会生活形态，是法治生态环境的直接体现，只有不断打造整个社会尊法、信法、守法、用法的法治社会环境，才可能不断推进法治国家的建设。法治监督是法治体系的最后一环，是社会公正以及权利保障的最后一道防线，法治运行是否能够正当合法，其产生的偏差是否能够及时纠正，有赖于法治监督是否能够发挥其应有的监督保障功能。

---

① 参见黄文艺：《法治中国的内涵分析》，《社会科学战线》2015 年第 1 期。

（四）顶层推动与地方自为两措并举

法治发展的外在动力机制既有自上而下的顶层推动，又有自下而上的自发自为。法治在英、法等欧洲大陆国家自然生长，通过资产阶级革命成为治理国家的主要方式。而我们的法治建设起步较晚、时间较短，从启动机制来看，以推动为主的模式更加符合我们法治文明建设的需要。随着法治发展深化，我国社会内部生成了法治的变革因素，必须处理好政府推动与保持社会活力之间的关系。平衡法治范式有效地结合了顶层推动与地方自治两种模式的优势，使政府助推与社会演进有机结合，有利于我们在有限的时间内取得中国特色社会主义法治建设的实效。

1.顶层推动与地方自为两措并举体现法治建设外在动力平衡。"从动力机制来说：社会主义法治因发展初期社会内生动力的虚弱而表现出以政府推进为主导动力；资本主义法治是在市民社会发展与成熟过程中实现的，表现为以民间推动力为主导。"①随着我国法治建设进入攻坚阶段，纯粹顶层推动模式在我国各地区的后续落实出现明显差异。在中国这样一个幅员辽阔的东方大国，东中西部各个区域之间的经济社会发展水平与状况存在明显的不同，必然影响或制约各个区域法治发展的进展状况与实际效果。法治的差异化发展反过来又对各地区的经济、政治、社会、文化产生反作用，进一步拉大了因综合禀赋不同而产生的地域差异，地区失衡逐步显现。平衡法治范式下，"国家法治发展与区域法治发展这二者是一个内在关联、相辅相成、不可分割的法治共同体系统，反映了当代中国法治运行的基本状况。它们之间的协调发展状况，往往成为衡量当代中国法治发展水准的基本评价尺度，对于全面推进依法治国、加快建设法治中国的历史进程，具有重要的影响"。②国家法治与区域法治是统一在顶层推动与地方自为框架下的，顶层设计不能脱离区域经济社会发展的法律需求，脱离实际的顶层设计无法保证为社会提供有效、有序的制度供给；运用法治思维和法治方式推进区域社会治理现代

---

① 周叶中、庞远福：《论"法治中国"的内涵与本质》，《政法论丛》2015 年第 3 期。

② 公丕祥：《中国特色社会主义法治道路的运动机理》，《金陵法律评论》2015 年春季卷。

化的法治实践活动，应当在遵循国家法治发展总体方向的前提下进行，把建构有机协调的区域法治秩序纳入法治中国的建设轨道。

2.顶层推动与地方自为两措并举体现法治改革道路平衡。我们的法治现代化属于外源型的现代化，我们的法治进程开启于世界现代化潮流对内部经济、政治、文化的推动和催化。由于没有传承根基，我们的法治建设进程应当坚持顶层设计与地方自为的协调互动，一方面通过顶层推动加大法治发展的力度，突破法治发展过程中所发生的尖锐矛盾，减少法治改革阻力；另一方面通过地方自为摸索具有活力的法治践行方式，使法治实质内容更加符合社会主义前进方向。若割裂二者联系极易使二者之间产生冲突，反映在社会关系层面就是失衡失序。平衡法治范式治理社会失衡积极整合多种法治资源，顶层设计推动把以往在法治建设方面积累的经验都整合在一个总目标、总规划之内，让党和政府以及全体人民更加清楚地看到我们所要前进的方向。单纯依靠地方自发自为的建构方式，会给我们国家的法治带来一定的负面影响，极易形成法治"碎片化"，造成国家法治精神和命脉的割裂。顶层推动与规划有利于消除法治的"地方化"，维护法治的统一与权威。地方自发自为避免法治顶层设计以社会断裂形式展开，断裂式发展在法治开启期具有较高的效益，它可以凭借刚性法治斩断人治因素对法治建设的干预，但也因缺少灵活性，不能满足法治长效发展的要求。地方自发自为，可以在保持政治和经济结构相对稳定的同时，逐步改进其与顶层设计不相适应的部分，并以信息回馈的形式，渐进改革顶层设计中缺少务实根基的部分，增强顶层设计实效性、稳定性和延续性。

3.顶层推动与地方自为两措并举体现法治发展规划平衡。从中国法治建设大背景来看，我们的法治规划并未实现顶层与地方的有效融合。就顶层推动而言，作为实用主义的非均衡发展策略，一度对我国的经济社会建设起到强大促动作用，但也为我国的二元发展格局埋下隐患，在一定程度上造成了以经济社会建设为基础的法治建设的分化；并且整齐划一的顶层规划，并未考虑各地方法治运行实际状况，地方法治或多或少对顶层设计的框架有所突破，这也使地方决策产生了合法性问题。为了避免法治非均衡发展加剧社会不公，也为了避免地方正当决策与法治顶层设计相冲突，新时期法治改革应当以平衡理念为指引，实现顶层与地方的有效融合。平衡法治范式在法治规划方面选择了顶层推动与地方自为两措并举的发展道路，顶层设计秉持平衡为本的理念，旨在形成一个新的法治场域，在结构上能够连接国家与社会、地方与中央、本土与外来；在功能上能够使法治改革实现整体化、系统化、协同化。地方自为的法治规划作为以国家为主导的社会均衡秩序的有机组成部分，通过将自下而上的改革力量纳入法治轨道，调节当下的社会冲突与纠纷，引导社会变迁过程中的利益调整规范化；同时，它又凭借与实践紧密结合的优势，保证法治整体改革以弹性的方式突破改革战略目标在具体实施过程中的现实困境，避免顶层设计过于理想化，实现各项制度安排与相应社会秩序的均衡协调，法治建设、经济增长与社会发展的良性互动。

（五）本土开发与法律移植综合施策

从广泛视角看，平衡法治范式是法治现代化的产物，既蕴含了人类法治文明的共同基本准则和优秀成果，又致力于建立符合我们自己国情的理论和制度。平衡法治范式治理社会失衡，同样秉持立足本国与借鉴经验相统一的策略，既移植世界法治文明和治理社会失衡实践的有益经验，又遵循我国独特历史轨迹和客观实际，将舶来品与中国法治文化相融合，实现法治文明本土化。

1.本土开发与法律移植综合施策体现法治建设资源平衡。从法治资源来看，一直以来我们的主流思想、制度均是跟在西方法学研究以及制度建设后面的，我们自主性的知识增量较少，本土问题意识较弱。"西方法学虽然能对解决中国问题有所帮助，但是，由于存在着与中国现实的错位，出现了所借鉴的西方法学理论缺乏中国问题的针对性。"①治理社会失衡，不能仅靠简单的法律移植，法律制度的粗暴镶嵌会使法治与现实的社会因素之间产生隔阂，法律的实效和效力必然会受到影响。而过分夸大社会的影响又会造成瓦解法治权威的后果，法治的力量一方面表现为对社会的适应性，没有适应性

---

① 陈金钊：《法治中国建设与法理学研究》，《社会科学战线》2015 年第 1 期。

的法律无法真正解决社会问题；另一方面表现为对社会的改造性，否则社会无法在法治的轨道内形成突破性发展。平衡法治范式运用整合思维，有效融合了法治建设的中西方资源。来自西方的法学和法律，在中国实际是以知识的方式存在的，虽然对我们认识法律与法治有积极意义，但还没有演变成法治的思维方式，与中国社会现实也存在一定的游离，因此我们需要一些"原生型"的法律，以屏蔽西方法律资源移植到我国本土后出现的变异和异化，并能够以自主、自觉的方式按法治理想蓝图改造中国社会。同时，我们全面推进法治中国建设的步伐已经开启，实践中会有很多问题随之而来，社会主义国情以及中国特色不能超越法人类共同性治价值的界限，否则极有可能为了达到一定的政治效果、社会效果而出现选择性的执法、司法以及法律监督，对法治权威造成极大伤害。

2.本土开发与法律移植综合施策体现法治发展模式平衡。作为价值理念以及社会目标方面的法治，在各国并没有太大差异。但各国的历史传承、文化基因、秩序基础、经济条件千差万别，实现法治目标的方法路径、发展模式、实践方式必然各不相同。我们的法治采用的是"中国特色"的发展模式，这也是我们的法治与西方法治的本质区别。"中国特色"最早是一个政治命题，平衡法将其借用到法学领域，用来治理社会失衡，使其具有了更为具体的内涵。首先，"中国特色"不能成为盲目自大排斥外国成功法治经验的借口，他山之石可以攻玉，西方法治的学术理论和制度建设仍有许多值得借鉴之处，"中国特色"警惕的是不分实际情况、不加批判和甄别的全盘西化。应当承认我们的法治水平与法治先进国家还存有一定差距，对其中有利于我们法治发展的科学成分应该客观对待，共同性的理念信条，若其价值指向是全体人民的利益，即便与我们传统习惯不符，也应当成为我们法治建设中的一部分，用来改造我们的思想方式和行为方式；对解决"中国问题"有所帮助，但与中国现实存在错位的，应当在经过国情沉淀后进行有针对性的本土改造。其次，"中国特色"从根本上来说是意识形态的特色，从指导思想来看，"中国特色"法治发展模式以马克思主义及其中国化的成果——毛泽东思想、邓小平理论等中国特色社会主义理论体系为指导，这既是指导我们建设法治的世界观，也是促进法治发展的方法论；从目的上来看，"中国特色"法治发展模式旨在解放和发展生产力，增强综合国力，实现中华民族的伟大复兴，确保人民当家作主并维护人民的基本权利，提高人民的生活水平，这是我们法治建设的根本指南，也是检验我们法治建设成败的最终凭据。

3.本土开发与法律移植综合施策体现法治改革心态平衡。法治引进之初，我们在法治问题的处理上具有依赖西方的主观倾向，主要原因是法治自身是舶来品，对于没有法治知识储备和实践经验的传统中国来说，运用西方法治理论和实践解释中国法治建设问题是一种理想化的选择，而法治概念、理论的引进确实对我国法治现代化建设起到思想启蒙作用。然而，随着中国法治进入深入发展期，没有纵深的法治移植与中国社会的不适应开始凸显，盲从追随西方足迹使我们的法治局面开始出现失衡、失调。平衡法治范式要求我们扭转心态，自主、自觉地重新审视法律移植与法治本土化之间关系，树立法治的文化自信、理论自信与制度自信，寻求具有回应性与适应性的法治改革之路。法治自信，"'是一种文化自我意识的表现，是任何一个民族，任何一个文化，任何一个知识精英自然而然、自发自觉的诉求'，也是基于社会主义道路自信、制度自信与理论自信的表现，更是形成中国气派的法治话语体系、法治理论体系的必然要求"。[①] 这意味着践行法治时，对待他域法律资源做到客观公允，"既然法治中国意味着中国要成为法治世界的一员，我国的法治就应当同世界接轨"。[②] 对待本国法律问题做到着眼现实，一方面以理论联系实际的态度，实事求是地将一切可以利用的资源与我们的国情和时代特征相结合；另一方面注重从我国传统文化以及观念制度中汲取营养，古为今用。

---

① 周叶中、庞远福：《论"法治中国"的内涵与本质》，《政法论丛》2015 年第 3 期。

② 郭道晖：《法治新思维：法治中国与法治社会》，《社会科学战线》2014 年第 6 期。

第五章
治理社会失衡问题的平衡法治对策

　　平衡法不仅为新时期中国社会失衡问题的矫治创建理论基础，更为治理中国社会失衡问题提供了系统的法治对策。平衡法治对策研究区别于法学理论研究，需要在现实政治、经济、社会的基础上探讨建设法治国家、法治政府和法治社会的途径，以及解决各种相应法律问题的具体方案、方法；平衡法治对策研究也不能完全等同于纯应用法学研究，不能完全从法条及法之应用出发，而应该秉持法律的理念、精神，同时以硬法、软法和不断生长的法为视角，采取规范主义与功能主义相结合的研究态度和方法，[①]探求善治之道。

一、法治理论彰显平衡

　　任何形态的法治都建立在一定的法治基础理论之上。完善和发展中国特色社会主义法治理论，是全面推进依法治国的必然要求。党的十八届四中全会通过的《中共中央关于全面推进依法治国若干重大问题的决定》强调："必须从我国基本国情出发，同改革开放不断深化相适应，总结和运用党领导人民实行法治的成功经验，围绕社会主义法治建设重大理论和实践问题，推进法治理论创新，发展符合中国实际、具有中国特色、体现社会发展规律的社会主义法治理论，为依法治国提供理论指导和学理支撑。"中国特色社会主义法治理论是服务和支持中国特色社会主义法治道路与中国特色社会主

[①]　姜明安：《法治与发展对策研究的进路与方法》，《法制资讯》2011 年第 6 期。

义法治体系的直接理论支撑，是引领和指导全面推进依法治国、加快建设社会主义法治国家的科学理论体系。将贯彻中国特色社会主义法治理论与坚持党的领导、坚持中国特色社会主义制度是能不能办好全面推进依法治国这件大事的关键。全面推进依法治国，必须完善和发展中国特色社会主义法治理论，以法治理论创新引领全面推进依法治国的实践。① 中国特色社会主义法治理论是中国特色社会主义理论体系的重要组成部分，是中国特色社会主义法治道路实践的总结、归纳、提炼和深化。

（一）以本土法治理论深挖法治的文化意涵

文化是民族的生活方式。任何一个民族都无法脱离其自身的历史传统，原生历史文化传统总是以一种深潜的、流动的方式渗透在民族生活的方方面面。"中华优秀传统文化积淀着中华民族最深沉的精神追求，包含着中华民族最根本的精神基因，代表着中华民族独特的精神标识，是中华民族生生不息、发展壮大的丰厚滋养。"② 法治中国建设不可能脱离中国自身历史传统的影响，而且必须建设优秀原生法律文化传承体系。这是"法治中国"命题的时代规定性要求。发展中国特色社会主义法治理论，必然需要重视学习和总结历史，重视借鉴和运用历史经验。中国本土法治理论，必须是当代中国的法治问题，其根本出发点必定也必须是中国国情。中国国情既是中国特色社会主义法治理论必须面对的复杂实际，也是创新发展中国特色社会主义法治理论可资凭借的丰富资源。"中国特色社会主义"是中国特色社会主义法治理论的政治性规定。必须指出的是，强调中国国情和中国特色，不是要闭门造车、拒绝借鉴国外优秀经验，更不是拿"国情"和"特色"做降低标准的"理论挡箭牌"，而是要追求在充分认识特点的基础上对特点的优化和超越。特色是事物的特长和优势，即优质规定性，代表事物的最优存在方式和最优

---

① 付子堂、朱林方：《中国特色社会主义法治理论的基本构成》，《法制与社会发展（双月刊）》2015 年第 3 期。

② 《中共中央办公厅发〈关于培育和践行社会主义核心价值观的意见〉的通知》，载《十八大以来重要文献选编》（上），中央文献出版社 2014 年版，第 585 页。

演化方向。"中国特色"的社会主义法治理论要求在正确了解并深入分析中国法治国情的基础上，充分利用国内外各种有利条件，创造性地使中国的社会主义法治以最优方式向前推进，使其既具有先进性和独创性，又具有典型的"中国作风和中国气派"。①

1.本土法治理论缺失的中国文化溯源

在中国古代社会中，法制与法治的思维与观念泾渭分明。法制观，以立法、司法及法制的废立变革为目标，依据法定程序建构法律制度；而法治思维则指"以法治国"的思想，包括对法律本质、地位、作用等的看法。若单就"法制"而言，中国古代社会中的法制不可谓不完备，有所作为的帝王几乎个个都是设法立制的"法制"能手。从制度的角度加以考察，中国古代不仅"有法可依"，而且法网堪称严密。然而，就"法治观"而言，与西方社会"法治"传统相反。中国古代社会中，人们普遍认为法律这一治国手段只能攻身、不能攻心，他们既没有将法律与权利、正义联系，更没有将社会治理的希望寄托于法律的完善之上。重法制而恐"法治"使得中国古代的立法与司法严重脱节，许多法律制度在实施时因受到政治、舆论、伦理等各种因素的干扰而被搁置不用。在中国法文化中一贯认为，法是"术"，而非"道"。法制之"术"的完备只是为了保障"道"之运行，"术"最好以隐性警示的方式存在于国家与社会治理之中，法制体系的建构既"不可或缺"却又尽量"常备不用"。在中国的法治理文化中，"法制"是"修身、齐家、治国、平天下"后知行合一的彰显，它通常以中国传统社会官员政治行为的方式"活出来"。实用主义的中国人的"天人合一观"绝不认为仅以"法"的手段，就可逻辑地、科学地解决社会关系中"人"的治理问题。中国法文化的"心法"天然地与人类智识层面的逻辑、体系、概念敬而远之。这也就是中国传统法文化中，千百年来拥有极其完备的法制体系，但却稀缺法治理论的重要原因。因此，中国本土法治文化中，就存在着重现实、轻长远，重立法技术、轻立法理论，重条款、轻体系完善的倾向，为法治建设带来了不良的影响。

---

① 秦宜：《对"中国特色社会主义"的理性思考》，《中国特色社会主义研究》2005 年第 2 期。

2.法治理论建构的中国法治文化现状

新中国成立以后，我国社会主义法制建设百废待兴，以政治理念、政策为先导，以推进"制度"建构为手段，辅之以官本位思维、大局思维、运动式思维的软性润滑剂。法治思维的发展路径从"依法治国"到"以德治国"，从法律体系的初步建构到社会主义法治体系基本完成，基本上仍遵循中国古代社会历代王朝政治布局和法制思维方式。改革开放以来，我国法治理论在治理当今中国社会失衡问题上存在的偏差在于：中国人往往陷入一面呼吁西方法治理论，一面又不敢相信法治。以"权利"为核心的西方法治理论的移植，似乎成为中国法制现代化的"面子"工程。西方法治理论的"拿来"潮告一段落，中国法治理论反而陷入深深的失落。当一种为人所崇拜的东西在事后看来不过如此时，人们对法治也就逐渐缺乏了这种难言的崇拜。

3.深挖本土法律文化滋养法治中国理论

积极借鉴别国别民族思想文化的长处和精华，这是增强本国本民族思想文化自尊、自信、自立的重要条件。法治中国建设的进一步推进，需要汲取各方面的文化资源。治理中国社会失衡问题的法治文化理论还需要从中国原生文明、中华优秀文化传统中汲取营养。因此，必须认真梳理和萃取中华法律文化中的思想精华，加强对优秀传统法律文化思想价值的挖掘，使之与中国特色社会主义法治国家建设的时代要求相适应。可以说，中国至今尚未形成一种以中国国情为前提，探究改革开放以来特有的法治现象，以寻求更适宜中国人思维和行为习惯的，真正可指导中国社会实践的法治理论。而中国的"天人合一"的传统法文化滋养法治中国理论。

首先，天人合一的自然观。以农为本的中国人从自然中感受到的是万物不易的稳定与和谐之美。传统法文化均效法五行、阴阳、节气的运行规律，万物之天理，与人伦之"天命"从本源上是共通的，它自有其生灭、运行规律。在中国人眼中，树木不是因为争抢阳光才长的高大，它自身的生命力自然向往阳光，它自有像呼吸一样的生长与老去。犯罪与刑罚，就像天空中云层交错聚合的雷电一样，是应对无常的偶然手段，而不能主宰自然常态。因此，天人合一的自然观对中国法文化的影响在于，法制体系的完备建构仅仅是作为治国理政的预防手段；将法制的建构与法治运行中的权力行使进行分离，既能保持制度的稳定性，又能尊重社会关系的内生规律。

其次，天人合一的世界观。中国传统文化中的儒释道精神，将天人合一的法自然观与知行合一观相对应，它将物质观与精神观、知与行作为"道"的一体两面。物质与意识、理论与实践，当其掺杂人欲之时，都被当作格"物"中的物来看待。贪求虚无理论与贪求物质荣华传统在法文化中都被认为是格"物"的修正对象。在治理社会失衡问题上，社会失衡问题的"行"之根源，就是"知"发生了偏离。中国治理文化既不是唯物观中认定的法治实践依托法治理论，也不是像唯心论中认定的法治理论指导法治实践。中国人的哲学，向来不以智识与逻辑理论等方式，将法律实践中的本质与运行规律以抽象理论的形式分离出来，而是以治理智慧的方式融入治理实践之中。可以说，中国不是一个出法哲学家的国度，而整个民族都将哲学在行为层面展现出来。

再次，天人合一的价值观。在中国人眼中，影响社会的法治失衡因素之根本在于人心，真正的法治中国就是使得法律体系与风俗、礼教、道德等治理因素相互作用，形成一个和谐的中道。"道"在人心，法治一直被排斥在智识层面之外，除了规范与技术层面的法律规范之外。中国的法文化中，主要是在对法本质及法的运行规律中探究一个"天理"，社会关系应当是天道与人道的结合，天道与人心的互动选择决定社会关系的互动。顺大应时、天人合一的法自然观认为，自然是人之承载，人是自然之灵明。将天地万物之价值与人平等对待，人不能自认为是万物之主宰，以实现经济发展为目标而任意践踏自然环境与资源。环境权、珍稀动植物的生命权也应充分受到保护，以遏制对自然资源与人类生存环境的恶性破坏。

最后，天人合一的方法论。西方从自然界感悟到的，是"物竞天择"、优胜劣汰的"竞争"法自然观念，对西方法治理论的"二元对立"方法论产生极深远的影响。"竞争"突出人在社会关系中人与人、人与自然的利益分离。以竞争作为法文化的主要影响因子，必然意味利益冲突及解决才是社会关系之常态。故，权利的斗争及对国家权力的限制为精神内核，以利益冲突及其解决为主要内容的法治才被提升于至高层面。然而，"二元对立"的方法论也将西方法治理论分裂为一个又一个如个体主义、集体主义等"片面且深刻"的横截面。而中国天人合一的法自然观对中国法文化的方法论贡献是一种包容多元的"一元"观，将二元以一体两面的形态，并在此基础上呈现多层级的多元融合的平衡状态。

人类有共同的法律文化，西方法治发展的经验和教训都是法治中国建设的文化资源。因此，要善于尊重并勇敢借鉴世界各民族的优秀法律文化，为人类共同的法治文化作出贡献。现代法治源于西方，西方国家有着丰富的法治实践经验，并形成了成熟的法治思想理论，它提出的一系列如维系国家主权和法治统一、保障公民权利和人权、分权与制衡等法治理论，是我们进行法治建设可供借鉴的重要资源；它倡导的反对封建专制的道德理想、关于法治的形式要素以及为确保理想实现所做的制度设计都对法治后发国家起到了很重要的法治启蒙作用。西方法治理论是构建中国特色社会主义法治理论的重要理论资源。这一方面是因为，一百多年来我们一直在以西方的眼睛看中国，法治、权利、权力分立等一系列概念、范畴都取自西方，更深入地了解西方法治理论也是为了更好地了解中国。另外要注意到，成熟的法治体系包含着明确的法治发展目标，系统化的法治形式要素，把这些目标和要素现实化的制度实践能力以及强大的法治话语生产和输出能力，不可否认在这些方面美国等西方成熟的法治国家走在我们前面。在我们关于法治的知识、文化和传播能力还相对匮乏的情况下，汲取西方法治理论和实践的有益做法是必要的，但必须强调，西方法治理论在中国不是作为我们建构自己的法治理论的标准而存在的，而是作为一种有意义的理论来源与法治发展的参照系成为建构中国法治理论的一部分。总之，西方法治理论是作为建构中国法治理论的条件而存在的。

（二）以法治运行理论革新法治的践行平台

当下而言，无论我们是否愿意，都必须承认中国的法治进程正在进行着复杂、深刻的转型，法律体系开始逐步地向法治体系过渡，法律创制转向法律实施、宏观法治转向微观法治所需要的强大理论诉求，都是立法理论源源不断的推动力。立法理论应当取其精华去其糟粕，更好地服从与服务于中国法治实践。法治过程理论将法治看作一个动态的运行过程，即法律规则体系的创制、适用、执行和遵守的整个运行过程，法治过程理论包括立法理论、行政执法理论、司法理论和守法理论。

1. 建构法治体系转向的立法理论平台

《中共中央关于全面深化改革若干重大问题的决定》对立法制度改革做出重要决定。第十二届全国人大常委会立法规划在第一类项目"条件比较成熟、任期内拟提请审议的法律草案（47件）"中将立法法首列其中。在《中国特色社会主义法律体系》白皮书中，"深入推进科学立法、民主立法，着力提高立法质量"，仍然被视为法治建设的重点。但在法律体系形成的背景话语下，要完善法律体系，即弥合法律体系内部的裂痕、化解法律规范之间的冲突、消除法律条文的抵牾，从立法方法论的视域理解，重点关注的是立法的技术面向，特别是立法的表达技术，而立法总论、立法制度则被作为理解立法技术这一主题的理论背景和学术语境来看待。[1]

（1）法律体系转向法治体系的立法理论诉求

第一，融合法律制度体系与法治理论体系的立法理论诉求。一直以来，法学理论界对法治理论设计的观念，落实到司法实务工作时往往背道而驰。法学家们草拟的法律规范性文件的草案或征求意见稿，总是因其无法贴近司法实务而不被采用。我国法治理论中立法法理论涉及立法技术、立法表达、立法理由书的拟定，以及立法程序、立法监督理论，并没有在中国法治立法实践中得以充分呈现。

第二，规划法律制度体系向可持续发展法治体系转向的立法理论诉求。改革开放以来，我国法律体系的建构虽然也有五年规划式的立法规划，为应

---

[1]　李亮、汪全胜：《论"后体系时代"立法学研究之嬗变》，《汉江学术："立法理论研究"专题》2014年第1期。

对应接不暇且急剧变化的中国市场经济纠纷，在每个五年立法规划外仍应急性地出台了大量的证券、网络监管、知识产权等规范性法律文件，从总体上看存在一定长远规划不足。在法律制度体系的总框架基本建构形成后，我们有必要慢下来看看路，修正法律制度体系，使其向可持续发展的法治体系转向。在立法理论诉求中侧重我国立法实践上的经验总结与理论提升，形成一个多层级、有规划、可持续、灵活授权、有效监督及立法理论可考察立法层面的法治理论体系。

第三，修正法律制度体系因移植文化不同而无法统一的立法理论诉求。改革开放以来，法律移植成为作为法制建构的后发国家的主要建构方式。然而，因不同类型的部门法所移植背后的法律文化不同，其中一些尚未本土化，而被中国法律文化所内化。如《合同法》《公司法》侧重于与联合国国际销售合同公约等国际商事合同通则的法治精神相通，而民法通则却更侧重于偏向日本、德国民法的法治文化。由于我国法律制度建构欠缺立法理由书等对与立法表达、立法技术、法条援引的原因及理由的文本记载，使得我国法律体系中移植法的初始资源不足，从宏观、整体式的视角修正法律体系中因移植文化而产生的冲突与偏差便极其困难。因此，应以法治中国自身为研究中心点，从整体、宏观的视角切入，发现各部门法或法律体系各部分之间因立法而产生的法治问题，修正并提炼适宜于我国本土的相关立法理论。

第四，提升法律制度体系转向纵向法治的立法理论诉求。目前，在中国的法治进程中，基本形成了有法可依的局面，法律创制阶段的任务从某种程度上讲已经部分完成。目前立法工作逐步从创制向修改、废止、评估等方面转变。[①] 徐显明指出，"法律的实施特别是法律准确、有效、全面、

---

① 这一点从 2013 年 12 月 30 日全国人大常委会召开的立法工作会议以及公布的十二届全国人大常委会立法规划也可看出。在规划中，立法项目分为三类：第一类条件比较成熟、任期内拟提请审议的共 47 件法律草案其中修改的达 33 件，占总数的 70% 以上；第二类需要抓紧工作、条件成熟时提请审议的法律草案共 21 件，修改的也占到 40%；第三类由于没有明确的立法名称而无法测算。仅从前两类立法项目来看，修改法律已成为立法工作的重要部分。

统一的实施就成为法治建设新的主要矛盾。中国建设法治国家已进入攻坚时期"。① 就立法学而言，在立法的创制、修改、废止环节中都要从方法论的视角来检讨立法文本中的技术问题，注重立法的可操作性、可实施性，这就需要纠正主流方法论理论中将立法方法论，即"如何获得正确的法律"问题抛之不顾的问题，运用方法论检视法律文本，提高立法质量，尤其注重立法的可操作性、可实施性、可行性。

第五，法律制度体系建构转向微观法治体系的理论诉求。"当下中国法治低层次的原因和关键所在，表面看来是因为法治在中国刚刚践行，时间较短，但更不容忽视的潜在的病灶则在于其方法论上的缺陷。"② 中国人一直习惯于整体性的宏观思维方式，在中国推行法治的思维路径上也是如此。如果按照中国所处的社会主义初级阶段的定位来看，目前的法治也是处于一种"初级阶段"的法治，更确切地说一种简陋的法治，因此不需要细腻的法治理论。这种细腻理论的缺失在法治的"初级阶段"并不为人所察觉，即使察觉到了也不被人所重视。③ 法律体系基本形成的过程中，照应的是一个粗放型法治形态，而当法律体系开始向法治体系过渡之时及转变到法治体系之后，一个粗放型的法治形态是显然不足以支撑这个法治体系的，需要一个更为精良的细腻型法治来支撑。立法学嬗变的一个重要动因就是回应细腻法治所需要的理论与智识支持，通过开展立法技术为主导的立法方法论的研究，为细腻法治提供所需求的精良、细致的立法供给，并进行"精耕细作"式的立法作业，通过立法技术的支撑，在立法环节最大限度地保障法律文本的质量。经过立法方法论检视、验证之后的立法供给能够较好地满足细腻法治对于"良法"的需求，与此同时，无形之中，立法方法论就构成了对细腻法治的理论支援，也构成了立法学研究嬗变的

---

① 《从"法律体系"到"法治体系"——法学家、山东大学校长徐显明解读十八大报告依法治国亮点》，新华网，2012 年 11 月 14 日。

② 杜宴林：《现代化进程中的中国法治——方法论的检讨与重整》，《法制与社会发展》2001 年第 6 期。

③ 参见李亮：《法治缘何迈向方法论时代——基于法律方法论学术报告的考察（2002—2010 年）》，《时代法学》2011 年第 3 期。

一个生动注脚。①

（2）以立法技术为核心的方法论研究

在法律体系转向法治体系的细腻法治形态的理论诉求中，立法学的研究将转向以立法技术为核心的立法方法论研究，并且这种转向是一种根本性的转向，不是局部的或某一问题域的研究转向，而是语境化的转向。

第一，立法起草技术。法律起草研究尽管主要是在实施过程和方法技术的层面上，但是已经蕴含着立法实践的基本规定性上的丰富信息，其中包含如何将社会问题的立法解决方案进行正当性、合理性和可行性的论证，如何撰写研究报告、设计立法解决方案，如何起草法案，在法案起草中如何以善治为目标防止腐败的发生、加强立法前期决策过程中的廉洁评估等社会影响评价，等等，这些为我们树立和丰富立法实践范畴给予了有力的支持。② 近十年，我国《民法总则》《物权法》《侵权责任法》等规范性法律文件，开始以草案、征求意见稿等形式，逐渐将立法过程予以程序化、公开化。全国人大常委会先后启动智库、专家法官、学者参与立法过程，参与编写与修订法律、行政法规，提出修正意见。全国人大常委会以会议的方式实现其立法权行使，以法律起草小组方式临时组建，没有专门性的法律起草机构，就难以实现稳定且有规划的法律起草规划、社会调查、可行性论证。由于我国立法起草过程以项目或会议形式因事组建，故有必要修正人大立法的机构设置层面，彻底修正立法起草机制，以提升我国的立法起草技术。

第二，立法表达技术。立法表达技术是以法的结构为载体呈现的，这里包含形式结构的规范构造技术与实质结构的规范构造技术两个方面。法的形式结构的规范构造技术涵盖了法的总则的规范构造、分则的规范构造、附则的规范构造以及包括法的名称、法的题注、法的目录、法的序言、法的附录等形式结构的规范等；法的实质结构的规范系统结构更具复杂性，包括实质结构条款之间的衔接技术、法律文本之间的衔接技术甚至不同法律部门之间

---

① 参见李亮、汪全胜：《论"后体系时代"立法学研究之嬗变》，《汉江学术："立法理论研究"专题》2014 年第 1 期。

② 参见石东坡：《"后体系时代"的立法实践范畴新论》，《汉江学术："立法理论研究"专题》2014 年第 1 期。

的衔接技术等。虽然，近些年我国最高人民法院对重叠、冲突的规范性法律文件进行大规模整理，如《合同法》第 52 条，对认定合同无效的法律规范明确限定于行政法规法之内，但仍存在实质结构薄弱，各部门法的法律文本用语重叠、冲突等情况，比如《民法总则》中的撤销权、合同效力中的撤销权与合同保全制度中的撤销权中撤销权统一用语的立法诉求，以及民法典法人分类方式相应带来的私主体、集体、经营活动、事业单位法人等立法表达的修正与统一的立法诉求。当然，民法典的起草为我国民事法律体系的实质结构的调整、完善提供了千载难逢的契机。借此契机，得以完善法律体系的实质结构，提炼立法表达技术理论。

第三，立法评价技术。目前的立法评价技术研究中，尤以立法后评估的研究较为引人关注，[①] 研究涵盖了包括法律绩效评估机制、立法后评估的基础理论、评估主体、评估对象、评估程序、评估内容、评估的方法论、评估的指标体系、评估结果及其回应等方面，形成了一个较为完整的立法后评估理论体系。在中国法治从法律创制转向法律实施阶段之后，这种研究能够为法律实施过程中的问题提供"理论诊断"，对法律有效实施提供理论支援。我国至今没有有效的立法审查制度，规范性法律文件的合法性、颁布后的实施绩效始终难以有效评估。到目前为止，对立法评价技术提升与设计的诉求主要徘徊在理论研究层面。值得关注的是对司法判决的网络化公开，聚法科技、把手科技等新兴网络公司将司法判决对相关规范性法律文件的引用进行数据公开，及可视化指标体系公开，确实对我国立法评价技术的提升和普及起到了里程碑式的作用。

2. 开拓司法改革为核心的司法理论平台

十八届四中全会《中共中央关于全面深化改革若干重大问题的决定》指出，公正是法治的生命线。司法理论的关键任务在于，研究如何完善司法管理体制和司法权力运行机制，规范司法行为，加强对司法活动的监

---

① 参见汪全胜：《法律绩效评估机制论》，北京大学出版社 2010 年版，第 125 页；汪全胜：《立法后评估研究》，人民出版社 2012 年版，第 68 页。

督，在司法活动的过程和结果中坚持和体现公平正义的原则，让人民群众在每一个司法案件中感受到公平正义。为确保司法公正，必须推进司法改革，包括如何完善确保依法独立公正行使审判权和检察权的制度，如何优化司法职权配置，健全公安机关、检察机关、审判机关、司法行政机关各司其职、侦查权、检察权、审判权、执行权相互配合、相互制约的体制机制，以及如何推进严格司法、保障人民群众参与司法、加强人权司法保障、加强对司法活动的监督等内容。[1] 党的十八大以来中央针对治国理政提出了一系列新的论断、观点和理念，发展和完善了中国特色社会主义司法理论。中国特色社会主义司法理论的发展与创新至少可以概括为以下五个方面：

第一，司法定位的创新。传统理论认为，司法权属于判断权和裁决权。十八大以来，司法权的性质在理论认识上进一步发展，被定位为中央事权。司法权被定为中央事权，为司法去地方化改革提供了基础性依据；将司法的功能定位为定纷止争，还定位为权利救济、制约公权。传统理论认为司法的功能在于定纷止争。十八大以来，强调人权的司法保障，强调司法权对行政权的监督（《行政诉讼法》的修改在这个问题上体现得比较充分），因此司法的权利救济和制约公权功能更加突出；将司法工作的任务定位为维护社会稳定、保障人民安居乐业，而且定位为促进社会公平正义，并且把促进社会公平正义定位为司法工作的核心价值追求。

第二，司法价值与目标的创新。不仅将便民、高效作为司法的价值标准，而且将公正司法、严格司法作为司法的核心价值标准和追求。将公正司法、严格司法作为司法的核心价值标准和追求，实际上强调的是形式正义和实质正义的统一。将公正司法定义为维护社会公平正义的最后一道防线，而且提出了公正司法就是受到侵害的权利一定会得到保护和救济，违法犯罪活动一定要受到制裁和惩罚。从两个方面阐述司法公正，一方面是保护，一方面是制裁和惩罚，两者都要兼顾。不仅在宏观层面将不断提高司法公信力作

---

[1]　付子堂、朱林方：《中国特色社会主义法治理论的基本构成》，《法制与社会发展（双月刊）》2015 年第 3 期。

为司法改革和司法公正的总要求，而且在微观层面把"让人民群众在每一个司法案件中都感受到公平正义"确立为司法工作的目标。

第三，司法制度与运行机制创新。为确保司法机关依法行使审判权、检察权，不仅要排除行政机关、社会组织和个人的干预，而且要排除所有公权力主体（党政机关）和社会主体的干预。十八大以后，多次强调司法权不受权力、金钱、人情、关系的干扰，与过去的区别在于排除干扰的范围扩大了许多，既包括所有的权力主体，也包括所有的社会主体。

第四，司法监督机制创新。不仅要求"坚持党对司法的领导"，而且将"党支持审判机关、检察机关依法独立公正行使审判权、检察权"作为公正司法的基本原则。在司法和党的关系上，一方面强调坚持党的领导是社会主义司法制度的根本特征；另一方面，将党"支持"司法作为领导司法的主要内容。不仅继续强调了司法审判要服务大局，为改革发展稳定服务，而且强调了要始终在法律范围内进行，强调法律红线不能突破，法律的底线不能逾越。不仅将加强对司法部门的监督，而且将保障人民群众参与司法作为保证公平司法、提高司法公信力的重要举措。

第五，不仅将建立公正高效权威的社会主义司法制度作为司法改革的目标，而且将完善司法管理体制和司法权力运行机制作为司法公正的根本保障，并强调通过司法体制和机制改革，解决制约公正司法和影响司法能力的深层次问题。不仅将司法人员定位为公务员，而且强调司法职业的特殊性并要求建立符合职业特点的司法人员管理制度。在司法队伍建设方面，不仅强调政治素质、廉洁素质，而且强调职业化、专业化建设；不仅强调规范司法行为，而且强调培育司法（执法）人员的职业良知；不仅强调对司法权力、司法人员的约束、监督以及责任追究，而且强调对司法权运行和司法人员的制度保障。

这些司法理论的发展与创新，不仅丰富了中国特色社会主义的司法理论，而且有利于引领中国今后一个时期的司法实践；不仅为中国的司法改革提供了理论指南，而且为中国特色社会主义司法制度的完善奠定了理论基础。意义重大，作用深远。

3.营造全民法治观念的守法理论平台

一切法律中最重要的法律，既不是刻在大理石上，也不是刻在铜表上，而是铭刻在公民的内心里。十八届四中全会《中共中央关于全面深化改革若干重大问题的决定》在谈到增强全民法治观念。一个真正的法治社会，应当是一个普遍遵守、敬畏和信仰法律的社会。"使尊法守法成为全体人民共同追求和自觉行动"，"使全体人民都成为社会主义法治的忠实崇尚者、自觉遵守者、坚定捍卫者"。

（1）我国守法理论现状

守法理论是法治理论不可或缺的组成部分，其主要的理论"对象"是阐述以守法原因为核心的问题群，其理论任务是揭示守法行为的形构规律和形构机理。令人遗憾的是，在我国法治问题和法治理论研究中，守法理论始终未能引起人们的高度重视。目前，我国守法理论主要关涉的论域有：第一，关于守法的概念、意义、原则、经验和路径等基本范畴和理论展开，初步勾勒了守法研究的基本问题域。[①] 第二，关于守法的历史经验、历史个案的研究，提出了守法的基本原则和大致路向。[②] 第三，关于当代中国守法的现状及其原因，多维度地分析了其中的问题和成因（守法问题的实证调研问题）。[③] 第四，关于当代中国守法的实践探索研究，如当代中国守法如何在基层推进问题。[④] 第五，政府守法，主要涉及政府守法的意义、实践路径和操作机制等。目前，守法理论研究基本线索有两条：一条是从西方法哲学的研究思路出发，这一研究多从哲学的角度分析人们守法的原因及影响守法的

---

① 参见谢晓壳：《守法当议》，《现代法学》1997 年第 5 期；张文显：《法哲学通论》，辽宁人民出版社 2009 年版；公不祥：《马克思法哲学思想述论》，河南人民出版 1992 年版。

② 刘同君：《守法伦理的理论逻辑》，山东人民出版社 2005 年版；钱锦宇：《法体系的规范性根基：基本必为性规范研究》，山东人民出版社 2011 年版。

③ 刘敢生、胡夏冰：《饭店经营法律问题解析：守法与盈利》，旅游教育出 2006 年版；游劝荣：《法治成本分析》，法律出版社 2005 年版；张进德：《通往文明的对抗：司法的理念与技艺》，中国工商出版社 2010 年版；曹刚：《法律的道德批判》，江西人民出版社 2001 年版。

④ 刘敢生、胡夏冰：《饭店经营法律问题解析：守法与盈利》，旅游教育出版社 2006 年版。

因素，偏重于西方社会理论分析，如社会契约论认为人们之所以守法是因为社会契约存在且被履行的过程，而社会压力论则认为人们之所以守法是因为从众的心理需求，等等。这一类研究的价值在于从理论上探讨人们守法的各种可能类型，但同时也存在一定程度上的"食古不化"与脱离中国现实的缺陷。另一条线索则是从现实出发，具体探讨实践中人们守法的具体情况。这一研究多从技术层面出发来分析人们为什么守法及影响守法的因素，偏重于对我国现实问题的讨论。①

（2）我国守法理论的不足

第一，守法主体界定存在一定的错位和遗漏。在我国传统守法理论中，普遍性的理论逻辑思路是：社会个体有义务遵守法律，国家也通过强制力来迫使他们遵守法律。这种以国家主义法律观为本位，以法律强制性为基点的守法理论逻辑的主要问题是：第一，把社会主体视为法律治理的被动客体，把守法视为是国家强加于他们的法律义务，这实际上是抹杀了他们的法律主体地位，使他们不再成为法律的权利主体，而变成了法律义务主体。第二，这种理论遗漏了国家（以及代表国家的政府）的守法责任和义务。在现代法治社会，法律乃是国家与社会主体共守的法律规则，国家与社会个体都应该是遵守法律的义务主体；而传统的守法理论显然是针对社会个体的守法义务，而忽视了国家、政府的守法义务。

第二，对守法原因的理论解释存在偏颇。传统守法理论表现在通过国家强制力的外部作用来解释公众守法的原因，这与域外的惩罚理论同出一辙，这实际上是把公众惧怕法律制裁作为公众遵守法律、服从法律的原因。而这种以惧怕法律制裁、法律处罚来解释公众守法的原因，在理论上是有缺陷的。

第三，忽视社会成员接受法律过程的主体性。社会主体遵守法律、接受法律规则的引导以建构合法行为的过程，绝不是一种被动、机械的过程，而是社会主体认识法律、理解法律并内化法律、外化为合法行为的过程，是社

---

① 童之伟的《执政党模范守法是实现法治之关键》从执政党和政府的层面探讨影响守法的因素，认为政治权力的干预是影响守法的因素；王峰的《守法的经济分析》研究守法成本与守法的关联。

会主体的法律主体性充分张扬的过程。在这个过程中，社会个体的独立性、自主性、能动性具有决定性的作用。而传统的守法理论因站在国家的立场上来观察社会成员的守法过程，因而忽视了守法个体在接受法律过程的主体性。在我们看来，守法行为的理论分析，其着眼点应该以人为本位而不是以国家为本位。守法主体的行为原因和接受法律的过程，应该成为守法理论的主要关注点，并以守法主体为元点来展开对守法过程和守法规律的理论研究和阐释。离开守法主体及守法主体的法律能动性，就无法建构起合理的科学的守法理论。

第四，缺乏守法义务的合理性论证和科学性解释。科学的守法理论应当充分阐明社会公众和政府守法的必要性和合理性，在传统的守法理论中都没有认真地讨论和对待过，更没有给予合理的回答。守法义务和守法的正当性，在既往的守法理论框架内，仍是一个未能解决的理论问题。这种理论上的缺陷，导致了整个守法理论缺乏坚实的理论基石的支撑，也使传统守法理论失去回应社会实践的理论能力。

(3) 守法理论的新趋向

第一，守法理论必须以个人的守法活动为分析元点，以人的守法自主性、能动性为基点来加以展开。离开对人的法律主体性的分析，不可能建构起科学的守法理论。第二，守法的义务。中国特色社会主义中的守法，既是守法主体自身利益之需要，也是社会利益的根本性要求。政府守法，是对社会的尊重，也是法律上对它的要求，这种要求从根本上是人民的要求。社会个体守法，是对社会权威的认同和接受，同时也是对代表社会的国家权力的尊重。第三，政府守法与社会个体守法应有不同的判断标准。对于政府而言，没有法律依据的行使权力，视为违法，对于公民而言，法无明文禁止不为违法，法无禁止即为自由。无论是政府守法，还是公民守法，本质上都是对法律权威性的尊重，对社会的尊重。

(三) 以职业共同体理论夯实法治队伍建设

法律是社会中多样化的利益相冲突和妥协的产物，其本质价值在于衡平。但单个法律职业者无以承担法律衡平的功能，法律运行的大厦是由法官、检察官、律师和法学学者等法律职业者共同支撑的。

1.法律职业共同体建构下的法治平衡

法律职业共同体建构的平衡法治内核。一个真正的高级系统，不仅整体协调性强，而且自组织性要强。法治社会的基本特征之一就是每个子系统的自组织性。所谓自组织，是指将一个整体按照其内在机理划分成若干个有机的组成部分，然后每个部分都获得一定程度的自我发展、自我完善和自我组织。以司法系统为例，司法系统就好比肝肾系统对于人体的意义一样，是重要的"排毒"系统。司法运作不畅，就好比人体的排毒系统出了问题；而司法政治化，甚至用政治决策来替代司法审判，就好比用大脑来替代肾脏排毒，结果必然是大脑中毒。司法工作具有中立性、权威性和终局性，不能沦为政治的工具。从这个意义上看，立法、司法、行政三类法律职业共同体的子系统都需要在坚持自身相对独立性的前提下，兼顾国家治理和社会利益，真正实现自组织性和整体协调性的平衡。

2.法律职业共同体建构的平衡法治形态

（1）平衡中的独立。作为一个以法律事业为中心而凝聚起来的特殊群体结构，法律职业共同体的主要任务在于确定和解决关系问题（私权之间的关系、公权之间的关系、私权与公权之间的关系），它所面对的是两类对象——公权和私权。要调整二者之间的关系，必然要求脱身于其外并保持共同体自身的中立性，这种中立是指在不同的当事人之间保持不偏不倚，也就是说在定位上法律职业共同体乃是国家或政府与人民之间中立的仲裁者，它不偏向于也不依赖于任何一方，只是对自己对于法律条文的意义和正义准则的理解负责。但是，它却有所捍卫，它捍卫权利，捍卫每个人的主体地位和意识，捍卫人与生俱来的自由，尊重每个人的创造力和对未来发展的可能贡献。法律职业共同体也可以被理解为一种中介团体，它相对独立于公共权威或私人的生产和生活单位，它有能力采取集合行动保护或推进自己的愿望和利益，但并不企图代替国家机构或私人生产部门，也不承担社会整体管理及政策制订的责任；但是，它又实际上只能在社会预先建立的文明及制度体系内行动。正如"没有哪个人是一座孤岛"，没有哪一个共同体是能够单独存在的，他们都是在与相对方的关系中得以界定的，并且都存在于跨越其边界的社会关系的网络之中。

首先，法官职业理论的建构。在社会制度的安排中，他承担着行使国家审判权的职责，作为一种法律职业，法官并不代表个人，只能以最强有力的、不留情面的社会理智的面目一如既往地、警惕地站在行政机关和国民之间，裁决他们的行为在法律上的适当性。对于法官来说，其审判权来源于具有连续效果的公共权力——公众的授权，因而不应受任何个人或机构的直接活动的影响，他应超脱于各种关系而只具有审判功能。基于此，决定了法官所应具有的三种性质——独立性、中立性和相对消极性。

其次，检察官职业理论的建构。与法官的中立性相比，检察官具有彻底的倾向性——以公益代表人的身份对犯罪嫌疑人持否定的态度。与法官的相对消极性相反，他要积极主动地追诉犯罪；而与法官的独立性不同的是，他徘徊于行政职能和司法职能之间，这种性质决定了同时奉行检察官一体化原则和检察官独立原则产生矛盾的可能性以及平衡二者的重要性。检察权具有司法权的性质，要求检察官职权意识与职权行为必须符合司法一般要求的法律特征，要求检察官必须具有司法独立意识；而检察权所具有的行政权性质，又决定了各级检察官必须服从上级检察官的命令和指导，即检察一体制。这体现了制度设计的两难——既要使检察官具有独立司法的职能，又要使其具有行政的组织性。而如果司法权与行政权过于纠缠不清的话，检察官便将失去其独立性，其职责也会模糊不清，这显然违反司法独立和权责明晰的思想。检察官的职责一方面在于代表国家以公共利益的名义积极追诉犯罪，实现他的控诉职能，另一方面则在于对法官的司法活动予以有效的专业性监督，实现他的监督职能，二者缺一不可，其职责基础在于使司法性和行政性集于检察官一身的最终目的是保证法律的有效实施和公正行使。因此，检察官不失去其独立意识和法律精神，仍是对其职业伦理的应然要求。

再次，律师职业理论的建构。作为当事人的代理人和代言人，为当事人据理力争本是分内之事，也是维护公民的基本人权和实现社会正义的应有之意和有效途径。但是为当事人据"理"力争，要在尊重当事人合法权益和法律尊严的前提下实现个案的胜利，而非不顾道德准则和事实真相以合法的形式达到各种不正义的目的。如果律师的道德大厦崩溃了，那么这一行业就将无以为继。为此，作为自由职业者，其职业活动虽不受国家职权的控制和干涉，但他仍应保持其自身应有的品格，维护律师界的整体声誉和形象，这就需要律师本身严格自律。从各国司法实践来看，律师协会作为行业性自律组织对此起到了很好的作用。社会的发展及分工的日益精细也带来了法律专业的细化，专利、税务、商事、信贷等专业律师的出现极大地加深了法律事务的专业性，律师职业的这种专业化发展方向不仅迎合了社会对法律的需求，而且也将带动整个法律职业的专业化，这也是法律职业群体共生和共发展所必然要走的道路。

最后，法学学者职业理论的建构。法学学者探求法律宗旨的目的在于及时为社会提供法律的指引。在立法尚未做出反应的情况下，如何引导和规范社会生活的新气象、新问题？这需要对社会现实和立法需求有敏锐的洞察力，从而在学术上不断地创新，同时让学术成果在现实中生根开花，这才是它的真正价值所在。而这又不仅仅是学者所能够完成的，在全社会的法律观念成功改变之前，任何学术成果都不可能顺利地转化为可践履的法律制度。因此，需要学者跳出象牙塔，跳出狭义的范围和司法领域的局限，拓展研究视域，兼顾社会中的其他领域，以综合的、整体化的视野和思维思考法律问题和社会问题，把法律思考转化为对公众和社会的法律关怀，把自身的法律思想转化为社会的法律共识或是公众舆论，让社会体会出法律的良好愿望，从而使公众达到对法律条款的合理性的充分信任，并因此不仅影响律师、法官和检察官，而且影响为数众多的治国之才，为社会造就具有法治思想的各行各业的职业者，使法学不仅成为正义之学，而且成为治国之学、强国之学和安邦之学。

（2）平衡中的互涉。作为国家或政府与社会之间的中介团体，法律职业共同体又表现为一种非单一的、混合的性质且具有双重自主性。一方面，作为共同体成员的身份体制，它给个体成员提供了资源、机会和位势，这不仅有利于维护和发展成员利益，而且能够凭借团体的势力防阻人们的独特个性被大众的规范化所淹没（防止普适规范的专横）。同时，因其整体对法治目标或正义精神的倾向性而又对成员个人的行动予以限制或产生影响。所以，成员与共同体之间是互为反应的。另一方面，法律职业共同体的职责是捍卫秩序和正义，它是更大的政治制度的一部分，因而使得法律人最容易接近也最容易参与政治。众所周知，法律和法律人曾经一度作为政权的工具，而现代社会，法律职业共同体则在坚定不移地致力于限制这个权力，因为法治诞生于法律机构取得足够独立的权威以对政府权力的行使进行规范约束的时候。尽管法治强调法律与政治的分离，其真意却在于达致"法律之下的政府"，避免法律成为政权的附庸，而使法律成为控权和公权的干涉力量。

（四）以法治话语体系探寻法治的学术品格

中国的法学需要自主性，需要中国人对世界、对自己有所交代。西方法学对中国的影响还会继续下去，但是我们更需要的是那种中国化的、能解决中国问题的法学。中国法学包括法理学不能永远在西方法学后面爬行。[①] 法学教育者增强自己的责任意识，不仅要重视对国际法治建设和法学理论重大问题的研究，而且更要关注我国民主法治的战略需求，确立自己在法学研究上的主体性和自觉性，更主动、更积极地推动法学理论体系研究，解释和回应现实提出的重大问题，为中国特色社会主义法治建设及时建言献策，提供好的思路和方法。

1. 建构平衡法治为核心的法治话语体系

"法治话语包括法治概念、法治观念、法治命题、法治论断、法治论述、法治思想等。"[②] 特定国家的法治话语体系应当是该国有关法治的思想、理论、知识、文化甚至语言及思维的总体概括，尤其集中体现为法治的理论与

[①] 参见陈金钊：《"思想法治"的呼唤——对中国法理学研究三十年的反思》，《东岳论丛》2008 年第 2 期。

[②] 张文显：《全面推进法制改革，加快法治中国建设——十八届三中全会精神的法学解读》，《法制与社会发展》2014 年第 1 期。

知识体系。因此，中国法治话语体系的构建无疑是一项复杂的系统工程，既牵涉对域外既有的各种法治观念和法治思想的审慎思考与分析，对既有的法学理论和法律知识的改造与整合，更需要依照当代中国的实际情况与条件，从解决中国实际问题，满足中国社会发展的实际需要出发，实现法治理论的全面创新；既涉及法理学等法学基础理论学科的内容及体系的改造与更新，也涉及部门法学相关原理和知识的调整与变化，甚至还涉及对法学理论和知识体系的整体性重塑和再造；既需要对法治理论研究的基点与重心作进一步调校，也需要法学研究的功利观、学术立场与姿态以及学术风格相应有所改变。概括地说，中国特色法治话语体系的构建过程，也就是以社会主义法治理念为基础，全面塑造属于中国自己的法治理论和法治知识体系的过程。

（1）确立社会主义法治理念的话语权威

从我国现实情况看，西方法治理论特别是自由主义法治理论在我国依然保持着一定程度的潜在话语权威。这除了因为前面所述及的自由主义法治理论所描述的法治样态已经或多或少成为人们的社会理想并由此进入人们的信仰层面外，还在于西方法治理论来源于"法治的故乡"，出自"法治样板国"，被认为具有天然的正当性和正确性，而西方大国的强国位势似乎也能够为之提供实践佐证。更为重要的因素是，由于自由主义法治理论抹煞了法治的局限性，回避了法治的内在矛盾，忽略了法治实际运行所依附的条件以及所必然面临的约束和制约，站在自由主义法治理论的立场上，或者执持自由主义法治理论的某些命题或判断，很容易占据"法治的制高点"，从而可以毫不费力地运筹法治于帷幄，指点法治之江山，更可以俯视和鄙薄一切法治现实与实践。因此，构建我国的法治话语体系，必须从根本上改变这样的话语位势，确立社会主义法治理念作为我国法治"元理论""元知识"的话语权威地位，以社会主义法治理念所内含的原则和要求作为思考问题的基点、判断问题的依据以及解决问题的思路和方法，把社会主义法治理念作为本民族的重要精神财富以及对人类法治文明发展的独特贡献，在社会主义法治理念的原创性上建立起中国人对于走自己法治道路的理论自信。

社会主义法治理念话语权威的确立，不能仅仅依托于决策层的倡导，而更主要仰赖于社会成员对社会主义法治理念及其基本内涵的普遍理解，其间也包含着对自由主义法治理论的深刻反思与认识，即在全社会完成基本法治观的一次校正和更新。在此过程中，理论建设的重要任务就在于通过对社会主义法治理念的阐释、论证以及深化研究，丰富社会主义法治理念的学理基础、文化基础和知识基础，为社会主义法治理念提供更多的理论和知识支持，进一步提升其科学性，展示其独特的理论魅力。为此，一方面，要把社会主义法治理念放置在人类法治思想演进史以及法治实践发展史的大背景和大格局下，认识不同时空下法治理念差异的必然性以及法治理念的多种样态，认识社会主义法治理念对人类法治文明既有成果的尊重和传承，以及在当代中国这一特定时空中对人类法治文明的创新与发展，从而认识社会主义法治理念所应有的历史地位；另一方面，应当把社会主义法治理念放置于中国政治、经济、文化和社会现实以及当代中国社会发展的总体阶段与进程之中，认识社会主义法治理念对于当代中国国情的解释力和适应性，认识在社会主义法治理念指导下的法治实践对于中国社会发展，尤其是解决中国社会发展中各种矛盾的实际作用，借此展示社会主义法治理念的现实贡献。通过这两个维度上的阐释、论证和研究，增加全社会对于社会主义法治理念的共识，使社会成员充分认知什么才是当代中国真正需要并且实际可行的法治，进而推进社会主义法治理念在理论和实践领域的话语权威的确立。

（2）坚持实践主义的话语立场

要在推进中国特色社会主义法治理论体系研究深入发展的同时，保持"中国特色"和"社会主义"这两个鲜明的性质。第一，作为中国特色社会主义法治的理论支撑，中国特色社会主义法治理论必须从改革开放的实际需要出发，服务于改革开放的总体布局。一方面，经济体制改革、行政体制改革、社会体制改革、党的建设制度改革、宪法法律体系改革、司法体制改革对法治实践事业提出了一系列的新要求、新任务，中国特色社会主义法治理论必须能够解释和解决全面深化改革提出的这些问题和任务；另一方面，如何将改革成果通过立法，以宪法法律确认改革，为改革保驾护航，如何以法律先行的方式，通过授权立法和法律的及时立、改、废、释，实现改革决策与依法治国相统一，如何通过明晰合法与违法的边界，尽量消除改革可能带来的负面影响，从而充分发挥法治对改革的事前引领功能、全程推动功能、根本保障功能，使法治能成为全面深化改革的根本守护，是中国特色社会主义法治理论必须回答的问题。第二，中国特色社会主义法治理论是以中国现实问题为导向，基于对中国社会发展规律的深刻认识而产生并发展的法治理论。在理论层面，必须深度认知中国特色社会主义法治国家的科学内涵及其内在结构，深度认识和着力回答一系列属于中国的法治问题。在实践层面，从中国实际出发，有效解决中国社会问题，是中国特色社会主义法治理论的根本任务。因此，需要通过调查研究，切实把握中国社会发展的脉动，从解决实际问题出发，进行实事求是的理论创新，为法治建设提供有益的理论指导。以当代中国社会为背景以及以中国特色社会主义法治建设为使命，必然要求我国法治话语体系的构建奉行实践主义的哲学观，坚持实践主义的话语立场。① 这主要体现在以下三个方面。

第一，坚持对既有法治思想和知识资源选择的自主性。基于实践主义的话语立场，要求在话语体系构建中，无论是对域外的法治思想和知识资源抑或对我国历史上传承下来的法治思想和文化，都应当保持明确的自主意识，审慎地选择和利用，而不应囿于既有结论。在看待和吸纳思想与知识资源过程中，警惕在所谓"普适性""普世性"冠盖下搭载的某些见解和主张。要研究其在特定情境中的具体含义，弄清概念或命题的真实意蕴，要考量其所依附的社会条件，尤其应关注其学说取向和流派背景，要审视潜隐于这些思想或知识资源背后的政治、经济等制度设计，要注意西方国家所惯常使用的双重标准和双重要求，要考虑其与我国其他理论、制度及实践的相适性。

第二，坚持法治话语语境的中国化、本土化。② 我国法治话语须以当代中国的实际国情为基本条件，以解决中国社会的实际问题为目标和使命。即

---

① 参见郑永流：《实践法律观要义以转型中的中国为出发点》，《中国法学》2010 年第 3 期。

② 参见苏力：《法治及其本土资源》（中国政法大学出版社 2004 年版）、《制度是如何形成的》（北京大学出版社 2007 年版）、《送法下乡：中国基层司法制度研究》（北京大学出版社 2011 年版）；邓正来：《中国法学向何处去？建构"中国法律理想图景"时代的论纲》（商务印书馆 2006 年版）、《谁之全球化？何种法哲学？开放性全球化观与中国法律哲学建构论纲》（商务印书馆 2009 年版）。

便对全球化趋势或压力的回应或顾及，也必须契合我国法治思想或制度体系，且不悖离我国社会主导性文化价值观念为前提。

第三，坚持以问题为中心的话语取向。实践主义话语立场还体现为以问题为中心的话语取向，即法治话语应始终围绕具有实在性、当代性、重大性、根本性、普遍性的"中国问题"而展开，① 以保证法治话语与中国社会现实的贴近。这一方面意味着我国法治话语中会产生许多与传统法治理论和知识所不同的内容，一些在传统法治理论和知识中不曾出现或存在的主题，却可能在我国法治话语中占有重要地位，或具有较重分量；另一方面又意味着，我国法治话语体系也不受制于传统理论或知识体系的结构、形式以及风格等因素，而应着意于与其所关涉的问题相契合，理论或知识体系的结构、形式以及风格等因素，只有在有利于对"中国问题"的认识与阐释，有利于对"中国问题"的实际解决的前提下，才应当被接受和承认。

2.培养平衡法治理论的新时代法治教育者

"如何在学习借鉴人类文明成果的基础上，用中国的理论研究和话语体系解读中国实践、中国道路，不断概括出理论联系实际的、科学的、开放融通的新概念、新范畴、新表述，打造具有中国特色、中国风格、中国气派的哲学社会科学话语体系，是理论界和学术界面临的重大而紧迫的时代课题。"② 中国特色社会主义发展带来的这些新的实践和新的要求，为法学学者研究中国特色社会主义法学理论体系提供了广阔的舞台，提供了众多的宝贵资源，是改革开放四十年以来又一个理论研究的机遇期。针对这一难得的机遇期，教育者应进一步增强法学理论研究的预见性、主动性和时效性，契合中国特色社会主义法治建设和理论发展的时代脉搏，进一步丰富和发展中国特色社会主义法学理论体系。

---

① 参见陈甦：《中国法学由体系前研究到体系后研究的范式转型》，《法学研究》2011 年第 5 期。

② 李长春：《在马克思主义理论研究和建设工程会议上的讲话（2012 年 6 月 2 日）》，《人民日报》2012 年 6 月 4 日。

3. 拓宽法治教育理论的配套机制

第一，必须推进人才培养机制建设。任何学术研究的发展"归根到底靠人才，靠队伍"。[①] 老一辈法学教育工作者作为中国特色社会主义法学理论体系的引路人和奠基者，是培养中国特色社会主义法学理论体系研究者的宝贵财富。改革开放新时期成长起来的中青年法学研究者，时代造就他们更加富有创新精神和批判意识，已经成为发展中国特色社会主义法学理论体系的中坚力量。法学研究生，尤其是博士研究生，是当代中国法学研究的新生力量和中国特色社会主义法学理论体系发展的人才储备。十八届四中全会《中共中央关于全面推进依法治国若干重大问题的决定》提出，在法治人才培养方面，要"坚持用马克思主义法学思想和中国特色社会主义法治理论全方位占领高校、科研机构法学教育和法学研究阵地，加强法学基础理论研究，形成完善的中国特色社会主义法学理论体系、学科体系、课程体系，组织编写和全面采用国家统一的法律类专业核心教材，纳入司法考试必考范围。坚持立德树人、德育为先导向，推动中国特色社会主义法治理论进教材进课堂进头脑"。这为深化法治教育改革指明了方向，同时也对法治教育提出了更高的要求。

第二，必须推进学术保障和激励机制建设。中国特色社会主义法学理论体系的形成，是党和国家高度重视、大力支持并采取有力保障措施的结果。2009年，中国法学会设立了"中国特色社会主义法学理论体系研究"专项课题，并将其列入中国法学会"十大专项研究规划课题"之中。这一举措更是大大加快了中国特色社会主义法学理论体系研究的进程，促成了中国特色社会主义法学理论体系的形成。党和国家一方面需要积极吸收广大法学研究者的认识成果，围绕中国特色社会主义法学理论体系的发展，在国家社会科学基金等各种哲学社会科学基金项目的课题申报指南中，设立数量更多、层次更高的课题。另一方面，对法学学者们围绕中国特色社会主义法学理论体

[①] 刘延东：《学习贯彻党的十七届六中全会精神开创高校哲学社会科学繁荣发展新局面》，《中国高等教育》2012年第3期。

系发展研究而申报的课题要给予更多的关注，扩大支持的数目、资助的额度和资助的形式。

第三，必须推进学术交流机制建设。学术交流是学术发展的重要途径。学者不和其他人进行充分和深入的学术交流，只是闭门造车、孤芳自赏，是不能推动学术获得真正发展的。中国特色社会主义法学理论体系的形成，与我国法学学者相互之间的交流、我国法学学者与哲学社会科学其他学科学者的交流，与国外学者的交流是分不开的。为了推动中国特色社会主义法学理论体系的发展，我们需要在学术交流机制建设问题上注意：在法学学术共同体内部要展开专门的学术交流；在法学与其他人文社会科学之间展开专门的学术交流；进一步发挥学术刊物在学术交流上的作用。

（五）以知行合一理论复兴法治时代前瞻性

中国长期延续比较独特的法治思维方式，不同于西方形式主义思维，它强调经验与概念的紧密连接，不会轻易陷入现代主义普世化野心和意识形态化倾向；它更加重视经验和实效，以及历史情境和变迁；它不会像法律形式主义那样强调规范和实践上的逻辑整合，而会在抱合的同时附带一定程度的背离；它是比较包容、中和的法律模式。[①] 我们要坚持理论自信、制度自信，最根本的还有一个文化自信，"格物穷理、知行合一"理论仍可成为中国内生资源与值得自豪的原动力。

1. 知行合一理论将法治理论归于"人"为本原。王阳明"心学"不是简单地强调人的意识的作用，不是单就精神的方面强调人对周围事物的关系，而是强调人与客观事物、精神与物质的相互关系及作用，强调精神对物质、精神现象转化为物质变化的完整的过程和统一，是从精神到物质、主观到客观、主观和客观相统一运动的完整体系。风俗、礼教、道德、法律融为一体，就像自然界万物一样形成有机的整体，各自发挥着不同的功用。风

---

① 参见［美］黄宗智：《过去和现在：中国民事法律实践的探索》，法律出版社 2014 年版，第 27 页。

俗、礼教、道德、法律四者非"多"的关系，而是治理"一"的多层面展现。法律是治国之骨，礼教是治国之皮肉，风俗、道德是治国之精气。西方法治思维的终极"一"的追求中，平等、公平、自由的自然法理论，总是要依托高于人类本身的、先验的宗教背景。可以说，所有法治思维中平等、自由、公平内核，本源自上天无所不能的神的仁慈赋予。与人自我分离的法治理论，在内在构建上也处处充斥着斗争与冲突。与西方法治思维最大不同在于，中国法治思维中的"一"在人"心"。中国传统经世致用之学，其核心在于修身的心法，《大学》古本中的修身、齐家、治国、平天下中将经世致用的根本回归于人本身。王阳明的心学中的心，不是头脑、意识、心智，而是与天地相通的良知，这个良知本然存在，活出良知的"大人或君子"生而高贵、平等，只在私欲障蔽时沦为"小人"。知行合一理论兼顾了人本的平等、自由的法治观，和因私欲障蔽而呈现的社会失衡现象。这个知行合一中的"一"既是出发点，又是目标；既是终点，又可能是另一层面的原点。

2. 知行合一理论修正西方法治二元对立的法治观。西方社会法哲学中法治理论贯穿二元对立、"非此即彼"法治观。在西方法治理论中，世界是分离的，国家与社会、权利与权力、权利与义务，等等，均以一对对分裂且对立的法律概念形式存在。西方社会法哲学认为，法治理论的基础就在于社会关系权利义务配置和利益冲突解决之需求。法治本源之下的二元分解，似乎总以对立的形式存在。拥有国家权力的统治者必然有侵犯个人权利的公民的野心，公民也不可避免地以斗争形式争取权利，以遏制国家或政府的权力。而在中国传统表达与实践中，权利不是形式逻辑的起点，而是事实逻辑的要素。在中国法律传统中，"权利"从来不是从专制统治那里争取来的，它一直被中国世袭君主的权威所容许，其在法治实践中现实地被保护。与西方国家与个人间的"权利"是阶级斗争的"争"下来的战利品不同，权利在中国法律实践传统中事实地产生和运作，丝毫没有以个人主义理论为前提的"国家与社会非此即彼的二元对立建构中，保护个人权利并对峙国家权力"的西方政治观念的负担。而中国法治理论中的矛盾观是"即此且彼"，二元却非对立的形态存在。"一生二，二生三，三生万物。"中国传统文化认为，"二元"是对应互生关系，既斗争又依附，甚至相互转化的方式存在。

3.知行合一理论是一种二维的法治平衡观。西方法治理论总是以"片面且深刻"著称。在西方法治理论中，以二元对立的方法论预设，运用个体主义方法论，以权利为逻辑起点，以遏制国家及政府权力为理论内核的西方法治观，究其根本，是一种"一维"、线性的平衡观。西方文化的直线型思维，将权利与义务、权利与权力都单独放置在法治"跷跷板"的两端，法治的平衡的目的和手段，必然会呈现抑高、扶低，遏制权力、昂扬权利的法治价值观与方法论需求。然而，中国传统法表达与实践中则至少是"二维"或"三维"的平衡观，平衡之于"治国、平天下"都是在一个平面的、立体的视角来论平衡（通常称之为"和谐"），站在圆球中央，以"全观"的道德实用主义视角，看到法制、道德、礼教、风俗在治理中的作用，既能区分各自在法治中的作用，同时又能看到各自之间的互动。换句话说，站在中心看到的各个点之间的区分，却不对立。中国古代法文化呈现的不是一个"跷跷板"式的平衡观，而是一个"提线木偶"式的平衡观（和谐观）。治理中国社会的各个影响因子，比如社会影响因子为标准被划分为环境、经济、社会、政府行为等，又比如法律规范因子为标准的权利与权力、权利与义务等，都是"提线木偶"的各个"着力点"。稳定掌控"提线木偶"后，所呈现的平衡的社会状态，必然不是一个终极的、静止的截点或截面，而只是一个在特定时空的和谐状态。

4.知行合一理论与中国特色社会主义法治精神相契合。一方面，知行合一理论是"中国特色"的。法治中国理论之特色，最根本的还在于中国人的文化与思维中深藏之"心法"。中国法律制度之所以是人类历史中寿命最长的法律体系之一，其所具有顽强的生命力，不简单在于其实用性，更在于其容纳性，即中国的法律制度能够持续变革、试图适应世界的剧烈转变的一个重要原因；它还使当代的中国法律能够在同一个正在演变的制度中同时容纳西方的形式主义和传统中国的实用道德主义。在当代中国法律体系中突出体现在道德准则（关系）、权利、实用三者的结合与背离。中国法律制度本身之容纳性的根本在于，它已跳脱出线性、形式逻辑的"一维"法治思维，而以更高的维度消解各种法治失衡因素，以及各种社会利益之冲突。中国法治体系，总能"蛇吞"西方法治理论之优质资源，慢慢、无形地将其内化为法治中国之"三维"体系之中的一个"横截面"。另一方面，中国知行合一理论是"社会主义"的。法治观的人本思想，将自然法中与宗教背景紧紧依存的先验性拉回地面，直面人性，以及人性本身衍生的利益冲突与解决需求。而知行合一理论中的"知"，也将其拉回人的层面，同时又将"良知"的范围弹性化、动态化。知天、知命、知州、知县的知，都将人的灵、命、觉、知作为"三维"平衡观背后的掌控之"道"。"人"本之共同性，使得法治中国天然地具有社会主义属性。

5. 知行合一的法治中国理论蕴藏着现代性与前瞻性因素。我国当代法治理论与实践几乎可以将其比喻为一个性情非常浮躁、易变的青年，谈不上经验和积累，更谈不上历史和传统。无保留地膜拜二元对立、非此即彼的认识框架，深陷认识上认为现代等同于西方，而精神上珍藏民族精神的分裂状态。然而，没有自己的人是最不受人尊重的，法治理论建构当然也是如此。我们必须深切地摇醒中国人认识自己，认识我们有自己的法律逻辑。中国法律传统中也许真的藏着中国自己的现代性因素。"我们必须更清醒地认识，一个没有过去、没有历史的法律和社会是不健康的。过去的脱离实际的认识是被逼出来的；今天中国已经完全有条件走出这种认识上和精神上的困境，从而建立真正的自我认识。"[1] 几十年来，我们移植的是近代西方法学的非此即彼、二元对立的认识框架。我们常用西方法律形式主义的逻辑立场批判自己，认为"中国法思维模式，无论过去还是现在，都似乎是朦胧不清和逻辑矛盾的——它是工具主义的、实质主义的、非理性的"。[2] 西方以权利原则推导出来的法律逻辑无法容纳传统中国"以实际考虑为借口的损害权利的行为"。然而，我们无法挣脱历史传统和现实情境条件对研究者的视域、问题意识、方法和论证能力的影响。当我们放弃知行合一的"中道"思想，徘徊于倾向理性主义的大陆形式主义法律传统或倾向英美普通法传统的任何一方的"二元对立"认识论，却没有关注到西方社会政治历史变迁上的"太极"运动，盲人摸象式的关于法治理论的比较研究，阻碍着我们发现，其实西方

---

① 黄宗智:《清代以来民事法律的表达与实践》，法律出版社 2014 年版，第 221 页。

② 黄宗智:《清代以来民事法律的表达与实践》，法律出版社 2014 年版，第 226 页。

一直用另一种我们不熟悉的方式实现法治理论与实践上的平衡。以我们普遍认为以普通法为传统的美国为例，理论上其实一直存在着形式主义和经验主义的两级理论。"古典正统"的兰德尔，其法律思想乃是高度形式化的结果。它不同于德国从 18 世纪启蒙时代理念的个人权利前提出发而通过演绎逻辑拟成的形式主义法律，它从先例出发，试图从先例的法理作出系统整理和概括，通过演绎推理而建立逻辑上完全整合的法律体系。与此相对应的是法律实用主义代表人物霍姆斯"强调法律的历史性，否认其具有永恒真理的普适性，认为法律必须应时而变，并且必须在实践中检验，通过社会实效来辨别优劣"。[①] 美国法律的现代性"太极"是通过相对宽容的政治社会制度悄悄运作的，理论上各家各派正在走向在背离中结合并相互影响渗透的路。就像美国政治制度实践，其历史不在于"右派"的共和党的放任资本主义市场经济的表达，也不在于"左派"的民主党的政府干预的社会公正的表达，而在于两者长时期在它的政治制度下的拉锯和妥协。我们学习西方近代的"两极"认识论，西方却在学习中国传统的"太极"传统法哲学。突出中国法律传统中的现代性，用意并不是要排除从西方引进法律，更不是要回避其在中国运作中的诸多困难。中国法律改革的将来不在于移植论和本土论的任何一方，而应该在于两者在追求现代理念的实践中的长时期并存和相互作用。在移植西方民事法律"表达"的同时，吸纳西方法治理论中确定性、逻辑严密之法治优质资源，融合中西方法治思维，同时又避免了西方现代主义和后现代主义所附带的无视经验与实践的偏激性。兼顾法治思维的精确性，并在适用中紧密联系经验与实用。[②]

二、法治思维提升平衡

中国社会失衡问题的治理是政府、市场、社会和民众多元主体平等参

---

① 黄宗智：《清代以来民事法律的表达与实践》，法律出版社 2014 年版，第 255 页。

② 参见［美］黄宗智：《过去和现在：中共民事法律实践的探索》，法律出版社 2014 年版，第 237 页。

与、依各主体共识的法律和规则缓解失衡矛盾及其负面后果的实践活动。这一过程与中国社会治理能力的现代化互相作用，治理能力现代化需要治理者不断适应社会主义现代化建设的要求，并依照法律治国理政。从十八大的法治思维到十八届三中全会的现代治理能力，再到十八届四中全会的法治思维，凸显出运用法治思维治国理政的全新命题和基础性作用。法治思维作为法治建设中的融贯性因素，是连接法治理念、法律制度和法律行为的中介，是一种合法性思维、程序思维、平衡思维，它要求基于法治精神和法律规则来认识事物、解决问题。法治思维对新时期治理社会失衡问题的治理提出了新标准、新要求。如何强化法治思维的平衡性，并以此将"平衡"不断融入法治理念、法律制度和法律行为之中，对于中国社会失衡问题的治理具有很强的现实性、针对性和指导性。

中国法律制度之所以是人类历史中寿命最长的法律体系之一，其所具有顽强的生命力，不单在于其实用性，更在于其容纳性，即中国的法律制度能够持续变革、试图适应世界的剧烈转变的一个重要原因。中国法律制度本身的容纳性之根本在于，它已跳脱出西方法治思维中形式逻辑的"一维"模式，而以更高的维度俯瞰中国社会失衡的问题，及其法治影响和社会利益冲突的各种因素。西方的现象"一维"的平衡法治思维，将权利与义务、权利与权力都单独放置在法治"跷跷板"的两端，法治平衡手段必然会呈现抑高、扶低，遏制权力、昂扬权利的法治价值观与方法论需求。然而，中国传统法的表达与实践中平衡思维则至少是"二维"甚至"三维"的，它是以一个平面的、立体的视角来讨论平衡（通常称之为"和谐"）。中国式平衡法治思维站在圆球中央，以"全观"的道德实用主义视角看待法制、道德、礼教、风俗各项治理因素在中国社会中所起的作用，它既能区别法治中的地位，同时又能看到各因素之间的互动。换句话说，中国平衡法治思维呈现的不是一个西方"天平"或跷跷板式的线性法治思维，而是一个"提线木偶"式的平衡观（和谐观）。"提线木偶"式的法治平衡观，治理中国社会的各个影响因子，比如社会影响因子为标准被划分为环境、经济、社会、政府行为等，又比如法律规范因子为标准的权利与权力、权利与义务等，都是"提线木偶"的各个横截面的对应"着力点"。稳定地掌控"提线木偶"中心点后所呈现的平衡，必然不是一个终极的、静止的状态，而只是一个动态的、开放的存在于特定时间、空间下的和谐状态。法治中国下的平衡法治思维，必将丰富并修正西方法治思维的固有缺陷，将其内化为法治中国"多维"思维体系中的一个"横截面"，最终形成动态、可持续的、具有时代前瞻性、极具中国特色的平衡法治思维。

（一）以动态法治的思维破除规则治理误区

法治中国式的平衡观是一种多维的"提线木偶"式的法治平衡观。环境、经济、社会、政府行为等，抑或权利与权力、权利与义务等各项因素都是"提线木偶"的各个横截面"连接点"。要想稳定地掌控"提线木偶"中心点，必须把在价值更替、秩序重构、文明再生过程中所涌现出的矛盾和冲突放入到一个动态循环往复的过程去看待，而无法以孤立、片面的视角去审视。[①] 法治中的平衡思维是一种开放的、动态的法治思维，是存在于特定时间、空间下的和谐状态。

1.静态、线性规则思维的治理惯性

传统的静态、线性法治思维，以权利为逻辑前提，依循严密的形式逻辑，以权利义务为基本内容，明确主体资格，分析法律关系，厘定法律规范，判断价值倾向。静态、线性规则思维，以"天平"或跷跷板式法治思维，进行法律权利义务配置和利益冲突解决。具体说来，主要包括以下几个方面。

第一，法律关系思维。规则思维首先是法律关系思维。法律关系，是在法律规范调整社会关系的过程中所形成的人们之间的权利与义务关系。静态、线性的法治思维的平衡手段，通常是抑高、扶低，遏制权力、昂扬权利

[①] 参见江必新：《领导干部的法治思维与法治方式》，中国法制出版社 2014 年版，第5、22 页。

的平衡方法论。以格式条款为例，它是为了重复使用而预先拟定的条款，由于提供格式条款一方未经对方同意，极可能有损格式条款接受方的利益，使得格式条款订立双方法律关系失去平衡。因此《合同法》第四十条便以加重提供格式条款提供方的普通义务，以及提示、说明等具体义务，以实现"杠杆式"法律关系平衡。

第二，法律规范思维。法律人在进行规则思维的时候，要寻找调整特定问题的法律规范，寻找证据事实与规范中的法律适用条件间的契合，从而判断法律效果。法律规范思维是一种效力评价思维，法律通过对规范的效力认定，实现其法律行为的权威性评价；法律规范思维是一种证据性认定思维，事实的认定和法律规范的适用，必须依靠兼具合法性、真实性、关联性的事实证据予以证明，绝不能任凭主观臆断。

第三，平等思维。平等思维是指所有法律主体实行同等情况同等对待。在法治视阈下的平等思维的内涵，意味着在法律面前，法律主体的机会平等、法律主体资格平等，无差别地享有法律权利、履行法律义务。以民法的平等原则为例，《民法总则》第二条规定民法调整平等民事主体之间的人身关系、财产关系，民事主体资格的认定便成为民事案件受理的基本前提。然而，企业、社会团体、国家等要想成为机会平等的受益者，获得无差别的平等对待，就必须以拟制的方式将其认定为具备民事主体资格的法人。

第四，公民思维。国家建构并颁行法律之后，个人就相应地转化为公民。公民，是以个人与国家关系为视角，对生活在其中的权利义务配置的一种事实性的确认，有别于政治意义上的"人民"概念，它是社会关系契约的参与者，而非无条件服从的臣民。在法治社会中，公民思维主要包含两层含义：一方面，公民思维代表凡是公民均享有法定权利，并可在法治社会中充分行使权利。公民尽可以通过发挥维权思维，充分运用法律权利行使手段（如申诉权、控告权）修正法治；另一方面，公民思维代表凡是公民均应受到法治秩序的拘束。违反法律、行政法规等强行性法律规范的公民，无论其经济地位、社会背景、政治身份如何，都应受到同等的法律拘束。

2.静态、线性规则思维的治理局限

第一，静态、线性的法律关系思维使得规则思维的平衡手段往往被限定在要么倾向以权利为本位，要么回击以义务为本位，似乎法治思维的平衡手段只能是抑高、扶低，遏制权力、昂扬权利的手段，实现线性、一维的平衡。近些年，社会团体的力量逐渐强大、社会舆论对政府权力的监督、政治风气对权力的涤荡等因素，都会在权利义务这一横截面的外围层面调节"天平"的平衡度，仅仅以静态、线性的规则思维已经无法适应中国社会的法治需求。近些年法律社会学学科已经开始尝试突破权利义务的线性、平面法律关系思维观察法治问题，从利益衡量角度，从多层级、立体地平衡社会的法治需求在立法、司法的实务工作中运用三维的、立体的，依循事实逻辑的利益衡量思维，已经逐渐从权利义务的线性、平面、依循形式逻辑的法律关系分解思维中脱离出来。

第二，静态、线性的法律规范思维，仅能以法律规则为平衡基准，以合法性证据认证的"法律事实"为规范对象，以获得法律规范的肯定性评价为规范目的。法律规范思维的平衡手段，仅仅调节具备合法性内核，得到法律规范肯定性评价的，经过证据认定的"法律事实"。运用法律规范思维的前提条件在于，必须符合法定的构成条件，具备证据的合法性、关联性要素，法治失衡问题与相应的法律制度问题相契合，才能被划进规范思维的治理范畴。以债权法为例，无论债的转让、抵销、保全，或者违约责任追究，必须建立在源权利即初始合同合法且已得到法律肯定性评价的基础上，才能适用债的流转的相关法律制度。法律规范思维也就只能调整权利义务这一小段"天平"的平衡，至多能扩充至相关权利义务的一个横截面。法律规范的运转，也只是法治体系运转的一个横截面，在很多时候仍需法律规范之外的其他配套措施的配合才能有效运转。法律规范思维无法涵盖，更无法满足中国社会失衡问题中因证据不足、体制机制原因衍生的制度缺失，以及在法律社会学中认定经验事实或者潜规则的法治需求。因一维、线性的法律规范思维本身的滞后性或时效性，使得中国社会失衡问题的大量法治需求，无法通过不断扩充或修订法律规范的方式亡羊补牢。

因此，多元、立体、动态的法治思维，应当既维护法律规范思维的确定性，又可有效开拓出多维度的、开放的、变通的法治体系，将法律规范与政策、法律规范与社会舆论、信用等级、民生保障等相关配套机制，互动形成确定与变通、自组织性与整体协调性、自上而下与自上而下的多维度的法治平衡。

第三，一维"杠杆式"的平等、公平价值早已无法应对法治中国的时代需求。线性法治思维的平等，是主体资格的拟制平等。依据《民法总则》第二条，企业、社会团体、国家等要想成为机会平等的受益者，获得无差别的平等对待，就必须以拟制的方式将其认定为具备民事主体资格的法人。随着我国社会变迁加剧和规模化经济的迅猛发展，通信、银行、电网等垄断行业，抑或跨国公司、上市公司等交易主体，因格式合同的普及，形式上的平等与公平已经无法应对法治需求。与此同时，一些尚未被拟制为平等主体资格的民事主体又无法划入《民法总则》第二条的法律规范的调整范畴内，无法获得民事救济。因此，中国社会失衡问题的法治思维中平等思维的内涵认知，有必要从形式平等思维向实质平等思维过渡，将法律拟制"主体资格式"线性平等的法治思维方式，向"利益衡量式"平等对待的多维法治思维模式过渡。

第四，公民思维是以个人与国家关系二元对立为视角，对生活在其中的权利义务配置的一种法律确认。然而，近代以来，公司等社会团体，作为介于个人与国家之间的中间力量成为无法阻挡的制衡力量。比如微软、麦当劳等跨国企业的综合经济实力，甚至已经相当于一些国家或地区的综合国力。可以说，平衡法治思维已经从国家与个人角度，运用公民思维制衡政府力量，逐渐向公民法治、团体法治多维思维转向。与此同时，公民思维在不同法治情境下，行使的权利及其所受的法治拘束条件也会相应地变化。比如其处于消费者地位时作为较弱势群体予以侧重保护，但其作为国家机关工作人员在行使权利时受到职权限制。因此平衡法治思维，早已不是站在国家与个人二元对立视角的一维式的线性权利义务配置，而是个人、团体、国家多方制衡的多维度、可变换的法治思维模式。

3.以动态法治的思维破除规则治理误区

第一，确定性思维与变通性思维的动态平衡。孟子曰："夫道二，常之谓经，变之谓权。怀其常道而挟其变权，乃得为贤。"所谓"经"和"权"的关系，其实就是确定性和变通性的关系，而治理中国社会失衡问题的平衡法治思维，就是实现确定性思维和应变性思维的动态平衡。法治确定性思维是"常道"，人们力图将中国社会不同群体利益博弈的最优解决方案普世化。与此同时，一个社会设定底线和框架为法治确定性依托的基础上预留出必要的变通性权变空间，才能适应当今不断改革创新的法治。确定性思维与变通思维之中，包含着底线思维与机会思维的动态平衡。在计划经济年代，我国政府对个人占有的基本生活资料采取"既封顶又封底"的全面控制；进入市场经济时期，许多关乎个人生存和发展的基本保障，如住房、医疗、养老等几乎全盘推向市场。老百姓基本生活保障的民生问题，以及对政府发生的信任危机问题，其根本原因在于没有厘清政府和市场责任之间的边界。法治思维乃是底线公平思维与差别化思维的动态平衡，一个稳定的社会要想保持活力，就一定要保持适度的差别化；而一个差别化的社会之所以能维持稳定，是因为这个社会还能守得住底线。机会公平思维，要求对所有人提供公平的机会，而不是均等的结果。在这种情况下，法治所能做的就是重视保护和激发社会活力的机会公平，必要时须向弱者倾斜。

第二，自上而下思维与自下而上思维的平衡。平衡法治思维，是一种"自上而下"贯彻与"自下而上"反馈的动态平衡思维。以治理中国社会失衡的挑战性问题——突发事件的法治应对为例，突发事件频发根本上源于社会信息反馈机制的上下断裂：掌握信息的没有权力，掌握权力的没有信息。在突发事件应对中，危机的事前预警需要更加完善的自下而上的反馈机制，危机的事后应对和处理需要不断增强自上而下的贯彻能力。社会管理者必须与人民群众建立起双向互动的联系通道，即"自上而下"的管理、问责和"自下而上"的表达、倒逼的动态平衡。如果运用"自上而下"贯彻与"自下而上"反馈的平衡法治思维，即一方面用眼睛发现，用大脑驱动（自上而下），另一方面用末梢神经反映（自下而上），可以在很大程度上帮助我们有效地预防和控制。

第三，整体性思维与自组织性思维的平衡。一个真正的高级系统，不仅整体协调性强，而且自组织性要强。以中国社会失衡的突出问题——信访为例，"信访不信法""信上不信下"则是中国整体性思维偏向的突出体现。治理中国社会失衡问题的平衡法治思维，就是在每个子系统的自组织性的基础上实现整体性和谐。从这个意义上看，整体性思维与自组织性思维的动态平衡，就是说，无论是司法审判还是立法、行政工作，都需要在坚持自身相对独立性的前提下，兼顾国家治理和社会利益，最终实现自组织性与整体性思维的动态平衡。

（二）以价值衡平思维守护法治的精神家园

1.传统法律思维的一维式法律规范平衡的功能及局限

法治并非天然地具有价值，法治的价值倾向，是立法者在选择法治治理国家、社会时的基本价值倾向或价值观。价值与价值观最根本的区别在于价值观中不可避免地伴有法治抉择者的精神品格。当然，价值衡平法治思维的精神内核，在确立价值评价标准以及价值位阶时，既要符合立法者在法治运作过程的价值倾向，也要顺应社会发展的基本规律和时代需求。

第一，一维线性的平衡法治思维中对自由、平等价值的法律确定，是建立在与不平等、不自由的等级制度的二元对立上建构出来的。平等、自由的价值就是为了打破旧有的不平等、不自由，赋予商品经济主体法律确认和保障的平等和自由，法律规范以配置权利义务的手段设定行为主体自由的范围和实现方式。权利规范确定和描述主体的自由和范围，义务是对他人自由不得妨碍的要求。通过权利义务的设定，对社会生活不同领域自由的选择和安排，为市场交易提供和谐、平衡的方案。法律是肯定的、明确的、普遍的规范，在这些规范中自由获得了一种与个人无关的、理论的、不取决于个别人的任性的存在。"法典就是人民自由的圣经。"[①] 平等、自由观念源于商品经济的内在需求，欧洲近代以来工业、工场手工业和商业的繁荣，使资产阶级掌权后迫切需要通过立法的方式摆脱中世纪形成的以人身依附和宗法等级为特征的不平等、不自由的封建经济，实现贸易自由。自由只能是法律之下的自由，它必须通过法律规则来表达，并借由法律规则来实现。[②] 洛克的一段话极其深刻地概括了法律与自由的关系："法律按其真正的含义而言，与其说是限制还不如说是指导一个自由而有智慧之人去追求他的正当利益……法律的目的不是废除或限制自由，而是保护和扩大自由。"[③] 通过法律规范确定权利义务配置的手段，保障并扬升平等、自由，有效抑制与之对立的不平等、不自由的法治失衡。

第二，一维、线性的平衡法治思维中对公平、正义价值的法律确定，也是建立在与特权思维、差别思维和等级思维的二元对立上建构出来的。公平、正义价值的一维法治思维的平衡目标在于，通过法律规范以配置权利义务的手段呈现出的是一种"给付均衡"，即当事人给付与对待给付达到大致均衡状态。公平、正义价值作为"杠杆式"或"跷跷板式"平衡的重要量度，主要通过以下两种手段实现平衡：第一种通过法律规范确定当事人权利义务关系在量化形态中的均衡状态，并为当事人权利义务的均衡状态在量上发生质的转变提供制度供给，以恢复符合公平价值的新的均衡；第二种是在私法领域，法律规范能为当事人权利义务的公平、正义认定提供充足的自治空间。毕竟，公平、正义价值蕴含着主观公平和客观公平，在私法自治领域，给付与对待给付的公平性判断侧重于主观上的等值性。以合同法为例，随着合同正义在时空上的变迁，合同当事人的主观意愿在合同磋商过程中已经基本确定。只有当事人主观上主张不公平、不公正，并请求司法救济时，给付与对待给付是否公平自此才能侧重为客观上的判断。换句话说，一维的平衡法治思维是建立在与等级、差别意识二元对立法治需求基础上建构起来，以线性"杠杆式"方式，通过法律规范手段配置权利义务在量上的均衡

---

① 《马克思恩格斯全集》第 1 卷，人民出版社 1995 年版，第 176 页。

② 参见贺电、刘乃源：《平衡视域下法的价值实现与整合》，《学术界》2014 年第 10 期。

③ 洛克：《政府论》（下篇），叶启芳等译，商务印书馆 1964 年版，第 22 页。

状态。与此同时，通过情势变更、显示公平等部门法的制度供给，应对权利义务均衡状态发生质变的法治需求。

2. 价值衡平法治思维在多维度、多层级精神架构上的拓展

平衡法治思维中的价值衡平，其核心意蕴是在于探讨"关系中价值"。与传统法治思维相比较，价值衡平思维中的法治价值不再是一种孤立的、纯粹的理论判断，而是立法者在法治运作过程中在其价值倾向下的价值取舍，且兼顾社会公共利益或时代需求后呈现的动态平衡。即价值衡平的法治思维，在于探究立法者在法治运作过程中的基本价值倾向，确立在其指引下的价值位阶。在市场交易中，自由与秩序、公平与效率在特定场合会处于竞合状态。由于人们的价值偏好不同，一些人可能强烈期待法律的服务更多地向某项价值倾斜，而另一些人则可能有同样强烈的不同期待。[①] 通过利益平衡机制使社会各利益群体关系和谐。改革开放以来，我国市场经济呈现出利益主体多元化、利益分配格局多元化特征。为了保障利益关系的有序性，国家通过法律来确定利益层级，并依照不同利益层级更有效地调整和保障利益分配。当不同价值的利益发生冲突时，法律选择价值层级较高的利益优先保护。平衡法治思维须通过利益平衡机制，实现既注重对利益的整体配置，又兼顾对利益的具体安排的动态平衡。

第一，纵向层面人的价值、社会公共利益的价值，高于其他的自由、平等、正义价值。首先，人的价值位阶高于财产的价值。在现代文明社会，当人的生命、健康、人格价值与财产的价值相冲突时，立法者必然会毫不犹豫地将与人身属性密切相关的价值与利益，列于财产价值之上的一层位阶。债法立法者的基本价值倾向就在于人的价值高于财产的价值，明确债权中财产价值的实现必然让位于人的价值。在债权的流转，如债权转让、债务承担、债的保全的过程中，原债权必须是非人寿保险、退休补助金、伤残抚恤金等专属于债务人自身的债权。其次，弱势群体的公平价值因被法律规范优

---

① 参见张文显：《法理学》，高等教育出版社、北京大学出版社 2011 年版，第 236—238 页。

先保护，其位阶高于平等、自由交易价值。以消费者权益保护法为例，当规模化、网络化经济已成为无法逆转的时代趋势，市场交易的主体与相对方的价值衡平就不可避免地发生了变化。卖家和买家的平等交易关系中的价值衡平，已从民法制度体系中在同一位阶依靠市场这只无形的手的动态平衡，转向了消费者权益保护法中侧重保护消费者的新型价值衡平。再次，社会公共利益所代表的公平、秩序价值的位阶，高于私益的平等、自由价值。我国《合同法》中关涉政治基础、公共秩序、道德准则和风俗习惯等不特定多数人的利益的表述，吸纳了《宪法》《民法通则》的经验，以国家利益、集体利益、社会公共利益等并列的利益形态对外展现。当不同利益形态出现冲突时，必须将利益冲突放置到特定的社会中去考察和评估。[1] 以合同的效力认定为例，当利益冲突只涉及合同双方当事人的个人利益时，利益冲突在制度利益的范围内就能得到解决。比如在一方因欺诈、胁迫等违背当事人真实意思的情形下而成立的合同，尽管也有一定程度的违法性，但因其涉及的是当事人之间私人利益的平衡，运用《合同法》中可变更、可撤销制度这一既有制度供给就能解决这一问题。但是，当个人利益、制度利益背离社会公共利益时，其效力就会让位于社会公共利益从而被认定为无效。当用欺诈、胁迫手段订立的合同已经损及国家利益时，利益冲突的平衡与解决就不在同一位阶了，而转化为利益在不同位阶上的效力安排。

第二，合同相对性规则的制度利益与交易安全利益间的平衡。合同相对性源自古罗马法时期的"法锁"观念，自缔结契约之日起，合同当事方享有合同赋予的权利，负担与合同权利相对应的义务。合同相对性是同一合同法律主体的平衡空间，合同主体间权利义务的平衡必须也只能在这个空间中展开。但在市场交易中多方市场主体签订的合同存在相互关联，且涉及的利益复杂多元时，合同相对性所代表的利益就很有可能与其他的制度利益相冲突。以"合同保全"制度为例，相互关联的合同相对方可能碍于合同相对性原则，无法介入到合同关系之中。这就使得在特定"三角债""连还债"中，合同主体躲在合同相对性原则背后，以达到躲避债务的目的。商业信誉度无

---

[1]　梁上上：《利益衡量论》，法律出版社 2013 年版，第 61 页。

法建立的市场状况继续存在，必然会挫伤交易中的信赖利益，损害交易安全。当合同相对性原则与交易安全各自所代表的制度利益发生冲突时，合同平衡观当然会为其提供制度供给以实现制度利益间的均衡。这一制度形态就是合同保全制度，指法律为防止因债务人的财产不当减少而给债权人的债权带来危害，允许债权人干涉到债务人的合同关系之中的一种法律制度。由于合同保全制度中债权人"干涉"权的极具"侵略性"，债权人要想运用该制度，必须有充分证据证明合同相对性原则与交易安全间严重失衡状况，已经突破了法律容忍的底线，并严格符合法定构成要件才可适用。

3."提线木偶"式平衡法治思维实现多层级的价值衡平的和谐状态

为了把法的价值冲突控制在合同法律秩序允许的范围内，降低价值冲突的频率和烈度，自由、平等、公平、正义等价值以分层级的平衡状态对外呈现。一般情况下，平等、自由是市场交易的基本要求，是合同法的基本价值层级；公平、公正的价值在自由、平等价值被滥用的场合时位阶要高于前者，是次级合同法价值；秩序因其代表社会公共利益和善良风俗，体现合同法立法政策，是合同法的更高价值层次。合同法在价值层面以多层级形态的动态的呈现，只有处在同一个层级的价值才有真正意义上的平衡。多层级价值位阶，是动态实现价值衡平法治思维的精神架构。立法者基于自己的价值倾向，确立法律制度的基本价值品质和位阶，在这个多层级的价值位阶形成一个动态开放的架构。同一位阶中的各价值通过自治互动实现价值衡平，与此同时，同一位阶的价值、不同位阶的价值也会随着法治需求发生价值倾向，甚至价值位阶上的互换，实现新的动态平衡结构。

平衡法治思维既是价值衡平的目的，也是解决价值冲突时的手段。"提线木偶"式平衡法治思维突破传统法治思维对自由、平等、公平、正义价值平面认知，追求一种动态的、多维的、在一定时空限度的和谐状态。第一，"提线木偶"式价值衡平，既体现自然法意义上的自由、平等、公平、正义价值的衡平需求，更蕴含着立法者在特定社会条件下、在特定时空下"提线木偶"背后"操控者"的价值倾向。平衡法治思维是价值衡平的和谐的状态，与一维"杠杆式"的平衡法治思维之不同在于，多维的平衡法治思维的价值衡平，是一种相对的、动态的价值衡平。"提线木偶式"平衡法治思维，不仅体现在自由、平等、公平、正义价值本身，通过法律规范确定权利义务的配给，而实现价值衡平；它的多维度、多层级的特征，将价值衡平扩展为价值与价值之间的"关系衡平"，即自由与正义、平等与公平等价值互动。立法者在法治运作过程中，日趋形成的多层级结构下的价值衡平，其目的就在于维护其价值倾向下的国家法治秩序、实现社会和谐。第二，"提线木偶式"价值衡平从平衡的手段上侧重于多层级价值位阶的设定和价值冲突的制度供给。价值衡平的法治思维，针对不同维度的、特定时空下的法治需求，确定立法者的价值倾向，从而衡平价值冲突。以合同法为例，当交易只涉及双方当事人时，自由价值既是实现市场机制这个无形的手充分运转的前提，也是实现债权关系互动和谐的基础与目标。然而，当交易涉及三方当事人时，公平、正义的价值则在交易安全进而成为社会价值衡平与和谐之更高目标。总之，"提线木偶式"价值衡平法治思维，摆脱了既有法治价值要么孤立式探索要么对峙式比较的传统法治价值探索，而是以价值之间的关系及其互动的角度的新型平衡法治思维。法官需兼顾解释社会法治需求的价值倾向，衡平个案的具体情形，最终确定价值衡平结果。换言之，以价值衡平思维守护下的法治，是关系中的法治思维，是个案的法治思维，是动态的法治思维。

综上，通过确立价值多样化及价值共识来促进社会整合。一个社会要达到一定程度的整合，必须使其社会成员就社会最基本的价值观取得一致[1]。基本价值的一致是社会整合的基础，而法律是寻求价值一致性的重要手段之一。法律体系的背后是一种特殊的价值追求，法律对价值所作的选择、排列和保护，可以在一定程度上减少价值的混乱，降低由于价值多元化而造成的社会分裂或缺乏凝聚力。法律对价值的选择并不是企图对一切价值予以剪裁，而是选择一些对社会的生存和发展都比较重要的价值予以衡量和确认。当然，法治思维并不排斥价值的多样性，容忍社会多样性和多元价值的存在才使法治成为一种有生命力的原则，才使社会成为一个健康而有活力的社会。

---

[1]　参见［美］科塞:《社会冲突的功能》，华夏出版社 1989 年版，第 114 页。

（三）以权力制衡思维维护法治的政治稳定

加强权力的制约与监督，"把权力关进制度的笼子里"，是回归权力本质的必然要求。将权力的来源、权力的边界、权力的内容、权力的监控都以规范化、制度化的形式建立权力的运行秩序。权力制衡思维，是一种关系中的权力思维，它运用权力与权力之间的关系角度，将法治体系以一种界限明晰、相互制衡、整体和谐的方式呈现。

1.传统法制思维对权力制约的认知局限

第一，传统法制思维是一种斗争式思维。以权利与权力的对立与斗争的视角，设计限制政府权力的法治思维。新中国成立以来，我国法制思维在设计建构上，基本上全盘吸收西方法治理论，即以权利为逻辑起点的，公民权利与国家权力之间二元对立且"非此即彼"的法治思维模式。然而，为权利而斗争、遏制政府权力为核心内容的西方法治思维方式，与西方法治社会的实现，从历史视角上看，是以资产阶级革命中权利的斗争实现的。西方"杠杆式"的平衡手段呈现以下模式，即要保障公民权利，就意味着遏制政府权力。换句话说，西方法治思维就是一种有限政府思维或权力制约思维，权力与权利之间实现纵向权力制约，权力机关与权力机关之间实现立法、司法、行政三权分立式的制衡关系。然而，移植西方法治的二元对立式、斗争式思维对中国法制思维的影响表现在：一方面，权利本位思维范式的理论扬升，与中国传统法文化中道德实用主义的利益思维不协调。西方法治思维的建构传统认为，法治社会的内涵就是提升公民权利思维，抑制政府权力，在权力与权利"杠杆式""跷跷板式"的平衡关系上就要坚持权利本位思维。基于法治社会建构上的权利本位认知，改革开放以来，我国法治理论在相当长的一段时间中都以突出强调权利本位观念、设计权利体系、确定法定权利类型、提升民众权利意识为主要的工作内容。然而，这与浸染的实用主义的中国传统法文化中利益思维十分不协调。以清代民事法律的实践与表达为例，"权利"从未以与权力对抗的方式存在于法制的表达层面，但权利却以利益的方式得到有效的保护。权利虽不是中国传统法文化的逻辑起点，却包含在事实、价值、经验逻辑之中。官员权力的限制，并不以民众与之权利斗争的方式呈现，而体现在庞大的、细密规范的封建官僚体制和"君子之道"礼教拘束。另一方面，有限、服务型政府的权力制约思维，似乎政府权力行使必然伴随着权力滥用的恐惧和对公民权利侵犯的恐惧，将权力像魔鬼一样防范，将权力的范围框死，将权力行使的步骤细则化，不仅有可能将权力滥用方式隐蔽化，也有可能牺牲权力行使的效率和变通性。

第二，传统法制思维是一种建构式思维。在西方形式法治思维对我国法制思维中权力制约认知的影响下，一切政治行为的展开应当具有合法的依据，即任何政治权力的取得必须在正义的导引下，符合形式法治的需要。现代法治社会在权力问题上不仅要明确权力来源的实质合法性，还要解决权力取得在形式上的合法性问题，只有取得的权力具有合法的依据、合法的路径和合法的程序，才能保持稳定与久长，维护政治的文明。取得权力的合法性必须具备两个条件：一是人民授权，即权力必须来自于人民，"人民是权力的唯一合法源泉"[①]；二是法律授权，权力的取得必须由法律予以规定和确认，即权力法定。因此，传统法制思维是一种建构式法制思维，将一切与权力制衡相关的法治问题都归结于法律规范不健全、执行不到位等因素。然而，法律规范本身的稳定性与滞后性特征，无法应对纷繁复杂且高速发展的市场经济变化的法治需求。法制建构思维只是多维度、动态法治思维的一个一维、静态的"横截面"，修正该"横截面"，和谐其与其他法治思维维度间的动态关系，才是法治中国的题中应有之意。

2. 平衡法治思维中权力制衡思维是一种修正式思维

第一，平衡法治思维中权力制衡的内生式修正。20 世纪以来，权力的内涵范畴随着社会经济发展发生了巨大变化。公司号称是 20 世纪文明的最重大发明。在市场经济发展过程中，个人通过自治股东形成团体秩序，凝聚成社会团体力量（Power）。近代以来，集团的财力所衍生的财团政治，对西方法治的影响早已不可小视。从综合实力（Power）上衡量，肯德基、麦

---

① ［美］汉密尔顿：《联邦党人文集》，程逢如等译，商务印书馆 1980 年版，第 257 页。

当劳等跨国企业，以及通信、银行、电力等垄断集团的营业收入，甚至已经超过某些国家的国民生产总值。虽然社会团体的权力及其行使，与国家机关的权力及其行使在性质上有很大不同，但其对权力内涵的突破，对传统二元对立的法治思维中政府权力的制约方式构成了极大冲击。社会团体中坚力量的"权力化"，为权力制衡思维拓展了新的维度。通过对近代以来团体权力的内生式修正，可以得出个人权利为实现与国家权力抗衡而团结起来一致斗争的二元对立式法治思维，我们不妨也可以将权力与权利认定为一体两面，即个人权利在团体制度支持下可以以"权力"面目呈现，而国家权力在私法制度承载下也可以"权利"面目表征。借助团体法治思维的内生"权力"，修正权力与权利的"杠杆式"二元对立关系，直面冲突与独立，接纳融合与转化，才是法治中国的权力制衡思维的平衡智慧。

第二，平衡法治思维为权力制衡划定法治边界。权力的边界法治，是权力制衡思维的基本架构。法治要求"通过规定掌握不同权力资源的各个主体的权力界限、权力的配置、权力的社会结构、权力关系、权力的组织和协调权力运行的起点和终点，建立权力运行秩序，即使权力运行规则化、制度化"。[1] 文明的政治行为除了权力行为在渊源上具有合法性外，还要求合法取得的权力不是漫无边际、任意肆虐的，应设定权力运行行为的最大边界和支配范围。权力的边界在哪里呢？要找到权力的边界，经验告诉我们就必须找到权力的对应物——权利。法治理论认为，权力来源于权利，国家权力来源于人民的授权，划定权力的边界并不是要把权力和权利进行绝对对立，而是为权利的发展留下自由的空间。[2] 二元对立的法制思维中，划定权力的边界主要有两种：一种是在法理念上，权利不及的领域乃权力之所及，权力止于权利伸延的最终边界。权力的存在以不干预而是保障权利的正当运行为限，任何对此限度的超越，都是对权力的滥用。另一种在法规范上，法不规定即无权。权力及于实在法规范的领域，止于实在法所确认的限度。界限不明和关系不顺必将导致权力推定和对权利的侵犯。

---

[1] 王子琳：《法律社会学》，吉林大学出版社 1991 年版，第 21 页。

[2] 参见汪习根、汪火良：《论政治文明建设的法治化》，《法律科学（西北政法学院学报）》2004 年第 6 期。

第三，平衡法治思维为权力制衡提供制度利益的冲突机制。把权力关进制度的笼子里，在权力制衡思维上主要表现在两个方面：一方面，从形式法治层面，借助法治体系的建构机遇，通过理清法治体系中权力边界，即权力的来源、界定权力行使范围，在特定制度内部，调节其自组织性与整体性、确定性与可变性的平衡。既要呈现各个立法机关、司法机关、行政机关自组织性与整体性的权力制衡，比如立法权力中包含立法起草修改权、立法监督权、立法解释权之间，司法权力中包含立案、庭审、执行部门之间内外部多维度、多层级的权力制衡，与此同时，又要从中国社会法治层面调节立法机关、司法机关、行政机关之间的自组织性与整体性之间的权力制衡。另一方面，在实质法治层面，运用利益衡量手段平衡制度利益与制度利益之间的冲突，并提供有效解决机制。把权力关在制度的笼子里的好处在于，权力行使总代表着权力行使主体的制度利益，依循法律社会学中对制度利益的利益层级以及位阶思维，运用利益衡量手段，便可从权力的整体制度利益需求，甚至从更高位阶的社会公共利益层面修正制度利益，实现更高层级的权力制衡。

3.权力制衡思维是一种和谐式思维

第一，权力制衡作为一种和谐式思维的方法论意涵。在中国传统法的表达与实践中，权力与权利是"利益"一体的两面，权力和权利是二元但不对立的，权力与权利在中国始终是以共存、互利、"让渡"空间的方式长久共存的。然而，中国权力制衡思维中权力边界的设定更具有和谐意蕴，不仅是为了限制权力滥用，也是为了尊重权力行使空间的"合而不同"的中国式思维。中国权力制衡思维中的权力行使与实然层面的民众的权利实现，是以"利益"主客观互动的，以一种在特定时空下，针对特定案件的和谐面目呈现。有时权力制衡让渡于自治秩序，有时权力制衡妥协礼教权威，有时权力制衡依循规范适用，分别以个人利益、社会公共利益、制度利益的个案利益的和谐状态为平衡目标与手段。与以权利为起点、权力与权利二元对立斗争的西方法治思维不同，中国的权力制衡思维更偏向实质法治思维，脱离权力与权利之间的逻辑上的理论争斗，针对权力制衡基于个案法治的具体利益需求，直面权力制衡思维的最佳利益和谐的法治结果。

第二，权力制衡思维横向拓宽权力内涵，促进政府权力与党的领导之间关系的和谐。党的十八大明确提出"党领导人民制定宪法和法律，党必须在宪法和法律范围内活动。任何组织或者个人都不得有超越宪法和法律的特权，绝不允许以言代法、以权压法、徇私枉法"，对"法治"的认识提到了一个前所未有的高度。法治是共产党保持政治本色的经验结晶。1978 年以来，我们党重拾"法制"，认识到"必须使民主制度化、法律化，使这种制度和法律不因领导人的改变而改变，不因领导人的看法和注意力的改变而改变"。① 在 1980 年党的十一届五中全会上通过的《关于党内政治生活的若干准则》正是"民主制度化、法律化"的集中体现。与传统法制思维的不同在于，十八大明确提出"依法治党"的理念，并不意味着将其权力的范围、权力的来源、权力的行使都纳入法律规范这一形式法治思维下法律规范这一"横截面"内，并非是将党的民主制度以细则的方式全部程序化、公开化，而是借助制度化、法律化的规范思维规范党内活动，始终坚持党的领导，剥离以党内整治思维完全替代法治思维的固有治党观念。培养以强化党员干部的法治能力。依法治党的关键性要素是领导干部的法治能力。通过"上行下效""领导驱动型"方式，通过对领导干部法治思维与法治能力的提升工作以调动全党"习法、用法、倡法"的积极性和行为惯性。在监督党员干部活动的合法性上，对违法违纪、法治思维淡薄、法治能力较差的党员干部实施"零容忍"，从而提高党员队伍的整体法治水平。

第三，权力制衡思维纵向拓展制衡手段，促进政府权力运作与民众政治参与之间关系的和谐。将权力制衡思维的法治精神融入政治运作、政治参与过程，用法治思维进行国家治理，意味着权力机关运动式执法思维被法治思维所取代，法治将用理性的法治思维和妥协的法治方式作为解决社会矛盾与冲突的主要手段。为此，应当营造制衡权力滥用的法治气氛，倡导一个尊重文明政治价值的社会气氛。法治亦是一个内容丰富的概念，它既是一种治理国家的方略，又是一种平等、公平、正义的政治理念，具有强烈的政治意

---

① 《邓小平文选》第二卷，人民出版社 1994 年版，第 146 页。

蕴。法治融入政治文明建设的系统之中，从内部激活元素，产生能量，这就是政治意识的法治化、政治行为的规范化和政治制度的法治化。①

综上，在现代法治国家，法通过对权力的控制，确保权力的合法行使而不被滥用，从而为公民权利创造和谐空间。传统的治理模式尊崇政府的行政管控，权力的运用是政府对公民的自上而下的单向度模式。平衡法治思维应吸纳与国外民间个人或社会机构管理社会公共事务相结合等诸多方式，由自上而下"统治"法治思维转向双向互动"治理"法治思维转变，以适应我国从传统社会向现代和谐社会的转型。

（四）以底线平衡思维促进法治的社会和谐

底线思维是一种唯物辩证思维，是"有守"和"有为"思维的有机统一。底线平衡思维，就是凡事从最坏处准备，努力争取最好的结果，做到有备无患、遇事不慌、牢牢把握主动权。法治中国的底线平衡思维，已经突破了传统形式法治下的底线公平思维，而是一种纵横交错的底线"网络"，编织中国社会的法治边界网络，最终实现社会利益动态和谐。

1. 一维底线形式法治思维的基本特征

一维的平衡法治思维，以法律规范的建构为"依法治国"底线思维的基本内容，以权力与权利、权力与权力之间的"杠杆式"权利义务配置为平衡手段，以公平价值衡量底线思维的边界，以不断扩充并细化规范性法律文件构建的法制体系。然而，伴随着实质法治思维的逐渐成熟，即形式公平价值逐渐向实质公平转变，权利义务配置向利益冲突的解决转变，从法制体系的建构向法治体系修正转变。

第一，一维形式法制思维的底线平衡思维强调稳定性和确定性，即通过法制体系的建构及进一步修正细化，使国家权力得以具有法律上的正当性，

---

① ［美］西奥多·A.哥伦比斯、杰姆斯·H.沃尔夫：《权力与正义》，华夏出版社1990年版，第98页。

使之具有严格的等级体系、有明确的职权范围，从而也使公职人员对国家权力的责任思维得以强化，使一般公众对国家的权利思维得以强化，这显然是有利于社会整合的。通过法治赋予国家权力以合法性，其内涵包括明确不同行政主体行使权力的适用范围、法定程序、法定条件以及滥用国家权力的法律规制，将国家权力边界模糊、权力争夺或推诿的社会治理失衡问题重新梳理整合。将国家权力入侵社会生活中的部分，以合法性认定的方式予以有效约束。这样既能有效缓解国家行政机关压力大、负担重的失衡问题，同时也能提升社会自治治理的能力。以基层派出所减压减负问题为例，随着"110"逐渐成为熟稔于心的求助号码，一些本应由安保行业主要维护的大型演唱会、大型展览会的维护和保障工作，本应由社区、居民委员会调解的老百姓家里漏水、开不开门、酒鬼闹事、债务纠纷、商家放音乐时间长等细小纠纷都流向基层派出所。更有甚者，一些精神病院、民政救助站、医院、社会福利院以各种理由拒收的，难以安置的精神病患者、受伤无依靠者、流浪乞讨人员、老年痴呆人员，都以"110"接警方式转移到了基层派出所，甚至出现了基层派出所警察供养弃婴的情况。长此以往必将产生两个不良后果：一是警力疲于奔命，却"种了别人的自留地，荒了自己的责任田"；二是误导群众对派出所过度依赖，一旦得不到满足便心生怨恨，基层产生警民矛盾。因此，通过法治赋予基层派出所行使国家权力以合法性，其明确受理"110报警"案件的适用范围、法定程序、法定条件以及滥用国家权力的法律规制，将基层派出所的权力边界模糊而产生治理失衡问题重新梳理整合。将基层派出所权力行使有时入侵社会生活的部分，以合法性认定的方式予以有效约束。这样既能有效缓解基层派出所压力大、负担重的老大难问题，同时也能提升社区治理能力，以实现社会和谐。然而，形式法治的底线思维始终强调权力的边界不清，法治运行程序化不健全这个层面，主张在构建法制体系的过程中框定行政权力行使范围、行使程序细则化和政府权力的灵活性，从而失去法治体系的开放性，丧失了法治思维本身的效率追求和变通性。

第二，一维的形式法制思维以公平价值衡量底线思维的边界。具体说来法治是守护"底线公平"的社会规则。从形式意义上讲，法治的底线公平体现在法律面前人人平等；从实质意义上讲，法治的底线公平体现为守护人民的生活保障底线的公平。公平是法治的核心价值，法治是实现公平的重要保障。一维的形式法制思维以公平价值衡量底线思维的边界，从形式上以权力与权利、权力与权力的"杠杆式"手段，建构法律规范的底线，但实质法治思维下的实质公平的实现却又不得不依赖国家主权、政治制度、社会保障制度等社会底线，在逻辑上是错乱的，在法理上也是不通的。

2.多维法治体系下的底线平衡思维的深层内涵

多维、立体的平衡法治体系中，底线不是一条"线"，底线的边界不是杠杆式"公平"，而是不逾矩的"和谐"。底线思维就像地球仪上面标注的"经线"与"纬线"，描绘和谐法治体系的边界图。"经线"分布着政治、经济、环境、文化等各项影响中国社会失衡的因素，在各个"经线"内部又可被不断切割，如政治因素中涵盖党的领导、立法权、司法权、行政权力间的运行及相互制衡，经济因素中包括商事运营、民事交易，每条经线都蕴藏着各自的利益因素，每条"经线"在这个动态、多维的法治体系中所起到的作用和对其他经线的影响都有所不同。而在这个多维、类似球状的法治体系中的"纬线"就是法律规范之"底线"。从利益衡量角度看，底线思维是一种多层利益层级下的底线思维，即国家利益与社会公共利益；在形式法治的规范层面，则体现在法律、行政法规的效力性强制性规定。

第一，"经线"的纵向底线是关涉国家与社会公共利益的国家主权底线、政治底线，在利益衡量层面则关涉国家利益与社会公共利益。法治体系的"经线"主要代表中国社会政治、经济、环境、文化等各个层面，每个国家因其政治体制、司法与行政体系、经济体制、地理环境、文化观念的不同，其法治体系呈现的和谐状态不同，底线边界的划定也会不同。底线思维的确定与刚性特征，也拓展到主权、政治体制两个方面：一是守住主权底线。中国将坚定不移维护自己的主权、安全、发展利益，任何国家都不要指望我们会吞下损害国家主权、安全、发展利益的苦果。二是守住政治底线。领导干部要保持政治定力，坚守党规党纪是不可逾越的底线。党的各级党员干部不仅要模范遵守国家法律，而且要按照党规党纪以更高标准严格要求自己。领导干部要牢记法律红线不可逾越、法律底线不可触碰，带头遵循法律、执行法律，带头营造办事依法、遇事找法、解决问题用法、化解矛盾靠法的法治环境。从遏制暴行到防止腐败，从社会管理到廉政建设，底线刚性思维都是这个社会不可突破、不可触碰、不可或缺的"高压线"。任何权变的空间都必须被牢牢地限制在这条"高压线"之内，否则必将受到法律的严惩。

第二，"纬线"的横向底线是由法律规范构成的社会主义法制体系，具体包括法律、行政法规的效力性强制性规定。首先，从划定底线的设定机构完善角度看，全国人大常委会以人民代表大会会议的方式实现其立法权行使，以法律起草小组方式临时组建，没有专门性的法律起草机构，就难以实现稳定且有规划的法律起草规划、社会调查、可行性论证。由于我国立法起草过程，以项目或会议形式因事组建，有必要修正人大立法的机构设置层面彻底修正立法起草机制，以提升我国的立法起草技术。其次，底线思维下法制体系的修正，随顺市场经济社会的法治需求，相应调整法制体系的底线的权变思维。仍以合同无效的适用条件为例，《合同法》第五十二条将1986年《民法通则》第五十八条中的欺诈、胁迫、乘人之危的民事行为，限制民事行为能力人为的民事行为，以及违反国家的指令性计划从合同无效之底线中删除，依循鼓励交易原则，扬升私法自治，压低并慎用无效认定底线。最后，扩充和完善社会保障机制的底线思维，完善农村社会保险、医疗保险等配套机制，完善住房、义务教育、卫生医疗等关乎社会公共利益的配套机制。当前，中国社会贫富差距扩大、民生保障不足等失衡现象反映了我国法治建设的不足。法治必须为社会守住底线，并提供公平的机会。例如"看病难、看病贵""上学难、上学贵"的社会呼声，究其根源可以归结为义务教育和卫生医疗领域政府责任和市场作用边界没有划清。底线思维在社会保障层面，一方面，强调政府责任底线，清晰划定政府责任与市场作用的边界；另一方面，社会政策的重点应优先满足弱势群体和底层群众的迫切需要。进一步增强社会包容度、降低贫富差距、协调贫富各方利益，促进社会和谐。

第三，多维的底线思维，意味着妥善处理横向底线思维下的制度利益，与纵向底线思维下的国家利益与社会公共利益之间的关系。当形式法治思维下的制度利益能够较好地体现社会公共利益时，该制度就不能破坏，只能对其进行价值补充与修正；如果制度利益已不能反映社会公共利益，对社会公共利益可能起阻碍作用，制度利益就不值得保护，应当大胆地抛弃或冲破落后法律制度的束缚。① 以著名的脑瘫龙凤胎医疗事故第一案为例，湖北省人民医院在护理双胞胎婴儿的过程中，两次发现保温箱断电，却没有采取有效措施，致使两婴儿因脑内缺氧窒息，留下了严重的脑瘫后遗症。在医疗事故处理过程中，1987 年国务院颁行的《医疗事故处理办法》认定，医疗事故技术鉴定委员会申请鉴定为医疗事故，才可依循"谁主张、谁举证"的举证责任，向人民法院提起民事诉讼，请求医疗单位赔偿经济损失。然而，这一行政法规的问题在于该法律规范所代表的制度利益与社会公共利益存在冲突。针对此案件，医疗事故处理制度已不能很好地反映社会公共利益，因此湖北中级人民法院、高级人民法院在本案中做出了重大突破，正本清源地重申了"医疗事故鉴定委员会的事故鉴定不是当事人提起民事诉讼的必经程序"，大胆地冲破法律制度的束缚，对落后的制度予以抛弃，维护社会公共利益的长远需要。②

（五）以利益衡量思维革新法治的司法体制

从传统的法律思维看，我国社会主义初级阶段和社会转型时期，需要经济上的平稳发展，政治上相对稳定，必然要求法律秩序的稳定、要求确保法的确定性，使得市场参与者可以进行计划并能够预见法律上的后果。然而，传统的形式逻辑为核心的法律思维把法治实现过程单纯化，对实施法治的复杂艰巨性估计不足，难以适应新世纪的中国社会政治、经济失衡问题对法律的要求。

1. 形式逻辑思维的司法适用局限

第一，形式逻辑思维的司法适用对法制建构思维的依赖。治理中国社会

---

① 参见梁上上：《民商法的转向——以利益衡量为中心展开》，法律出版社 2015 年版，第 326 页。

② 参见梁上上：《民商法的转向——以利益衡量为中心展开》，法律出版社 2015 年版，第 329 页。

失衡问题的传统法治思维是形式法治思维，即"法治是规则治理的事业"。形式法治奉行的是一种封闭的思维路径，传统的一维、静态的法治平衡思维特征可如下：其一，在法源问题上，独尊国家制定的成文法，以成文法为主要甚至唯一的法源，排斥习惯法和判例。其二，在法律文本是否存在漏洞的问题上，强调法律体系本身具有自足性，即认为中国社会无论发生什么样的失衡问题，均可以通过形式逻辑的方法从法律文本中获得解决，不承认有法律漏洞。即使有漏洞，也可以通过完善、健全法律文本的方法得以填补。其三，关于法律解释，传统的法律思维注重形式逻辑的操作，即强调文义解释和体系解释，排斥解释者对具体案件主观选择。其四，关于法官的作用，传统的法律思维否认法官的能动作用，法官被视为适用法律的机械，只对立法者所制定的法律作三段论的逻辑推演。即使遇到疑义时也强调立法者的意图，否定法官的造法功能。

第二，形式逻辑思维的司法适用难以适应新世纪的法治中国需求。法律思维中形式逻辑三段论预设了法律的规定性，且必然有可供参照的法律文本和法律规范予以支持。然而，法律确定、周全的预设无论在理论上，还是在实践上都出现了一些问题。实践中，法律的不周延性、模糊性、法律漏洞解释都在对简约化的法律思维中形式逻辑的三段论表达提出了挑战。以大陆法系德国式的形式逻辑法律思维对于法律体系细致健全的要求，也使中国法治的立法建构的成本居高不下。而实质的动态"法治"思维则不那么纯粹，法治之法不是现成的文本，而是法律活动中构建的法律，这种构建增加了法律运用的主体能动选择的灵活因素。因为现实问题的复杂多变，仅仅靠逻辑与理性是无法根治社会失衡问题的。目前，一些学者对我们引进的单纯的以形式逻辑思维为核心的西方"法治"思维进路进行了深刻反思，并发现这种法律思维方式也只是西方法治理论的一个历史阶段，且这种形式逻辑法治思维和西方司法判例法传统、宽松的政治背景依托、与之对峙的实证法治思维是共存共生的。而中国的法治战略中，为修正无法无天时代的法律严重缺失、建立健全法律基础体系，"在社会主义法律体系形成的基础上，把认真对待规则作为初步法治思维战略，并在此基础上修改研究法治实现的方法论，这是法律方法论对法治思维之

'殇'修复的初步措施"。① 以形式逻辑为核心的传统法律思维奉行用简单
应对复杂的思维路径，运用理性的力量、形式逻辑的规则治理社会。带有
严重的浪漫主义情结的形式法治对于法律思维中形式逻辑运用、对法律文
本量上的满足，已经无法应对中国社会的深层、错综复杂的失衡问题了。
生活在纯粹法律气氛中从而不顾全部尘世间和人的因素的法律修道士，不
可能将实际的原则适用到有血有肉和变动不居的社会。最符合逻辑和经过
严密推理所得出的规则，也可能因为不适合社会环境而使对它们的实施有
违于法律目的。②

2. 利益衡量思维既符合中国特色法治思维又具有时代前瞻性

第一，运用利益衡量思维革新法治思维符合中国特色法治思维需求。首
先，利益衡量法治思维符合中国长期延续下来的比较独特的法治思维方式。
不同于西方形式主义思维，它强调经验与概念的紧密连接，不会轻易陷入现
代主义普世化野心和意识形态化倾向；它更加重视经验和实效，以及历史情
境和变迁；它不会像法律形式主义那样强调规范和实践上的逻辑整合，而会
在抱合的同时附带一定程度的背离；它是比较包容、中和的法律模式。③ 其
次，利益衡量法治思维超越了西方法治贯穿二元对立、"非此即彼"法治思
维，更加符合中国特色。西方法治思维的终极追求式的"一"，总是要依托
高于人类本身的、先验的宗教背景。可以说，所有法治思维中平等、自由、
公平内核，本源自上天无所不能的神的仁慈赋予。与人自我分离的法治理
论，就是在内在构建上也处处充斥着斗争与冲突。在西方法治理论中，世界
是分离的。在法治本源下的二元分解，如国家与社会、权利与权力、权利与
义务，等等，似乎只能以对立的法律概念形式存在。拥有国家权力的统治者

---

① 参见陈金钊：《对"法治思维和法治方式"的诠释》，《国家检察官学院学报》2013 年 3
月第 21 卷第 2 期。
② Pound, *The Need for a Sociological Jurisprudence*, 19 Green Bag, 1907. 转引自 ［德］K. 茨
威格特、H. 克茨：《比较法总论》，潘汉典等译，贵州人民出版社 1992 年版，第 439 页。
③ 参见 ［美］黄宗智：《过去和现在：中共民事法律实践的探索》，法律出版社 2014 年版，
第 236 页。

必然又侵犯个人权利的公民的野心，公民也不可避免地以斗争形式争取权利，以遏制国家或政府的权力。与西方法治思维最大不同在于，中国法治思维中的"一"在人心，"一"既是出发点，又是目标；既是终点，又可能是另一层面的原点。而中国法治理论中的矛盾原则是"即此且彼"，二元却非对立的形态存在。在中国传统表达与实践中，权利不是形式逻辑的起点，而是利益的事实取得为基本要素。风俗、礼教、道德、法律四者非"多"的关系，而是治理"一"的多层面展现。法律是治国之骨，礼教是治国之皮肉，风俗、道德是治国之精气。

第二，运用利益衡量思维革新法治思维具有时代前瞻性。首先，利益衡量思维是主客观统一的法治思维，符合时代需求。利益是主客体之间的一种关系，表现为社会发展规律作用于主体而产生的不同需要和满足这种需要的措施，反映着人与周围世界中对其发展有意义的各种事物和现象的积极关系，它使人与世界的关系具有了目的性，构成了人们行为的内在动力。利益强调人与客观事物、精神与物质的相互关系及作用，强调精神对物质、精神现象转化为物质变化的完整的过程和统一，是从精神到物质、主观到客观、主观和客观相统一运动的完整体系。其次，利益衡量思维是多维度、多层级的、动态、开放的解释体系。在利益衡量时，要克服恣意，保证案件的妥当性，实现法治，必须遵循利益的层次结构的规律。这种层次规律要求法官在判案过程中遵循这样的一种法治思维过程：以当事人的具体利益为起点，在社会公共利益的基础上，联系群体利益和制度利益，特别是对制度利益进行综合衡量后，从而得出妥当的结论。① 这里的"利益"实质上是一定社会关系的体现和反映，是人与人的一种利害关系。② 就社会公共利益而言，仅仅把它理解为经济秩序和社会公德是不够的，它还涉及深层的公平正义等法律理念，社会公共利益是利益衡量的支点和根基；而制度利益是一项法律制度所固有的根本利益，对制度利益所带来的影响进行评估的法律思维是必要的；群体利益是联系当事人具体利益和制度利益、社会公共利益间的桥梁。

---

① 参见梁上上：《利益衡量论》，法律出版社 2013 年版，第 61 页。
② 参见王伟光：《利益论》，中国社会科学出版社 2010 年版，第 80—81 页。

在个案处理时，当事人的具体利益、群体利益、制度利益和社会公共利益形成一个有机的层次结构，在这个结构中呈现一种由具体到抽象的递进关系。

3.运用利益衡量思维革新法治的司法适用

第一，从司法适用渊源层面。在成文法国家，立法过程就充分体现了利益衡量法治思维层次递进的过程。因为社会是一个利益的复杂体，立法的目的就在于公平合理地分配与调节社会公共利益、群体利益和个人具体利益，以促使各种社会利益各得其所、各安其位，做到相互协调，促进社会的和谐发展。法律条文不是孤立制定的，是立法者的综合平衡的结果，其本身就包含着一定社会整体对公平正义的理解。这种经过各方平衡的利益凝固于具体法律制度之中，通过制度利益表现出来；且一旦凝固于具体法律制度中，该制度利益就成为脱离于立法时平衡的各种具体利益的独立存在物。这种相对于法律适用中的利益衡量，可称之为"第一次利益衡量"。[①] 以合同法为例，在合同法立法中考虑的是法律适用主体代表的利益集团的平衡。在成文法国家，法律条文不是孤立制定的，是立法者对社会上各种现存的利益和将来可能产生的利益加以综合平衡的结果。合同法的立法过程，也是将各方平衡的利益凝固于具体法律制度之中，通过制度利益表现出来。以《合同法》第286条关于承包人就建设工程折价或拍卖的价款优先受偿的规定，最高人民法院在对这个问题草拟司法解释时，发生过不同利益集团在立法过程中为本集团利益相互争夺的情形。针对这一问题，代表银行利益的一方认为，银行抵押权是设立在先的权利应予以优先保护；而代表承包方的一方则认为，《合同法》第286条的立法目的就是要补救承包方的不利地位，使承包人利益优先就是合同法立法供给的制度利益。显然，让银行优先实现抵押权不利于这种制度利益的实现。故最高人民法院《关于建设工程价款优先受偿权问题的批复》充分体现了利益衡量在立法过程中的作用。

第二，从方法论层面。理论层面的法治思维需要在方法论层面证成，以便实践层面完成对任意决断的限制。实质逻辑的法律方法论是对传统法治思

---

① 参见梁上上：《利益衡量论》，法律出版社2013年版，第98页。

维的融合和修复，实质逻辑思维提醒我们，在法律价值意义的流动中推进法律逻辑，运用事实与逻辑的合力推进法治。传统的形式法治在司法实践中体现为，法律采取较为固定的形式，法官认为他们的主要任务是把现存的法律规则整理成有条理的规范，他们倾向于从现成的法律规则中推断出法律的结果，使得法官产生一种幻觉，即可以超脱当时的政治和社会的冲突，只作不受时间限制的伸张正义者。[①] 只要以法律规定作为大前提，案件事实作为小前提，经过形式逻辑的操作，就可以得出结论。事实上，在复杂的现代社会中，仅仅依靠形式逻辑是不够的，价值和事实层面的考量在复杂社会的法律构造中也扮演着重要角色。法律思维已经不再是一种与价值无涉的思考推理方式，它已经受到法律价值的深刻影响。当然，法律逻辑也需要与法律事实环环相扣，不同的情境、案件事实所体现的法律价值不同，裁判也会不同。[②]

第三，从具体案件的司法适用层面。以利益衡量为核心的实质法治理想虽然饱含着美好的愿望，想要在每个决断、每个案件的审判中都能充分实现个案正义，然而，利益衡量的思考方法也要考虑到我国的法治环境，以及我国法律人对法律和实质正义的理解和实际操作能力。法律"人"恣意的危害有时会超过法律本身的不确定性。说到底，价值、事实判断掺杂在内的利益衡量方法具有主观性。"利益衡量论中，有不少过分任意的或可能是过分任意的判断。"[③] 在司法实践中确实存在一种法律漏洞，没有现存的法律可适用。这实际意味着需要建立一种新的法律制度来重新平衡当事人双方的关系，或者需要打破立法业已确立的关系平衡，重建新的平衡关系。这种法律空白的司法创设，极易造成主观上的恣意。因此，我们要十分警惕政策、政治"价值"对法律的绑架，与时俱进的政策因素对法律意义的转换，考虑"节制的必要性""实用的可行性"，夯实法治思维内核。在具体案件的利益衡量中，对当事人的具体利益只有放置在法律思维层级结构中进行平衡与衡

---

① 参见 [德] K. 茨威格特、H. 克茨：《比较法总论》，潘汉典等译，贵州人民出版社 1992 年版，第 439 页。

② 参见梁上上：《利益衡量论》，法律出版社 2013 年版，第 95 页。

③ 梁慧星：《民法解释学》，中国政法大学出版社 1995 年版，第 338 页。

量。具体到利益衡量层次结构来考察，包括以下两个方面：当制度利益符合社会公共利益时，制度利益必须被遵循，只能作价值补充和文本上的漏洞补充，以弥补制度本身存在的缺陷；当制度利益已无法反映社会公共利益时，对社会公共利益已起到阻碍作用，甚至抑制了社会进步和发展时，对当事人具体利益进行衡量时，就应大胆地抛弃或冲破落后制度利益的束缚。总之，坚持遵循这样按部就班的利益衡量层级法律思维规则，在司法治理中国社会失衡的问题上避免衡量上的恣意。以一执行案件为例，法院因甲乙双方合同纠纷判决债权人乙胜诉，乙申请了对甲的强制执行。在执行中，乙发现出资人 A 出资不到位，据此申请对出资人进行强制执行，该法院借此裁定可以直接向 A 强制执行。显然，该法院的执行行为使得不同法律关系发生交叉和错位。法官在合同案件执行过程中首先要确定其所要平衡的利益是否存在于同一法律关系之中。[①] 只有在当事人之间的利益关系需要跨越不同的法律关系才能有效实现时，基于法律明文规定才能被突破。然而，最符合逻辑和经过严密推理所得出的规则，可能因为不适合社会环境而使它们的实施有违于法律目的。[②] 在案件事实错综复杂的情况下，法律逻辑要与法律事实环环相扣，法官在法律适用上必须平衡法律逻辑、事实与价值三者之间的互动关系，必须细致分析法律事实，结合不同的立法精神和法律价值，才能妥当地做出判断。

综上，平衡法治思维，究其根本在于，选择治理中国社会失衡问题的法治对策、法价值、法理念和法技术不落入二元对立。法治对策的选择上既注重规则思维，又不忘诚信量思；既框出形式法治体系，又勾勒实质法治精髓；既保护社会底线公平，又激发机会公平的活力；既保有社会主义国家整体性调控的优势，又划定自组织性思维的边界。在法理念上，平衡法治思维运用即此且彼、经验主义、天人合一等法观念，弥补西方法治思维中现代主义所附带的非此且彼的偏激性。在法技术上，平衡法治思维善于在立法、司法实践过程中经验与实用地运用利益衡量机制，形成逻辑、事实与价值三者

[①] 参见梁上上：《利益衡量论》，法律出版社 2013 年版，第 98 页。

[②] Pound, *The Need for a Sociological Jurisprudence*, 1907. 转引自 [德] K. 茨威格特、H. 克茨：《比较法总论》，潘汉典等译，贵州人民出版社 1992 年版，第 434—435 页。

间的互动平衡。

三、法律制度构建平衡

法天然地与平衡密不可分，法律制度构建的过程就是基于自由、公平、正义、秩序等价值目标对权力、权利、义务这些基本法律要素进行有效配置的过程。这些基本法律要素失衡的现状导致了诸多严重的社会问题，比如腐败的问题、以极端方式表达个人意愿、道德的衰落、人们对公益事业的淡漠、环境问题，等等。无论权力、权利还是义务，如果不能平衡配置、有机统一，而是相互倾轧、互为抵触，必将导致整个社会公平体系的破坏，使整个社会沦为不正义。法律制度构建过程中，始终贯彻平衡法治思维就是要实现权利、义务与权力之间六对基本关系的平衡，通过平衡理念和平衡机制，追求社会协调发展和中国特色社会主义法制体系质量的持续提升。以平衡法治思维来指引、指导相关立法工作，将其贯彻于相关立法工作的始终，有利于更好地协调利益关系，使法律准确地反映经济社会发展要求，持续提升法律制度本身在中国社会失衡问题治理中的实际作用。

（一）健全法律体系为改革提供规范保障

1.完善立法体制

建设中国特色社会主义法治体系，必须发挥立法的引领和推动作用，坚持立法先行，抓住提高立法质量这个关键，通过科学立法、民主立法，完善立法体制，构建中国特色的社会主义法律体系。到 2010 年，我国如期建成了中国特色社会主义法律体系，既符合中国的法律文化，又兼顾中国的法律实际，总体上实现了有法可依。但同时，我们也要看到，虽然立法硕果累累，但立法的质量并不尽如人意，立法数量与质量并不成正比。因此，从中国的具体实际出发，直面我国立法存在的突出问题，提高立法质量，完善立法体制，有针对性地回应人民群众的呼声和社会关切，深入推进科学立法、民主立法的战略部署，推进科学立法、民主立法，完善立法体制，应当是提高立法质量的重要抓手。在建构立法体系的同时，应坚持做到：

第一，整个立法环节应当突出人大的主导作用。立法是一个过程，从法案到法的阶段，从立法准备到立法完善，应当发挥人大及其常委会在立法工作中的主导作用。关于人大的主导地位，我国现行的法律已有诸多的规定，在具体措施上，应增加专职常委比例，建立健全立法专家顾问制度。

第二，深入推进科学立法、民主立法。健全立法起草、论证、协调、审议机制，强调加强人大对立法的组织协调，建立征询立法意见机制，健全基层立法联系点制度，推进立法精细化，强调立法机关和社会公众沟通机制，开展立法协商，落实立法情况反馈机制。承认社会分歧与利益多元化，广泛凝聚社会共识，是承认社会共识的问题的前提。社会共识的基础是通过商谈或协商，立法协商不仅包括政协式的协商，还包括立法（前）协商，即由中国共产党在各民主党派、社会各界代表人士，以及有权立法的机关与国家机关、社会团体、公民个人等进行的协商。通过协商，形成广泛的社会共识。

第三，平衡处理立法体制中的各种关系。我国现行的立法体制是统一而分层次的，国家立法权由全国人大及其常委会统一行使。完善立法体制关键是要处理好各种关系，保证以下三种关系之间的平衡，即保证党的领导与人民当家做主、依法治国之间的平衡关系，保证立法机关与行政机关的平衡关系，保证中央立法与地方立法之间的平衡关系。要想达到这三种关系之间的平衡，首先，应解决好地方保护主义法律化的问题。一些地方利用法规实行地方保护主义，损害国家法制的统一，对全国形成统一开放、竞争有序的市场秩序造成障碍。其次，强调依法赋予设区的市地方立法权，禁止部分地方制发越权越级的具有立法性质的文件。最后，进一步研究立法权配置，形成"中央—省—市"三级分层立法体制。这种分层立法体制，是对立法体制的一种革新，体现中央一方面在放权，另一方面又有意限缩较大的市的立法权限范围的平衡立法精神。

第四，规范部门立法。在我国，存在部门借助立法的方式通过法律确认部门利益，使部门利益合法化现象，或者通过部门立法争权诿责，这使部门立法现象备受诉病。但由于现代社会许多复杂的、事涉专门技术的法案必须由行政部门起草，部门立法在当前和今后必将长期存在。为此，要杜绝部分立法的不合理性，应明确立法权力边界，通过建构体制机制和立法程序，有效地防止部门利益扩张。具体措施包括：完善公众参与政府立法机制，规定行政法规、规章制定程序；对部门间争议较大的重要立法事项，探索委托第三方起草法律法规草案的方式，由决策机关引入第三方评估。

2.推进科学立法、民主立法

科学立法，就是要求立法机关必须尊重立法规律，克服立法中的主观随意性和盲目性。坚持科学立法，也就是要坚持立法的科学化、现代化。在立法过程中，从实际出发，科学合理地规范国家机关及其工作人员的权力和责任，规范公民、法人和其他组织的权利和义务，制定出高质量的法律。坚持科学立法必须具体做到：

第一，树立正确的立法观念，保证立法的科学性。由于任何立法都是反映和表述规律，而不是在创造规律。因此在立法时必须树立正确的立法观念，确保立法的科学性。马克思在《哲学的贫困》中曾指出：只有毫无历史知识的人才不知道：君主们在任何时候都不得不服从经济条件，并且从来不能向经济条件发号施令。无论政治的立法或市民的立法，都只是表明和记载经济关系的要求而已。由此可见，立法既不能从概念和本本主义出发，也不能想当然或从主观愿望出发，更不能照搬照抄西方发达国家的东西，立法必须从我国国情出发，按照中国的实际，实事求是。立法者的主观意志和观念既要符合我国社会发展的客观规律，又要符合我国的客观实际需要。紧紧围绕经济建设这个中心任务，紧紧围绕全面建设小康社会的奋斗目标，以实现中华民族的伟大复兴。始终把我国改革开放和社会主义现代化建设的伟大实践，作为立法的基础。通过立法工作促进物质文明、政治文明和精神文明协调发展。

第二，从中国特色社会主义国情出发，保证立法的科学性。纵观世界各国法治实践，我们可以发现，不同国家由于国情不同，其法治文明也各有特色，如英国的程序优先原则、美国的宪法法治原则、法国的行政法治原则，等等。中国的法治建设在价值追求和制度设计上，也必须根据自己的土壤和条件，走出自己的特色之路。中国特色法律体系是一种主观能动的整体构架，按照整体框架有计划地以成文法的形式从无到有构建起来的，它不是自然而然地逐步演进和发展形成的。因此，构建完善的中国特色社会主义法律体系，既要深入研究国外的法律，探求背后的原因，借鉴国外法律制度，考察文化背景和社会状况，又要研究我国的实际情况需要和历史传统文化。换言之，就是要做到既科学借鉴又能够立足本国国情，既尊重历史传统文化又能够开拓创新。基于上述考虑，我们党明确提出了中国特色社会主义法律体系从横向上可划分为七个法律部门，包括宪法、行政法、民商法、刑法、经济法、社会法、程序法。从纵向上可划分为三个位阶：第一位阶，宪法；第二位阶，由全国人大及其常委会制定的法律；第三位阶，由国务院制定的行政法规、由地方人大及其常委会制定的地方性法规、自治条例和单行条例。第一位阶宪法是整个中国特色社会主义法律体系的核心，第二位阶法律是中国特色社会主义法律体系的基础，第三位阶法律规范是中国特色社会主义法律体系的补充。立法工作必须保证中国特色社会主义法律体系的平衡，必须在完整的法律体系框架内加强立法工作。

第三，完善立法体制，保证立法的科学性。立法体制内容包括立法制度和立法程序，必须进一步完善立法权限的设置、划分体制，建立科学的立法体制。我国实行的是"一元多级"的立法体制。"一元"是指立法体系在全国范围内是统一的；"多级"则体现了我国的立法体制分为中央立法和地方立法等多个等级的特色，以及大陆各省市区的立法和香港、澳门特别行政区的立法。这种"一元多级"的立法体制，既要解决好中央和地方的立法权限的设置和划分的平衡问题，也要解决好同级国家机关之间的立法权限的平衡问题，以免发生立法权限划分不均衡导致立法矛盾、冲突出现。同时，还要进一步从程序上规范约束立法活动，完善立法程序，保证立法的科学性和民主性，保障立法的质量。除了我国《立法法》的程序规范，还需要进一步规范和约束立法程序。此外，为了保证法律的稳定性和连续性的问题，还要重视立法的方法和技术的科学性问题。法律既不能朝令夕改、频繁变动，也不能一成不变、滞后于社会；良法应当是原则性和灵活性的平衡，既关注法的统一性，又关注法的灵活性。比如，我国存在地区间的差异和民族间的差异，各地经济社会发展很不平衡，一些地方或民族有独特的风俗和特点，法律无法全部顾及，需要通过制定地方性法规或自治条例、单行条例来进行规范和调整。还要注意法律语言的规范和通俗易懂等问题，既要体现法律语言的明确性、规范性的特点，又要尽可能易于让人们接受和遵守，保证法律条文通俗易懂，等等。

同时，立法必须体现人民的意志和利益，坚持民主立法。立法不仅要科学立法，还要民主立法，体现其民主性特征。所谓民主立法就是要求立法必须充分发扬社会主义民主，体现人民的意志和利益，保障人民通过多种渠道和途径参与立法活动。我国是社会主义国家，坚持民主立法是社会主义民主的重要组成部分和集中体现。人民是国家的主人，是社会主义民主的主体，立法坚持民主原则当然是社会主义民主的必然要求。同时，坚持民主符合社会发展的客观规律，避免闭门造车，减少立法的随意性和盲目性，充分发挥人民群众这一历史创造者的智慧和能量，防止少数人说了算，尽可能地保证法律的科学性。另外，坚持民主立法还能够防止立法机关滥用立法职权，制定出质量较低的法律，有效地发挥民主对立法机关立法活动的监督、约束作用。在立法中必须充分维护最广大人民群众的根本利益，发扬民主，反映民意，把执政为民的理念通过法律的程序转化为具体的切实可行的体制、机制和制度。具体应做好以下几点：

第一，立法工作必须走群众路线，集思广益，广泛听取各方面意见，充分发扬民主。立法从根本上是为了人民，所以也应当依靠人民。群众路线历来是我们党的根本工作路线，立法工作应当注意倾听来自社会的各方面特别是基层人民群众的意见和呼声，为人民群众提供各种渠道和途径参与立法的机会，通过组织立法听证会、论证会、座谈会等各种形式听取民意，广泛征求社会各方面对有关法律草案的意见，切实做到集思广益。特别是对于那些事关人民群众切身利益的重要法律草案，应当及时面向全社会公布，倾听人民群众的呼声和反响，使制定的法律充分体现广大人民群众的共同意愿，增强法律贯彻实施的群众基础。

第二，坚持"效率服从质量"的原则。立法不是简单地以少数服从多数来决定问题，而是要确保质量，不能过分追求立法的速度。对分歧意见比较大的法律草案，应当坚持立法质量优于效率的原则，耐心地进行充分的研究论证，权衡利弊。立法机关不应当急于交付表决，而应该与各个方面反复协商，统一各方的思想和认识，在各方面基本取得共识以后，再进行表决。这样做，不但可以使通过的法律更符合我国的实际、质量更高、更符合民意，也可以保证法律通过以后能够得到顺利的实施。第十届全国人民代表大会第五次会议于2007年3月16日通过的《物权法》历时之长，从着手制定到通过共15年时间，充分体现了其立法质量优于效率原则的立法指导思想，经过多次反复商讨、修订以确保立法的质量。

第三，立法工作应严格遵守《立法法》规定的程序。在立法时，立法机关要认真执行《立法法》规定的立法程序，特别是要严格坚持审议制度，保证社会的各个方面都有机会参与立法。对一项法律草案反复审议的过程，既是法律草案不断完善的过程，也是充分发扬民主的过程，通过民主协商，使各方面逐步取得共识的。在充分审议的基础上再依法进行表决，做出决策，既保障了参与立法者充分发表意见、建议的民主权利，又坚持了少数服从多数的民主原则，充分体现了我国社会主义人民民主制度的优越性和真实性。

总之，我们应当毫不动摇地坚持科学立法、民主立法，加强和完善立法工作，不断地提高立法质量，进一步构建中国特色社会主义法律体系，为全面落实依法治国基本方略和科学发展观，加快建设社会主义法治国家构建社会主义和谐社会提供更加完备、更加有力的社会主义法制保障。

3.加强重点领域立法

当前，加强对劳动者权益的法律保护，加强社会保障立法，加强对社会弱势群体进行帮扶救济的立法事项，应当是立法需要关注的重点和焦点。

"以人为本，尊重人民主体地位"的原则为完善中国特色社会主义法律体系指引了时代走向。完善的社会主义法律体系，在立法中应尊重与保障公民的人权和其他基本权利，紧紧依靠人民推动改革，发挥群众首创精神，促进人的全面发展。在当前和今后，我国社会主义法治国家建设的重要举措，应当是树立以人为本的法律观，并用其以指导中国特色社会主义法律体系的完善，推动时代的发展。政治、经济、文化、社会、生态文明等领域的立法都需要秉承以人为本的法律观。以人为本的法律观，是指树立人民权利的本位观，以最广大人民的根本利益为本，在各领域的重要事项上最大限度地实现人民的权利，这也是以人为本法律观对重点领域立法的时代呼唤。

改革开放以来，我国经济立法和社会立法呈不均衡态势。社会立法很难满足经济社会发展的需求，社会立法明显滞后于经济立法。今后应以解决人民群众最关心、最直接、最现实的利益问题为重点，应把实现好、维护好、发展好最广大人民的根本利益作为社会领域立法工作的出发点和落脚点，以实现社会公平正义为目标，推进社会立法。将社会保障立法、劳动者权益保护立法等体现人民群众利益的方面作为立法重点，从我国国情出发，有步骤、有顺序地加强社会领域立法。加强社会保障立法方面，应当注重以下几个方面：一是明确立法战略目标。在社会保障体系方面，构建覆盖城乡居民的保障体系，逐渐缩小地区之间、城乡之间、群体之间的保障差别，体现劳动者的社会保障平衡。推进社会保障体系循着公平、普惠、可持续发展的方向前进，着力维护劳动者的人格尊严、基本权利，提高其生活质量和幸福感，稳步增进全社会的社会保障水平。二是加强立法制度的顶层设计。改变进行立法差别对待的制度设计，对全体公民一视同仁，体现社会公平。针对目前的制度缺陷，从顶层设计上进行改进，使得社会保障基本制度朝着一体化的方向发展。三是发挥地方能动性作用。在中央统筹下，各地方也应加强重点领域立法。目前地方立法与中央立法相比，呈现出多样性、多元化的特征。在地方立法中贯彻以人为本，由各个地方按服务当地经济社会发展所需，因地制宜进行实践探索，加强地方重点领域立法。地方立法中的重点领域立法，各个地方应呈现出各具特色、各取所需的特点。我国地域广阔，各个地方地理环境、资源基础和经济社会发展情况不一，地区间差异大，不同地方的重点领域立法，不可能都一模一样。在中央统筹下，各地方进行重点领域立法时，不要求完全一样。要本着有助于解决或促进解决当地发展中的一些急迫问题，反映和满足当地的经济社会发展需求，找准各地方立法的重点领域。因地制宜地加强各地的地方立法在服务于发展市场经济、保障公民权利、改善民生、促进政府服务、维护社会和谐稳定等领域方面的规范和保障作用。而对于各地的突出问题，需要各地立足本地实际，针对本地改革发展进行具体立法，及时立、改、废，发挥地方立法在重点领域的引领作用，从而也为完善法律体系与建设社会主义法治国家发挥独到而积极的作用。

（二）突出宪法权威，夯实法治制度基石

1.健全宪法实施制度

宪制是一种最主流的制度发展范式，而一些重要的宪法制度则是通过全国人大及其常委会的立法构建和完善起来的。通过这些立法更加明确的原则和规则指引，中央国家机关之间横向、纵向关系以及地方国家机关之间关系得以平衡协调，有了这些原则和规则也大大丰富了包括人民代表大会制度在内的宪法制度。从权力分配角度看，我国是"一府两院"由人大进行监督的制度框架。目前看，这一框架对不同国家机关之间如何开展监督以及监督的界限尚缺乏足够明确的制度安排，此种制度罅隙的填补便是通过立法完成的。从立法与宪法文本关系的角度观察，立法对宪法实施起到了积极的促进作用，这种作用表现在：第一，立法将宪法确立的制度进一步体系化、具体化。在我国，这种促进作用体现在各个领域。例如，香港及澳门基本法构建了完整的特别行政区制度，大大丰富了《宪法》第31条的内容；《国家赔偿法》是对《宪法》第41条的具体落实；《民族区域自治法》根据宪法所提供的框架建立起成体系的民族区域自治制度；《立法法》的法规审查备案程序进一步细化了我国的监督宪法实施。第二，进一步明确了宪法所确立的原则，为政府和公民提供更为清晰的行为导向，宪法所确立的一些重要原则通过立法的制度性安排具有了更为明确的含义。例如，《立法法》确立的法律保留制度和地方性事务概念、《预算法》所确认的分税制，有助于我们更好地理解"中央统一领导下充分发挥地方主动性、积极性"原则的意义；《律师法》和《监督法》确立的审判独立原则的内涵和外延均具备更为明确的行为指引功能。第三，填补了宪法并未明确规定制度的空白，丰富了宪法性制度的外延。一些立法完全填补了宪法文本所留下的制度空白。例如，《行政

诉讼法》建立了体系化的行政诉讼制度；《反垄断法》《反不正当竞争法》《行政许可法》都从无到有地搭建起处理横向地方关系的原则和制度。

2.完善宪法监督制度

完善宪法监督制度，首要任务是强化司法权对行政权的监督，进一步完善行政诉讼制度。我国1979年颁布的《人民法院组织法》第3条规定："人民法院的任务是审判刑事案件和民事案件，并且通过审判活动，惩办一切犯罪分子，解决民事纠纷，以保卫无产阶级专政制度，维护社会主义法制和社会秩序，保护社会主义的全民所有的财产、劳动群众集体所有的财产，保护公民私人所有的合法财产，保护公民的人身权利、民主权利和其他权利，保障国家的社会主义革命和社会主义建设事业的顺利进行。"这一规定将法院的审判功能局限在了民事和刑事诉讼这两个领域。根据该法规定，法院未被赋予审理行政案件的权力。此后，《民事诉讼法（试行）》规定：法律可以授权法院受理行政案件且可以适用民事诉讼程序首次承认法院有受理行政案件的权力，但当时的全国人大常委会是否有权做这样的制度安排尚存疑问。现行宪法并未明确人民法院的审判权究竟能够延伸至哪些类型的案件，仅仅笼统地规定人民法院是"国家的审判机关"。因此，一方面未能明确地为《民事诉讼法（试行）》扩充的人民法院的审判功能做出必要的扩充调整和明确的宣示，另一方面也未明确否定《人民法院组织法》的上述功能设置。值得肯定的是，宪法的确对监督行政权的行使，对司法权与行政权的关系提供了制度安排。对于司法权与行政权的关系，宪法主要从两个方面加以界定：第一，强调行政机关对其承担一种消极义务，确保法院独立行使审判权，即行政机关不得干涉审判活动；第二，要求在办理刑事案件过程中，公安机关、人民法院、人民检察院"应当分工负责，互相配合，互相制约，以保证准确有效地执行法律"。但是，宪法并未明确规定人民法院在审理行政案件过程中有权监督行政机关执行法律、履行职责情况。对于如何对行政权进行监督，宪法主要提供了如下两个途径：一个途径是人民代表大会对行政机关的监督。例如，全国人大常委会有权监督国务院的工作，有权撤销国务院制定的同宪法、法律相抵触的行政法规等。另一个途径是公民的监督。《宪法》第 27 条规定，一切国家机关和国家工作人员必须"接受人民的监督"；第 41 条规定，公民对于任何国家机关和国家工作人员，"有提出批评和建议的权利"和"有向有关机关提出申诉、控告或者检举的权利"。以上两种途径并不包含法院，法院并未被明确地定位为行政权的监督者。1989 年由全国人大所制定的《行政诉讼法》，充分平衡了督促依法行政与维护行政管理权威和效率这两个价值，最终将行政诉讼制度予以体系化确立的是在监督的方式和类型设计上。立法者根据"保障行政机关有效地行使行政职权"的精神，首先通过受案范围的设计对司法审查的广度做了较为明确的界定，排除法院对四类案件的审查。同时，该法确立了以合法性审查为主的模式，将合理性审查作为一种例外，选择了以维持、撤销、责令重新作出行政行为以及履行职责为主的判决类型，仅在行政处罚显失公正的情况下适用变更判决。《行政诉讼法》实施以来，行政诉讼制度在保障人权、促进依法行政等诸多方面所取得的成就得到了学者们的广泛认同。

完善宪法监督制度，其次是积极创造条件，健全备案审查制度，使公民能够通过宪法监督，切实获得权利保障。目前，在全国人大及其常委会内部，法律委员会还承担着相应研究工作，真正有权进行法规备案审查的是各专门委员会。现行的法律法规备案审查制度依然存在有待加强之处，主要包括：第一，在审查范围方面，应当将所有规范性文件纳入审查范围。现存的各种规范性文件，位阶越低，问题越多，尤其规章及以下规范性文件，出现问题最直接影响公民权利。为此，应当通过扩大编制，配备有足够素质的专业人员加强审查。第二，在审查程序方面。现行的法规备案审查主要是书面审查，从公正性、民主性角度看，应适当扩大相关主体的参与度，组织各方听证、论证、举证质证甚至辩论。这些准司法程序将有利于增强审查的公信力。而且，对于申请、建议审查的提请人，审查机构应当予以正式、明确的反馈审查结果，并附上法定理由和意见。还可将结果以公报等形式通过固定媒体公布，并汇总纳入审查机构的年度工作报告。第三，在审查机构级别方面。对于报备的规范性文件进行主动审查的工作和根据审查建议进行被动审查相结合，目前都是由全国人大常委会下的工作机构在负责，这种格局难免有审查机构层级过低的弊端。因此，在中央，可以将备案审查室升级为全国人大常委会下单独的工作委员会。第四，在健全宪法解释程序机制方面。不论是宪法保障还是宪法实施，都离不开宪法的解释。尤其是针对宪法规定不明的情况，由于我国正处在全面深化改革的时期，解释宪法可能需要创制性解释的情形，所以应当先授予宪法及宪法性法律的解释权，再授予其他权力，健全程序机制。关于宪法解释的原则、方法，可以运用我国法律解释实践中的一些方法，如原旨解释、文义解释、目的解释、社会学解释等，其中，原旨解释与文义解释最为首要。

（三）平衡法律要素，合理分配社会资源

1.宪法立法领域注重国家权力配置平衡与公民基本权利义务的协调

宪法是国家的根本法，规定了国家的基本制度及公民的基本权利。在国家基本制度的进一步完善中，应注重不同种属国家权力之间的平衡。党的统一领导是国家制度建构的根本前提，在这一根本前提之下，需要兼顾好各种公权力在内容设计与实施机制方面的平衡。例如，针对行政权力、审判权力及法律监督权力进行宪制规划时，不能使一家独大或占据明显优势，从而可能过度倾轧到其他权力。同时要进一步明确各种权力行使的应有范围，并以此为基础划定这些权力之间的应有界限，使其相互之间既能彼此制约，又可紧密配合，统一于党和人民的社会主义建设事业中。而且，对于我国而言，权力制衡的终极目标还是要统合于权力之间的紧密配合，达成最大程度的社会共识，实现最大威力的法治合力。

对于公民基本权利设置与配置，要统筹兼顾、全面考量。政治权利、人身自由、社会权利、平等权利等都很重要，都要切实实现，不可偏废、挂一漏万。更重要的是，必须着重强调公民基本权利的实现要以公民基本义务的落实为前提条件，没有义务的履行，谈何权利的享有？以前，在这方面强调的不够，甚至在社会范围内滋生了"只想享有权利，不想履行义务"的不良思想，这都与不够注重平衡法治思维贯彻密切相关。因此，在以后的宪法制度建设过程中，要旗帜鲜明地弘扬公民义务设定与履行的重要意义，使广

大民众明确认识到，若想实现公民权利，就必须同时履行公民义务；否则，片面强调权利享有，忽视义务承担，权利的享有和实现也只能成为空谈。

2.行政法立法领域规范行政权力运行的同时注重公权力与私权利的平衡

在推进依法治国的过程中，对于行政公权力的制约与规范始终是我们强调的重点与着眼点。但我们要更加深入地认识到，制约与规范行政公权力的落脚点就在于防范其对公民私权利的侵犯甚至践踏。当然，行政权力的存在与运行始终是有其合法性与正当性的，只是我们要始终注意平衡好其与公民私权利之间的关系。换言之，在今后的行政法相关立法过程中，我们在具体设计行政法律制度具体内容时，要从头至尾充分地考量好特定行政权力的设立，在实际操作过程中是否可能会不当地侵犯到公民的基本权益。如果可能侵犯，这种公权力设置就肯定存在问题。同时，还要理直气壮地提出，不能走向另一个极端，对于私权利欲求的过度膨胀采取听之任之的态度，私权利不代表私欲横行，对于那种不合宪法精神、不合法律宗旨、不合社会情理的所谓"权利主张"，要加以坚决的否定，充分保证行政公权力运行的必要空间。如此，才能真正实现公权力与私权利的平衡。

3.民商法立法领域充分注重市场主体权利与义务的平衡

在社会主义市场经济纵深发展的背景下，在民商法施行的社会领域与市场环境中，过度强调自身利益、只想片面享有利益、不想承担任何义务的不良思想持续发酵，使人们越发产生一种误解，即法律仅仅是用来享有利益、满足私欲的工具，只要找到一点法律上可能存在的"权利根据"就肆无忌惮、疾呼保护，甚至动辄无法无理地上访闹事，危害社会稳定。这一流弊在民商法有效实施中日趋严重。因此，在今后的民商法立法中，必须通过立法设计，将义务的规定与落实深植于权利享有的相关机制中，引导社会主体与市场主体逐步认识到，权利的实现必然要以义务的履行为前提，否则，特定权利不可能具体实现。只有实现了权利与义务的平衡，平等主体之间的应然关系才可能在社会经济生活中得以建构，社会才会更加和谐，市场才会更加健康。

4.经济法立法领域充分注重被调控经济主体义务与义务的平衡

经济法主要调控的是国家力量介入社会经济运行过程中发生的各种社会关系。随着改革的深入与经济运行模式优化，许多经济法治问题变得越发复杂与尖锐，这对于经济立法提出了前所未有的难题与挑战。如反不正当竞争法、反垄断法、消费者权益保护法的修订，在今后的立法工作中都会成为重中之重。经济法的强制性决定了其越来越多地对其所规制的经济主体苛以各种义务。在设定义务过程中，要注重好义务与义务的平衡，在一视同仁的前提下，深入研究经济主体所应履行的义务在内容上的界限及义务间的边界。例如，在消费者权益保护法中，商家需要承担越来越多的保护消费者权益的义务，那么，规模大的商家与规模小的商家在其中肯定需要扮演不同的角色，相关经济立法不可能等量观之。相应的，相关义务的界限究竟在哪里？企业的社会责任如何界定？这都需要立法者采取平衡法治思维来进行深入思考。

5.刑法立法领域充分注重私权利保障与公权力介入的平衡

刑法是规定犯罪及刑罚的法律制度体系。当相关行为危害社会到一定程度时，刑罚的施以就成为必要。然而，因为刑罚具有严苛性，就必然要面临人权保障方面的拷问。在社会转型期与矛盾凸显期，社会经济发展形势日新月异，社会主义主流价值观的推行任重道远，各种经济犯罪、金融犯罪的类型与内容也都在发生着深刻变化。对此，相关立法必须始终着眼于公权力介入社会经济生活的尺度与限度，平衡好私权利保障与公权力运行之间的关系。例如，在集资诈骗罪、非法吸收公众存款罪等相关刑法制度的设计过程中，一方面是金融严管催生出的民间融资需求的大范围存在，另一方面是市场秩序、金融安全的必要维系，如何在其中实现平衡，使国家意志干预与公权力介入的尺度恰到好处，既充分考虑社会大众的强烈需求，又确保基本社会经济秩序的有力保障，即考虑此类立法问题时贯彻始终的平衡法治思路。

（四）拓展立法领域，全面覆盖社会生活

从结构上说，中国特色社会主义立法体系由三个立法层次（国家立法、行政立法、地方立法）和七个法律部门（宪法相关法、民商法、行政法、经济法、社会法、刑法、诉讼与非诉讼程序法）所构成，这三个层次和七个部门较为合理地区分了我国的基本立法板块，立法领域能否实现对社会生活的全方位、无死角覆盖，有赖于这三个立法层级的衔接协调及七个法律部门之间的互助配合。

1.坚持"三个立法层次"的相互衔接、平衡有序

我国地域辽阔，各地经济、文化、社会发展很不平衡，社会又处于深刻变革之中。这一基本国情，决定了我们国家必须实行统一而又分层次的立法结构，即在坚持全国人大及其常委会集中行使国家立法权的前提下，赋予国务院制定行政法规、省级人大及其常委会和较大市人大及其常委会制定地方性法规的权限，还赋予经济特区所在地制定经济特区法规的权限和民族自治地方制定自治条例、单行条例的权限。处理好这三个立法层级的平衡和顺位，确保立法的形式合理性，首先，要确保全国人大及其常委会在国家立法活动中的中心地位和作用，以保证国家立法权在整体立法结构中的独立性、完整性、最高性；其次，在宪法和法律的指导下，赋予行政机关在履行行政管理职权过程中制定行政法规和规章的权力和地方立法主体根据本地具体情况和实际需要制定地方性法规和规章的权力；最后，平衡三个立法层级的关系，以国家立法作为根本、作为基础，以行政立法、地方立法做好补充、充当"先试"、积累经验，维护全国法制统一的同时兼顾地方的差异性和民族的多样性。

2.确保七个法律部门的相互配合、平衡统一

宪法相关法、民商法、行政法、经济法、社会法、刑法、诉讼与非诉讼程序法这七个法律部门覆盖了我国需要法律作出规范和调整的 104 个社会生活领域，每个领域都是社会经济发展的有机组成部分，偏废不得。立法中务

必要平衡好法律部门之间的关系，统分结合、协调发展。纵向上，每个法律部门都有自己独特的规制领域和调整方法，需要在各自的领域深入发掘每个部门法的法律各色，始终以解决实际问题为出发点去为本领域的各种新关系、新问题定则立规，各个法律部门要在整体的立法结构中各司其职、站好位置；横向上，每个法律部门之间要互助配合，立法时不能狭隘地只以本部门法为本位，而罔顾法律的整体性和协调性，特别是在当前的社会转型时期，社会矛盾和社会问题表现出极强的关联性和蝴蝶效应，亟须法律部门之间动态地调和相互之间的关系，缩小空白地带、弥合法律冲突，立善做善成之法、立平衡共治之法。

（五）重视立法过程，充分反映民意诉求

在现代法治社会，人的意愿与诉求可以以多种形式呈现，从法学的视角去观察和分解民意诉求，其根本是对权利、义务、权力的分配及其相互关系特定的、历史的正当性、合理性判断，因为这些法基本要素的关系与安排直接影响着个人的利益与幸福。立法的过程正是基于自由、公平、正义、秩序等价值目标对权力、权利、义务这些基本法律要素进行有效配置的过程。然而对于民意诉求的反映绝不是个体的、特殊的，而是整体性的，因此如果立法过程中这些基本法律要素失衡，不仅实现不了整体的民意诉求，还会导致诸多严重的社会问题，比如腐败的问题、以极端方式表达个人意愿、道德的衰落、人们对公益事业的淡漠、环境问题，等等。无论权力、权利还是义务，如果不能平衡配置、有机统一，而是相互倾轧、互为抵触，必将导致整个社会公平体系的破坏，使整个社会沦为不正义。立法过程中，始终贯彻平衡法治思维就是要将合理的民意诉求转化和融入权利、义务与权力之间六对基本关系的平衡，通过平衡理念和平衡机制，追求社会协调发展和立法质量的持续提升。

第一，权利与义务关系的平衡。就不同社会群体和个人而进行的权利分配和义务分担，应当遵循公平正义的要求，使分配保持平衡，这种平衡就是平等的具体表现，这种平衡要求权利义务的分配首先应满足所有人都具有某

些平等的权利，同时出于实质公平的考虑，总体上应向社会弱势群体进行权利倾斜。就同一主体权利义务的分配而言，想要实现平衡，就要做到权利义务的功能对称和互补，防止权利义务配置的不当倾斜。通过价值取向的引导，设定科学的规范结构，控制权利义务的种类和数量，最大限度地实现权利义务的整体效能。第二，权利与权利的平衡。权利是一个复合结构体，主体多元、内容丰富、层次复杂，目前中国的权利文化的特点是民众富权利情感却少权利认知，有权利意愿但无权利信仰。人们对于权利的性质、权利的交互性、权利的道德基础尤其是权利的边界认识还十分模糊。权利与权利平衡的实质就是在权利冲突的场合下进行合理的价值取舍，确立平衡不同利益和权利诉求的制度框架，进而解决权利泛化和权利冲突的问题。第三，权力与权利的平衡。当今中国社会结构呈现出政府、公民社会和市场三个基本部分相互交织的格局，它们分别反映了不同的规范特性和不同的价值取向，这三种因素又结合成一个整体。平衡法治理念把简单化的纵向关系转换成了平面的、双向的、多元的、动态的、柔性的结构。在国家权力的结构和过程中，编织进了个人和市场的因素，使得国家权力与个人权利处在一种互动的平衡关系中。第四，权力与权力的平衡。权力与权力平衡的实质在于维持权力与限制权力之间的平衡。要实现权力与权力的平衡，就要在全面推进国家治理体系和治理能力现代化的进程中，注重顶层设计，把握好放权与限权的关系。必须有事前的强制性约束以及清晰的责任划分，也即科学限权。治理的基础不是控制而是协调，它是多元权力的持续互动、信任合作、理性对话与协调平衡。因此，平衡法治理念提倡通过有效的制约、激励和协商机制来实现权力和权力之间的平衡。第五，权力与义务的平衡。权力与义务的关系实质是权力与权力、权力与权利关系的外化形式。权力与义务的平衡在于权力具有义务的属性，权力的设定就意味着义务的设定，因此，我们需要针对转型期的中国特有的文化传统、发展阶段、本土乡情等情势和要求，进行权力和义务的适度调整和平衡，使权力更加理性可控，有较强合法性和控制力，以适应市场经济需要和民主法治要求。第六，义务与义务的平衡。在现代社会中，人们对权利的过度青睐导致法律义务在种类和数量上同样增多，相应地法律义务冲突的可能机会和几率也就提高了，这就要求我们厘清不同层次的利益以及外化的权力和权利，并在立法、司法乃至执法中进行衡量，采用统筹兼顾的方法，在制度设计上综合考量各种因素，最大限度避免义务之间的冲突，实现义务与义务平衡的理想状态。

四、法治实施践行平衡

"如果包含在法律规定部分中的'应当是这样'的内容仍停留在纸上，而不影响人的行为，那么法律只是一种神话。"[①]中国社会失衡问题的治理需要法治实体要素与法治运行的同步提升，因此平衡法强调的"法的内在要素与外部运行的平衡发展"高度契合了这种现实需要。党的十八届四中全会报告的字里行间渗透着"徒法不足以自行"的法治思想，明确提出"法律的生命力在于实施，法律的权威也在于实施"，再次鞭策我们继续为寻找具有中国特色的法治实施的"实现路径""实施机制"而孜孜以求。在中国特色社会主义法律体系业已建立的背景下，立法质量在不断提高，可以说当前我国法治的主要矛盾集中于法的实施，即在向良法的道路上努力迈进的同时尽最大可能的实现善治。通过进一步推进依法行政、公正司法锻造我们治理社会失衡的能力，加固防止失衡的防线。

（一）推进依法行政，锻造实现平衡能力

在现代法治社会，法治实施要借助公共实施机构的巨大能动性，最直接的就是要将法贯彻和执行到社会生活和国家管理之中，因此政府是法律实施的重要主体。"法令行则国治，法令弛则国乱"，依法行政在依法治国中具有举足轻重的地位。[②]欲将科学立法的价值发挥到极限，很大部分的努力应

[①]　[美] E. 博登海默：《法理学：法哲学及其方法》，邓正来、姬敬武译，华夏出版社 1987 年版，第 232 页。

[②]　参见乔晓阳：《全面推进依法治国　建设社会主义法治国家》，《时事报告（党委中心组学习）》2015 年第 1 期。

该放在如何切实地践行依法行政上。各国对依法行政的称谓有较大差异，德国称为"依法行政"，法国称为"行政法治"，英国称为"法治"或"依法行政"，美国将依法行政包括在"法治"原则之内，日本则称为"依据法律行政"或"法治行政"。[①] 在称谓存有差异的基础上，对于依法行政内涵的概括和认定也当然存在着不同，这是由于各国的法治传统和社会历史条件的不同所决定的。但是作为法治国家普遍信奉和遵守的准则，各国对于依法行政的核心认识是高度统一的，即强调的是行政机关的权力来源，权力行使都必须依据国家的法律规定，对于其行政行为的后果要依法承担责任。

在行政法学领域，行政法平衡理论已经得到了很大程度的发展与认同。从 20 世纪 80 年代初开始，我们国家的行政法学者就"行政法理论基础"为主题，展开了激烈的学术讨论，形成了"控权论""公共利益本位论""政府法治论""平衡论"等多种理论学说。其中"平衡论"从法学是"权利义务之学"这一基本原理出发，认为法学的基本范畴包括权力与权力、权力与权利、权利与权利三类关系，继而认为"行政法的核心是行政权与公民权的关系"，结合对传统管理主义模式和英美行政法控权理念的反思，梳理了管理论和控权论两种传统的行政法模式，在此基础上提出了具有独立性的行政法基础理论，即行政法的平衡理论。[②] 行政法的平衡理论的核心内容包括以下内容：一是将行政法的理论模式从"权力"视角转换为"关系"视角，突出行政行为相对方原本被弱化的主体地位，从而体现和确保行政关系主体之间的平等性，强调行政法是调整行政主体和相对方关系的原则和规范。二是重视行政法关系主体的能动性。其批判了传统的管理论和控权论，前者过于重视行政权的积极功能，忽视相对方的权利保障；后者着重于行政权的消极功能，过于强调对行政权的控制约束。而平衡论强调行政法关系主体在能动性、扩张性方面的"双向性"，因此应当双向制约和双向激励。当然这两者侧重有别，前者重点在于制约限制和惩罚行政主体非理性扩张，后者重点是激励和维护相对方理性扩张。三是强调行政法在利益基础和价值导向上的公

---

① 参见袁曙宏、赵永伟：《西方国家依法行政比较研究——兼论对我国依法行政的启示》，《中国法学》2000 年第 5 期。

② 参见罗豪才等著：《行政法平衡理论讲演录》，北京大学出版社 2011 年版，第 2—6 页。

私兼顾。平衡论强调现代行政法的利益基础和价值导向应当是公私兼顾，因此致力于将保障行政管理、维护行政秩序与保障公民合法权益、捍卫公民自由合二为一，整合为现代行政法的功能。不能因过于强调个人合法权益的保障而忽视公共利益，也不能因强调公共利益而忽视对个体合法权益的保障。四是运用多种方法，通过机制设计，实现行政法的结构性均衡。平衡论者利用统筹兼顾、结构调整、理想类型、利益衡量和博弈论等多种方法，通过制约机制、激励机制和协商机制，致力于使行政权与相对方权利配置格局达到结构性均衡。① 行政法的平衡理论之所以能在众多学说中脱颖而出并受到长期化和系统化的发展，其中最重要的原因在于其研究视角的转化，对行政法学的理论建构和发展起到了十分重要的作用，顺应了我国改革开放之后社会转型的需要，即从计划经济时代重视国家干预这只"看得见的手"向市场经济时代重视市场规律这只"看不见的手"的转变。因此对于行政行为相对人在行政法律关系中的法律地位和作用的发挥应该给予足够的重视，才能发挥法律这一上层建筑对于经济基础的积极的反作用。然而，随着社会经济条件的进一步发展，我们对于行政法治运行的关注焦点已经不再是确定其是调整"行政主体和相对方关系"这一论点，而是如何确保行政法"平衡"机制和功能的落地与发挥，即在正视社会利益和矛盾的多元化导致社会失衡问题不可避免地出现，在认识到政府自身角色应该从家长式的管理者变为社会的服务者的同时，切实做到限制行政权力行使，提升行政水平，有效地推进依法行政。

（二）依法履行行政职能，平衡权义结构

党的十八届四中全会通过的《中共中央关于全面推进依法治国若干重大问题的决定》中提出要"深入推进依法行政，加快建设法治政府"，"各级政府必须坚持在党的领导下、在法治轨道上开展工作，创新执法体制，

---

① 参见成协中：《行政法平衡论的功能与超越》，2015 年 4 月 29 日，财新网，见 http://opinion.caixin.com/2015-04-29/100804841.html；罗豪才等著：《行政法平衡理论讲演录》，北京大学出版社 2011 年版，第 6—9 页。

完善执法程序，推进综合执法，严格执法责任，建立权责统一、权威高效的依法行政体制，加快建设职能科学、权责法定、执法严明、公开公正、廉洁高效、守法诚信的法治政府"。为了实现这一目标，要着力从依法全面履行政府职能、健全依法决策机制、深化行政执法体制改革、坚持严格规范公正文明执法、强化对行政权力的制约和监督以及全面推进政务公开六个方面实施。由此可以看出推进依法行政、锻造平衡能力是治理社会失衡问题的重要的平衡法治对策。行政职权来源于法律的赋予，无论法律规定得如何科学优化，但是如若不能在法律划定的框架内行使权力，再科学的立法也将变为一纸空文。做好依法履行行政职能，应在以下三个层次上下功夫。

首先，要明确行政权力的界限。行政权作为国家权力的组成部分，是国家行政机关在执行法律规范、管理国家行政事务的过程中主动、直接、连续、具体管理的权力。从国家权力组成部分的意义上讲，行政权是对国家立法权和司法权以外权力的理论概括，因此其具有抽象性、整体性和法定性。在人类法治社会出现以前，行政权是自由的，不受任何约束。但现代社会，基于依法行政的要求，行政权的设定、行使都受到法律的严格规制。① 行政权作为国家公权力的重要组成部分，其本身就具有容易扩张的天然属性。与此同时，随着社会经济的不断发展，人们在认识到市场调节机制所具有的自发性、盲目性和滞后性的天然缺陷所导致的市场失灵的现象后，倾向于借助国家公权力对经济活动进行干预，希望能够达到弥补市场缺陷、提高资源配置效率、促进社会公平正义的目的。在这样的背景下，行政权力得以不断地扩张，所管辖的事务也越来越广泛，诸如劳动者权益、环境保护、社会保障等都被纳入行政权管辖的范畴。然而，随着行政权的不断扩张，人们同时也慢慢发现，伴随这一过程的还有政府机构的急速膨胀、权力寻租情况的加剧、政府工作效率低下、公民权利受到侵蚀等情况的发生，这引发了越来越高的对行政权扩张进行限制的呼声。解决这一问题的主要对策之一就是明确行政权力的边界。"法治的源头就在于对国家权力的正确定位及法律控

---

① 参见应松年、薛刚凌：《论行政权》，《政法论坛（中国政法大学学报）》2001 年第 4 期。

制。对国家权力进行合理的分工，分工的实质即在于明确各自的权力限度，对权力进行一定程度的量化。权力僭越是分工要求所严格禁止的，越权无效因此成为法律的基本原则。"① 以行政审批权为例，随着市场经济不断发展完善，国家对经济审批权的边界划定越来越窄。以 2004 年开始实施的行政许可法为开端，限制审批权、规范许可制度、建立有限政府成为法治建设过程中的重要环节。近几年对经济审批权限制的最具代表性意义的事件就是商事登记制度改革。从政府行政权力的角度来看商事登记制度改革的目的，就是通过改革以往的以"营业执照"为中心的商事登记制度，建立商事主体资格与经营资格相分离，审批与监管、监管与自律相统一的登记制度，并以此推动行政审批制度改革的深入，加快转变政府职能，提升监管服务效能。明确行政权力界限中的"明确"，当然首先指的就是在实体法层面，要通过宪法、组织法等明确各行政权力的定位和划分，更加强调的是当立法已经对各政府职权部门的权力划定边界后，各部门应当对自身职权范围有一个清楚明晰的认识，知晓哪些是自己的法定职权，如若不予以履行则属行政不作为，面临问责；哪些不属于自己的职权范围，如若越权行使，行政行为无效。明确行政权力界限中的"边界"，既指的是法律对行政职权的划定，也包括行政行为的做出是否是在法治思维的指导下符合法律价值的判定，也包含超越法律职权范围的违法行政行为会面临的法律责任。通过明确各行政单位的权力界限，就能够在实际上正确恰当地发挥各职权部门在法律框架内的权力分工，实现彼此权力与权力的平衡。

其次，要严格遵守行政执法程序，实现权力与权力、权力与权利的平衡。受中国传统法律文化中的"重实体、轻程序"倾向的影响，我们的行政执法人员往往缺乏对法律程序所具有重要价值与功能的正确认识。行政执法程序是调整行政主体行政权力行使方式、步骤、时间、顺序的法律原则和规范的总称。遵守执法程序对于法治平衡有着以下几个方面的重要意义：一则行政程序是法律给行政权力运行划定的轨道，只有各自在其轨道上有序运行，满足制度设计的制衡初衷，才能保障履行行政职能的合法性与正当

---

① 胡玉鸿：《通过法治的国家治理》，《法制与社会发展》2014 年第 5 期。

性。二则行政职能部门遵守行政执法程序，会增加行政行为的相对人对行政执法正当性的认可，增强人民群众对法治的向往与信仰，从而能够提升行政执法的效果，实现权力与权利的平衡。三则严格遵守行政执法程序，也是行政部门及其工作人员自我保障和自我提升的重要途径。行政执法程序通过法定化的制度规范保障行政权力的合法性与合理性，达至保护行政行为相对人的权利，提升行政效率和效能，建设高效能政府、阳光政府和法治政府的多重目的。一些执法人员之所以在行政执法中不遵守执法程序，部分原因就在于他们对程序重要性尚未有清晰的认识，未将遵守执法程序作为日常工作的重要内容，从而对执法程序流程不能完全掌握或者刻意规避，造成执法的随意性，使行政行为相对人的合法权益受到损害，从而引发行政复议和行政诉讼。近些年，我国政府在推进行政执法程序化的过程中，创造性地提出许多新做法，充分体现了严格遵守行政执法程序，实现权力与权力、权力与权利的平衡的重要性。如在行政处罚中，行政相对人对于行政处罚享有陈述权、申辩权、要求告知权、要求听证权、复议申请权、诉讼请求权、提出赔偿权等一系列合法抗辩的权利，这些对抗性的权利对应的是行政主体的义务和职责，需要在行政处罚程序中予以正确履行；在地方的行政管理、行政审批改革中也出现了"部分行政管理事务告知承诺和登记制度"等重视程序价值的新做法。[①] 因此，认识到行政执法程序的重要作用，并且在日常工作中切实遵守，有助于行政执法人员法治思维形成和法治水平的提升，从而有效降低行政执法争议，形成良好的执法效果。

最后，明晰行政责任承担，实现权力与义务的平衡。在行政法学界长时间存在一种看法，认为行政责任具有的特殊性使得其并不属于法学研究的范畴，而是一个政治学或者行政学上的概念。然而从权力与义务的平衡说角度来看，既然行政主体享有行政权力，那么其也必然要承担行政义务。对于行政职能部门及其工作人员来说，行政权力也同样是行政义务，一旦不予履行、怠于履行抑或是致害履行，都应该带来相应的法律责任，如此才能形成

---

① 参见莫于川：《通过完善行政执法程序法制实现沿革规范公正文明执法》，《行政法学研究》2014 年第 1 期。

对行政主体行使权力的有效约束。就行政权而言，行政责任不仅具有约束和限制行政权的作用，也具有支持和保证权力顺利行使的作用，特别是它为行政权的运用提供了合法性支持和制度保障。换言之，行政责任不应简单地看作是对行政机关及其行政人员的一种外部限制和束缚，它对行政机构明确其意志、规范其行为方式、确保完成任务、保持行动的完整性等都具有重要意义。责任不仅是一种精神上的纪律、价值立场的坚持，更是一种行动的构成性要素。[①] 由于行政权管辖范围具有宽泛性，因此行政法律责任的领域也比较广泛，诸如工商行政法律责任、税务行政法律责任、公安行政法律责任等都在各自领域形成了相对独立的行政法律责任体系。在责任承担类型上也包括行政人员对自己所属部门机构的行政机关承担的行政法律责任、部门行政机关对上级主管部门和同级人民政府承担的行政法律责任以及下级人民政府对上级人民政府和同级国家权力机关承担的行政法律责任。而在责任表现形式上，行政法律责任的责任方式和民事法律责任的责任方式基本一致，主要由停止侵害责任形式、恢复性责任形式和补救性责任形式构成。而这些责任形式在实证法上又具体表现为赔偿、返还财产、停止侵害、排除妨碍、消除危险、恢复原状、消除影响、恢复名誉等。[②] 法律对于行政责任作出了明确的规定，这种责任不能限定存在于法律条文中，必须转化为具体的责任承担。随着我国行政诉讼法的实施，行政单位作为行政诉讼的被告一方被诉诸法院的案例也逐渐增多，这并不意味着我国行政违法行为的数量随着法治进程的推进不断增多，而是反映了人民群众的法治意识在不断增强，反映出我们的法治体系确实也给行政行为相对人提供了切实可行的救济途径。行政诉讼相对人的行政诉讼权利的行使有效制约和监督了行政权力的行使，增强了行政机关的责任与义务意识，从而实现权力与义务的平衡。

---

① 参见韩志明：《行政责任：概念、性质及视域》，《广东行政学院学报》2007年第19卷第2期。

② 参见古力、余军：《行政法律责任的规范分析——兼论行政法学研究方法》，《中国法学》2004年第5期。

（三）优化行政治理方式，平衡价值取舍

行政执法是一项将国家的立法精神和具体规范落实于社会关系的调整上的职能活动，因此其必须符合法律的根本的公平正义的价值取向。但与此同时，我们不能忽略的是，行政执法作为社会管理的重要组成部分，其管理职能实现水平的好坏与其效能的高低也密切相关。如何在公正执法的同时，提高行政部门的办事效率和工作能力，降低行政成本，建设高效运转的行政机制体制，是法治政府建设的重要组成部分。由此在优化行政治理方式层面，如何平衡好行政执法对公平与效率双重价值的实现，就成为推进依法行政、锻造平衡能力的重要催化剂。

1. 健全依法决策机制。依法决策是享有决策权的国家机关在作出行政决策时应当受到法律规范的调整，是体现多数人意志、彰显公共利益的规范化的决策过程。为了应对社会管理对象多样化和复杂性的客观需要，行政法律法规必须保证给行政决策预留合理的弹性空间，也即赋予执法者一定的自由裁量权。但是这种自由裁量权的"自由"性，应该是在"法定"这一前提限定下的自由。所以对于公权力而言，遵守的是"法无规定即禁止"这一原则，也即法律没有明文规定授予的都不能行使，这是从立法层面对公权力行使的限制条件。但与此同时，无论对权力如何限缩，其总是留有自由裁量的区间和余地的，否则无法应对现实社会现实的多样化。因此如何保障行政决策，尤其是重大的行政决策，如何在自由裁量的空间内科学合理的形成，成为优化行政治理方式必须要考虑的命题。

首先，要强化重大决策形成的程序意识。关于何为重大决策其实是有共识的，诸如"重大投资和建设项目""重大国有资产处置"等相关决策，就属重大决策范围。要界定重大决策事项，标准可以认为是关系到社会重大公共利益的、一般具有普遍适用性的政策、措施、决定、命令等。[①] 对于行政决策机关来说，在法治精神下践行法治政府的理念，需要从根本上改变过去

---

① 参见陈建科：《重大决策终身责任追究制度研究》，《中共贵州省委党校学报》2014 年第 6 期。

的经验主义的决策方式，在决策过程中要尊重决策对象的客观性，凭借理性的分析形成科学合理的决策方案。而在这个以理性排除完全的经验主义的方案形成的过程中，程序意识不可或缺。以 2007 年厦门 PX 项目危机事件来看，号称厦门"有史以来最大工业项目"的厦门市海沧 PX 项目是一个典型的"重大决策"。在 2006 年开工前，其履行了项目立项方面的诸多环节，如通过国家环保总局的环评报告审查、获得国家发改委核准等。然而作为厦门市的普通市民对该提案反对，同时出现越来越多的媒体披露，厦门市民才开始了解有关该项目可能带来的污染、选址等问题，最终在 2007 年 6 月 1 日至 2 日，部分厦门市民抵制 PX 项目落户厦门海沧区，集体在厦门市政府门前表达反对意见。随后，厦门市政府和项目方先后采取了短信、电话、传真、电子邮件、来信等渠道听取市民意见，开通网络公众参与活动的投票平台，发布《翔鹭腾龙集团致厦门市民公开信》，市民座谈会等多种公众参与的方式，试图使公众能够了解并支持 PX 项目的决策。2007 年 12 月 16 日，福建省政府针对厦门 PX 项目问题召开专项会议，最终决定迁建 PX 项目至漳州漳浦的古雷港开发区。回顾事件发生的整个过程，可以发现导致事件发生的关键问题就是政府在形成重大决策时缺乏对相关程序的重视，没有向受此决策影响的居民进行相关信息的有效披露，也没有普及相关知识对环保等问题进行解释论证，导致在选址等问题上的决策缺乏理性。此事件带给我们的启示是，在当下中国的社会转型时期，传统的经验主义的决策方式已经不符合现代化公共治理的模式的需求，重大决策形成的程序意识有待强化。在这一过程中，政府需要尽可能地收集与决策相关的资料，并研判社会公众对该决策可能形成的关注点，以提前做好应对方案；同时通过扩大重大决策的参与主体，保障决策的民主与科学。利用多种信息发布渠道、座谈会、听证会等多种方式，将公众参与、专家论证，甚至将一些权威公正、有着良好社会信用的社会组织纳入形成决策的过程之中。这些主体以不同方式参与决策过程，能够在公开的基础上保障人民群众的参与权，拓展重大决策的视角，提高决策的科学性，符合法治的精神与价值。

其次，要保障决策考量的合法性与合理性。从行政角度而言，每一个重大决策都会给行政相对方带来十分重大的影响，因此在形成决策的过程中，应当考量到方方面面的因素，对于各方利弊有一个权衡与取舍，在尽最大努力将负面影响降到最低的同时，也要对可能面临的风险提前形成应对方案。从 2004 年国务院颁布《全面推进依法行政实施纲要》提出"推进行政决策法治化"，就指明了行政决策规范化的程度将随着法治化进程不断提升的必然走向。各级地方政府围绕着依法决策也出台了相应的规则和准则，尽管这些规则层级低、效力有限，只能为健全行政决策规则提供基础与参考，其自身很难构成法治政府建设意义上的行政决策准则，亦不符合法制完备原则要求的内含法律、法规、规章的行政法律体系要求，但在一定程度上为国家立法机关相应立法提供了经验支持。我们不完全否认我国立法实践中长期存在的这一经验主义立法准则的价值，但可以肯定地说，关涉行政决策的地方与国务院部门立法必然会推动国家立法机关的相应行为，行政决策地方立法中对行政决策规制范围与立法技术上的一些成熟做法必定为行政决策国家立法提供经验支撑。[①] 所以，保障决策考量的合法性问题得到了各级政府的重视，在立法角度也得到了立法机关的关注。从法治角度来确保这一过程，可以努力的途径包括在政府内部推行法律顾问制度以及形成重大决策合法性审查机制。推行政府法律顾问制度，可以从制度层面彰显法治国家建设对于依法行政的客观要求，同时也可以在操作层面保障决策的合法性。积极将政府法律顾问制度落到实处，要确保法律顾问成员的构成的广泛性和专业性，更要将法律顾问的专业意见切实作为决策形成的必要构成部分，发挥在政策讨论决定过程中的支撑作用，并以文件形式予以保存，以供后续的查阅甚至是追责。与此同时，可以与建立行政机关内部重大决策合法性审查机制相结合，将法律顾问的专业意见视为合法性审查的重要组成部分，作为提交讨论的前置要件。需要更加关注的是保障决策考量的合理性问题。行政法的基本原则包括合法性原则与合理性原则，随着我们法治国家建设的推进，人们对行政行为的关注，已经逐渐从行政执法规范化、杜绝惰政懒政等合法性要求的满足，扩散到开始对行政决策的合理性要求的符合。行政决策是进行社会治理的重要政策，能否产生决策时的目标效果，是决定该行政决策成功抑或

---

① 参见肖北庚：《从依法决策到行政决策法治化》，《湖南社会科学》2012 年第 3 期。

是失败的核心考量因素。只有良好的、成功的行政决策才是获取社会成员普遍认同和高度执行的公共政策，才能够对社会经济的发展做出贡献。因此从这个角度出发，我们在关注行政决策合法性的同时，也要关注行政决策的合理性问题。而合理性与合法性不同的地方在于，合法性的评价是较为客观的和可操作的，只要符合法律规定的权限和行使程序，就能对行政决策的合法性进行评判；而一个行政决策是否满足合理性的要求，则并没有那么清晰的可以用来操作的客观评价标准。当权力在授权范围内行使，裁量在法定区间内做出的情况下，如果不能结合决策的目标、情势和后果等因素，也会导致重大失误的出现，使得行政行为的合理性原则没有得到满足。甚至很多时候在决策做出和实际操作后产生实际效力的时候，也很难对该决策是否具有合理性做出判定。在这个看似很难解决的困境面前，学者提出了"公共利益之强化"的评判标准。也即作为一个良好的行政决策，必须考量的因素是是否能够有效增进决策所影响的地区的公共利益，而能够增进公共利益、保障多数人权益的行政决策方式就是民主化的决策方式，因其可提供一种常态的、理性的、有效地吸纳民意、统筹各方利益诉求、保证公共决策更符合民众期待和利益诉求之机制。① 这种民主化的决策方式，就是前文所提到的座谈会、听证会、论证会等形式。确保不同利益主体能够直接向行政主体陈述事实、主张利益，能为决策主体全面准确地掌握较为广泛的公共利益需求提供渠道，形式上有参与公众的意见表达，呈民主表征。② 因此为了减少决策失误带来的社会资源的浪费，就必须把重视行政决策的合理性与合法性基于同样重要的位置。

最后，要建立重大决策的责任机制。健全依法决策机制，要建立重大决策的责任机制。党的十八届四中全会《中共中央关于全面推进依法治国若干重大问题的决定》提出，"建立重大决策终身责任追究制度及责任倒查机制，对决策严重失误或者依法应该及时作出决策但久拖不决造成重大损失、恶劣影响的，严格追究行政首长、负有责任的其他领导人员和相关责任人员的法

---

① 参见周光辉：《当代中国决策体制的形成与变革》，《中国社会科学》2011 年第 3 期。

② 参见肖北庚：《从依法决策到行政决策法治化》，《湖南社会科学》2012 年第 3 期。

律责任"。在法律的逻辑之下，仅通过设定权利与义务来进行利益配置是不够的，还必须通过令违反权利义务设定的行为承担不利后果的规定，才能够保障权利和义务的法律设定能够得到主体的遵循。重大决策终身责任追究制度要明确追究责任的标准，也即受追究的决策认定问题。需要被追究责任的重大决策一种是因违反了决策考量的合法性与合理性的要求，在重大决策形成的过程中没有程序意识，没有将公众参与、专家论证、风险评估、合法性审查、集体讨论决定等重大行政决策法定程序科学合理有效地运用到决策中来；没有在决策过程中把公共利益作为决策考量的重要因素予以考虑。另一种则是因有不利后果的发生，也即"决策严重失误或者依法应该及时作出决策但久拖不决造成重大损失、恶劣影响的"的现实情况。重大决策终身责任追究制度要明确追究责任的时效问题，党的十八届四中全会《中共中央关于全面推进依法治国若干重大问题的决定》提出，对于重大决策责任追究采"终身制"，也即这种责任的承担不受责任人是否离职、是否转行等情形的变化影响，只要被认定为决策失当，无论距离决策时间有多长，都将受到责任的追究。重大决策的责任倒查机制的建立，主要就是按照决策的产生流程，严格追查每一个决策环节，遵循"谁决策、谁负责"的责任认定原则查找决策责任主体，建立相应的论证、评估、领导各环节主体责任制度，通过建立每一环节的决定事项决议的会议记录备案制度，以明晰对应决策关系人或集体的具体责任。通过重大决策责任倒查机制倒逼行政决策的合理性与合法性，提升行政机构的决策水平，提高行政机关的服务效能。

2. 深化行政执法体制改革。建设法治政府需要立足法律实施的功能定位，以执法体制创新为牵引来建立权责统一、权威高效的依法行政体制，实现加强政府职能转变、促进政府公共服务职能实现的行政体制现代化改革的主要目标。行政执法体制设置的不合理会导致行政执法活动的不顺畅，进一步影响行政执法效果，如何对这一改革内容进行深化推进，对优化行政治理方式，实现公平与效率的法的价值平衡，有着十分重要的作用。对于现阶段的行政执法体制改革，主要应从以下方面予以着力。

首先，要理顺行政执法体制中的矛盾关系，抓住主要问题。对于行政执法体制改革，其中最为重要的问题是要解决行政执法中的多头执法、权责交叉所导致的失衡问题。这一问题的解决需要明确界定和划分不同执法机关的职责权限，努力实现执法机构的精简和统一，通过整合执法主体，深入推进综合执法。由于执法权限的重要分配依据是不同层级政府的事权和职能，因此对于基层行政执法部门来说，其执法案件的数量和压力巨大，也存在一定程度的执法水平上的欠缺，因此需要推进执法重心向市县政府下移，着力提高基层政府执法能力，以平衡不同层级执法部门的执法压力和水平。同时，要坚持改革的问题导向，对于事关群众切身利益的执法环节，应当投入更多的改革关注。比如，如何深化食品药品安全、资源环境有效保护、文化旅游的和谐有序、社会治安的安定等人民群众看得最清、感受最深的执法体制改革就应当得到高度重视、重点推进。

其次，有机地进行体制上的增、减、合、分，达致平衡和顺畅。"增"，即增强行政执法人员的执法水平。行政执法人员执法水平的高低，直接决定行政执法质量。通过定期培训，加强执法人员的法治思维和法治意识的培养，并将是否能够在日常的执法工作运用法治思维和意识纳入绩效考核制度中。通过行政执法资格管理制度，严格实行行政执法人员持证上岗，对于未能取得执法资格的人员，不能获得从事行政执法活动的资格，进而影响业务晋升和绩效收入，确保能够极大地激励执法人员对提高执法水平的追求。"减"，即减少政府执法队伍种类。与其他法律体系相比较而言，我国行政法律体系相对复杂，法律法规层级跨度大，尤其在部门主导立法的情况下，不同部门法之间交叉、冲突多。这就直接导致两种情况的发生：一种是在一些执法领域存在的多重执法主体重复执法问题，使行政相对人产生不满情绪；而另一种则是在一些相对困难的执法情形下，多部门出现相互推诿责任，无人愿意承担执法责任的情况。针对这两种情形，需要通过推进综合执法，结合权力清单和责任清单制度建设，科学梳理行政执法权力的种类，按照执法需求和便利原则，对相应的执法权力与义务进行合理分配，减少不同层级间的执法队伍种类。建立综合的执法主管部门，形成行政体制上的上下对接管理关系，方便对执法队伍进行科学有效的调配和管理，从而保障行政执法工作精简、高效。"合"，即健全行政执法和刑事司法的衔接机制。行政机关作为执法机关能够对违反行政法规的行为进行处罚，刑事司法则对违反国家刑法的相关犯罪行为进行司法裁判。但是有一些违法犯罪行为同时也违反了行政法规范，这就直接导致了行政执法与刑事司法调整领域的交叉，对于行政责任和刑事责任的承担顺序或者是否存在着责任承担的混同，如何选择适用何种程序对责任进行追究，都成为需要解决的问题。现实中由于行政执法的主动性，其行政程序的发动一般在刑事程序发动之前，这就使得一些严重违法达到犯罪的案件，首先进入行政执法的程序。随之而来衍生出程序的选择适用问题，如何将进入行政执法程序的犯罪案件及时移转入刑事司法程序，行政执法如何与刑事司法衔接，也就成为一个必须解决的问题。①同时，在现实操作层面，当行政执法机关在具体行政执法行为中发现行政违法行为触犯刑法时，有些执法机关或是不依法向司法机关移送案件，或是因移送程序不明确等原因，选择以罚代刑的做法，使得犯罪嫌疑人逃脱了刑法的制裁，与建设法治国家和社会的目标背道而驰。由此，如何更好地衔接行政执法与刑事司法成为法治进程中的新问题。为了使行政主体在行政执法过程中，将涉嫌犯罪的行为依法分离出来，使行政违法犯罪案件能够顺利进入司法程序并受到相应的法律制裁等一系列问题，就需要建立科学合理的行政执法与刑事司法衔接制度。要明确行政执法与刑事司法衔接的立法规范，使得执法机关和司法机关之间能够厘清各自权限，明了案件移交的标准、移交的对象、移交的具体流程以及不移交将导致错案追究的法律后果等，搭建衔接的桥梁；同时在行政执法机关内部建立调查、处理相分离的模式。相关的案件先由行政执法办案人员负责调查行政违法案件，提出初步处理意见，然后交由行政执法机关法制部门审查，提出行政处罚或移送刑事司法机关立案侦查的建议。以改变原有查处行政违法案件由一个部门单独负责的模式，加强内部的监督和制约。②"分"，即严格执行罚缴分离和收支两条线的管理制度。市场经济的发展增加了对行政机关的监督管理的需求，为了有效履行广泛的监督管理职责，行政机关运用了大量的行政手段，其中存在较多问题的

---

① 参见王敏远、郭华：《行政执法与刑事司法衔接问题实证研究》，《国家检察官学院学报》2009 年第 17 卷第 1 期。

② 参见耿刚、范昌龙、王毅：《行政执法与刑事司法衔接问题研究——以程序衔接机制为视角》，《行政与法》2011 年第 2 期。

便是行政罚款和行政收费。为了杜绝将罚款、收费等行政行为作为增加部门利益手段，加强对罚款收缴活动的监督，促使罚款及时上缴国库，纳入预算管理，需要严格执行罚缴分离和收支两条线的管理制度，以期达到构建国家财政法治体系的主要目标。通过对行政执法体制合理的增减、合分，借助增强行政执法人员的执法水平、减少政府执法队伍种类、健全行政执法和刑事司法的衔接机制和严格执行罚缴分离和收支两条线的管理制度，理顺行政执法中的矛盾和问题，达致行政执法管理体制的平衡与和谐。

3.严格规范公正文明执法。优化行政治理方式，除了要健全依法决策机制，深化行政执法体制改革外，还需要严格规范公正文明执法。因为无论拥有多么科学高效的决策，多么顺畅合理的执法体制，最终在执法效果层面，仍是一个行政执法主体和行政相对人之间直接的对话与交锋。行政执法是连接国家行政执法机关与行政相对人的重要纽带，是与行政相对人的合法权益最直接相关、最经常性的管理活动。行政执法机关和执法人员以及行政行为相对人对执法程序的普遍认同和遵守的程度是衡量一个国家行政法治程度和行政执法合理程度的基本尺度，不公正文明的执法特别容易伤害到行政相对人的合法权益，会给人民群众带来不良的观感，直接影响法律的公平正义以及执法的效果。严格规范公正文明执法，首先要完善行政执法程序。公正文明的执法程序是产生良性执法结果的法律保证，没有这一保证就不会有真正的权利保障。我国的行政管理长期以来遗存重实体、轻程序的传统观念和习惯，人们关注的重点不在于行政执法的过程，而在于行政执法的后果，将程序仅仅视为实现实体正义的手段和工具，只是强调程序在保证实体正义实现上的有效性或有用性，并不太承认程序具有独立于实体目标之外的价值和意义。事实上，行政执法目的的正义性，要以程序的正义性作为前提和保障；行政执法目的正当性，也必须以程序的正当性、正确性等为保障。脱离程序的正义性，就会给执法违法提供滋生的空间，导致侵犯他人的合法权益。[1]因此在行政许可、行政处罚、行政征收、行政强制等行政执法的重点领域要

---

[1] 参见欧阳志刚：《行政执法正当性研究》，博士学位论文，中南大学，2011年，第74—76页。

完善相关执法的程序，明确每一项行政执法的具体操作流程，通过建立执法全过程记录制度、行政裁量权基准制度及重大执法决定法治审核制度等，规范执法的公正文明程度。其次，要保障执法目的的正当性。所谓执法目的的正当性，指的是执法不仅仅是一种国家权力的行使，其包含着一定的价值判断和伦理基础，也即任何执法行为不得偏离实现国家的公共行政管理职能，维护公共利益和社会秩序，为社会和公众提供服务这一根本目的。因此在执法时除了严格遵守法律的实体和程序规范的同时，也要求执法者能够立足于行政执法的根本目的，能够以文明的、人性化的方式，实现法治宣传教育、保护弱势群体利益、发扬人道主义精神、体现执法的公平正义以及维护法律的权威等多种价值。

通过上述的分析我们可以看出，通过健全依法决策机制、深化行政执法体制改革以及严格规范公正文明执法等多种途径优化行政治理方式，是根植于社会管理的现实需求，针对在行政执法环节存在的客观问题对症下药。既要提升行政部门作为社会管理主体的运行效能，也要坚守法律执行部门对公平正义价值的追求，实现公平与效率的法的价值平衡。

（四）确保公正司法，加固平衡法治防线

司法是与立法和行政相对而言的，是国家司法机关依照法律赋予的职权和程序，适用具体法律规范来解决社会纠纷的活动。司法机关主要指的是发挥审判职能的人民法院和发挥监察职能的人民检察院，除此之外，由于司法职能分工的不断细化，警察机关、司法行政机关、裁判执行机构及律师等其他司法辅助性法律机构或职业的活动也被纳入广义司法活动的范畴之内。为了全面把握司法的功能，符合当代社会司法功能扩大的趋势，司法应被视为一种以法院的审判活动为核心的，涵盖各种纠纷解决机制的开放性体系。司法是司法机关以国家名义行使职权的活动，作为一项具有专属性的活动，必须由具有专业法律知识和丰富经验的司法人员，遵守保障诉讼当事人合法权益、正确适用法律以及依照法定程序行使司法权力的原则，才能在保证司法公正的基础之上，保障其以国家名义处理案件的权威性。治理社会失衡问

题，需要通过法治实施践行平衡，从司法角度来说，需要通过确保公正司法，加固平衡法治对失衡问题的防线。

从司法的功能角度来看，现代司法的功能是多重的，但其最基本最直接的功能是平衡调整利益冲突，解决社会纠纷，保护社会主体的合法权益。司法是保障原有权利的重要后盾，是纠纷的法律解决的典型形式，当原有权利被侵害时，可以通过司法裁判对原有权利进行救济，以此回复到立法及当事人通过平等协商达到的权利和义务的原始平衡状态，对冲突的利益进行法律的权威调整，保障利益分配的合法与平衡，化解社会纠纷，平衡冲突的社会关系。从司法的价值追求来看，公平正义是司法的生命和灵魂，是司法的本质要求和终极价值追求，与平衡法治的内在价值追求相统一。公正这一价值系属关系范畴，其必定存在于人与人之间的相互交往之中，不会存在于孤立的个人之上。可以说，没有人与人之间的关系存在，没有涉及利害关系的场合，就不会产生要求平等地对待他人的观念形态的公正问题。在法治社会中，司法是对社会关系中产生的利益矛盾的调整，当人们在权利义务的享有和承担上出现了不均衡的矛盾时，救治社会冲突的最终也是最彻底的途径就是寻求司法的裁判。司法裁决作为以国家力量为后盾的强制性的"最终解决"的途径，其真正永恒的生命基础在于它的公正性。其对于平衡法治的实现体现在：一方面，司法的公平与正义要以"平等"为基础。实现司法公正前提就是要保障当事人在法律面前人人平等，借由当事人双方平等的法律地位确保双方享有相同和对等的诉讼权利，通过诉讼过程中二者的相互对立与制衡，以达至查清案件事实，保障法院居中衡平裁判的正义性要求。另一方面，作为社会正义的重要组成部分，司法公正包括司法裁判结果公正的实体公正和司法过程公正的程序公正两个部分。我们国家有着"重实体轻程序"的历史传统，认为实体正义和程序正义是一种内容和形式的关系。在这种关系的认识下，形式当然地被认为是服务于内容的，程序的唯一正当性目的便是最大限度地实现实体正义，这成为我国司法实践中程序观念淡薄的重要原因，同时也是经由程序法达致法治的巨大阻碍。随着程序意识的觉醒，程序价值的独立地位和程序优先的观念不断深入人心，这样的观念来自于以英国和美国为代表的普通法系。普通法系在传统上比较注重程序法规则，提出了诸如"法律即程序""无程序即无救济"等观点，认为实体法上所规定的权利义务如果不经过司法程序，就只是一种主张或者假象。只有在经过司法过程得出的确定性判决中，权利义务才得以实现真正意义上的实体化。在这种程序规则的基础之上发展出来程序本位主义，认为程序独立于实体，甚至认为诉讼法是实体法之母，将程序正义置于实体正义之上。以上两种观点都有失偏颇，在诉讼中，"实体法和程序法犹如一辆车的两个轮子，对诉讼都起作用，在它们之间不可能存在主从关系"。① 马克思也曾说过："诉讼和法二者之间的联系如此密切，就像植物外形和植物本身的联系，动物外形和动物血肉的联系那样。使诉讼和法律获得生命的应该是同一种精神，因为诉讼只不过是法律的生命形式，因而也是法律的内部生命的表现。"② 借由以上的分析，我们认为，对于程序规则的独立地位不应否认，其对于法律价值的实现有其独特的不可替代的作用。但同时对于程序正义和实体正义的价值位阶的认识，不应存有一元主义和本位主义，尤其是结合我国的司法传统和现实需求，应正视二者的相伴相生的关系，将实体和程序置于同样重要的位置，平衡地发挥二者对于解决社会冲突和纠纷的作用，实现二者的辩证统一。从司法的制度构造上来看，司法公正有赖于司法职能独立行使，向司法职能与立法职能和行政职能鼎足而立，形成有效制约的平衡之治。司法的居中裁判职能的实现，本身就源自法院作为居中审判者的第三方中立定位，其能够在平等对抗的原被告双方当事人之间保持公正裁决。这一职能实现的需求进一步延伸，司法机关在裁判时的唯一依据和影响判决内容的唯一因素就是法律，除此之外不受任何的立法权和行政权的干涉。立法、行政和司法在各自的制度框架内运行，实现科学立法、严格执法、公正司法相互促进、相互制约的良性循环的平衡之治。从司法权力的配置上来看，司法公正有赖于公检法三方权力的平衡配置和运行。我国司法机关主要指的是人民法院和人民检察院，而在刑事司法领域，根据《宪法》和《刑事诉讼法》的规定，公安机关也享有一定的司法权力。公、检、法三机关分别承担侦查、起诉和审判的职

---

① ［日］兼子一著、竹下守夫：《程序的正义与诉讼》，白绿铉译，法律出版社 1995 年版，第 233 页。

② 《马克思恩格斯全集》第 1 卷，人民出版社 1995 年版，第 287 页。

能，互相配合，互相制约，以保证准确有效地执行法律。这一制度安排，一方面要求公检法三权力机关之间要形成合力，互相配合地实现刑事诉讼惩罚犯罪、保障人权的共同目标。而另一方面，其将司法权力赋予三个国家机关独立行使，通过分权来形成制衡，使得其中任一机关都对其他机关形成一定制约，同时其本身也成为其他机关制约和监督的对象，从而防止司法权过分集中所导致的专断独裁。这种司法权力的分权与制约的制度安排，是平衡法治的重要体现。

（五）完善司法职能独立制度，平衡主体地位

司法公正对社会公正具有重要引领作用，司法不公对社会公正具有致命破坏作用。必须完善司法管理体制和司法权力运行机制，规范司法行为，加强对司法活动的监督，努力让人民群众在每一个司法案件中感受到公平正义。要完善和确保司法职能独立的制度，以保障审判权和检察权的公正独立行使。

首先要处理好司法独立与党的领导的关系。需要明确的是，独立司法与党的领导在本质上是不矛盾的。1979年《中共中央关于坚决保证刑法、刑事诉讼法切实实施的指示》中就已经确认"加强党对司法工作的领导，最重要的一条，就是切实保证法律的实施，充分发挥司法机关的作用，切实保证人民检察院独立行使检察权，人民法院独立行使审判权，使之不受其他行政机关、团体和个人的干涉"。1986年《中共中央关于全党必须坚决维护社会主义法制的通知》中提出："司法机关党组提请党委讨论研究的重大、疑难案件，党委可以依照法律和政策充分发表意见。司法机关应该认真听取和严肃对待党委的意见。但是，这种党内讨论，绝不意味着党委可以代替司法机关的职能，直接审批案件。对案件的具体处理，必须分别由人民检察院和人民法院依法作出决定。"2014年《中共中央关于全面推进依法治国若干重大问题的决定》中再次强调："完善确保依法独立公正行使审判权和检察权的制度。各级党政机关和领导干部要支持法院、检察院依法独立公正行使职权。建立领导干部干预司法活动、插手具体案件处理的记录、通报和责任追

究制度。任何党政机关和领导干部都不得让司法机关做违反法定职责、有碍司法公正的事情，任何司法机关都不得执行党政机关和领导干部违法干预司法活动的要求。对干预司法机关办案的，给予党纪政纪处分；造成冤假错案或者其他严重后果的，依法追究刑事责任。"党中央在确立党对司法工作的领导时同样强调对司法独立的保障，可以说对司法独立的寻求并非意在否定党的领导，而是旨在实现党领导方式的科学转型。因为司法独立的实现前提是尊重法律框架的约束作用，即要依照法律的规定来独立行使司法职权。而我们国家"在一定意义上，法律集中体现了执政党的方针、政策。司法机关内部也有党的组织在起领导和监督作用。因此，司法机关严格依法办案，就是体现了党的领导作用"。① 所以说，司法独立与坚持党的领导在本质上不仅不矛盾，而且具有实质上的承接和延续作用。在这种认识下，就能否决传统意义上认为的党对司法的领导要体现在对具体案件结果予以干涉的正当性，杜绝地方政法委协调办案、拍板定案的做法。因为这种做法存在着严重的弊端，一是违背了宪法规定的法、检、公三机关办理刑事案件"分工负责、互相配合、互相制约"的原则，通过协调使三家实际上变成了一家；二是违背了司法的亲历性，造成"审者不判、判者不审"的不合理现象，加大了冤案、错案的风险；三是政法委对因其插手发生的错案不承担任何法律责任，违背了权责相结合的原则。仅对于全国性的大案要案或社会影响重大的个别案件，党中央与中央政法委有权直接或者委托省级政法委进行协调处理，以使这类案件的办理最大程度地符合司法公正与国家大局利益的统一。② 在防止领导干部对司法独立进行干预的同时，保障独立司法和坚持党的领导达成战略上的协调一致。

其次要确保司法机关的独立行使职权。所谓确保司法机关独立行使职权，指的是在司法机关行使审判权时，不受立法机关和行政机关以及其他社会、个人的干预。根据权力制衡原则的要求，由于权力的扩张本性，需要对其进行分权。在立法权、执法权和司法权分属不同的权力主体行使的

---

① 参见李步云、柳志伟：《司法独立的几个问题》，《法学研究》2002 年第 3 期。

② 参见陈光中：《比较法视野下的中国特色司法独立原则》，《比较法研究》2013 年第 2 期。

情况下，通过权力之间的相互制衡来保障私权利不受其侵害。因此要确保司法机关独立行使职权，一是要保障其独立于权力机关行使审判权。根据我国宪法及相关组织法的规定，各级人民代表大会表决产生人民法院、人民检察院，因此人民法院和人民检察院要向同级人民代表大会负责并报告工作，接受人民代表大会的监督。这种监督主要是通过人大会议听取法院和检察院的工作报告，对其在年度内的总体工作情况有序、高效等情况进行综合评价，并不是通过对个案的具体裁判结果直接干预的方式来进行的。因此司法机关在具体行使审判权时，不应受到人大常委会委员或代表的个人意见的干涉，对他们提出的具体处理意见，可以作为裁判时的考量建议，但绝不能当成是命令予以无条件的接受。二是要确保司法机关独立于行政机关行使审判权。行政权管辖事务的广泛性导致行政权能在社会生活中发挥的频次较高，所以从某种程度上来说，权力分立和制衡围绕的核心是行政权。国家通过行使立法权对政府的行政权进行设定和划分，通过行使司法权对受行政权侵害的私权利进行救济。然而在实践中，行政机关对司法权的行使进行干预的情况却并不少见。2010 年发生的"太原市晋源区拆迁致死案"中，组织实施强拆的武瑞军召集手下员工李彦忠等十余人，强拆古寨村孟福贵、武文元两村民的房屋。在强拆中孟福贵被木棒重击导致重度颅脑损伤死亡，武文元左手骨折。历经太原市中院一审、山西省高院裁定撤销太原市中院的一审判决，并发回重审改判，最后由山西省高院做出二审判决，以故意伤害罪、故意损坏财物罪，判定持镐把殴打被害人、致一死一伤的被告人高海东死刑，召集人武瑞军及李彦忠被判处有期徒刑 13年。在本案的审理过程中，太原市晋源区政府分别给山西省高级人民法院和太原市中级人民法院发出了《关于对太原市晋源区古寨"10·30"事件一案中被告人武瑞军判决再审慎重量刑的函》和《关于对太原市晋源区古寨"10·30"事件一案中被告人武瑞军判决重审慎重量刑的函》两份公函。其内容和理由都是大致为在武瑞军家属不服判决、多次上访要求减刑，"为维护社会稳定，经区委区政府研究，特恳请法院对武瑞军重审量刑时，依法对当事人家属的诉求予以考量"。2015 年 1 月 4 日，受害人孟福贵之子孟建伟向最高法提交材料，认为区政府发函要求法院减轻对被告人处罚是严重的干预司法。① 针对类似情况，2015 年 3 月 30 日中央办公厅、国务院办公厅印发《领导干部干预司法活动、插手具体案件处理的记录、通报和责任追究规定》，中央政法委印发《司法机关内部人员过问案件的记录和责任追究规定》，对干预司法权独立行使的行为进行了规范。同年 11 月 5 日，中央政法委公开通报 5 起领导干部干预司法活动、插手具体案件处理和司法机关内部人员过问案件的典型案例。通过对领导干部干预司法典型案例的通报，能够对类似行为起震慑作用，有助于为司法机关独立行使审判权排除行政干扰，优化审判环境。

最后，要确保司法机关能够排除其他社会个人对司法裁判的不利影响，独立行使审判权。对于司法裁判而言，需要解决的一个重要问题便是应不应该追求司法判决在法律效果与社会效果的平衡与统一。推崇绝对的司法独立者认为，司法活动是一种专业活动，司法人员仅要对法律负责，因此在这样的前提下做出的判决具有正当性。当社会效果与法律效果不一致时，需要的是社会公众向专业的法律活动靠拢，通过理解司法判决的专业知识建立对司法活动的理解和认可。这样的认识有其合理的一面，但与此同时却忽视了一个重要问题，那就是法律作为一种调整规范，其最终要作用于社会关系的调整。因此，如果一个司法判决对个案的权利义务的配置，超出了社会大众朴素的公平正义观念，这样的判决的合理性就会受到质疑。同时，法律规范是由人类所创设的，在人的有限理性之下，没有任何一部法律能够做到至善至美，因此对法律的修订是一个需要不断推进的活动。在这个活动中，社会大众对相关法律规定的意见建议就应该被考虑其中。所以可以认为司法判决追求法律效果与社会效果的平衡是正当的。因此确保司法机关形式审判权的独立性，不能完全不考虑社会效果，但与此同时更加重要的是如何在法律框架内合理兼容社会效果。这就需要在考虑社会效果的同时，不能丧失对案件裁判的主体地位，完全随舆论起舞。司法人员不能因为处于新闻媒体片面报道掀起的舆论压力之下，而以追求所谓的"社会效果"为借口做出违反法律规

---

① 参见《行政干预法院判决是以权压法》，2015 年 1 月 15 日，中国搜索，见 http://news.chinaso.com/view/20150115/10002000327793814212856442136664641_1.html。

定、违背法治精神的曲意裁判，给当事人造成无法弥补的伤害的同时也会影响法治建设的进程，而是在充分考虑个案的特殊性与法律公平价值指引之下，对社会舆论的意见进行专业化的分析与论证，利用自己的专业知识来引领舆论。建立自身司法权威性的同时，也给社会进行普法教育的活动，推进法治社会的建设。我国的司法改革缘于政治、经济体制改革及其所带来的社会结构的变化，建立法治型司法改革是与政治体制改革相适应的，是体制转轨的一部分。司法改革的目标是在政治权力退出之后，将司法从以往的政治工具角色转化为中立的裁判者，构建以司法为核心的维系新秩序的机制。[①]因此，要确立司法机关的独立地位，确认其作为司法职能的享有者依法独立行使职权的制度，为公正司法解决社会失衡问题奠定坚实的基础。

（六）优化司法职权配置运行，平衡权力合分

要优化司法职权配置，促进司法权力良好运行。以司法权力分工为标准，划分界定好公安机关、检察机关、审判机关和司法行政机关的职能权限，在司法权力相互配合和相互制约的原则下，促进司法目标的实现。

一是要推动审判权与执行权相分离。我国人民法院作为司法机关享有审判权，同时也行使着对生效的民事和行政裁判的执行权这一带有行政色彩的权力。这一做法是将执行权作为审判权的延伸，不仅加重了法院的工作压力，也加重了审判员兼任执行者所引发的潜在的道德风险，并且也不利于提高审判与执行的专业化水准，在实践中也出现了诸如"审而不执""审而难执"和"审而乱执"等现实问题。如何通过审判权和执行权相分离的办法解决上述问题，早已成为司法改革强烈关注的焦点问题。从 20 世纪 90 年代开始，执审分离的改革从民事执行率先启动，在法院内部通过设置专门的执行庭来行使民事案件的执行权。但是这一做法仅在法院内部达成了执审分离，并没有在权力配置制衡的角度达到彻底的分离。2015 年 2 月，中共中央办公厅、国务院办公厅印发的《关于贯彻落实党的十八届四中全会决定进一步

---

① 参见陈卫东：《司法机关依法独立行使职权研究》，《中国法学》2014 年第 2 期。

深化司法体制和社会体制改革的实施方案》中明确提出"推动实行审判权和执行权相分离的体制改革试点。在总结人民法院内部审执分离改革经验的基础上，研究论证审判权与执行权外部分离的模式"。由此可以看出，对于审判权和执行权分离的改革，将不再局限于法院内部对两项权力的分离，而是致力于研究二者的外部分离机制。执审分离的外部模式就成为学界研究和司法改革的重点：模式一是司法行政机关负责执行模式。将审判权作为法院实现司法职能的法定权力，同时将原有的执行权剥离出来交由司法行政机关执行，使得执行权能回归其行政权能的位置。模式二是公安机关负责执行模式。在该模式下认为执行交予公安机关负责，能够建立垂直领导的执行工作体制以防地方保护主义的干扰，有利于提升执行威慑，挤压"老赖"生存空间和侥幸心理，促进自动履行。警察负责执行实施工作在国外也有先例可循。在英国、加拿大、美国以及印度、新西兰等法院"外设非专门执行官型"的国家，法院外执行官员隶属于行政或警察系统。如美国执行联邦法院判决由联邦执法官进行，执行州法院判决由地方执行官进行，这两类人员都是警察的一类，是专门提供法庭服务的警察。[1] 模式三是新设专门的执行机构，即设置一个独立于同级法院、检察院，而并列于公安司法部门等行政部门的执行机关，实行垂直领导、统一管理的制度。[2] 这种做法的好处是相对比较简单直接，不需要在既有的机构的职能设定中论证增加执行权的合理性，无需加大其他部门增加执行权带来的业务上的压力。同时通过垂直领导和统一管理的制度，能够很好地切割与司法审判机关之间的机构连结，阻却地方政府对执行工作干涉的可能，保障执行权行使的独立性和有效性。以上三种模式，都有其理论上的可行性，而对于我国执审外部分离模式的选取，仍然有赖于上层决策的选择以及司法实践的考证。但无论何种分离模式的选择，都旨在通过推动审判权与执行权相分离优化司法职权配置运行，从而实

---

[1]　参见周建康：《第五条道路：横向分立＋纵向统一——审判权与执行权相分离模式的现实选择》，《尊重司法规律与刑事法律适用研究（上）——全国法院第27届学术讨论会获奖论文集》，2015年。

[2]　参见庄庆龙：《民事执行权与审判权不应"同处一室"——从执行难的大背景下探讨执行机关独立设置的必要性》，《法制与社会》2013年第12期（下）。

现司法权力的平衡。

二是将刑罚执行权统一到司法行政机关。目前我国刑罚执行权分别由司法行政机关、法院和公安机关来行使。司法行政机关的刑法执行权由其管理的监狱和社区矫正机构分别执行。其中由监狱来执行死缓、无期徒刑、有期徒刑的刑罚，社区矫正机构执行管制、宣告缓刑、假释及暂予监外执行。法院则负责执行死刑立即执行、罚金和没收财产的判决；公安机关负责执行剥夺政治权利和拘役。这种多元分散的刑罚执行主体的设置，不仅分散了刑罚执行权，而且在一定程度上导致不同主体在职能定位上的混乱。刑罚执行在性质上属于司法行政活动，人民法院属于国家的审判机关，公安机关在刑事诉讼中主要履行侦查职能，由审判机关和侦查机关享有一部分的刑罚执行权，会导致执行权、审判权、侦查权力配置上的重合，不能达到权力之间分工负责、互相配合、互相制约、互相监督的功能，容易滋生权力独断与腐败，同时导致司法公信力的下降和法律公平正义价值的破坏。因此，可以寻求将刑罚执行权统一到同一主体来行使。但究竟应当由哪一职能部门来具体承当，我们可以通过国外的一些做法来寻求借鉴。以美国为例，其刑罚执行权由联邦司法部和各州司法部来行使。具体包括监狱刑罚执行以及缓刑、罚款、赔偿、社区服务、家中监禁、电子监控、中途训练等非监禁刑罚执行，在司法部内部设立联邦执法官署、监狱管理局和假释委员会等机构。其中联邦执法官署是美国最高检察机关和最高执法机关，也是刑罚执行的专门机构，由总检察长领导，负责管理和监督联邦检察系统和警察，管理和监督联邦所属的全国监狱及其他惩罚机构，调查并向总统汇报有关假释、缓刑、赦免的请求。[1] 而根据《德国刑法典》的规定，德国的刑罚执行权主要由检察院来承担，具体包括罚金刑、自由刑以及法院判处的其他刑罚的执行。而英国自 2007 年成立了司法部之后，由司法部负责英国的法院管理、监狱管理、犯人缓刑期间的监管等任务。通过内设监狱管理机构和假释管理机构两个部门，负责执行法院的监禁、缓刑以及其他刑罚。[2] 可见建构以司法行政机关

---

[1] 参见武延平:《中外监狱比较研究》，中国政法大学出版社 1999 年版，第 28—31 页。

[2] 参见曲广娣:《英国司法行政制度述要》，《中国司法》2014 年第 7 期。

为主导的刑罚执行体制是一个较为可行的做法。对此有学者认为：应当取消看守所的刑罚执行权，对在判决时剩余刑期不满一年的犯罪分子作出合理分流，一部分罪犯可以交由监狱执行，对有悔罪表现的罪犯由法院判处缓刑并交社区矫正；将人民法院、公安机关从刑事执行工作中解脱出来，从社区矫正试点工作的实施效果来看，社区矫正工作积极稳妥地进行与广大基层司法工作人员工作称职有着密切关系，这证明司法行政部门完全可以接手承担人民法院和公安机关的原有的刑事执行工作；应取消监狱管理局的建制，在司法部下设刑事执行总局，分设负责监禁刑执行、非监禁刑执行、财产刑执行与涉外执行的四个部门具体承担不同种类的刑法执行权。[①] 通过将刑罚执行权统一由司法行政机关执行，可以保证侦查权、审判权和执行权在不同权力机关之间进行合理分配，便于检察机关集中注意力对刑罚执行情况进行法律监督，实现司法职权的优化配置。

三是推动司法权和司法行政事务管理权相分离。司法行政事务，主要包括对司法机关的机构设置及编制、人员选拔及培训、财务经费、物资装备、基本建设、科技管理、后勤服务、行政人员等管理事务。司法行政事务直接为司法工作提供物质经费保障、司法技术支持、后勤服务管理。[②] 司法行政事务管理权发挥的是对司法的辅助性的行政职能，其基于司法机关行政事务的需要而产生，目的在于管理与利用司法资源为司法职能的实现提供服务和保障，本质上是一种行政权能。而司法权则因其在权力属性上所具有的公正、独立、中立等特点，承担着为社会提供最后一道法治防线的解决纠纷、救济权利、维护公平与正义等功能，具体表现为审判机关的裁判权、法律解释权和司法审查权。二者的关系上体现着一定的关联性，司法行政事务管理权是司法权的附属性权力，通过提供类型多样、项目繁杂的司法行政事务促进司法权行使的快捷与高效，以满足司法裁判的效率和规范原则的要求。因此二者之前并没有进行权力归属上的体制划分，由司法机关统一行使。然而

---

① 　参见韩玉胜、沈玉忠：《行刑一体化与刑罚执行权的新配置》，《河北法学》2008 年第 1 期。

② 　参见姜小川：《司法体制之时弊：司法与司法行政职权合一》，《中共浙江省委党校学报》2013 年第 4 期。

将司法权和司法行政权合并由司法机关来统一行使，忽略了两项权力在本质上的分属，司法权和行政权的不同所导致的管理模式和手段的差异化需求，同时因人财物等行政事务可能与有关方面发生利益冲突和依附，也增加了外部对司法活动的影响，有悖于司法裁判的本质属性和司法中立等一系列司法基本属性的要求，也忽略了权力相互制衡和监督的基本配置理论。

针对司法权运行行政化的这一问题，我国对司法权运行机制的改革也一直予以关注，先后做出了许多改革尝试。如在法院内部全面实行立审分立、审执分立、审监分立，建立完整的案件审理流程管理，逐步在法院系统建立统一的司法鉴定体系，推行院、庭长参加合议庭担任审判长审理案件，试行给法官配备法官助理并取消助理审判员，建立符合审判工作规律的审判组织，试行上下级法院逐级遴选法官，从律师和高层次的法律人才中选任法官，并要求全面落实"收支两条线"，探索建立法院经费保障体系。强化院、庭长的审判职责，明确其审判管理职责和政务管理职责，探索建立新型管理模式，实现司法政务管理的集中化和专门化。同时，要求逐步实现合议庭、独任法官负责制，推进法院工作人员的分类管理，探索法院设置、人财物管理体制改革，建立法院业务经费由国家财政统一保障、分别列入中央财政和省级财政的体制。建立健全以案件审判质量和效率考核为主要内容的审判质量效率监督控制体系，以法官、法官助理、书记员和其他行政人员的绩效和分类管理为主要内容的岗位目标考核管理体系，以综合服务部门保障的能力和水平为主要内容的司法政务保障体系等。[①] 十八届四中全会文件中进一步提出"改革司法机关人财物管理体制，探索实行法院、检察院司法行政事务管理权和审判权、检察权相分离"。因此，在已经针对司法权和司法行政权内部分离所做的组织机构、人员管理、经费管理改革的基础上，仍然需要进一步的探索。下一步的改革中，可以尝试借鉴法国与德国的外部分离的模式。在法国，中央政府设有司法部统一管理司法行政事务，但地方政府不设司法行政机构，而是由司法部长授权上诉法院院长和总检察长共同管理上诉

[①] 参见钟小凯：《论司法审判与司法行政的界限——基于横琴新区法院的实证分析》，《法治社会》2016 年第 1 期。

法院及其司法管辖区内各基层法院的司法行政事务，有关司法行政管理工作情况向司法部报告。在德国，司法行政事务由联邦和州司法部两级管理，但州以下的司法行政事务具有类似法国的特点，检察机关也附设于法院内，接受司法机关的领导。在联邦，法院司法行政事务一般由联邦司法部负责；联邦司法部管理司法行政工作，主要负责编制联邦法院、联邦行政法院、联邦财政法院经费预算，确定年度预算总额。司法部长负责领导法官的选举工作、任免联邦检察长。[①] 因此，进一步推动司法权和司法行政事务管理权相分离，可以尝试将司法行政事务管理职能完全从法院、检察院中剥离出来，交由司法行政机关统一行使管理权。这一方面可以有助于法院和检察院立足自身定位，专注行使审判权和检察权；另一方面，审判人员和检察人员的人事管理和财权管理都将归属于外部的司法行政部门，有效地避免了司法机关内部的权力过度集中可能带来的滥用风险。综上所述，优化司法职权配置的核心问题就是立足审判机关、检察机关、公安机关和司法行政机关的不同职能定位，科学合理地划分审判权、监督权、侦查权和执行权，使各项权能在各自的轨道上有序运行，形成相互配合和相互制约的平衡之治。

（七）提升司法质量与公信力，平衡主客体利益

随着人们法治观念的不断提升，媒体舆论监督力度的不断加大，以"佘祥林案""赵作海案""聂树斌案""呼格吉勒图案"为代表的一系列冤假错案相继被披露。公众在为案件当事人的不幸遭遇扼腕叹息的同时，对于我国司法质量的拷问也在不断加大。为了防止公众心中对司法公正问题认识失衡的风险的进一步扩大，提升司法质量、树立司法公信力成为平衡法治的必然要求。

1. 从司法机关角度来看，要推进严格司法。司法机关作为案件的裁判者，要立足于查清案件事实，遵循法律准绳，兼顾实体公正和程序公正。推

---

① 　殷明胜：《德法两国的司法行政体制》，《中国司法》2005 年第 2 期。

进严格司法，要推进以审判为中心的刑事诉讼制度改革。理论上将"以审判为中心"称为审判中心主义，其是与"以侦查为重心"的侦查中心主义相对而言的。所谓"侦查中心主义"是指刑事诉讼中将惩治犯罪看作首要目的。在对这样的首要目的的追求之下，检察机关的起诉和法院的审判都以侦查机关的认定结论为重要甚至是唯一的依据。在诉讼的纵向结构上，宪法和刑事诉讼法确定的公检法三机关分工负责、互相配合、互相制约的原则，落实成了侦查、审查起诉、审判等诉讼阶段相互平行、首尾相继的"流水线"型诉讼结构，审判只是在侦查、审查起诉阶段工作的基础上对案件的"深加工"，对案件事实的"再认识"①这样就使得刑事诉讼中的被告，无法借助诸如法院中立、检察院和被告进行控辩双方的辩论以查明案情的制度设计，形成庭审结果，使得被告在一定程度上丧失了寻求司法保障的权利和机会，侦查权难以得到有效制约，法官和检察官的司法权的行使空间被压缩，刑事诉讼律师的职业技能发展有限。对于推进以审判为中心的诉讼制度改革的内涵，尚未形成统一的认识。有人认为"以审判为中心"，实际上是要实行以司法审判标准为中心。从刑事诉讼的源头开始，就应当统一按照能经得起控辩双方质证辩论、经得起审判特别是庭审标准的检验，依法开展调查取证、公诉指控等诉讼活动，从而"确保侦查、审查起诉的案件事实证据经得起法律的检验"。②有人认为"以审判为中心"，其核心要求是作为裁判根据的案件信息形成于审判程序。"以审判为中心"并非忽视侦查、审查起诉程序，侦查和审查起诉是审判的准备，其收集和运用证据的质量关乎审判公正，高质量的侦查和起诉可以从源头防范冤假错案。③还有人认为"以审判为中心"，应理解为以审判活动为中心，而不是以审判权、法官或者以审判阶段为中心。如果强调"审判权或法官"中心论，则会片面理解审判活动，忽略控辩双方的参与和权利，甚至会淡化"庭审中心"的要求，有悖审判中心主义的主旨；如果强调"审判阶段"中心论，则会限缩审判中心主义的适用范围，将审前程序中关涉被追诉人基本权利

---

① 参见魏晓娜：《以审判为中心的刑事诉讼制度改革》，《法学研究》2015 年第 4 期。

② 沈德咏：《论以审判为中心的诉讼制度改革》，《中国法学》2015 年第 3 期。

③ 参见魏晓娜：《以审判为中心的刑事诉讼制度改革》，《法学研究》2015 年第 4 期。

的一系列强制性措施排除在司法审查之外，不利于对侦查权的限制、打破"侦查垄断"的强势格局。① 无论哪种对"以审判为中心"的理解，都是建立在对侦查中心主义的深刻反思的基础之上，也都致力于破除单纯的以某一司法环节为中心的简单认识，而是将其作为有利于整个司法环节，能够更加保障严格司法的角度去理解和建构。通过推动这种司法活动中心的转移，既在庭审前对侦查起诉提出更为严格的要求，强调公安机关的案件侦查活动、检察机关的审查起诉活动是围绕审判程序进行的，这些活动本身对法律的遵从、收集运用证据规范性等对公正审判的实现具有从源头上保证案件质量、防止冤假错案的发生的重要作用，也在庭审中强调保障控辩双方对抗，法庭居中审理裁判，通过庭审保障当事人行使辩论权，经由举证质证非法证据排除等使案件的公正裁判形成于法庭。因此推进以审判为中心的刑事诉讼制度改革，借助司法体制运行重心的改变更加有利于严格司法的推进。

推进严格司法，要建立办案质量终身负责制和错案责任倒查问责制。所谓办案质量终身负责制，指的是司法人员对于自己行使司法职权所办的案件，无论是否调离、转岗、退休，都要在其职责范围内承担质量责任。错案责任倒查问责制，则指的是若司法人员所办之案件因违反法律、法规规定的行为，或者因过失造成不良后果，应当对案件进行倒查，追究司法人员相应责任的制度。前者规定了司法人员对案件质量的责任，而后者明确了追究司法人员案件质量的程序，二者缺一不可，相辅相成。办案质量终身负责制缘起于1993年起在全国范围开始推广的"错案追究制"。其目的是希望能够通过错案追究制度促使司法人员主动提高法律素养和审判业务能力来提高办案质量，减少冤假错案，遏制司法腐败，保障公民权利。这一制度的实施的确在一定程度上收到了既定的效果，但是效果并不明显。随着人们法治意识的不断提升，媒体和公众对冤假错案的关注也越来越高，因此通过建立和完善办案质量终身负责制和错案责任倒查问责制促进严格司法成为推进法治中国建设的重要措施。这两种制度的建立和完善，要明确错案追责主体，不应

---

①　参见闵春雷：《以审判为中心：内涵解读及实现路径》，《法律科学》2015年第3期。

仅将法官作为错案责任主体进行认定，而应涵盖案件在整个司法程序过程中的诸如公安人员、检察院工作人员在内的全部的司法人员；要科学界定错案的认定标准，对于办案人员的主观因素如何认定，案件的实体和程序上的错误的不同责任承担如何划定等都应予考量；要建立追责的法定程序，提出错案追责的主体、受理的机关、审查程序等都需要予以明确；要明确错案责任的类型和体系，在确定错案认定标准的基础上，对错案涉及的具体办案人员进行追查以认定相关的责任人，根据相关责任人的职务、是否退休等现实状态，设定相应的责任类型，构建一个由刑事责任、民事责任、行政责任构成的责任体系。总之，通过办案质量终身负责制建立错案追究的实体性规范，通过错案责任倒查问责制建立错案追究的程序性规范，在实体规范和程序规范的双重制度保障下，将错案追究制度落到实处，真正发挥保障严格司法的震慑力以解决社会失衡问题。

2. 从诉讼当事人角度来看，要着力于加强人权的司法保障。法治以保护人权作为逻辑起点和根本归宿。人民在社会生活中的权利受到侵害时会去寻求司法的救济，就是对司法居中裁判的认可，是对司法正义的赞同，因此司法是社会正义的最高保障，是人权救济的最后防线。如果人权在司法程序中得不到保障的话，那么也就意味着最后防线的崩坏，社会将对诉诸公力救济恢复正义的期许彻底破灭，因此在司法程序中要着力加强人权保障。

加强人权的司法保障，就要保障当事人的起诉权。当事人行使诉权的起点在于向法院提起诉讼，如果法院对当事人的起诉不予立案，实际上就否定了起诉权的行使。传统上法院在案件受理制度上采取立案审查制，本质上是希望通过这种制度来审查当事人是否适格、案件标的是否属于诉讼程序管辖等，对于那些不符合诉讼条件的案件以不予立案的方式来避免司法资源的浪费。但这项制度在实施过程中存在着异化的情形，很多时候造成了立案难的现实问题，一定程度上侵害了当事人的寻求司法救济的权利。因此十八届四中全会的决议提出改立案审查制为立案登记制，"对人民法院依法应该受理的案件，做到有案必立、有诉必理，保障当事人诉权"。通过立案登记制度，对当事人来说可以获取不予立案的理由和相关文件，对不予立案不服的，可以凭借登记制度设置提出申诉。另外，为了防止地方保护对当事人（尤其是行政诉讼中的被告）的偏袒，妨碍原告的诉权行使，还通过建立最高人民法院巡回法庭的方式来审理跨行政区域的重大行政和民商事案件，破除地方法院与被告之间的关联。在这一制度相同精神的指引下，也同时探索设立跨行政区划的法院和检察院办理跨地区的案件的司法模式。

加强人权的司法保障，就要保障当事人在诉讼过程中的权利。在诉讼过程中，当事人与司法机关相比处于专业和地位上的弱势，只有通过制度化的规范，对当事人权利进行明确保护，才能保障其权利在司法过程中不受到公权力的侵害。通过司法信息公开制度，疏通知情权行使的渠道，确保当事人知晓其具体的司法权力行使的内容和程序；健全讯问过程全程录像和全面真实记录制度，确保当事人在讯问中能够得到合法对待，防范和纠正刑讯逼供可能结下的毒树之果，保障当事人的陈诉权得以有效行使；通过明确会见批准权履行不及时的法律责任及其具体形式，防范侦查机关以案件侦查需要和保密等为由，侵犯在押的犯罪嫌疑人、被告人的会见申请权，等等。

加强人权的司法保障，也要保障当事人在民事执行过程中的权利。民事执行权具有司法行政权性质，其行政属性中的单向强制性直面和冲击着债务人的基本权利底线。同时，在民事执行中当事人的两造框架和司法救济的终局权威性，使得债权人私权的最终落实与债务人基本权利保障之间产生激烈冲突。国家作为人权保障的主体，应当权衡个体之间、个体与社会之间的利益，妥善解决冲突。① 秉持权利平等保护原则，既要保障债权人的债权能够实现，也要对债务人的基本生存权予以保障，对债务人维持其基本健康和最低生活的财产权要予以保障，对其人格尊严和人身自由也要予以保障；对于生效法律判决所判定的权利义务不能落到实处的问题，通过制定强制执行法，对处理涉案财物的司法程序予以规范；同时加快建立信用体制，对被执

---

① 参见范毅强：《民事强制执行中的人权冲突既保障》，《广西师范大学学报（哲学社会科学版）》2008 年 4 月第 2 期。

行人的恶意逃避执行、暴力抗拒执行等失信行为进行监督、威慑和惩戒，从而依法保障胜诉当事人及时实现权益。

五、法治监督保障平衡

"监督"是我们政治法律体系与社会结构体系中极其重要的制度现象和社会现象。在平衡法下的法治系统工程中，法治监督是平衡法治体系的最后一环，是社会公正以及权利保障的最后一道防线。作为法治运行不可或缺的环节，在中国社会失衡问题的依法治理中法治监督具有无可替代的作用和意义，这是由"监督"本身蕴含"制衡"与"纠错"的特性决定的。一方面，只有法治监督能够发挥其应有的监督保障功能，才能确保法治运行能够正当合法，其产生的偏差能够得到及时纠正；另一方面，依法治权是法治之治的关键，监督是平衡权力与权力、权利与权力关系的关键，通过疏通以权力制约权力、以权利制约权力、以社会制约权力的三条渠道，切实做到客观、科学地评估权力，权威、有效地约束权力。在监督的制度发展史中，其制衡与纠错的特性也有充分的印证，中国历朝历代统治者都重视借助监察制度来监督和制约官员的权力。中国古代的监察制度蕴含了中国传统国家治理的宝贵经验和智慧，因而孙中山先生将监察权作为五权宪法思想中的一权。然而，在西方制度体系中却不存在称为"监督"这样的公法意义上的制度。在英美法中，很少使用监督的用语，因为无论是"superintend"还是"supervise"，都具有上对下进行控制的含义，这些词既指监督，也指指挥、主管、控制。特别是在"三权分立"的理念支撑下，人们比较忌讳这种作为上位权力的监督，而习惯于使用"checks and balances"即制衡，认为制衡体现了分权、制约的原理。[①] 无论是从我国政治传统上对监督的理解，还是在西方制度中寻找与监督相比拟的制度或语词，都可以看出"监督"本身就蕴含着制约与平衡之意。所以，通过法治监督来保障平衡，乃是法治监督制度的应有之义。

---

① 参见张智辉：《法律监督三辨析》，《中国法学》2003年第5期。

（一）强化法治监督保障失衡问题治理

我国的法治监督体制是在依法治国、建设社会主义法治国家的进程中逐步形成的，回首我国改革开放以来的法治建设进程，大致上可以划分为两个阶段。第一个阶段是法律体系建设阶段。这一阶段立足于我国法制建设中法律制度不完备、法律体系不健全的现实情况，结合我国改革开放和现代化建设的现实需要，将建构法律体系作为国家法治建设任务的重中之重。从1982年全国人大常委会第一次提出建立"中国特色法律体系"，到1997年党的十五大明确提出"到2010年形成有中国特色社会主义法律体系"的规划，再到2011年十一届全国人民代表大会四次会议宣布，一个立足中国国情和实际、适应改革开放和社会主义现代化建设需要、集中体现党和人民意志的，以宪法为统帅，民法商法等多个法律部门的法律为主干，由法律、行政法规、地方性法规与自治条例、单行条例等三个层次的法律规范构成的中国特色社会主义法律体系已经形成，我们完成了立法层面的法制建设的任务。但是这一阶段任务的完成，解决的仅是有法可依的问题，为了实现全方位、多层次的发展，我国的法治建设进程迈入了第二个阶段，即法治体系建设阶段。2012年，党的第十八次全国代表大会对全面推进依法治国做出重大部署，强调把法治作为治国理政的基本方式。2013年，党的十八届三中全会通过了《中共中央关于全面深化改革若干重大问题的决定》，对加强社会主义民主政治制度建设和推进法治中国建设提出明确要求。2014年，党的十八届四中全会召开，首次以全会的形式专题研究部署全面推进依法治国这一基本治国方略，通过了《中共中央关于全面推进依法治国若干重大问题的决定》。该决定把建设中国特色社会主义法治体系确立为全面推进依法治国的总目标，指出："在中国共产党领导下，坚持中国特色社会主义制度，贯彻中国特色社会主义法治理论，形成完备的法律规范体系、高效的法治实施体系、严密的法治监督体系、有力的法治保障体系，形成完善的党内法规体系，坚持依法治国、依法执政、依法行政共同推进，坚持法治国家、法治政府、法治社会一体建设，实现科学立法、严格执法、公正司法、全民守法，促进国家治理体系和治理能力现代化。"这个新的体系就是中国特色社会主义法治体系，其包括五个子体系，即法律规范体系、法治实施体系、法治监督体系、法治保障体系以及党内法规体系。建设中国特色社会主义法治体系的主要任务就是形成这五个子体系，即形成完备的法律规范体系、高效的法治实施体系、严密的法治监督体系、有力的法治保障体系，形成完善的党内法规体系。①

在法治中国建设的背景之下，从法律监督到法治监督的发展变化，呈现出如下的逻辑线索。

一是监督对象的一脉相承。无论是法律监督还是法治监督，其都是对公权力运行的制约和监督。从权力的本质属性和行使的规律来看，不受制约的权力必然导致权力集中和滥用，只有建立切实有效的权力制约机制，只有通过制约与监督，才能及时发现和纠正权力的滥用，使其回归为人民服务的初衷，促进社会政治文明的健康发展。在这一点上，法律监督和法治监督是一脉相承的。

二是静态法律向动态法治的转变。法律监督着重于制度建设，解决有法可依的问题，为权力监督步入法治轨道提供了前提，是建立法治监督的逻辑基础，为依据法律进行监督的思维和行为提供前提性依据。法治监督是建立在法律监督基础之上的，将法律监督的具体规定予以实质实现的动态过程。一方面，法治监督要围绕着权力运行的全过程，对立法、执法和司法进行全方位的覆盖的同时，对于法律事实各环节互动的内部关系和秩序有着良性的要求；另一方面，法治监督也要求有法治监督意识。即法治监督要在尊重宪法和法律的权威的前提之下，善于运用法治思维和方式解决权力运行中出现的问题，通过对法律监督规范的恪守，运用法律方法来实现法治监督体系的良好运行。

三是监督主体由单一化向多元化转换。从另外一个角度来说，也是监督权力向监督权利的转换。传统上讲到的法律监督，是专指国家监察机关依法定程序和法定权限对法的实施的合法性所进行的监察和督促，因此法律监

---

① 参见黄文艺：《从法律体系到法治体系：中国法治建设战略的转型》，《新长征》2015年第1期。

督的属性是国家公权力机关的一种职能活动，其主体是国家的监察机关这一"单一主体"。而在法治中国建设的背景下，要坚持法治国家、法治政府、法治社会一体建设，作为中国特色社会主义法治体系子体系的法治监督体系的构建就不能仅仅局限在法治国家的层面，而是要立足于国家、政府和社会的多方位、立体化的搭建。因此法治监督的主体应迈向多元化的方向，国家机关、社会组织和公民个人都是法治监督的主体，分别享有法治监督的权力与权利。

平衡法治下的法治监督机制是一项法治系统工程，总体来说完善监督机制是要在平衡理念的指导下找到并扩大法治功能与价值。法治监督问题对上是平衡法治"整体性法律赋权"[①]方式的重要内容与环节，决定了法治运行的均衡与协调；对下涉及社会生活的各个方面，同社会主体的切身利益有着密切的联系。作为治理社会失衡问题的平衡法治对策，法治监督要发挥其建立在多元、分权、制衡基础之上的平衡机制，针对社会失衡问题展现其矫治功能。

（二）监督主体多元设置扩充平衡力量

全面推进依法治国，要促进和依赖于国家治理体系和治理能力现代化。回顾新中国成立以来的治国理政的历程，可以说，经历了从"阶级统治"到"管理事务"再到"国家治理"的不同阶段。[②]治理的概念和内涵，产生和发展于 20 世纪 90 年代的西方国家，美国教授詹姆斯·N.罗西瑙在《没有政府的治理》一文中指出，治理是一种在既定目标导向下的行为和行动方式，是一种包含但不局限于政府机制在内的正式的机制以及非正式、非政府的机制，在这些机制框架下，个人和组织机构都能满足他们自己的需要和需求。治理理论对传统的行政模式和政府权威提出了理论上的挑战，其核心内容就是在强调政府应充当"元治理"的角色同时，也认为政府并非统治模式

---

① 关于"整体性法律赋权"之论述，详见本书第四章之四。

② 参见应松年:《加快法治建设促进国家治理体系和治理能力现代化》,《中国法学》2014年第 6 期。

中的唯一权威，良好的治理还应该依靠社会团体和公民的整体力量。在国家及政府的指导下，社会团体和公民等多元主体拥有各自不同的权责，通过在管理过程中形成一种互动的合作网络，相互协作而又相互牵制，共同构成了治理体系，以期达到共同的目标。因此，从促进国家治理体系和治理能力现代化的角度而言，构建严密的法治监督体系的前提，就是要实现监督主体的多元化。而这个层面的多元化，不应局限于国家政府层面的享有监督权力的主体，而且要赋予社会、公民在法律规定的范围内的监督主体地位，形成对公权力多元监督的合作网络。通过制度设置，保障多元主体在法治监督的合作网络拥有平衡分布的监督力量，彼此之间以对公权力进行有效监督这一共同目标，相互协同合作、良性互动，达到治理能力的现代化发展，产生和谐平衡的法治局面。通过法治监督治理社会失衡问题，就要保障多元监督主体，以扩充平衡力量。从国家和政府角度来看，人民检察机关作为宪法规定的专门法律监督机关要继续通过行使审查、决定逮捕权，对公安机关侦查终结、移送起诉的案件行使审查起诉权以及对公安机关的侦查活动是否违法等来具体行使监督职能；对人民法院的民事、刑事、行政审判活动进行监督，发现人民法院审理刑事案件违反法律规定的诉讼程序的情形，有权向人民法院提出纠正意见，对存在错误的民事、刑事以及行政判决、裁定，以提出抗诉的形式行使监督职能；对刑罚中的死刑判决执行进行监督；对监所执行减刑、保释、保外就医、监外执行缓刑等刑罚是否违法予以监督以及通过接受来信来访和预防职务犯罪等发挥监督职能。同时对立法、执法、司法机关内部而言，也要通过加强组织立法及其他监督法规的完善，以检察、审计及其他专业化标准化的监管方式，增强上下层级监督和职能制约制度建设达到法治监督的效果。

从社会角度来看，社会团体、组织和公民，也是我国法治监督的主体。这些主体为了实现法治的目标，依法以权力机关及其工作人员为对象，通过批评、建议、检查、检举、揭发、申诉、罢免、报道、听证、复议等权利的行使实施监督。这些社会监督主体包括各工会、妇联、共青团等社会团体、事业单位，公司、科研机构等社会经济组织，电视、广播、新闻、出版等媒体以及单个的社会成员等。

一方面，要通过制度肯定这些主体作为法治监督的主体地位，明晰行使监督权利的程序和途径。社会团体、组织和公民是社会监督的主体，作为整个法治监督主体中的重要组成部分，想要充分发挥其监督职能，就要尊重社会监督作为监督体系中子体系的独特性需求，针对其特定的运行机制来进行制度设计。从社会监督的机制运行来看，有从监督意见表达，到监督意见收集，再到对监督意见展开调查，最后进行审查结果落实等一系列环节，这些环节之间的关联性和逻辑性需要法律制度机制来科学定位和理顺衔接。然而现实中的情况仍存在诸多有待完善的地方。我们以信访制度这一发挥社会监督功能的制度设计来看，根据《信访条例》规定，信访是指公民、法人或者其他组织采用书信、电子邮件、传真、电话、走访等形式，向各级人民政府、县级以上人民政府工作部门反映情况，提出建议、意见或者投诉请求，依法由有关行政机关处理的活动。从这样的概念定义就可以看出，信访制度是典型的社会监督权能的制度化形式，其制度设计本意是希望在法律以外寻找一种其他的解决问题的办法，使得社会监督主体能够比较直接的进行利益表达，也成为具有我们国家鲜明特色的监督模式。这一制度发挥重要功能的同时也存在着诸多的现实问题，如组织结构方面设置繁多，庞杂的信访机构涵括中央到地方，各级党委、人大、政府、公、检、法以及相关的职能部门。庞大的各级各部门信访接待机构每年接收到大量的信访案件，数量之多令人惊叹。这样的情况反映了信访制度的确成为发挥社会监督主体监督效力的重要渠道，但与此同时由于信访部门的工作性质在很长一段时间内都没有得到确定，信访的法律地位问题也始终没有得到解决，甚至在信访案件数量成为地方政府政绩考评的重要参考数据的情况下，面临着制度异化的可能性等问题①，以及可能引发群体事件等不安定因素的发酵。在这样的背景之下，《中共中央关于全面深化改革重大问题的决定》指出，"改革信访工作制度，实行网上受理信访制度，健全及时就地解决群众合理诉求机制。把涉法涉诉信访纳入法治轨道解决，建立涉法涉诉信访依法终结制度"，同时也取消了

---

① 如 2015 年 7 月 6 日，国家信访局原副局长许杰被控因接受相关单位和个人的请托，在修改信访数据、处理信访事项、承揽业务等方面向他人提供帮助，为此，先后接受他人给予的各项款物折合人民币 550 余万元。

以信访数量多少作为通报标准的全国范围内的排名和通报制度，致力于将信访机制向司法程序机制战略性转移。据国家信访局在 2015 年 1 月 21 日公布的数据来看，2014 年全国信访系统在加强信访积案梳理交办和统筹督查督办的努力之下，仅常年累积未决的积案就梳理了 16.7 万件，有效缓解了信访制度遗留下来的压力。信访制度的变迁，很好地证明了虽然信访制度是一种司法救济之外的救济途径，但对于其在整个法治监督的框架内的法律定位应当予以明晰，对于社会监督主体行使监督权能时的实体权利与程序规定进行法律划定，才能有效发挥社会监督主体的监督效能。

另一方面，随着我国法治建设的不断发展，社会和人民的法治意识虽然在不断觉醒，但法治观念和思维仍稍显稚嫩，加之互联网的迅猛发展，对社会监督的发展产生了一些负面影响。一些社会监督的渠道呈现出网络化、传播速度快、消息真假难辨的特征。根据中国社会科学院新闻与传播研究所与社会科学文献出版社出版的《2016 新媒体蓝皮书》中的数据，截至 2015 年底，我国网民规模达 6.88 亿人，手机网民达 6.2 亿人，网民中使用手机上网的人群占比提升至 90.1%。2014 年谣言通过微博和微信传播的比例加在一起，占比近六成，而 2015 年仅微信谣言就占比 60.6%。这说明，被人们高频率使用的微信和微博正在成为谣言的产地和主要传播渠道。有些部分由于涉及社会监督中高度关注的对公权力和公共资源占有以及相关延伸话题，造成了许多热点舆情案例，通过在信息网络上编织、散布虚假信息，起哄闹事，不仅造成网络空间的混乱，也在现实社会中引发不明真相群众的不满，损害了国家机关的公信力。对这样的事件的处理，较为引人关注的是对网络"大 V"秦火火的审判。2014 年 4 月 11 日，北京市朝阳区人民法院第三法庭依法审理了网络推手"秦火火"涉嫌诽谤、寻衅滋事一案。朝阳法院审理查明，2012 年 11 月至 2013 年 8 月间，秦志晖分别使用"淮上秦火火""东土秦火火""江淮秦火火""炎黄秦火火"的新浪微博账户，在新浪微博上先后发表"罗援将军之兄系西门子高管""著名主持人杨澜从希望工程拿钱"等谣言，捏造罗援之兄罗抗在德国西门子公司任职的事实，无端质疑罗援及其家人搞"利益交换关系"，并在信息网络上散布。该信息被转发 2500 余次，引发大量网民对罗援的负面评价。捏造原铁道部在 7·23 甬温线动车事故中天价赔偿外籍乘客的虚假信息，信息在网络上迅速散布，引起不明群众的起哄闹事，造成了社会公共秩序的严重混乱。公诉机关根据不同性质的案件事实，分别对秦志晖的行为认定为触犯了诽谤罪、寻衅滋事罪。[①] 对于这样的事件，多是打着社会监督的旗号，行捏造传播谣言之实，甚至有一些焦点案件还未进入审判阶段就先在网上进行微博审判、舆论审判，对正常的司法审判造成一定的压力和干扰。而在互联网高度发展、网民数量剧增、传播速度极快的今天，也给社会监督如何在法治框架内行使，从正面意义推动公民社会的建设发展提出了新的任务。针对这样的问题，我们也看到了一些颇具成效的做法，例如针对微博上的虚假信息传播，网络运营商与政府都出台了不同效力的规章。有代表性的就是新浪微博出台的《新浪微博社区管理规定试行》和最高人民法院、最高人民检察院在 2013 年 9 月份出台的《关于办理利用信息网络实施诽谤等刑事案件适用法律若干问题的解释》。前者属于微博用户要自觉遵守的仅限于新浪微博本身的规章制度，不具备法律效力。其对微博谣言行为的管制条目在《新浪微博社区管理规定试行》的第 22 条"发布不实信息"会按照情节的严重性对信息发布者进行处罚，处罚由轻到重分为：标注不实信息、禁言、禁关注、扣除信用积分、冻结账号几个级别。[②] 由此可以看出，社会监督作用的良好发挥，仍然迫切需要发挥国家和政府作为社会监督主体的指导作用，以提升在法治框架内依法行使社会监督权利的有效空间，切实为法治中国的建设添砖助力。

（三）监督对象全面覆盖布局平衡模式

发挥法治监督对治理社会失衡问题的平衡法治对策功能，要平衡布局监督对象，全面覆盖公权力运行的各个方面，建立立法监督、行政监督和司法监督的全面覆盖的平衡模式。

---

① 参见《"秦火火"一审被判三年当庭表示不上诉》，新华网，2014 年 4 月 17 日。

② 袁程远：《微博传谣行为法律制裁尺度思考》，《人民论坛》2015 年第 8 期。

1. 要对立法权予以必要监督。十八届四中全会提出要完善全国人大及其常委会宪法监督制度，健全宪法解释程序机制；加强备案审查制度和能力建设，依法撤销和纠正违宪违法的规范性文件，禁止地方自发带有立法性质的文件。立法监督包含广义的立法监督与狭义的立法监督。广义的立法监督既包括对法律、法规、规章的违宪审查，也包括对宪法的解释，还包括对立法机关的立法行为、行政机关的行政行为及司法机关的司法行为的违宪审查，还包括对各政党、社团组织和公民的宪法行为的监督。狭义的立法监督仅仅是对于法律、法规、规章的违宪审查，以及解释宪法。① 从我国现行宪法规定来看，我国的立法监督职能主体是国家的最高权力机关全国人大及其常委会；从监督内容来看，主要涉及的是对法律、法规合宪性的监督以及宪法的解释。因此我国的立法监督机制是采用权力机关监督模式的狭义的立法监督。我国立法权的法律规定集中于《立法法》，其通过法律规范致力于对立法权限作出划分，使各立法主体在自己的权限范围内，依照法定程序，规范有序地进行立法活动，达至整个法律体系和谐有序。这样的出发点和法律设计无疑是必要和可行的，但是在立法权行使的过程中，不同立法主体由于各自价值取向、经济地位、利益立场等多方面因素的差异，也会出现立法权行使的各种问题，尤其是中央与地方立法之间的冲突和异化。比如 2003 年我国实施修订后的《婚姻登记条例》规定，婚姻登记机关在新人结婚登记前不再强制进行婚检，这一制度设定主要是基于尊重婚姻缔结当事人的自由意志，保障个人隐私，也包括婚姻关系建立与抚育后代之间并无直接法律因果关系的考量。《婚姻登记条例》实施后，各地婚检率直线下降。卫生部公布的统计数据显示，2004 年我国婚检率不到 10%，个别地方已不足 1%。虽然政府一直通过不断宣传"婚检有益下一代健康"，希望来提高自愿婚检的数量，但收效甚微，带来的直接问题是有可能对出生人口素质造成威胁。在这样的背景之下，黑龙江省人大常委会在 2005 年 6 月 24 日通过了修订后的《黑龙江省母婴保健条例》，仍然保留了修订前的《婚姻登记条例》中的强

---

① 参见胡戎恩：《完善立法监督制度——兼论宪法委员会的创设》，《探索与争鸣》2015 年第 2 期。

制婚检条款，即"准备结婚的男女双方应持婚前医学检查证明到婚姻登记机关办理手续"。这样就引起黑龙江省的地方法规和上位婚姻法规定相冲突的争议。其中黑龙江省民政厅在这一地方法规出台之后就表示将拒绝执行该规定，理由就是恢复强制婚检有违《婚姻登记管理条例》。类似于这种立法权行使出现的问题，需要依靠事后的审查监督使其回复到立法制度事先安排的权力轨道上运行。因此，我国由全国人大及其常委会来行使立法监督权有其制度上的合理性。

根据宪法、立法法和十八届四中全会的文件精神，立法监督权行使的主要表现形式就是立法审查监督制度的完善，主要包括"备案"审查、"要求"审查和"建议"审查三种类型。备案审查是指行政法规、地方性法规、自治条例和单行条例、规章应当在公布后的 30 日内按规定分别报送有关机关备案。备案审查制度就是将备案与审查结合起来，一方面通过登记、存档，将已经生效或者已经公布的法规上报法定机关，使其知晓；另一方面对于报送备案的法规，备案机关必须进行审查，对各种违宪违法的规范性文件依法予以撤销和纠正，发挥对立法权的监督作用。在备案审查制度下需要注意的是防止备案义务的异化，报送备案本是法规和规章的制定主体的法定义务，违反义务即是违法。但是按照现行备案制度，违反法定义务的后果仅仅只是通报批评，限期改正。这样的制度设计不仅不足以保障权利主体权利的实现，更难与法规、规章制定机关在立法过程中分配权利义务的巨大权力相抗衡[①]。要求审查是指对于行政法规、地方性法规、自治条例和单行条例，认为与宪法或者法律相抵触的，国务院、中央军委、最高人民法院、最高人民检察院和省级人大常委会有权向全国人大常委会书面提出进行审查的要求，由常委会工作机构分送有关的专门委员会进行审查、提出意见。在要求审查中，能够提起审查请求的主体包括国务院、中央军委、最高人民法院、最高人民检察院和省级人大常委会，但是有权审查的主体仍然是全国人大常委会。对于以上主体所提出的审查要求，人大常委会必须进行审查并且提出

---

① 参见朱景文主编：《中国法律发展报告——数据库和指标体系》，中国人民大学出版社 2007 年版，第 167 页。

意见。建议审查是指要求审查以外的其他国家机关和社会团体、企业事业组织以及公民认为行政法规、地方性法规、自治条例和单行条例同宪法或者法律相抵触的，可以向全国人大常委会书面提出进行审查的建议，由常委会工作机构进行研究，必要时，送有关的专门委员会进行审查、提出意见。建议审查与要求审查相比，由于主体层级较低，因此在审查时以"必要"为条件。通过以上的制度安排，我们可以看出，对于立法监督而言，虽然其职能监督机关是全国人大及其常委会，但是依法有权发挥监督作用的主体却涵盖所有国家机关和社会团体、企事业组织和公民，在多元监督主体的基础上，发挥了系统平衡监督的有效作用。①

2.要对行政权予以充分监督。行政权力是国家对社会事务进行公共管理的权力，是现代国家权力结构体系的重要组成部分。对行政权进行监督制约意在保障行政行为各个环节的互相协调和互相制约，从而保障政府决策和执行的正当性、合理性和廉洁性，体现了建设法治国家的必然要求。对行政权予以监督，需要多种监督方式多管齐下。通过健全和加强党的监督、人大监督、民主监督、行政监督、司法监督、审计监督、社会监督、舆论监督制度建设，以科学有效的法治监督体系保障行政权力合法运转。

党的监督在法治监督体系中居于核心地位。党的监督是我们的党通过行使执政权，督促所有行政权力机关，严格按照法律规定行使行政权力。中央纪律检查委员会、党的地方各级纪律检查委员会和基层纪律检查委员会对行政机构内部的党内分支机构和党员活动是否维护党的章程和其他党内法规，对党的路线、方针、政策和决议的执行情况进行监督，同时也协助党的委员会加强党风建设和组织协调反腐败工作等进行检查监督。对于违反行政法律规范行使行政权力的党员来说，也必定违反了我们党的纪律及章程，通过党的监督可以对其进行党纪处分，其中最高处分是开除党籍。党的监督在行政权的法治监督体系中居于核心地位，是确保行政权力行使能够坚持正确的执政方向的重要法治监督保障。社会监督是法治监督体系的重要组成部分，主

---

① 参见苗连营：《立法法重心的位移：从权限划分到立法监督》，《法学研究》2015年第4期。

要通过民主监督、社会团体监督、舆论监督来完成。国家监督在法治监督体系中发挥主导作用。在法治监督体系中，人大监督、行政监督、司法监督、审计监督属于国家监督范畴。人大及其常委会通过行使宪法和法律所赋予的监督权，监督行政机关和司法机关依法行使职权。行政机关通过内部自我监督，保障权力行使的合法性。行政机关的内部自我监督凸显行政权在运行过程中，通过原生的各种机制对其内部的各种关系的合理搭配、和谐运作进行调节，并在内部关系运行不畅的情况下，通过自身内部救济机制排除运行障碍的一种机制，这种机制具有自律性、主动性和机制化。① 这种自律性和主动性使得行政机关的内部自我监督能够成为行政权力有效、合法运行的一种内生机制，以自查自纠的方式，深刻发掘行政权力运行的规律与问题，并能够切身了解和掌握问题解决的有效途径，在行政权力行使和监督之间形成良好的自我发掘、自我调整和自我更新的良性循环。行政监督的重点在于加强国家行政机关内部的自我监督与约束。通过层级监督，使上级国家行政机关可以根据行政相对人的申请，依法对下级行政机关引起争议的具体行政行为进行复查并作出决定。通过行政复议促进行政机关不断规范行政行为，提高依法行政水平。通过专门监督，使得行政监察机关对国家行政机关及其工作人员和国家行政机关任命的其他人员执行法律、法规、政策和决定、命令的情况以及违法、违纪行为进行监督，依法行使检查权、调查权、建议权以及行政处分权。司法监督是法院和检察院通过司法权力的行使，对行政权力行使合法性予以监督。审计监督是指国家审计机关对所有党政机关和国有企事业单位的财务收支的合法合规情况所进行的监督。按照《宪法》和《审计法》相关的规定，国务院设立审计机关，对国务院各部门和地方各级政府的财政收支，对国家的财政金融机构和企业事业组织的财务收支进行审计监督。县级以上的地方各级人民政府设立审计机关，依照法律规定独立行使审计监督权，对本级人民政府和上一级审计机关负责。

3.要对司法权予以全过程监督。对司法权予以监督，是监督主体依照国

---

① 参见关保英：《论行政权的自我控制》，《华东师范大学学报（哲学社会科学版）》2003年第1期。

家的宪法和法律的规定，对司法机关及其工作人员的司法活动的合法性进行监督的一种法治活动。其能够促使司法机关依照宪法和法律所赋予的权力，实现其公平正义的定纷止争的制度设计目的，是司法公正和公信力权威性的重要保障。根据十八届四中全会精神，加强对司法权的监督，要完善检察机关行使监督权的法律制度，完善人民监督员制度，肯定和规范舆论监督，依法规范司法人员对外交往活动。

加强对司法权的监督，要完善检察机关行使监督权的法律制度。人民检察院是我国宪法明确规定的国家法律监督机关，对司法活动进行监督是人民检察院的职责所在。检察机关要立足宪法和法律赋予的职责，不断加大监督力度、提高监督水平，加强对司法活动各个环节的法律监督，防止冤假错案的产生。并通过完善人民检察院对司法活动进行监督的范围、方式、程序及保障措施来加强对刑事、民事和行政诉讼的监督。以广为人知的佘祥林案为例，该案例集中反映了我们国家司法制度中的种种问题。陈瑞华教授认为在该案中，公安机关在侦破案件的过程中存在着违法侦查的行为；法院的一审程序名存实亡，判决书中对被告人的辩护一字不提，没有相关证人、鉴定人的出庭，法官采取的主要是通过书面阅卷式的审判方式；二审法院在两次受理上诉时都发现了证据不足的情况，按照这样的规定，本应遵循"疑罪从无"的原则判决无罪，但是却判决发回重审，实际上等于让一审法院发挥刑事追诉的作用。为了对该案反映出来的司法权问题进行监督，在侦查程序中应当引入司法审查机制。对剥夺公民权利的逮捕、扣押、羁押不能由检察院批捕、公安机关执行，而应设立中立的司法法官和预审法官；考虑组建实行检察引导侦查的制度，由公诉人员制约侦查，享有侦查的指导权，防止冤假错案的发生；在诉讼的过程中，积极发挥检察官、辩护律师对法官的诉讼体系内部的制衡等。[①] 在对本案解析的过程中，我们可以看出，对于检察机关来说，即便在刑事诉讼中，检察机关代表国家去追诉被告的责任时，也应该有对司法权进行监督的法治思维，

---

① 参见杨中旭：《佘祥林案能否助推司法改革——访北京大学法学院教授陈瑞华》，《中国新闻周刊》2005 年第 15 期。

同时对于案件反映出来的检察机关的司法监督权的正确定位问题也彰显了良好发挥司法监督功能的重要性。

加强对司法权的监督，要完善人民监督员制度。人民监督员制度是人民群众监督司法、参与司法的重要形式，其诞生于 2003 年 8 月 29 日最高人民检察院在北京召开的人民监督员制度试点工作会议。这一制度创新主要针对的是"谁来监督监督者"这一社会热点追问。谁来监督监督者，针对的是人民检察院在履行职务犯罪侦查权时，行使自侦案件的各项权能时，仍然身兼法律监督者的身份，在侦办职务犯罪案件时外部监督制约机制较为薄弱，透明度不高，存在着权力误用甚至滥用的巨大风险问题。这一制度历经了地方试点到全国范围高度铺开的检验过程，于 2010 年 10 月得以全面推行。根据《最高人民检察院关于实行人民监督员制度的规定》，人民监督员的监督范围主要包括七类：一是检察机关应当立案而不立案或不应当立案而立案；二是超期羁押或者检察机关延长羁押期限决定不正确的；三是违法搜查、扣押、冻结或违法处理扣押、冻结款物；四是拟不起诉案件；五是拟撤销案件；六是应当给予刑事赔偿而不依法予以赔偿；七是检察人员在办案中徇私舞弊、贪赃枉法、刑讯逼供、暴力取证等违法违纪情况。完善人民监督员制度，要保障人民监督员选任制度的科学合理性，以保证选任出来的监督员真正能够代表广大人民群众，就选任人民监督员的主体、条件、申请方法、申请流程等做出细致化的规定；就监督范围而言，可以依照我国检察机关的职权性质做出相应程度的扩大，可以尝试将自侦案件之外的普通案件也纳入人民陪审员监督的范畴；在监督过程中，需要避免检察机关对监督过程的干预，在程序设计层面避免检察机关对人民监督员的监督行为进行诱导、限制和规避，同时要保障人民监督员在监督时与当事人沟通顺畅；从监督效力上来看，应该赋予人民监督员监督行为的司法强制效力，以保障对被监督者能够产生威慑力，从而达到制衡的实质功效。这种强制性的法律效力来自人民监督员的参与程序的诉讼行为，主要体现在当检察机关是否起诉或者撤销案件引发当事人双方强烈不满，或者导致社会广泛关注时，有若干人民监督员组成的组织介入案件诉讼，履行法定的阅卷、听证等程序后，作出起诉或不起诉或不得撤销案件的决定，此决定检察机关必须执行。① 作为我国司法监督实践的创新性成果，人民监督员制度发挥司法权监督的效用已经得到了实践的证实，然而每一个新的制度从创设到完善都需要相对较长的螺旋上升、否定之否定的过程，对人民监督员制度的完善仍然需要理论专家和实践部门的双重努力。

加强对司法权的监督，要肯定和规范舆论监督。在当下的社会环境去看待舆论监督，一个不可回避的事实就是要放在网络时代的背景之下。20 世纪 90 年代以来的信息技术的迅速发展和应用，开启了一个信息大爆炸、传播极迅猛的网络时代，打破了在此之前由政府官员、法官、检察官、律师、学者、记者等社会精英人士对舆论话语权的垄断。人们借助互联网技术与信息平台，在网络为主导的当今的信息社会充分行使着自己对社会公共事件的主动权、参与权与话语权。每一个参与社会评论的公众既是信息的接收者，同时也扮演了信息的加工者和传播者的角色。因此在司法权行使的过程中，舆论与司法间的互动关系不再是网络时代以前的舆论对司法案件结案后的评论、总结式的阶段性和后发式关系，而是转为从案件的揭露、司法权行使过程、对案件的审判定性到裁判生效后的评价的全程式、主动性的关系。从对司法监督权的监督角度来说，更加全面、力度更强了。在这样的时代背景下，加强对司法权的监督，就不能忽视舆论监督的作用与功能。一方面，需要肯定舆论监督是司法监督体系的重要组成部分，在促进司法公正、提升司法公信力方面具有无可替代的正面作用。比如"许霆案"借助网络媒体的传播引发社会舆论强烈关注。当一审法院以盗窃金融机构罪判处许霆无期徒刑，引起了社会舆论的广泛关注，一些法律专家从专业的角度提出许霆的行为属于不当得利而非盗窃等观点，认为定罪不当处刑过重。而普通民众则从最朴实的观念去追问，一个打工仔因银行系统出问题，一时贪念在 ATM 机中取走 17.5 万元，为何刑期却比某些金融系统的严重贪污腐败案件要重？难道银行本身就没有责任吗？正是在这样的舆论监督之下，广东最高院撤销原判，发回重审。广州中院在审理时深刻论证许霆行为的社会危害性、犯

---

① 参见陈卫东：《人民监督员制度的困境与出路》，《政法论坛》2012 年第 4 期；陈卫东、孙皓：《人民监督员制度运行调研报告》，《国家检察官学院学报》2011 年第 5 期。

罪构成、违法事实、犯罪情节等问题，充分考虑了法律效果与社会效果的统一，对许霆从宽处罚，在法定刑以下判刑，仍以盗窃金融机构罪判处许霆5年有期徒刑，经最高人民法院核准判决生效。在这样的判决生效后，舆论普遍认为该判决比较合理，也有媒体评论道，从表面上看，这样的判决是在民意压力下做出的，有些专业人士难免担心司法独立性问题，但就实质而言，这样的判决满足了人民的公平正义观，因此是可取的。毕竟，法律的尊严最终要以人们的正义感为依凭。如果法官僵硬地依照法律条文作出与人们的正义感相悖的判决，那除了被告得不到正义外，法律与法官的尊严也会受到损害。[①] 可以说该案例就是舆论对司法权进行监督的正面例证。另一方面，对于我们的司法机关来说，应主动积极地及时回应社会关切和媒体关注，在接受舆论监督的同时，发挥对舆论的正面引导作用。2009年发生在湖北恩施的"邓玉娇案"就具有一定的借鉴和警示意义。邓玉娇在其工作的洗浴中心因不满当地官员对其纠缠，从其随身携带的包内取出一把水果刀，造成一死两伤的严重后果。此案件经媒体披露后在网络广泛传播，未经审判便形成了认定邓玉娇是反抗性骚扰的烈女，而死者则是吃喝嫖赌、恶化腐败的劣吏形象的舆论风潮。因此，在当地检察机关按照我国现行法律规定以"防卫过当"起诉的消息传出后，一时间引起了舆论的强烈反响。在这样的舆论压力下，法院在最后的判决中虽然坚持了对邓玉娇行为的"防卫过当"定性，又以有"自首情节"和"心境障碍"为理由，最后判处其免于刑事处罚。这个判决本身在法律上就充满了内在的矛盾，让人不得不质疑这是一种在舆论压力下不得已选择的折中路线。在这个案件中，由于媒体在案件发生的初期就进行了大肆的报道，并仅以媒体人的角度，利用文字对邓玉娇的行为在道德层面进行了无罪定性，从而引发了舆论的强大声浪。但是司法机关在这一过程中，却没能利用该案件形成的强烈舆论关注，从法律的角度对公众进行一次法治教育，反而被舆论的声音牵着走，做出了在法律层面如此矛盾的判决。所以在尊重舆论对司法权监督的同时，司法机关也应该以开放自信的态度，借助自己的有利平台和焦点案件，对舆论进行正向引导，达到法治教育

---

① 《借许霆案推动司法改革》，《中国新闻周刊》2008年第12期。

的良好效果。我们也欣喜地看到，这样的努力已经有所呈现。2013 年 7 月 1 日，全国法院统一、权威的裁判文书公开平台——中国裁判文书网正式开通。2014 年 1 月 1 日，《最高人民法院关于人民法院在互联网公布裁判文书的规定》生效实施，通过及时公开公众关心的司法信息，可以让公众有机会和途径了解案件审判结果的由来，将正义以公众看得见的方式呈现，也有效防止独立公正审判受其他因素所左右的情形再次发生。

加强对司法权的监督，要依法规范司法人员对外交往活动。作为法律职业共同体中享有司法权力的角色，司法人员必须以追求法律的公平与正义为天职。在从事司法活动中，仅服从于法律的规范、原则与精神，不应受外界的干扰和诱惑，偏离司法中立的职业定位。这也是为什么在西方法律文化中，代表司法形象的正义女神总是以手持长剑与天平，并且双眼被蒙住的形象出现在大众面前。然而拨开司法人员的职业身份，他们仍然会以社会人的身份出现在日常的生活中，会因社会交往活动出席各种场合，接触到不同类型的人群。在生活中，司法人员同样会受到内心欲望的驱使，对权力、地位、收入、名誉等有着难以遏制的追求，在享有掌握司法权力的优势地位的同时，难免会遇到想要通过社会交往与其结识并利用其司法权力寻求不当利益的人。正是由于上述缘由，司法人员的一些对外交往行为，有可能损害司法公正的形象，导致公众产生司法并非公正的认知。为了保障司法中立与公正的职业要求，明晰司法人员哪些范围内可以从事和参与各种社会交往，加强对司法权的监督，必须依法规范司法人员对外交往活动。2015 年 6 月，最高人民法院、最高人民检察院、公安部、国家安全部、司法部联合制定发布了《关于进一步规范司法人员与当事人、律师、特殊关系人、中介组织接触交往行为的若干规定》，这一规定就是为了阻却司法人员对外交往时的不正当接触、交往行为，切实防止利益输送，保障案件当事人的合法权利，维护国家法律的正确实施和社会公平正义而做出的具体规范要求。《关于进一步规范司法人员与当事人、律师、特殊关系人、中介组织接触交往行为的若干规定》的第 5 条对司法人员同当事人、律师、特殊关系人、中介组织的不当接触交往行为进行了具体规定，包括泄露司法机关办案工作秘密或者其他依法依规不得泄露的情况；为当事人推荐、介绍诉讼代理人、辩护人或者为律师、中介组织介绍案件，要求、建议或者暗示当事人更换符合代理条件的律师；接受当事人、律师、特殊关系人、中介组织请客送礼或者其他利益；向当事人、律师、特殊关系人、中介组织借款、租借房屋，借用交通工具、通讯工具或者其他物品；在委托评估、拍卖等活动中徇私舞弊，与相关中介组织和人员恶意串通、弄虚作假、违规操作等行为；司法人员与当事人、律师、特殊关系人、中介组织的其他不正当接触交往行为。同时规定司法人员在案件办理过程中在非工作时间和场合接触案件的利益相关方需要履行审批和报告的义务；在从司法机关离任后，也不得担任原任职单位办理案件的诉讼代理人或者辩护人；将司法人员执行规定的情况计入个人廉政档案，作为年度考核和晋职晋级的重要依据等。通过《关于进一步规范司法人员与当事人、律师、特殊关系人、中介组织接触交往行为的若干规定》的制定和实施，能够有效约束司法人员的不当社会交往给司法正义带来的负面影响，有效对司法权的行使进行监督制约。

（四）监督网络多维编织打造平衡机制

法治监督与治理失衡问题具有正向的相关性，因此，在确立了多元监督主体和明确监督对象的基础上，仍然需要我们将法治监督看作是一个需要高度科学化建构的运行有机体，需要建构该有机体必需的运行机制，才能真正实现法治监督的平衡功能，将其从制度层面的静态规定转化为机制运行层面的动态运作网络。为了有效实现这一转变过程，需要我们在以下方面着力。

首先，要改变法治监督"虽有制度，失之于软"的社会认知。由于社会关注热点的投射以及宣传报道的助力，一些关于权力腐败现象滋生的事件不断见诸报端，在成为公众关心的社会热点问题的同时，也给社会带来一些疑问。改革开放以来，党中央就以高度的政治决心，不断出台相关政策制度来防止权力的越界运行，但权力运行不公和失衡现象仍然在某些方面表现突出。这在一定程度上引发了公众对法治监督效力的进一步追问，认为我们国家虽然在制度层面设置了大量的监督规范，但是其可操作性和约束力有限，不能真正发挥法治监督的真正制度功能，对权力约束效力过软。这种认识进一步削减了监督制度的权威性，一方面使得监督主体在权力运行制度中的重视程度受到一定程度的削弱，降低了监督功能发挥的主观能动性；另一方面也打击了社会团体、组织和公民等监督主体参与法治监督实践的积极性，不利于公民监督与国家监督对接，也无益于公民社会与法治国家发展构建的和谐与平衡。

要扭转这种对法治监督不力的社会认知，需要我们认清权力运行内在属性和推行法治监督效力有效扩散的途径。权力的公共属性极易受到权力行使者的内在贪欲及个人有限的认知与能力的侵蚀，在现行的社会发展水平、经济基础的条件制约下，世界上任何一个国家都不能根治权力运行带来的腐败与不公现象，这是由权力属性、人之天性和社会发展状况所决定的。因此对我们的社会生活中所出现的公权力违法现象，并非法治所能根治的问题，而只能在权力与制约之间不断博弈、此消彼长的发展规律之下去制约。不能因相关问题的出现，去否认法治监督对权力运行的有效性，并丧失对法治的信仰与追求。正确的选择应该是不断研究公权力运行的规律，不断发展和健全我们的法治监督规范，形成具有开放和成长空间的制度更新机制，以发展与创新、信心与能力来积极应对公权力越界所带来的法治失衡问题。而不断见诸报端的权力腐败与滥用案件，本身也反映了法治监督功能的发挥。这些案件的揭示与治理，体现了我们法治监督机制并非纸面上的空洞规定，而是能够切实对权力运行中的违法行为进行有效规制。与此同时，有些权力的监管仍然存在漏洞，使得腐化了的权力能够在较长时间内运行而不被发现，给国家和人民带来了惨重的损失。这些寻租空间和偏差轨道的出现，对于权力的事前监督和事中监督到底存在着什么样的待解之题？带着这样的反思，针对我们法治监督中存在的特定问题，从制度层面和运行层面双轨治理的角度出发，切实地解决制度漏洞和运行不畅的社会认知问题。同时也要积极拓展和规范社会监督途径。通过拓展社会监督途径，能够激励公众参与法治监督的积极性，而只有公众切实参与到法治监督中来，才能在进行公众公民意识、法治意识教育的同时不断提高整个社会的法治思维层次，形成浓厚的社会法治氛围。在这样的法治实践之上，才能有效地改变公众对法治监督"虽有制度，失之于软"的社会认知。一是要积极搭建法治监督的"互联网＋"平台。"互联网＋"的概念产生于经济领域，指的是依托互联网信息技术实现互联网与传统产业的联合，以优化生产要素、更新业务体系、重构商业模式等途径来完成经济转型和升级。目的在于充分发挥互联网在社会资源配置中的优化和集成作用，将互联网的创新成果深度融合于经济、社会各域之中，提升全社会的创新力和生产力，形成更广泛的以互联网为基础设施和实现工具的经济发展新形态，最后实现社会财富的增加。随着互联网技术的发展和普及，网络力量在法治监督中产生的影响力不容小觑。诸如中国公众监督网、中国廉政监督网、中国监督网、人民监督网、中国民间监督网等数十家监督网站活跃于公共事务的参与，扩大了公共舆论空间的同时也发挥了社会监督的重要作用。对于这种网络监督的力量，可以借鉴经济领域的"互联网＋"的概念，纳入法治的轨道予以有效整合。一方面，利用信息通信技术积极搭建互联网监督平台，借助互联网思维，让其与法治监督进行联合和深度融合，创造开拓新的法治监督模式，为法治监督的改革、创新、发展提供广阔的网络平台。另一方面，通过法治监督的互联网化，借助互联网开放、平等、互动等网络特性在法治监督领域的运用，通过大数据的分析与整合，试图厘清法治运行中权力运行存在的寻租空间和制约的薄弱环节，作为法治建设和改革中的重要实证论据，来提升法治监督制度的科学性和有效性，将其制度功能发挥到最大化，有效消除"虽有制度，失之于软"的社会认知。二是要主动创造社会监督的保障条件。通过增强政府行为的透明度，来保障社会对政府行为的了解和监督程度。在一套相对完善而有效的政务公开条例的基础上，促使各级各类国家机关能够履行政务公开的义务，通过建立政务公开网站、全面建立新闻发言人制度等，全面发布各类应该公开的信息，确保公众关心的各类问题得到及时有效的回答。杜绝政务公开义务履行的表面化，通过建立具有可操作性的程序制度、绩效考评制度等确保社会能够有效行使对公权力的监督。尽快完善、落实和推进财产申报制度，以家庭财产申报、登记和公布的程序设计，形成防范权力滥用的制度设计，对于财产申报中的违规行为要予以严厉的处罚。根据国外治理经验，对拒不申报、谎报、漏报、无故拖延申报者，可以赋予单位内部行政处罚和司法民事处罚的双处罚制；对故意提供虚假信息的人可以处以承担刑事责任。这样的财产公开申报制度会给公众行使监督权赋予路径保障，同时也能带来最直观的监督效能的体现与感受。

其次，要树立法治监督"制约权力，服务于民"的正确理念。想要发挥法治监督机制的功能，打造法治监督的平衡机制，来保障社会问题的平衡解决，需要树立法治监督"制约权力，服务于民"的正确理念。一方面，"理念先行"的机制构建模式已被证明是一条可行之路。在西方社会的现代化进程中，文艺复兴运动及资产阶级的思想启蒙运动以民主、法治、分权制衡等理念学说对封建专制主义的深刻批判，为资产阶级民主政治制度的建立扫清障碍，奠定了坚实的思想基础和文化支柱。在我国，五四运动同样高举科学和民主两面新文化运动的大旗作为理念先导，对封建传统文化进行了深度的批判，成为我国新民主主义革命的发端。基于以上的历史经验，当今我们如果寄希望于通过法治监督机制的健全和实施来解决我国社会经济发展中存在的失衡问题，就需要践行"理念先行"的建构路径，树立起法治监督的正确理念。另一方面，树立法治监督"制约权力，服务于民"的正确理念，能够形成法治监督的核心凝聚力和统一指挥力。只有在全社会形成法治监督的正确理念，才能够形成法治监督的正确思维模式，使得法治监督的主体和受体都能够明确权力行使的界限和目标，明确定位各自的法定权力和义务，降低法治监督的阻力，在统一的法治轨道上取得法治监督的最大共识。

法治监督的正确理念，从根本上来说就是"制约权力，服务于民"。包括两个方面，一是权力制约，二是服务于民。权力制约指明了法治监督的对象，该思想发端并完善于近代西方资本主义国家，其主要内涵在于认为自私乃人之本性，在这种自私的本性的驱使之下，享有强制性的社会公共权力的人，总是趋向于滥用权力。孟德斯鸠曾指出，"自古以来的经验表明，所有拥有权力的人，都倾向于滥用权力，而且不用到极限绝不罢休……为了防止滥用权力，必须通过事物的统筹协调，以权力制止权力"。[①] 因此，需要在

---

① ［法］孟德斯鸠：《论法的精神（上卷）》，商务印书馆 2012 年版，第 185 页。

承认人性自私的基础上，正视权力滥用的现实可能性来制约权力。服务于民明确了法治监督的目的，其思想源自天赋人权和人民主权的基础之上。每个人的权利都是平等的，不存在从属或受制的关系。然而这种平等是无约束力的，仍然需要一种是非曲直的标准去裁判纠纷和划定利益，并且保证按照这种标准取得的裁判结果和利益划分能够在强制力的驱使下得到执行，因此才选择了国家作为人权保障的形式，所以国家权力来源于人民的赋予，因此其行使的根本目的就是为了保障人权、服务人民，而人民则以天赋的权利来制约政府权力，从而防止政府权力的滥用。从这个意义上来说，法治监督就是公权力的产生、运行都要以是否有利于人民利益为标准的一种监督形式。

法治监督需要正确理念的指引，在明确这种正确的理念是"制约权力，服务于民"的基础之上，如何来正确树立就成了待解之题。应当从以下几个方面着手。树立法治监督的正确理念，要充分认识"制约权力，服务于民"的重要性。制约权力、服务于民是法治监督的根本宗旨，是法治监督实施的目标，是法治监督应当遵循的总体上的根本性的意旨。其能够把抽象的法治监督的价值追求转化为具体的法律条款，又能够为法治监督的法律原则和规则提供指导。正是建立在这种重要性之上，要求我们在法治监督立法中将制约权力、服务于民作为立法价值予以确立，并在这种立法价值的指引下，在具体的法治监督的法律规范中，与其调整对象、特征、调整方法、功能、原则等互相证成、相互体现。在此基础上才能够帮助法治监督的主体和客体更好地去理解法治监督的真正意涵，有意识地发现权力运行和法治监督之间的内在需求，从而形成一个从认知到实践的完整的指引线索，为形成有序、合理、合法的权力运行和监管框架奠定坚实的基础。树立法治监督的正确理念，要全面把握"制约权力，服务于民"的必然性。法治监督立足于制约权力、服务于民的理念，经由权力制约理论、天赋人权理论、人民主权理论的产生、发展和完善，都在完成时的意义上对法治监督理念的必然性进行了最好的证成。而从未来时的角度来看，法治监督制约权力、服务于民的理念也是社会自治成长的必然性使然。党的十八届三中全会提出，建设法治中国，必须坚持法治国家、法治政府、法治社会一体建设。对于法治而言，其主体是人民群众，是人民群众依照法律规定来监督国家及政府的权力行使，这需要我们对于社会力量的关注与培养。只有在社会力量成长与壮大的前提之下，形成相对独立的社会自治组织与集团，当社会中间层能够与国家形成相互依赖又相互制约的关系，才能在社会自治的基础之上，更好地发挥社会法治监督的功能。这种社会中间层的出现与培育，是现代社会发展的必然趋势，其虽然不是享有公权力的主体，但也不是像单个的公民个体那般，在和国家政府的关系中处于绝对的弱势地位。作为由一个个单个个体形成的组织群体，能够对国家和政府的权力行使形成更为有效的监督制约，也使其成为判断一个社会发展程度的重要指标。这一趋势的发展使得法治监督的制约权力、服务于民的必然性进一步得到证成。树立法治监督的正确理念，要深刻领会"制约权力，服务于民"的科学性。对于法治监督来说，无论是通过权力来监督权力，还是权利监督权力，其根本仍是源自人民对自身权益的一种关注。人们在希望通过公权力行使能够给社会提供良好公共产品和服务的同时，也时刻关切超越法治轨道运行的公权力给社会公共利益带来的巨大侵害。因此，需要在权力运行的始终，时刻强调公权力来源于人民以及其行使的根本目的是为人民服务，是否满足这两个要件就成为我们在法治监督过程中对公权力行使进行评判的至高标准。通过对社会中个别掌权者存在着的权力傲慢、行使权力的恣意、提供公共产品和服务的惰懒，甚至是积极寻求权力寻租可能性行为的监督，使其受到权力来源与权力行使目的高度一致性之标准的鞭挞，促使其恢复到正确的权力行使轨道上来。树立法治监督的正确理念，要着力保障"制约权力，服务于民"的实践性。要加大法治监督理念宣导，传输正确的理念内涵。对于国家的法定的监督机关，可以通过机构内部的定期培训、制定统一的法治监督工作考核标准等方式，来培养和检验法治监督理念的养成。对于社会监督主体，则要发挥政府宣传和媒体宣传的双重渠道，借助类似于知识竞赛、法治监督案例节目等多种宣传模式，帮助树立社会整体的监督理念。同时，在进行法治监督宣传的同时，既要兼顾法治监督知识的输送，同时也要更加关注法治监督方法的传导，对于法治监督知识和方法的检讨要通过具体的法治监督实践来完成。

再次，要扎实法治监督"深入一线，落于实处"的工作方式。无论是改变法治监督"虽有制度，失之于软"的社会认知，还是树立法治监督"制约权力，服务于民"的正确理念，都是在意识层面对法治监督机制建设的探索。要真正直接发挥法治监督的实际功效，仍然需要我们在法治监督工作方式上进一步发掘。法治监督作为平衡法治体系的最后一环，担负着社会公正以及权利保障最后一道防线的重要责任，是法治运行不可或缺的环节。对于法治监督来说，依法治权是法治之治的关键，其主要通过权力之间的配置来达至权力制衡的目的，同时发挥监督的纠错功能，及时对违法运行的公权力予以纠偏，使其快速回复到法定的轨道上来，最大可能地降低权力违法运行给国家和社会带来的各种损失。因此，要健全法治监督机制，就必须要密切结合公权力运行的现实情况，扎实"深入一线，落于实处"的工作方式。

要深入一线，了解法治监督的重难点问题。对于法治监督的主体来说，要时刻保持问题意识，将法治监督作为一个动态发展的问题来看待。对于监督过程中存在的问题，要有意识地进行收集、整理和归纳。那些已经形成共性且长久未能解决的问题就是我们在法治监督过程中需要重点予以关注的难点问题，需要投入更多的时间、精力重点解决。比如以审判监督活动为例，目前我国检察机关在实施这一监督职权时，对实体性问题的监督要远甚于程序性问题的监督。尽管检察机关对法院审判活动是否符合刑事司法程序所进行的监督包括的内容也十分广泛，既包括法庭组成人员是否符合程序法的规定，也包括法庭审判过程中的各项活动是否符合审判程序的规定，但是，根据《刑事诉讼法》第 203 条的规定，这种监督仅仅属于一种弹性监督。对于法院违反法定程序的行为，检察院只能向法院提出纠正意见，一般并不会导致相应的程序性后果。[①] 当这样的现象已经被看作是检察机关履行监督职能中存在的问题之一时，就需要我们在法治监督机制的构建中，扎实法治监督"深入一线，落于实处"的工作方式，要针对问题，提出法治监督的解决办

---

① 　参见朱景文主编：《中国法律发展报告 2011·走向多元化的法律实施》，中国人民大学出版社 2011 年版，第 241 页。

法。虽然发现问题，对法治监督机制的构建具有极其重要的意义，但是绝不能止步于此，比发现问题更为重要的是有针对性地解决问题。这需要我们对所发现的问题本身进行全面的分析，找出问题产生的社会、经济、法律等多层次的原因，就这些原因进行主次排位，得出影响问题解决的关键性因素，结合法治监督工作的实际予以解决。比如对于检察机关对侦查活动的法律监督问题而言，虽然通过不批捕、不起诉以及纠正违法等方式来进行，但是，检察机关对于专门侦查机关的监督并没有取得良好的效果。分析指出，造成这一问题的主要关键原因在于法律规定的不足。从现实情况来看，检察机关对公安机关的立案侦查活动所进行的监督，主要局限于刑事实体问题，虽然对公安机关的立案侦查活动是否符合刑事诉讼法的程序规定也是检察机关监督的内容之一，但是检察机关对这方面的监督仍然缺乏有效的方法。① 所以对这一问题的解决主要就是要在法律规定层面，对检察机关在公安机关立案侦查程序方面的监督职能和监督程序进行更加细致合理的规定。

扎实法治监督"深入一线，落于实处"的工作方式，还要将解决办法落实到法治监督的实践中予以检测，并在此基础上进一步予以修正。在分析问题后得出的解决方法，仍然只是一种理论层面进行了逻辑分析后的设想，这种理论设想能否给现实问题的解决带来实质性的效益，还有待法律实践的检验。比如，对于检察机关自侦案件的批捕权，被认为不能由检察机关自己享有，不利于对该类型案件的法治监督。许多学者对于这一问题的解决呼吁建立令状主义、确立司法审查的原则。然而，最高人民检察院主张把批捕权交给最高法院，最高法院却拒绝接受。原因在于，一旦批捕权交给法院，会带来两个后果：一是法院一旦批捕，案件最后被检察院作出不起诉处理，或者被法院作出无罪判决，都要承担赔偿责任，个人业绩考评会受到严重影响，批捕这一本来属于程序上的决定却会带来实体上的处分。二是批捕权交给法院后，法院刑庭的法官，一个批捕，一个审判，无法保证批捕的中立和客观，有可能因为他们之间存在的各种利益关系而导致批捕和审判发生某种

---

① 参见王敏远：《论我国检察机关对刑事司法的监督》，《中外法学》2000 年第 6 期。

冲突，给法治监督带来新的问题。① 因此，对于法治监督问题提出的解决方法，一定要落到法治监督实践中去，在实践中去检验这种方法的可行性与合理性，如果不能达到解决问题的初衷，就要进行再度的思考与选择，直至寻求到最佳解决办法。

最后，要增强法治监督"回应社会，适时创新"的发展能力。构建法治监督机制，需要通过制定相关的法律制度，对法治监督进行规范和引导，培育和健全社会中间层，调整权力运行关系，回应社会诉求，化解公权力与私权利之间的矛盾，维护社会公正、秩序和稳定，从而促进政治、经济、社会、文化和自然协调发展。在这一过程中，随着社会经济文化等条件的不断发展，公权力运行的内外部环境也在不断发生变更，因此对于法治监督来说，也要有回应社会、适时创新的发展能力。

法治监督创新，是要在现有的法治条件下，运用现有的资源和经验，依据政治、经济和社会的发展态势，尤其是依据法治监督的运行规律乃至相关理念和规范，研究并运用新的法治监督理念、知识、技术、方法和机制等，对传统监督模式及相应的监督方式和方法进行改造革新，建构新的法治监督的管理制度和机制，以实现法治监督的新目标。而这一过程是以公权力的现实存在为前提的，只有对这一现实存在的需求进行积极探索，才能实现形成公权力更为良好的运行秩序之目的，才能产生更为理想的法治效益。法治监督创新同时也是一个复杂的、综合的系统，要确保其始终发挥应有的重要作用，就必须建构相应的系统机制予以支撑。一方面要以新知识、新方法、新技术和新理念引发启动法治监督创新的引擎；另一方面也要通过建立、组织和促进法治监督的创新系统，形成、改进或者不断发展法治监督创新的机制或者制度，为下一轮法治监督创新奠定基础。因此，法治监督创新既有社会需求，同时又有对现行法治监督制度予以充实完善的动力。法治监督机制的建立健全有赖于法治监督创新，而法治监督创新有助于确保外部环境和内部条件的有机结合，助推法治监督的科学化和实效化。② 以这几年兴起的"电

---

① 参见陈瑞华：《论法学研究方法——法学研究的第三条道路》，北京大学出版社 2009 年版，第 16 页。

② 参见杨建顺：《社会管理创新的内容、路径与价值分析》，《检察日报》2010 年 2 月 2 日。

视问政"为例，从 2011 年武汉推出电视问政以来，据不完全统计，全国至少已经有 50 多个城市开设类似节目，成为中国地方政府监督的一项创新之举。这一法治监督的创新之举，首先就源自武汉针对本地区经济发展和城市建设等与东部沿海地区存在较大差距的现实反思。在市委办公厅《关于"转变干部作风，改善投资环境"专题调研方案》的指导之下，武汉市发改委根据一项《投资环境调研报告》，认为制约本地区发展的主要因素是投资环境在政策环境、政务环境、配套服务等多方面，都存在着公权力运行懒散、效率低下、服务质量不高等问题。由此，武汉市开展了"治庸问责运动"，希望借此来加强政府机构思想观念、服务意识、行政能力的建设，并通过加强法治监督来抵制政府机构不良风气的蔓延。电视问政就是其中的一项重要监督措施。通过电视问政，市民将对涉及城市治理与发展的问题在直播中直接提出，所涉及的相关部门的领导则需要直面公众与媒体提出的问题与质询，就相关问题做出解答以及就整改的具体措施和期限等做出承诺，以切实解决现有制度的运转中存在的公权力不作为、不会作为、违法作为等问题。①这项对公权力进行监督的创新之举，收到了极为良好的治理效果，通过与市民面对面沟通，了解到地区发展建设中的亟须解决的核心问题，在高度关联民众的同时也借助了媒体的传播力量，凝聚了广泛的社会关注力，使得问题后续解决在社会监督力量的作用下更具保障力。正是电视问政对增强法治监督回应社会、适时创新发展能力的充分体现，使得一时间该创新之举在诸如广西南宁、新疆奇石县、宁夏回族自治区石嘴山市、浙江舟山等地全国很多城市纷纷落地，产生了良好的示范效力，也浓厚了法治监督的社会氛围。

作为治理社会失衡问题的平衡法治对策，法治监督立足于监督机制的主体多元、权力分立、相互制约的平衡机制，借助涵盖多元监督主体以扩充平衡法治的力量，细化公权力种类作为多样的法治监督对象，布局平衡法治的模式，通过改变法治监督"虽有制度，失之于软"的社会认知，树立法治监

---

① 参加闫曼悦：《制度修复理论下武汉电视问政的监督效用论析》，《武汉理工大学学报（社会科学版）》2016 年第 2 期。

督"制约权力，服务于民"的正确理念，扎实法治监督"深入一线，落于实处"的工作方式，增强法治监督"回应社会，适时创新"的发展能力的多维监督网络编织打造平衡机制，以期践行出社会失衡问题的法治平衡治理之道。

（五）深化监察体制改革凸显平衡引领

深化国家监察体制改革是贯彻党的精神、健全党和国家监督体系的重要部署，是推进国家治理体系和治理能力现代化的一项重要改革。如何将公权力关进制度的牢笼里，疏通权力对权力的监督渠道，其核心命题是建立集中统一、权威高效的中国特色国家监察体制，关键词是"反腐败"。美国联邦法院已故大法官布兰迪西曾言："阳光是最好的防腐剂。"只有将权力置于阳光之下，才能使公权力得到有效监督。在法治监督体系中，监察体制在维持权力体系的"生态平衡"中发挥至关重要的作用。2018 年，《中华人民共和国宪法修正案》的通过和《中华人民共和国监察法》的出台（以下简称《宪法》和《监察法》），不仅拉开了具有中国特色的监察体制改革序幕，也为我国监察体制改革提供了有利的法律支撑，是构建法治监督体系进程中的一场重要变革。国家监察体制改革后，新成立的监察委员会作为国家机关，依据《宪法》和《监察法》行使职权，与政府、法院、检察院并列，形成了"一府两院一委"的格局。

在国家治理现代化的进程中，国家监察体制改革是政治体制改革中"治理腐败"的重要举措。由于平衡法治范式下的法治中国需要以政治体制改革并进为动力源，把监察权作为与行政权和司法权并列的国家权力，也是势在必行。因此，我们应当以具有中国特色的监察体制改革为契机，牢固树立法治思维，把握权力运行规律，强化法治监督职能，在平衡法治的视野下明确监察权的目标定位和路径选择。

1. 监察权的基本属性——监督

权力的属性决定权力配置的内容和形态。对于监察权的本质属性，《宪法》和《监察法》都未作出直接规定。对此，学界主要存在三种争鸣，一是"监督权说"，此观点认为"国家监察体制改革作为事关全局的重大政治体制改革，机构与职能的整合乃是改革的主要方法论。此过程中新机构的设立及旧机构的撤销，实质上皆是国家监督权重新配置的外在表现形式，而监察机关和监察权即为权力重新配置的结果。①"二是"监察权说"，此观点认为"国家监察委员会的权力属性具有复合性，它集中了党权（党的纪律检查权）与国权（行政监察权、刑事侦查权）于一身。从三权学说出发，国家监察权可以归属于行政权。但是，我国并不接受三权分立学说……国家监察权是立法权、行政权、司法权之外的第四权力，该权力就是监察权"②。三是"二元属性说"，此观点认为"监察委员会的权力兼具行政性与专门调查性，根据此二元属性，可以在监察委员会内部规定行政调查处置部门和专门调查部门的分离，并确立相应的权力配置、运行和监督制度"③。我们认为，监督是监察权的本质属性，决定了监察委员会权力配置的基本形态。我国《监察法》第一条规定，"为了深化国家监察体制改革，加强对所有行使公权力的公职人员的监督，实现国家监察全面覆盖，深入开展反腐败工作，推进国家治理体系和治理能力现代化根据宪法制定本法"；第十一条规定"监察委员会依照本法和有关法律规定履行监督、调查、处置职责"。上述规定都明确了"监督"是监察委员会的重要职责之一，在位序上优于调查和处置，即使"调查"和"处置"职责实际上也是监督职能的延伸。据此，监察权的配置旨在强化对国家权力体系中各公职人员的监督，确保权力体系的"生态平衡"。监察权是在党的领导下，由监察机关行使的一种特殊权力。在国家权力结构中设置监察机关，是从中国历史传统和现实国情出发加强对公权力监督的重大改革创新。

---

① 秦前红：《我国监察机关的宪法定位——以国家机关相互间的关系为中心》，《中外法学》2018 年第 3 期。

② 张建伟：《监察至上还是三察鼎立——新监察权在国家权力体系中的配置分析》，《中国政法大学学报》2018 年第 1 期。

③ 郑曦：《监察委员会的权力二元属性及其协调》，《暨南学报（哲学社会科学版）》2017 年第 11 期。

2.监察体制改革的本质是实现法治监督体系平衡

当前,"监督不力"是中国社会法治监督层面失衡的症结所在,而具有中国特色的监察体制改革旨在解决这一顽疾。在平衡法的视野下,监察体制中的监督权在制衡权力与权力的关系上发挥着重要作用,改革的核心是对公权力的全员和全权覆盖,最本质的特征就在于以监察监督权为中心构建国家新型监督系统,从而实现法治监督体系的平衡。

在现有各种监督力量的"博弈"中,监察监督权之所以可以在法治监督体系中发挥核心引领作用,在于其具有先天优势。首先,从法理的角度讲,《宪法》从国家根本大法的效力层次明确了监察监督权的效力等级,即监察监督权是一项宪法性的国家权力。其次,我国监察体制改革实现了党内监督和国家监督的一体化,以监察权为监督主体既符合当前国情也符合全面推进依法治国的要求。最后,《监察法》赋予监察机关的权力基本实现了对"全员"的"全权"监督。一是监督内容全覆盖,监察委员会享有预防腐败、党纪监督、违法监督、财务监督、职务犯罪调查等诸多职责;二是监督对象全面覆盖,监察法中所规定的六类主体基本涵盖了所有公职人员。因此,"两利相权取其重",以监察权为中心加快建构、完善权力监督系统,是平衡法治对其先天优势选择的必然。"以监察监督为中心,并不是要否定或者改变现有国家监督体系中其他监督系统和监督力量的应然地位,而是要更加突出作为专责机关的监察委员会的监督及效能,将之作为建构与完善国家新型监督体系的主体",[①] 进一步强化监督职能,筑牢平衡法治的最后一道防线。

3.监察体制改革的基点是党内监督和国家监察一体化

当前,监察体制改革旨在解决党内监督和国家监察不同步,部分行使公权力人员处于监督之外;违法和违纪衔接不畅等问题。因此,监察体制改革以党内监督和国家监察一体化为着力基点,致力于实现党内监督和国家监

---

① 魏昌东:《监督职能是国家监察委员会的第一职能:理论逻辑与实现路径》,《法学论坛》2019 年第 1 期。

察，依规治党和依法治国的有机统一。

在我国监察体制改革之前，对公权力监督方式主要有三种：一是党的纪律检查机关通过党章党规来实现对具有党员和公职人员双重身份人员的执纪监督；二是行政监察机关依据《行政监察法》对国家行政机关及其公务员和国家行政机关任命的其他人员实施监察；三是检察机关依据刑事法律对国家机关工作人员中的职务犯罪行为进行侦查和提起公诉。这三种监督方式，在对权力监督的范围和内容上既有交叉也有空白，基本实现了对权力的制约监督，其中，行政监察机关和检察机关是权力对权力的制约监督。

随着国家监察体制改革的进行，新出台的《监察法》整合了党的纪律检查机关、司法机关、行政监察机关的反腐败力量，设立四级监察委员会，实现了党纪监督部门和国家监察机关合署办公，实现了一个工作机构同时履行党的监督和国家监察两项职能，创设了党内监督和国家监察于一体的监督体制。它的合理性在于，在我国，权力来源于广大人民，而党作为执政党是权力的领导核心。一方面对所有党员的监督可以通过党章党规实现，完成党内的自我监督；另一方面对所有行使公权力的公职人员的监督可以通过《监察法》实现。党内监督和国家监察的有机结合，可以更加有效地确保党和人民赋予的权力不被滥用。

4.监察体制改革的核心是监督内容和范围的全覆盖

"监督职责的核心在于，以对公权运行设定合规性标准为基础，防范权力偏离其设定目标，抑制腐败动因，有效监督的实现仰赖监督权的权威性与合规依据的明确性。"[①] 为了消除权力监督的真空地带，确保公权力的法治化运行，当前监察体制改革围绕建立完善的监督管理机制、有效的权力制约机制、严肃的责任追究机制逐步推进和展开，改革的核心内容是实现对公职人员和公权力的有效监督和规范。

在我国，监察权作为一项宪法性的监督权力，其权力属性决定了监督的

---

① 魏昌东：《监督职能是国家监察委员会的第一职能：理论逻辑与实现路径》，《法学论坛》2019 年第 1 期。

模式、范围和内容相对全面。这主要表现在：1. 监督范围"全员覆盖"。根据《监察法》第 15 条规定，监察机关可以对下列人员进行监督：（1）中国共产党机关、人民代表大会及其常务委员会机关、人民政府、监察委员会、人民法院、人民检察院、中国人民政治协商会议各级委员会机关、民主党派机关和工商业联合会机关的公务员，以及参照《中华人民共和国公务员法》管理的人员；（2）法律、法规授权或者受国家机关依法委托管理公共事务的组织中从事公务的人员；（3）国有企业管理人员；（4）公办的教育、科研、文化、医疗卫生、体育等单位中从事管理的人员；（5）基层群众性自治组织中从事管理的人员；（6）其他依法履行公职的人员。据此，《监察法》将六类公职人员纳入监察对象，实现了对所有公职人员的监督全覆盖。2. 监督内容的"全权覆盖"。根据《监察法》第 11 条规定，监察委员会依照本法和有关法律规定（1）对公职人员开展廉政教育，对其依法履职、秉公用权、廉洁从政从业以及道德操守情况进行监督检查；（2）对涉嫌贪污贿赂、滥用职权、玩忽职守、权力寻租、利益输送、徇私舞弊以及浪费国家资财等职务违法和职务犯罪进行调查；（3）对违法的公职人员依法作出政务处分决定；对履行职责不力、失职失责的领导人员进行问责；对涉嫌职务犯罪的，将调查结果移送人民检察院依法审查、提起公诉；向监察对象所在单位提出监察建议。由此，我们可以将《监察法》中的监督内容界定为：履职监督、用权监督、廉洁监督及操守监督四个方面。此外，监察委员会还可以对职务犯罪进行调查，对违法的公职人员进行问责处理，使得监督之后的法律效果和社会效果得到有机统一。

六、法治社会缔造平衡

法治社会建设是相对于法治国家、法治政府的社会共同体的法治化，是法治在社会领域的拓展和具体体现，我国的社会法治化与法治社会化发展，有助于国民向现代法治公民的转变，有助于社会组织与国家共同实现国家与社会的治理，有助于民主与法治相得益彰，形成国家与社会关系上的平衡，实现国家与社会的互补、互助、互控的良性发展。

（一）探寻法治社会的文化基因

中国文化历来具有高度的自觉性。区别于西方的海洋文明和公民政治，生发于大陆国家农耕社会的中国传统文化，对土地及依附于其上的家庭伦理关系有着田园牧歌般的爱慕和崇敬，中国传统文化从始至终都在尝试对天、地、人进行系统解释，不同流派就是据此创建自己的理论和哲学。这种自觉性绵延数千年至今，面对历史上程度不同的外来文化冲击，始终保持自身的区别性和涵容性。古老的中国认为"四海之内"就是"普天之下"，防蛮夷、卫华夏的"华夷峻防"，古代士人就是从文化的立场出发进行国家治理的思考。从本质上来看，中国文化是一种农耕文明。近代以来，人类社会从农耕文明走向工业文明、商业文明乃至现代的信息文明，中国文化自觉性有余但开放性不足，涵容性有余但相对保守的问题开始显现，中国文化出现了危机。列强侵略，西学东渐，欧洲依靠近代的工业体系和技术，船坚炮利，攻克一切民族的万里长城。他们的民族学把各地的人们都看作是历史状态的遗存。对于中国而言，包括黑格尔在内的很多西方学者都曾有中国文化停滞之论，认为中国的历史只有时间上的变化而没有本质上的变化。在此历史背景下，救亡图存成为时代最强音，无数精英对于中国文化产生一种怒其不争的情绪。这种急迫的心情反映在短期高效率的集中立法活动上，希冀在最短的时间内生产出现代化所需要的最先进的法律规范，可谓法律领域的"强制拆迁"。回看中国过去一百年间的法律体系构建过程，从晚清修律移植日本法，到民国师法德国、瑞士，从20世纪50年代全盘移植苏联法律体系，对传统社会进行彻底改造，到20世纪80年代后大陆再度回到向西方学习的道路，移植对象大大增加，几乎没有遗漏任何一个发达国家和地区。法律工具主义盛行，法律体系缺乏内在一致性，更重要的是失去了中国传统文化中的自觉性，传统礼俗无处容身，导致了法典和生活之间的脱节。可以说，中国传统文化的断裂是中国目前的经济、社会、文化等领域的诸多失衡问题的重要原因。在法律领域，这种断裂引发的失衡问题更为明显，立法不良、执法不严、司法不公、守法不诚、监督不力，民众不信法，甚至不畏法。人们的信仰缺失、道德失焦、情绪躁烈。中国法文化亟待自我更新，以此为旗帜，生成新的法治理模型。

中国传统法文化有着一种内与外、系统与关系、人与自然秩序的平衡法观，可以说，平衡是中国传统法文化的精华。而我们现在要走的现代法治道路，就离不开对这种文化精华的挖掘、汲取、吸收和转化。法治总要孕育在特定的文化土壤中，轻率地批判和抛弃自己的文化，结果只会导致自己的法秩序难以扎实地建立和有效地运行。我们惯常的通病，就在于喜欢用西方的观点来观察中国人的行为，以至样样看不惯，但是内心深处，却又存在着中国人牢不可破的观念。事实上，文化传承有益法治，从内蕴于中国传统法文化的平衡法观中寻求现代中国法治立基之本、强身之方，实为可行。

平衡法观有着中国文化血脉和哲学根基，有着人文精神的指向。《周易·贲卦·象传》有云："刚柔交错，天文也；文明以止，人文也。观乎天文，以察时变。观乎人文，以化成天下。"这解释了中国文化的根本精神，是一种人文的精神：人文化成。所谓人文，是文明以止，以文来止，以文来化，与以武来止、以武来化相对。《大学》进一步阐发，"格物致知"为学问之本；"诚意、正心、修身"为德行之本，此为"明明德"；"齐家、治国、平天下"为治人之道，此为"亲民"；"止于至善"则是人生之目的。可以看出，中国传统文化的精华，就是告诉我们要"知止不殆"，每个人要明确认同各自的身份，按照自己的身份来做自己应该做的事情，尽自己该尽的责任和义务。父止于慈，子止于孝，文质彬彬然后居于止。这种边界意识，也是法律的本质所在。这种不用武力强迫，重视人的主体性、能动性、主动性的人文精神，是平衡法观的基点所在。

近代以来，平衡法观为代表的中国传统法文化遭到了冲击和破坏。由于文化上的自我贬抑，一味求诸于外，法丢了魂魄，丧失了主体性。古与今、中与外法文化关系的失衡，引发了法的功能失调和自我异化，法逐渐脱离了古代治理秩序中与天理、人情的融合平衡，不再是人们原心寻求和自觉遵循的行为规范，种种焦虑、失范、乖戾之气弥漫，一些行事开始里外两层皮，"始于作伪，终于无耻"，民不信法且民不畏法，则风不清气不正。如果法律只是外部规则而不是内部规则，只是规范知识而缺乏来自中国社会的事实性知识，只是从社会中的统治者们的政策和价值中自上而下移动的产物，而不是整个社会结构和习惯自下而上发展而来的产物，那么最终，会使中国法律出现"去中国化的脱嵌化的现象"①。不从传统文化和外来文化中吸取营养，就没办法完成中华传统法文化的现代化转型和改造；不立足中国文化的自身理路和中国社会的现实状况，就无法形成中国的法律知识，无法探寻和开拓中国的政道法理。"究天人之际，通古今之变。"法之道，平衡也，以法道平衡的法律观来指导中国的现代治理，从理论自信生成制度自信，从文化自信催生道路自信，才能宣告中国法学作为亦步亦趋的跟随者的时代结束。

（二）萃取法治社会的东方经验

1. 中国"法治国家与法治社会关系"型构

在法学视阈下，法治在"国家与社会的关系"的讨论中，形成三种法理上的类型分类：国家主义法治国、自由法治国、社会法治国。国家主义法治国要求所有国家机关和人民都必须服从由最高立法者制定的法律，依法办事。强调作为立法者的统治者的意志及权力至高无上，亦即国家至上，法律只是国家统治社会的工具。自由法治国是要求社会不受国家（政府）的干预，国家职能只是国防、维持社会治安、借助警察和税收权力管理国家和人民。公民的权利与自由对政府公共权力是一种限制。社会法治国主张由具有福利国家思想的立法者制定法律，主导社会发展，规范和分配社会产生的成果，从而政府由消极的管制行政转变为积极的"服务行政"，为人民提供指导性和服务型的公共产品。"服务"与"生存照顾"是社会法治国的核心。在这三种类型中，国家主义法治国和社会法治国从本质上反映的都是"社会是国家的社会"的理念，国家主义法治国强调国家对社会的绝对支配，社会

---

① 张洪涛：《近代中国的"以礼入法"及其补正——以清末民初民事习惯法典化为例的实证研究》，《比较法研究》2016 年第 2 期。

法治国强调国家对社会的家长式代管。自由法治国将国家与社会相对立，强调两者的界限，主张"国家是国家、社会是社会"。[①] 我国的法治国家与法治社会的关系与上述三种类型显然都不相同，我国的社会与国家关系是型构"国家是法治社会支撑的国家，社会是法治国家保障的社会"，法治社会是法治国家建设的基石，法治国家是法治社会发展的保障，最终目的是实现全国人民的共同富裕、生活和谐、家庭幸福。

2. 中国法治社会发展的短板效应

当前，中国社会出现失衡问题[②]，既有客观的历史必然性，又具有一定的警示性。这种社会失衡既表现为一种社会现实，又表现为一种社会心理。它首先表现为国家在政治、经济、社会、文化和生态建设过程中发生的一些现象，比如司法不公、执法蛮横、权力寻租、社会财富分配不公，等等，这些现象因没有及时得到阻止而诱发出不当的潜规则，久而久之破坏了社会的公正。于是人们在日常生活中，便越发感受到与自己生活息息相关的教育、医疗、就业、住房、食品等保障都不尽人意。在人民当家作主的社会主义国家，在倡导全民走向共同富裕的中国，怎么会让这些基本的民生事项成为"难以解决的真问题"？若干明显不符合道德也不符合法律的现象为什么没有及时得到遏制？失衡的社会心理由此萌生，一些人"仇富"，一些人质疑……这成为社会失衡的第二种表现。社会心理失衡，源于对原有信仰的质疑与困惑，但其危害却不止于此，它可能进而引发道德危机和政府危机。由潜规则引发社会公正问题，社会公正问题又进而引发失衡的社会心理，人们在失衡的心态下又会不断做出各种不理性的行为，这些行为进一步深化了社会失衡。这个过程在多领域共发，便使得社会失衡问题由易变难，由简变繁，由浅入深。

[①] 郭道晖：《法治国家与法治社会、公民社会》，《政法论丛》2007 年第 5 期。

[②] 从哲学上讲，对任何社会而言，不平衡是常态，社会发展就是从不平衡到平衡再到不平衡的过程。此处的"中国社会的失衡问题"特指近十几年来，中国在国家现代化转型过程中发生的、较以前一段时期相比相对突出的一些不公平、不正义现象，比如贫富差距拉大导致社会分层加剧，在住房、教育、医疗、就业等人们关注的生产生活领域改革建设成果不尽如人意等。

中国出现社会失衡问题的原因是历史的、具体的。中国共产党创立新中国，终于使中国人民摆脱了帝国主义、封建主义、官僚资本主义三座大山的压迫，扬眉吐气、独立自主，过上了有尊严的生活。但中国一穷二白的国家现状是急待改善的，"贫穷不是社会主义"，建设中国特色社会主义应解放生产力、发展生产力，努力实现全民富裕。中国共产党领导全国人民开始了伟大的复兴。改革开放、实行市场经济，中国迈开了向现代化国家前进的步伐，在这场伟大而崭新的实践中，在国家现代化建设取得举世瞩目的成就时，经济结构转型、社会结构变化、环境恶化等引发的一些新问题，随着改革的纵深发展不断涌现，这种社会"失衡"现象和问题也随之逐步显现。

社会发展的不平衡已经成为国家进一步发展的阻力，与社会主义国家本质要求形成反差。《中共中央关于制定国民经济和社会发展第十三个五年规划的建议》中，提出"创新、协调、绿色、开放、共享"五大发展理念，提出在补齐短板上多用力，比如在农村贫困人口脱贫、社会事业发展、生态环境保护、民生保障等方面，必须全力做好补齐短板的大文章，着力提高发展的协调性和平衡性。显然，法治社会的发展程度决定着法治国家整体建设的成败，成为法治国家建设是否成熟的重要标志，在于法治社会对法治国家建设的基础性作用。因为法治社会的发展程度从根本上是国家人民发展程度的体现，其标志着一国国民的法治化程度及国民的整体素质。我国法治社会建设当前已成为我国法治建设的短板，并且这一问题已对法治中国整体建设形成不利影响，国家正是切中这一要害，大力提倡社会发展，强调法治社会对国家发展的基础与互动、互补功用，在法治社会平衡化进程中，实现国家与社会发展的平衡。

（三）改善法治社会的微观环境

1.聚焦法治运行实践

探寻中国的法治之道，必须传承习惯，珍视传统，在习惯和传统中提炼精神价值，不拘形式把握实质，实现创新。只有这样的民族或国家，才是能超越兴衰、永葆活力的民族和国家。中国传统法文化的精华，可以为当今中国法治建设提供一种系统性的平衡思维，一种可以跳出法律看法律的思维。2010 年，中国特色社会主义法律体系已经形成，国家经济建设、政治建设、文化建设、社会建设以及生态文明建设的各个方面实现有法可依。这意味着，我国的法治建设有了强大的国家能力支撑，已经基本完成制度供给层面的法律体系建设。2014 年 10 月，中共十八届四中全会通过了《中共中央关于全面推进依法治国若干重大问题的决定》，标志着我国法治建设已经站在更高的起点上，进入了全面推进的历史新阶段。[①] 对于法治建设，必须有综合的、全面的、动态的、具体的视角，既要重视作为背景、环境和必要条件的国家能力建设及法律体系、制度的完善与供给等宏观法治建设，也要重视法治运行及公民个人守法层面的微观法治建设。尤其是重视法治运行的实践环节，落脚于每一个公民的法治体验。

在研究法治社会时，无论从国家层面研究还是从社会自身层面研究，无论从政治的、经济的还是从文化的角度去研究，研究的起点和终点都是人的最大化发展，这其中包括比如安全感、幸福增量、权利保障、自由增进等多重考量要素。如果将一个人的利益加以划分，大致可以用精神利益和物质利益来概括，那么上文所言的"国家利益、社会公共利益"就当属于精神利益范畴，因为这两项利益对于个人而言，不可或缺却又并不明显对日常生活产生影响。实际上，国家利益、社会公共利益为个人提供了归属感和基本生活条件（如自然环境、安全秩序、文化体育公共服务等）方面的保障；而个人利益和群体利益（工资、盈利等）则主要是构成个人日常生活所需的物质利益。可见，公共利益与私人利益共同构成促进个人发展的利益体系。公共利益包括国家利益和社会公共利益，需要所有个体共同维护才能实现；私人利益主要包括自身的人身、财产利益以及由此衍生出的精神利益，主要取决于具体的私主体的行为是否被相对方接受。从这个角度而言，公利益的价值比私利益要高，其实现程度更有难度，需依赖全体个体的维护。优先保护

---

① 　支振锋：《改善法治建设的微观环境》，《法制与社会发展》2015 年第 5 期。

公利益能够更好地实现个体的全面发展，使个人的公利益和私利益同时实现。因此，在法治社会建设中，应当确立"优先保护公利益""平等保护私利益"的法治原则。从法制建设分工上，国家法应当承担起维护国家利益的主要职责，国家法与社会法应当共同维护社会公共利益，同时，国家法在确立个人行为基本规范后，社会法辅之以国家法，目的是发展个人利益。国家与社会在国家目的一致的基础上，实现互补、互动、互控，以共同维护公利益、发展私利益，这样最符合国家的正义和全体人民的利益。国家法与维护社会公共利益的法应当是刚性法，社会个体必须遵守。民法任意性规范则是软法，对群体或社会个体有一定的制约作用和主要的指引作用。

2.微观法治建设的重点

法治国家的发展需要法治社会基础，法治社会的发展需要国家与社会的共治和社会的自治。社会，不应是国家的社会，也不是完全自治的社会，而应当是与国家形成互补的良性互动的社会。在共治领域内，国家与社会共同遵循法治原则共同治理。在社会自治领域，私利益应当得到充分保护和发展（比如行业自律领域，行业协会与诸会员间形成的私行政关系，这里的私行政关系是行业协会与成员各自充分行使私利益的结果，应当被视为具有合法性、正当性）。社会自治由下而上，逐层为个人自治、企业自治、行业自治、社会自治。在我国，个人与企业自治基本实现。行业自治的范围是需要研究的重要问题，因为行业协会这类社会组织，在国家与社会关系中，实质是处于居间角色。行业协会类型的社会组织不仅对内部会员提供共同的行为规范和各种服务、保障，而且要负责对国家和主管机关协调、沟通并接受监督。社会各个领域的自我治理，必须在确定行业协会类社会组织之法治功能基础上才能实现。此外，关于国家共治领域的范围，应当限于行业与企业治理领域，对于个人，国家就不能实行共治了，因为这层次已经是私人化的领域，国家应当保障个人的消极自由的合法性。对于法治社会的共治范围，如果从多学科角度加以解析，我们会找到确定法治社会共治的线索。从社会学角度看，重要的社会现象有教育、医疗、人口与城市化、家庭、食品、宗教、越轨与社会控制、社会运动、社会变迁与社会环境等；从政治学角度看，宗教、社会运动、越轨与社会控制；从经济学角度看，人口城市化、食品生产、社会环境可归属其中；从法治角度出发，政治的、经济的、社会的、生态的、文化的治理都归属其中。因此，教育、医疗、人口与城市化、食品、宗教、越轨与社会控制、社会运动、社会环境等都应当是共治的范畴，在这些领域，公权力与私权利能形成有效的制约和互补，国家法亦可以宏观把控方向，私人在微观具体操作并创新。

（四）培育法治社会的公民观念

法治社会的发展，法治国家、法治政府与法治社会一体建设，在根本上离不开公民对法治的信仰。培育法治公民的法治精神是法治社会建设的重点。近现代西方的法治对于中国而言是一个舶来品，舶来的法治思想不能生硬照搬，任何一个国家的法治都是具体的，比如韩国就是通过自下而上引发宪法修订为切口，以经济发展促进民主，进而走向法治。日本则是首先选择模范国家的模范法治模式，彻底研究之后再转化成具体操作技巧，并且不过多在传统价值体系上纠缠。日韩两国的法治建设路径不尽相同，但对两国而言法治思想都是舶来品，二者都注重结合本国国情思考法治对策，这其中尤其重视风土人情，日本在实行法治的过程中，就特别注重保留婚姻法的规定，以适应民族心理与习俗。梅因曾将对过去法的新解读称为"法律拟制"，法治来到中国，也需要"法律拟制"过程，即进行中国化解读，形成本土化理论，培育中国法治公民。对于中国法治建设而言，应当采用平衡法治思维，注重法治与中国传统的融合，注重发扬近现代法治思想中的"核心"要义，形成中国人能理解和信服的平衡法治核心理论，实现我国民众向法治公民的转变。

法治公民的培育，离不开对中国实行法治的基础认识。中国法治的社会基础是国家社会一元化，文化基础是几千年的礼治儒学。费孝通先生早在20世纪90年代就提出："法治秩序的建立不能单靠制定若干法律条文和设立若干法庭，重要的还得看人民怎样去应用这些设备。更进一步，在社会思想观念上，还得先有一番改革。如果在这些方面不加以改革，单把法律和法庭推行下乡，结果法治秩序的好处未得，而破坏礼治秩序的弊病却已发生了。"培育全民规则意识与平等意识是建立法治秩序的思想前提。

法治思想中的核心要义之一是"规则意识"。什么是规则意识？规则，就是规矩和法则。用费孝通先生的话来讲"规矩是习出来的礼俗"，是我国几千年的"礼治"内化而成的习俗。所以，我国的规则应当做广义解释，既包括国家的制定法，又要包括善良习俗与社会组织确立的规则。这些需要国家认可，体现在生活中、行为中、每一桩事件中。违背规则，将被视为"无赖"，不仅被轻视，而且要承担法律责任。既然规则包含国家的制定法、乡规民约、社会组织立法等软法。这里就引发另一个问题，规则怎样实现统一？其实质是以谁为标准、向谁看齐的问题。规则向国家法律看齐，还是向习俗看齐？马克思曾提到，"法只表明和记载经济关系的要求而已，法从来都无法向经济关系发号施令"。[①]"立法者应该把自己看作一个自然科学家。他不是在创造法律，不是在发明法律，而仅仅是在表述法律"。[②] 萨维尼亦曾说过：立法的任务在于找出民族的"共同信念"与"共同意识"，经由立法形式妥善保存与承认，立法可以发现并记载这一切，但却决然不可能凭空制造出这一切，那种希望制定一个详尽无遗的法律制度，创制出一个崭新秩序的企图，只会摧残现实，增加现实的不确定性，最终使得法律缺失规范人事、服务人世的功用与价值。很显然，习俗是反映人们生活的，而法律面对生活，它只能是记录，而不能是创造那样就不会出现又出汗又流泪的一幕幕了。所以，制定法中要尊重并体现人们的善良风俗。另一个核心法治思想是"平等"。现代规则意识的培育离不开平等意识，没有相互尊重、平等对话，就没有公平的规则可言。官民之间，民民之间，都需要相互尊重。我国两千年封建社会的最大特点就是礼法不分，不仅内容不分，德主刑辅，而且一个严重的问题就是礼治在政治与伦理领域一同发挥作用而不加以区分。在"家国同构"的思想下，家中的孝，异化为国中的父母官，"官本位"思想根

---

① 《马克思恩格斯全集》第 4 卷，人民出版社 2006 年版，第 121—122 页。
② 《马克思恩格斯全集》第 1 卷，人民出版社 2006 年版，第 347 页。

深蒂固。我国法治的平等，应当主要针对政治生活领域，主要是去除"官本位"流弊，倡导官民平等思想。在家庭伦理方面，尊老爱幼是中华民族传统美德，不可摒弃。

运用平衡法治理论与平衡法治思维，从内容到方法对法治进行中国化解读与适用。中国法治思想突出权利义务相统一，符合中华民族的义利观，法治规则要同时做到既发扬法治的精髓又尊重社会的道德习俗，表达中华民族的共同意志和民族精神，法治实践既尊重中国文化传统，又智慧地运用法治先进思想启发民智，实现国民向现代法治公民的转变，变得智慧而不浮躁，和睦而不无知，成为法治社会发展的内在支撑。

七、法治教育滋养平衡

法治教育有广义与狭义之分。从狭义上讲，法治教育是指对于特定涉法职业从业者及预备从业者的教育，狭义的法治教育更加注重法律思维和法律技能的培养；从广义上讲，法治教育是对全体社会成员法治观念、法律意识的教化与强化、宣扬与统一。在我国，广义的法治教育由社会法治教育和普通法学教育两部分组成。《中共中央关于全面推进依法治国若干重大问题的决定》对在法治教育领域弘扬社会主义法治精神的要求可以概括为三个方面，即营造全民守法特别是领导干部带头守法的社会氛围；牢固树立权力与责任、权利与义务相平衡的观念；处理好法与其他社会规范之间的平衡关系。我国当前的法治教育在这三对关系的处理上出现了失衡：法治教育效果在干部教育与群众教育上的失衡，普法内容在权利与义务上的失衡以及在法治教育内容上的法律知识教育与法律意识培育失衡。从平衡法的视角来看，弘扬法治精神、发展法治教育事业就要抓住平衡法治教育的关键少数——坚持将领导干部作为法治教育的重心，注重平衡法治教育的效果反馈；凝聚法律共同体平衡法治共识——实现权利与义务的平衡；系统推进学校的平衡法治教育——注重法律知识教育与法律意识培育并重；营造平衡法治教育的社会氛围——处理好法与其他社会规范的平衡关系。

（一）抓住平衡法治教育的关键少数

我国的法治教育有社会法治教育和普通法学教育两种形式，其中社会法治教育的主要形式表现为从 1986 年开始一直延续到今天（"七五普法"）的普法活动。从"一五普法"到"七五普法"，我国的历次普法活动都以领导干部作为重要对象，经过近三十年的法治教育，党政官员的法律意识和法治观念都应得到提高，在遵法守法、依法办事上成为民之表率并得到广大社会群众的认可。但根据最高人民检察院的统计，自 2000 年至 2009 年，我国党政部门的各级官员中因为贪腐渎职等违法犯罪而被查处的人员情况分别为：因职务犯罪被立案侦查的县处级干部 2680 人（2000 年），涉嫌犯罪的党政领导机关、行政执法机关、司法机关和经济管理部门具有县处级以上干部身份的 2670 人（2001 年），涉嫌犯罪的县处级以上干部 12830 人（2002 年），涉嫌犯罪的县处级以上领导干部 2728 人（2003 年），涉嫌犯罪的县处级以上国家工作人员 2960 人（2004 年），涉嫌犯罪的县处级以上国家工作人员 2799 人（2005 年），涉嫌职务犯罪的县处级以上国家工作人员 2736 人（2006 年），涉嫌犯罪的县处级以上国家工作人员 2706 人（2007 年），涉嫌犯罪的县处级以上国家工作人员 2687 人（2008 年），涉嫌犯罪的县处级以上国家工作人员 2670 人（2009 年）。2013 年，立案侦查贪污、贿赂、挪用公款 100 万元以上的案件 2581 件，涉嫌犯罪的县处级以上国家工作人员 2871 人，其中厅局级 253 人、省部级 8 人；[1]2014 年，查办各类职务犯罪案件 41487 件 55101 人，人数同比上升 7.4%，查办贪污、贿赂、挪用公款 100 万元以上的案件 3664 件，同比上升 42%，查办涉嫌犯罪的原县处级以上国家工作人员 4040 人，同比上升 40.7%，其中原厅局级以上干部 589 人，查办受贿犯罪 14062 人，查办国家机关工作人员渎职侵权犯罪 13864 人，同比上升 6.1%，其中行政执法人员 6067 人、司法人员 1771 人。[2] 根据最高

---

[1] 资料来源于最高人民检察院检察长 2014 年 3 月 10 日在第十二届全国人民代表大会第二次会议上所作的最高人民检察院工作报告。

[2] 资料来源于最高人民检察院检察长 2015 年 3 月 12 日在第十二届全国人民代表大会第三次会议上所作的最高人民检察院工作报告。

人民检察院第一季度查办职务犯罪工作情况的通报，2015 年 1 至 3 月，全国检察机关共查办涉嫌贪污贿赂犯罪的国家机关工作人员 2573 人，占立案总人数的 26.7%；立案查处县处级以上要案 907 人。从最高人民检察院的上述统计数据来看，我国中级以上的党政领导干部在职务犯罪上的比例并未因连续近三十年的普法教育而降低，尽管历次的普法都将党政领导干部作为重点，但实践证明普法对党政领导干部的法治教育并未取得理想的效果。

在我国以普法形式展开的社会法治教育中，除了将党政领导干部作为普法对象的关键少数之外，还将范围扩大到了全体公民。有学者认为，经过近三十的普法，我国公民的法律意识和法治观念确实都有了很大程度的提高，这不仅体现在《行政诉讼法》颁布实施之后我国公民提起的行政诉讼案件的数量在逐年增长，而且还显著地体现在我国公民自我维权案件数量的大量增加。[①]"纵观中国数千年的文明史，法律知识从来都没有像今天这样普及过。从法律宣传、法律出版、法学教育等各个方面来看，都可以说，中国国家主导的法律普及工作达到了史无前例的程度。"[②]不可否认，三十多年的普法运动普及了基本的法律知识，提升了我国公民的法律意识水平。

总之，从作为社会法治教育的普法活动的社会效果来看，尽管历次普法活动都以领导干部作为重点，但普法效果并不理想。作为法治教育对象中的关键少数，领导干部的法律意识与法治观念及其学法、守法和用法的情况直接影响我国法律实施的社会效果，因此，根据《中共中央关于全面推进依法治国若干重大问题的决定》的要求，我国接下来要继续开展的普法活动仍应坚持把领导干部带头学法、模范守法作为树立法治意识的关键，以领导干部带头学法、模范守法带动全社会学法、守法的氛围，同时注重完善国家工作人员学法用法制度，将宪法和法律的学习列为各党校、行政学院、干部学院、社会主义学院的必修课，实现领导干部学法用法的制度化；把宪法法律列入党委（党组）中心组学习内容，使领导干部对宪法、法律的学习形成常态化。

---

① 参见姚建宗：《当代中国的法治教育反思》，《大庆师范学院学报》2011 年第 4 期。
② 卓泽渊：《中国"普法"二十年笔谈》，《探索》2006 年第 1 期。

（二）凝聚社会公众的平衡法治共识

法的平衡的核心是权利与义务的平衡，在法治教育领域弘扬权利与义务的平衡及并重应成为法律共同体的平衡法治共识。上文所提及的行政诉讼案件数量逐年增长、公民自我维权案件数量的增加及大量上访案件的出现折射出了我国社会法治教育及普法活动存在的另一问题：在普法内容上权利与义务严重失衡。

一方面，我国的普法活动在内容上重义务轻权利。"普法就其最一般的目的而言，主要是为了应对由于民众不知法而导致不守法的状况发生。因此，为了使民众遵守法律，实现国家的秩序治理，当然的选择就是通过普法来实现。"[①] 在这样一种思路支配之下的普法活动必然重视义务教育而轻视权利教育。

另一方面，随着经济的发展，普通社会主体拥有的私有财产越来越多，要求用法律保护个人合法私有财产的法律意识也在不断增强，再加上学术界权利本位论占据主流地位，社会各领域的权利意识不断高涨。然而，许多人都对"权利本位"持有偏激化的理解，甚至将其同等于鼓励追求"个人利益最大化"的"法律意识"。这种普遍存在的误解，助推了权利与义务的失衡，对于人民内部矛盾、群体性事件、非法上访等有损社会秩序与稳定的情况，只会起到推波助澜的负面作用。[②]

可见，权利教育与义务教育失衡是我国法治教育存在的另一个问题。一方面，权利教育程度不够且缺乏针对性，不足以应对市场经济对个人逐利本性的激发，也未能培养民众形成清晰的"权利不等于利益"的观念；与此同时，义务教育仍然不足，在法治状态下，无论是普通公民还是行使公权力的国家工作人员，都既是权利（职权）的行使者，同时又是义务（职责）的承担者。针对国家工作人员职务犯罪率居高不下、普通群众权利意识不足、责任意识缺失的现状，应在坚持权利本位注重权利行使、肯定权利保障之基本

---

① 卢刚：《新时期中国普法问题研究》，博士学位论文，吉林大学，2014 年。

② 参见贺电、马楠：《当代中国法哲学研究范式的新发展——从权利本位范式到平衡范式》，《社会科学战线》2014 年第 1 期。

思路的基础上，确立、发展与弘扬权利、义务领域的平衡关系，厘清权利与义务的应然关系，倡导权利与义务并重，使权利、义务相统一的观念成为法律共同体乃至社会公众的平衡法治之共识。权利与义务的平衡关系符合中国特色社会主义文化的内在要求。中国特色社会主义文化建设以培育"四有"（有理想、有道德、有文化、有纪律）公民为目标，无论是理想、道德，还是文化、纪律，都是建立在作为法学基础和核心概念的权利与义务的平衡关系之上的，作为社会主义的公民必须同时具备权利意识与义务（责任）观念，意识到法律赋予自己的各种权利并能明确地认识到权利的正当性、可行性及权利的界限，在法定范围内主动追求、行使和捍卫自己的权利。意识到自己对他人、社会和国家负有公民的义务和责任，一方面要承担起自己的法定义务与道德义务，尽己所能地为他人、社会和国家作出应有的贡献，另一方面要对自己的选择负责，不逃避和推卸由于自己过错导致的法律责任和道德责任。[①]

（三）系统推进学校的平衡法治教育

目前，我国的法治教育课程仅在高等教育阶段开设。普通高校的法学教育是当代中国社会法治教育的重要组成部分，也是社会法治教育的重要基础。改革开放以来，我国的普通法学教育蓬勃发展、速度惊人。截止到 2011 年我国已有 634 所法律院系，每年法律本科专业的招生人数高达数万人，各种类型的法学法律硕士研究生以及法学博士研究生招生人数都居高不下。[②] 在非法学专业的高等教育中，1987 年高校开设《法律基础》课程，课程性质为公共必修课，2005 年将《思想道德修养》和《法律基础》两门课程合为一门课程《思想道德修养与法律基础》。另外，《中共中央关于全面推进依法治国若干重大问题的决定》提出要把法治教育纳入国民教育体系，从青少年抓起，在中小学设立法治知识课程，这将使学校的法治教育

---

① 对权利意识与义务（责任）观念的详尽论述参见张文显主编《法理学》（高等教育出版社、北京大学出版社 2011 年版，第 12 页）。

② 姚建宗：《当代中国的法治教育反思》，《大庆师范学院学报》2011 年第 4 期。

更加系统化。

（四）营造平衡法治教育的社会氛围

我国法治教育在内容上以法律知识的教育为主，欠缺法律意识与法律信仰的培育。"从'一五'普法到'七五'普法，一以贯之的目标是在社会民众中普及法律常识，从'一法十条例'到法律'六进'无不体现着普法者这一以贯之的努力。其背后的理由则很简单：我国由于大规模的法律移植从而导致民众对法律的不熟悉，面对陌生的法律无所适从，从而使得法律的目标无法实现。因此，通过法律知识的普及，使得民众知法而后守法。"[①] 然而，"知法"与"守法"之间并不存在必然的因果关系，"守法"也并非是"知法"的必然后果，因"知法"出于惧怕法律的制裁而选择守法只是社会主体众多守法的原因之一。任何社会都无法避免出于对法律成本的计算而选择违法的情形出现，将守法由法律强制转换为民众自觉遵守仅靠法律知识的教育是远远不够的，正如姚建宗教授指出的："我国进行的包括社会法治教育的各种形式在内的法学教育，都普遍地特别重视了法学和法律方面的知识灌输，而缺乏对受教育者特别是法律人的人文素养与法律职业素养的培育，应该说我国社会不仅一般公众而且党政官员甚至是接受过专门法学与法律教育且获得了各种层次的法律学位的法律人，都普遍地缺乏公民意识。这是我国法学和法律教育，当然也包括一般的社会法治教育，完全忽视现代政治道德与法律道德教育的结果和反映。"[②] 我国的法治教育在内容上应从单一的法律知识教育转向法律知识教育与法律意识和法律信仰培育并重，同时加强社会诚信建设与公民道德建设。

1.加强法律意识与法律信仰的培育

法律意识是一个具有丰富内涵的概念，包括主体意识、权利意识、参与

---

① 卢刚：《新时期中国普法问题研究》，博士学位论文，吉林大学，2014 年。

② 姚建宗：《当代中国的法治教育反思》，《大庆师范学院学报》2011 年第 4 期。

意识、平等意识、义务观念等方面①。从平衡法的角度来看，加强对公民法律意识的培养不能单纯强调其中一个方面，而应注重在内容上的全面性，特别是注重权利意识与义务观念的平衡。有关权利与义务的平衡上文已有详细论述，这里不再重复。

中共十八届四中全会上通过的《中共中央关于全面推进依法治国若干重大问题的决定》第一次提出了"信仰"的说法，即"法律的权威源自人民的内心拥护和真诚信仰"，除此之外，类似"使全体人民都成为社会主义法治的忠实崇尚者、自觉遵守者、坚定捍卫者"，"使尊法守法成为全体人民共同追求和自觉行动"等都是"法律信仰"这一概念内涵的不同表达。在我国，自1991年《法律与宗教》中译本在中国大陆出版后，法律信仰问题便成为中国法学界争相讨论的对象，至今依然是学界热点之一。以许章润为代表的一批学者力图建构中国人的法律信仰，探讨法律信仰的中国语境及其意义②；但与此同时，另一批学者认为，伯尔曼所谓的"法律信仰"有其自身存在的土壤，中国既无宗教传统，也无法律传统，"法律信仰"只能是人们的美好幻想③；另有学者提出，在具有特定历史背景和特殊国情的中国，"法律信仰"一词有其独特的内涵，"法律信仰"的对象是法的价值而非具体的法条④，在此基础上，要树立法律的权威、使尊法守法成为全体人民的共同追求和自觉行动就要准确定位社会主义法所追求的基本价值，弘扬富强、民主、文明、和谐、自由、平等、公正、法治、爱国、敬业、诚信、友善的社会主义核心价值观，使法所追求的基本价值与上述国家层面、社会层面及公民个人层面的核心价值观的内容保持一致。

---

① 参见张文显主编：《法理学》，高等教育出版社、北京大学出版社2011年版，第12—13页。

② 参见许章润等：《法律信仰——中国语境及其意义》，广西师范大学出版社2003年版。

③ 参见张雷：《法律信仰理论争鸣与中国法律史学教研旨趣转捩》，《湖北大学学报》2012年第3期。

④ 张雷：《法律信仰理论争鸣与中国法律史学教研旨趣转捩》，《湖北大学学报》2012年第3期。

2.加强社会诚信建设与公民道德建设

根据《中共中央关于全面推进依法治国若干重大问题的决定》的要求，弘扬社会主义法治精神，推动在全社会树立法治意识，必须牢固树立有权力就有责任、有权利就有义务观念；加强社会诚信建设，健全公民和组织守法信用记录，完善守法诚信褒奖机制和违法失信行为惩戒机制，使尊法守法成为全体人民共同追求和自觉行动。加强公民道德建设，弘扬中华优秀传统文化，增强法治的道德底蕴，强化规则意识，倡导契约精神，弘扬公序良俗。发挥法治在解决道德领域突出问题中的作用，引导人们自觉履行法定义务、社会责任、家庭责任。

在我国的法治教育中，法律意识的培育与加强社会诚信建设及公民道德建设是分不开的，因为法律只是上层建筑的一部分，也只是社会的调控手段之一，除了法律之外，道德、习俗、宗教、村规民约等既对人的行为起着重要的调整与规范作用，同时也影响着法律的实施。其中，道德规范对法律的实施及个人法律意识的影响更为深远和巨大，法律往往把维持社会政治、经济、文化正常运行和发展的基本道德规范纳入法律的范围之内，因此法律是最低限度的道德。社会诚信建设是公民道德建设的一环，社会主义法治教育需要良好的道德基础。从逻辑上来说，加强公民道德建设有利于提高本国公民的道德水平，若是个人的道德水平能达到甚至超过最低限度的道德标准（即法律），那么守法问题自然就迎刃而解了。同样作为社会规范，道德与法律不同，法律的调整是借助于权利与义务两种调整机制来实现的，而道德规范对社会关系的调整以设定义务为主。在"权利缺失与权利泛化并存、权利缺失与义务缺失并存、权利与义务严重失衡的社会背景下"[1]，发挥道德规范的调整作用，加强社会诚信建设和道德建设对于匡正权利与义务的失衡关系意义重大。

---

① 贺电、马楠：《当代中国法哲学研究范式的新发展——从权利本位范式到平衡范式》，《社会科学战线》2014 年第 1 期。

八、法治队伍奠基平衡

《中共中央关于全面推进依法治国若干重大问题的决定》指出："全面推进依法治国，必须大力提高法治工作队伍思想政治素质、业务工作能力、职业道德水准，着力建设一支忠于党、忠于国家、忠于人民、忠于法律的社会主义法治工作队伍，为加快建设社会主义法治国家提供强有力的组织和人才保障。"法治工作队伍是一支从事立法、执法、司法、法律服务、涉外法律事务、法学教育、法学研究的法治建设力量，是崇尚法治精神、坚持法治理念、具有扎实法治理论功底、养成法治思维习惯、坚守法治原则、履行法治职能、恪守法律底线、捍卫法治权威、弘扬法治文化、凝聚法治共识、传播"法治中国"声音、为党和人民所信赖、社会公众所认同的职业共同体，可以说队伍建设是实现平衡法治的基础。

（一）突出法治队伍价值

社会主义法治工作队伍是加快建设中国特色社会主义法治体系、建设社会主义法治国家强有力的法治智识资源、人力资源以及法治组织保障与人才保障。建设一支高素质的法治工作队伍是实现平衡法治的智识基础与人力保障。

法治队伍是保障司法公正和法律权威的根本。从立法到执法都需要最终落实到法治人才以及执法、司法队伍中。可以说，法治队伍的理念和行为，决定了法治的平衡与质量，维护着社会利益的公平分配，维护着资源流转的正常秩序。面对目前错综复杂的社会问题，法治队伍的工作压力、心理压力以及肩上的责任都空前加大了，而与之相辅相成的权益保障、社会尊重却与工作内容和压力不相适应，而比起个人的荣辱得失，整个社会的法治意识不强，以及法治权威的下降，更是形成了法治队伍实现其自身职能的瓶颈。所以，突出法治队伍价值的根本，一方面要加强法治队伍人员、物质的保障，另一方面，更要从根本上提升法治及法治人才的地位，以平衡法治思想来解决现实问题，召唤民众的守法意识，维护法律的权威。

（二）突破法治队伍体制制约

法治队伍是维护社会公正的基石，基于社会转型期的现实，以及政府社会管理的需要，法治队伍的充实必不可少。但长期以来由于法治队伍的特殊职能，政府在法治队伍的管理上一直沿用体制内的管理方法，管理方式严谨甚至机械，没有建立起有进有出的竞争机制，在人才选用上的受编制制约的情况比较严重。所以，为了加强法治队伍的活力，更好地实现法治队伍的社会价值，突破法治队伍的体制制约，就显得尤为重要了。

首先，在加强政治思想考核的前提下，突破人员选用的编制障碍，突破人员提拔的体制制约，唯才是举，唯能力是举。其次，加强法治队伍的职业化建设，不宜以职位的晋升作为收入提升的唯一机会，培养专家型人才。最后，要从队伍建设上加强立法、执法、司法部门之间的互动，为人才的交流和培养提供制度上的保障，建立长效机制。总之，职业化、竞争型的法治队伍，才更适应市场经济的发展，为解决转型期的社会矛盾提供有效的法治支持。

（三）加强法治队伍职业化建设

法治工作塑造了经济社会运行的重要标准，是维护社会公正稳定的重要基石，其科学性、严谨性不言而喻。因此立法、执法过程中正规化、专业化和职业化程度越高，越能够维护法治的权威、社会的稳定。推进法治专门队伍的正规化、专业化与职业化建设，提高职业素养和专业水平势在必行。目前，为加强法治队伍正规化、专门化和职业化，政府主要有五大举措：一是健全国家统一法律执业资格考试制度。二是建立法律职业人员统一职前培训制度。三是探索建立法律职业从业者之间良性互动和开放的人才吸纳机制，从符合条件的律师、法学专家中招录立法工作者、法官、检察官。四是畅通立法、执法、司法部门干部和人才相互之间的交流渠道。五是加快建立符合职业特点的法治工作人员管理制度。这五个方面的工作相辅相成，有利于法治队伍职业化的发展，有利于法治队伍素质的提升，同时为保障法治人才的输送与培养、保障法治队伍的待遇提供了极大的支持。

（四）创新法治人才培养机制

《中共中央关于全面推进依法治国若干重大问题的决定》指出："坚持用马克思主义法学思想和中国特色社会主义法治理论全方位占领高校、科研机构法学教育和法学研究阵地，加强法学基础理论研究，形成完善的中国特色社会主义法学理论体系、学科体系、课程体系，组织编写和全面采用国家统一的法律类专业核心教材，纳入司法考试必考范围。坚持立德树人、德育为先导向，推动中国特色社会主义法治理论进教材进课堂进头脑，培养造就熟悉和坚持中国特色社会主义法治体系的法治人才及后备力量。建设通晓国际法律规则、善于处理涉外法律事务的涉外法治人才队伍。健全政法部门和法学院校、法学研究机构人员双向交流机制，实施高校和法治工作部门人员互聘计划，重点打造一支政治立场坚定、理论功底深厚、熟悉中国国情的高水平法学家和专家团队，建设高素质学术带头人、骨干教师、专兼职教师队伍。"创新法治人才培养机制应注意把握以下三个方面的内容：法治理论与法治实践的平衡、熟悉国内法的法治人才与涉外法治人才建设的平衡以及政治立场坚定、理论功底深厚与熟悉中国国情相平衡的法学家与法学教师队伍的培养。

（五）保障法治队伍权益

立法、执法和司法部门作为平抑社会矛盾、维护社会稳定的重要部门，其权益的保障对法治队伍职能的行使格外重要。

法治队伍的权益，既包括法治队伍行使职能的权力，也包括法治队伍权力的保障以及法治队伍的收入和福利保障。法治队伍的工作伴随着一定的艰苦性和危险性。特别面对当前国际国内形势严峻复杂，人民群众的期待和要求不断增长，法治队伍的工作要求不断提高的现实情况，其权益的保障也应与不断增长的工作内容相适应。法治队伍既是国家法律执行者，也是国家法律尊严的捍卫者，然而受法治环境和社会发展的制约，法治队伍的工作人员常常遭到不实投诉甚至是诬陷、诬告，等等。面对这样的问题，在排除法治队伍工作人员的违法、违规行为的前提下，要做好舆论引导，保障维护法治队伍的法治权威，从而消除法治队伍工作人员心理顾忌，公正维护法律的尊严和社会正气。

除此之外，还要建立与工作强度相匹配的合理薪酬制度。随着经济社会的快速发展、法治工作量的骤增和法治责任的增长，法治工作者长期超负荷工作已经成为一种常态。而在市场经济条件下，单方面强调"甘于奉献"，并不具有普遍意义，过低的收入及社会保障显然不利于调动法治队伍的积极性，甚至可能造成权力的滥用。因此，必须建立一套与工作强度相匹配、与绩效考核相挂钩的合理薪酬制度，为法治工作者提供物质生活保障，并形成有效的激励。

参考文献

中文专著

[1]《马克思恩格斯全集》第 1 卷，人民出版社 1956 年版。

[2]《马克思恩格斯选集》第 4 卷，人民出版社 1972 年版。

[3]《列宁全集》第 36 卷，人民出版社 1959 年版。

[4]《邓小平文选》第三卷，人民出版社 1993 年版。

[5]《马克思恩格斯选集》第 2 卷，人民出版社 1995 年版。

[6]《毛泽东文集》第七卷，人民出版社 1999 年版。

[7] 于海：《西方社会思想史》，复旦大学出版社 1993 年版。

[8] 郑杭生：《社会学概论新修》，中国人民大学出版社 1994 年版。

[9] 杨光斌：《政治学原理》，中国人民大学出版社 1998 年版。

[10] 王伟光：《利益论》，人民出版社 2001 年版。

[11] 杨心宇：《法理学研究：基础与前沿》，复旦大学出版社 2002 年版。

[12] 孙立平：《断裂——20 世纪 90 年代以来的中国社会》，社会科学文献出版社 2003 年版。

[13] 许章润等：《法律信仰：中国语境及其意义》，广西师范大学出版社 2003 年版

[14] 张文显：《法哲学范畴研究》，中国政法大学出版社 2003 年版。

[15] 孙立平：《转型与断裂：改革以来中国社会结构的变迁》，清华大学出版社 2004 年版。

[16] 杨海坤：《宪法基本权利新论》，北京大学出版社 2004 年版。

[17] 公丕祥：《法制现代化的挑战》，武汉大学出版社 2006 年版。

[18] 苏力：《中国司法中的政党》，载《法律和社会科学》（第一卷），法律出版

社 2006 年版。

　　[19] 卓泽渊：《法的价值论》（第二版），法律出版社 2006 年版。

　　[20] 邓正来：《国家与社会：中国市民社会研究》，北京大学出版社 2008 年版。

　　[21] 邓子滨：《中国实质刑法观批判》，法律出版社 2009 年版。

　　[22] 卢汉龙：《新中国社会管理体制研究》，上海人民出版社 2009 年版。

　　[23] 强世功：《惩罚与法治：当代法治的兴起（1976—1981）》，法律出版社 2009 年版。

　　[24] 李强：《当代中国社会分层：测量与分析》，北京师范大学出版社 2010 年版。

　　[25] 王伟光、罗豪才等：《行政法平衡理论讲演录》，北京大学出版社 2011 年版。

　　[26] 张文显主编：《法理学》（第四版），高等教育出版社、北京大学出版社 2011 年版。

　　[27] 季卫东：《大变局下的法治思考》，北京大学出版社 2013 年版。

　　[28] 梁上上：《利益衡量论》，法律出版社 2013 年版。

　　[29] 江必新：《领导干部的法治思维与法治方式》，中国法制出版社 2014 年版。

　　[30] 刘哲昕：《法治才是硬道理——从法治思维到命运共同体》，法律出版社 2015 年版。

中文译著

　　[1]　[苏] 尼·布哈林：《历史唯物主义理论》，何国贤、李光谟等译，人民出版社 1983 年版。

　　[2]　[法] 佩鲁：《新发展观》，张宁等译，华夏出版社 1987 年版。

　　[3]　[美] 彼德·布劳：《社会生活中的交换与权力》，李国武译，华夏出版社 1988 年版。

　　[4]　[美] 塞缪尔·P. 亨廷顿：《变化社会中的政治秩序》，王冠华、刘为等译，生活·读书·新知三联书店 1989 版。

　　[5]　[美] L. 科塞：《社会冲突的功能》，孙立平等译，华夏出版社 1989 年版。

　　[6]　[美] 伯尔曼：《法律与宗教》，梁治平译，生活·读书·新知三联书店 1991 年版。

　　[7]　[日] 兼子一：《程序的正义与诉讼》，竹下守夫、白绿铉译，法律出版社

1995 年版。

　　[8]［英］哈特:《法律的概念》，张文显等译，中国大百科全书出版社 1996
年版。

　　[9]［美］庞德:《社会利益概论》，郑哲民译，巨流图书公司 1996 年版。

　　[10]［英］威廉·韦德:《行政法》，楚建译，中国大百科全书出版社 1997 年版。

　　[11]［美］保罗·萨缪尔森、威廉·诺德豪斯:《经济学》（第十六版），萧探等
译，华夏出版社 1999 年版。

　　[12]［英］汤林森:《文化帝国主义》，冯建三译，上海人民出版社 1999 年版。

　　[13]［美］查尔斯·霍顿·库利:《人类本性与社会秩序》，包凡一、王源译，
华夏出版社 1999 年版。

　　[14]［法］埃米尔·涂尔干:《社会分工论》，渠东译，生活·读书·新知三联
书店 2000 年版。

　　[15]［德］阿图尔·考夫曼:《后现代法哲学—告别演讲》，米健译，法律出版
社 2000 年版。

　　[16]［美］欧文·拉兹落编:《多种文化的星球——联合国教科文组织国际专家
小组的报告》，戴侃等译，社会科学文献出版社 2001 年版。

　　[17]［德］尤尔根·哈贝马斯:《包容他者》，曹卫东译，上海人民出版社 2002
年版。

　　[18]［法］塞奇·莫斯科维奇:《群氓的时代》，许列民等译，江苏人民出版社
2003 年版。

　　[19]［美］H.J.伯尔曼:《法律与宗教》，梁治平译，中国政法大学出版社 2003
年版。

　　[20]［美］罗伯特·C.埃里克森:《无需法律的秩序》，苏力译，中国政法大学
出版社 2003 年版。

　　[21]［美］托马斯·库恩:《必要的张力》，范岱年、纪树立等译，北京大学出
版社 2004 年版。

　　[22]［英］阿伦森:《社会性动物》，邢占军译，华东师范大学出版社 2007 年版。

　　[23]［美］尼尔·K.考默萨:《法律的限度——法治、权利的供给与需求》，申
卫星、王琦译，商务印书馆 2007 年版。

　　[24]［美］詹姆斯·汉林斯:《社会学入门》（第 7 版），北京大学出版社 2007
年版。

　　[25]［英］亚当·斯密:《道德情操论》，蒋自强等译，商务印书馆 2009 年版。

[26] ［丹麦］哥斯塔·埃斯平·安德森：《福利资本主义的三个世界》，苗正民、滕玉英译，商务印书馆 2010 年版。

[27] ［德］尼可拉斯·卢曼：《法社会学》，宾凯、赵春燕译，上海人民出版社 2013 年版。

英文专著

[1] John Rawls，*A Theory of Justice*，Harvard University Press，1971.

[2] Frank M. Andrews，Stephen B. Withey，*Social Indicators of Well-Being: Americans'Perceptions of Life Quality*，Zed. New York:Plenum Press，1978.

[3] F.A.Hayek，*Law*，*Legislation and Liberty*，Vol.2，London: Routledge & KeganPaul，1982.

[4] Claus Offe，*Contradictions of the Welfare State*，London: Hutchinson& Co.（Publishers）Ltd.，1984.

[5] Janoski T.，*Citizenship and Cicil Society:A Framework of Rights and Obligations Inliberal*，*Traditional and Social Democratic Regiems*，Cambrige: Cambrige University Press，1998.

中文论文

[1] 秦麟征：《关于美国的社会指标运动》，《国外社会科学》1983 年第 2 期。

[2] 吴忠民：《社会运转与畸形》，《社会科学家》1991 年第 6 期。

[3] 吴元梁：《论社会整体性》，《哲学研究》1993 年第 3 期。

[4] 罗桂芬、白南风、仇雨临：《社会心理承受力的深层分析》，《社会学研究》1994 年第 4 期。

[5] 马新福：《社会主义法治必须弘扬契约精神》，《中国法学》1995 年第 1 期。

[6] 胡皓、楼慧心：《从自组织理论看改革、发展和稳定的协合》，《社会科学》1995 年第 11 期。

[7] 郝铁川：《论良性违宪》，《法学研究》1996 年第 4 期。

[8] 党志全、袁剑英：《改革进程中利益失衡与法律调整》，《浙江省政法管理干部学院学报》1998 年第 3 期。

[9] 姚建宗：《生活的场景与法治的向度》，《吉林大学社会科学学报》2000 年第 1 期。

［10］ 李雪沣、范辉清：《法治运行的理性思考》，《求是学刊》2000 年第 2 期。

［11］ 白建军：《论法律实证分析》，《中国法学》2000 年第 4 期。

［12］ 鲍宗豪、李振：《社会控制模式：理论与现实的选择》，《上海行政学院学报》2000 年第 4 期。

［13］ 郑成良：《论法治理念与法律思维》，《吉林大学社会科学学报》2000 年第 4 期。

［14］ 童之伟：《权利本位说再评议》，《中国法学》2000 年第 6 期。

［15］ 高兆明：《论社会转型中的道德信仰危机》，《浙江社会科学》2001 年第 1 期。

［16］ 张文显、于宁：《当代中国法哲学研究范式的转换——从阶级斗争范式到权利本位范式》，《中国法学》2001 年第 1 期。

［17］ 杜宴林：《现代化过程中的中国法治——方法论的检讨与重整》，《法制与社会发展》2001 年第 6 期。

［18］ 张康之：《论政府的社会秩序供给》，《东南学术》2001 年第 6 期。

［19］ 孙立平：《我们在开始面对一个断裂的社会？》，《战略管理》2002 年第 2 期。

［20］ 李步云、柳志伟：《司法独立的几个问题》，《法学研究》2002 年第 3 期。

［21］ 王绍光、胡鞍钢、丁元竹：《经济繁荣背后的社会不稳定》，《战略与管理》2002 年第 3 期。

［22］ 牛慧娟、洪明：《中产阶级与政治稳定》，《武汉大学学报（社会科学版）》2003 年第 1 期。

［23］ 谌洪果：《规则思维：一种思维方式上的探讨》，《法律科学》2003 年第 2 期。

［24］ 贾西津：《中国公民社会发育的三条路径》，《中国行政管理》2003 年第 3 期。

［25］ 王宏维：《信仰危机·信仰对象·信仰方式》，《华南师范大学学报（社会科学版）》2003 年第 4 期。

［26］ 叶传星：《法治的社会功能》，《法律科学（西北政法学院学报）》2003 年第 5 期。

［27］ 张智辉：《法律监督三辨析》，《中国法学》2003 年第 5 期。

［28］ 汪习根、汪火良：《论政治文明建设的法治化》，《法律科学（西北政法学院学报）》2004 年第 6 期。

［29］ 秦强、王文娟：《市民社会、契约精神与法治建设》，《行政与法》2004 年第 6 期。

［30］ 邴正、钟贤巍：《从社会发展理论看构建和谐社会》，《学习与探索》2005 年第 1 期。

[31] 房文翠：《关于规则思维方式独特性的内在考察》，《学习与探索》2005 年第 1 期。

[32] 钱大军、宋双：《论法律义务冲突的构成要件与产生原因》，《社会科学战线》2005 年第 2 期。

[33] 蒋京议：《在调整利益结构中构建和谐社会》，《长白学刊》2005 年第 3 期。

[34] 乌杰：《系统科学方法论与科学发展观》，《系统辩证学学报》2005 年第 3 期。

[35] 徐显明、宋云峰：《试论实现法治目标的三大基本条件》，《当代世界社会主义问题》2005 年第 4 期。

[36] 左亚文：《论马克思主义中国化第二次飞跃——理论逻辑和历史逻辑的内在契合》，《武汉大学学报（人文科学版）》2005 年第 6 期。

[37] 司马俊莲：《法与和谐社会关系论》，《湖北社会科学》2005 年第 12 期。

[38] 张维平、裴世军：《危机与我国社会危机的特点及分析》，《北京工业大学学报（社会科学版)》2006 年第 2 期。

[39] 史际春、肖竹：《论分权、法治的宏观调控》，《中国法学》2006 年第 4 期。

[40] 郭于华：《转型社会学的新议程——孙立平"社会断裂三部曲"的社会学述评》，《社会学研究》2006 年第 6 期。

[41] 曾天雄：《布哈林平衡论的哲学思想研究（上)》，《湘南学院学报》2006 年第 6 期。

[42] 张文显：《加强法治，促进和谐——论法治在构建社会主义和谐社会中的地位和作用》，《法制与社会发展》2007 年第 1 期。

[43] 周明侠：《当代中国社会控制模式转型与对策》，《社会科学战线》2007 年第 1 期。

[44] 郭道晖：《法治国家与法治社会、公民社会》，《政法论丛》2007 年第 5 期。

[45] 胡玉鸿：《和谐社会与利益平衡——法律上公共利益与个人利益关系之论证》，《学习与探索》2007 年第 6 期。

[46] 柯卫：《法治意识的社会功能分析》，《求索》2007 年第 7 期。

[47] 李步云：《中国法治历史进程的回顾与展望》，《法学》2007 年第 9 期。

[48] 金强一：《论开放社会的边界效应》，《东疆学刊》2008 年第 1 期。

[49] 白书祥：《合理的适度的收入差距与社会稳定的正相关探析》，《探索》2008 年第 2 期。

[50] 马长山：《法治的平衡取向与渐进主义法治道路》，《法学研究》2008 年第 4 期。

[51] 丁烈云：《危机管理中的社会秩序恢复与重建》，《华中师范大学学报（人文社会科学版)》2008 年第 5 期。

[52] 何士青：《通过法治迈向民生保障》，《政治与法律》2008 年第 5 期。

[53] 李强：《改革开放 30 年来中国社会分层结构的变迁》，《北京社会科学》2008 年第 5 期。

[54] 李拥军、郑智航：《从斗争到合作：权利实现的理念更新与方式转换》，《社会科学》2008 年第 10 期。

[55] 马长山：《非政府组织中的公民参与》，《求是学刊》2009 年第 1 期。

[56] 欧阳康、杜志章：《试析中国特色社会主义道路的结构特征》，《中国特色社会主义研究》2009 年第 2 期。

[57] 何士青：《保障和改善民生的法治向度》，《法学评论》2009 年第 3 期。

[58] 翟红芬：《发展权的历史演进》，《今日南国》2009 年第 3 期。

[59] 王绍光：《坚守方向、探索道路：中国社会主义实践六十年》，《中国社会科学》2009 年第 5 期。

[60] 郑永年：《国际发展格局中的中国模式》，《中国社会科学》2009 年第 5 期。

[61] 付子堂、常安：《民生法治论》，《中国法学》2009 年第 6 期。

[62] 郑功成：《维护生存权与底线公平的根本性制度保障》，《中国社会保障》2009 年第 9 期。

[63] 马骏：《经济、社会变迁与国家重建：改革以来的中国》，《公共行政评论》2010 年第 1 期。

[64] 薛军：《"民法—宪法"关系的演变与民法的转型——以欧洲近现代民法的发展轨迹为中心》，《中国法学》2010 年第 1 期。

[65] 胡鞍钢：《论新时期的"十大关系"》，《清华大学学报（哲学社会科学版)》2010 年第 2 期。

[66] 马长山：《民间组织兴起：转型期法治进程的新兴动力》，《求是学刊》2010 年第 5 期。

[67] 徐湘林：《转型危机与国家治理：中国的经验》，《经济社会体制比较》2010 年第 5 期。

[68] 清华大学社会学系社会发展研究课题组：《走向社会重建之路》，《民主与科学》2010 年第 6 期。

[69] 任剑涛：《党权、异地任职与中央控制》，《江苏社会科学》2010 年第 6 期。

[70] 王彩波：《优良的社会治理与相对的平等——日本经验的再思考》，《东北

亚论坛》2010 年第 6 期。

[71] 巩建华、郭万敏：《我国政治权力运行法治化探析》，《前沿》2010 年第 15 期。

[72] 关雁春：《中产阶级的培育与中国民主法治秩序的建构》，《前沿》2010 年第 22 期。

[73] 龚向和：《生存权概念的批判与重建》，《学习与探索》2011 年第 1 期。

[74] 谢雄伟、江伟松：《我国生命权制度的构建及其立法完善》，《武汉大学学报》2011 年第 1 期。

[75] 吴君槐：《国际劳动关系在转型期的不同变化及其对中国的启示》，《甘肃政法学院学报》2011 年第 3 期。

[76] 胡联合、胡鞍钢：《冲突的社会功能与群体性冲突事件的制度化治理》，《探索》2011 年第 4 期。

[77] 刘燕、万欣荣、李典娜：《社会转型的"制度陷阱"与中国选择》，《上海财经大学学报》2011 年第 4 期。

[78] 蒋立山：《法治改革的方法论问题》，《法制与社会发展》2011 年第 4 期。

[79] 魏建国：《全球化时代与法治范式的转换——从"民族国家"范式到"世界主义"范式》，《思想战线》2011 年第 5 期。

[80] 陈维达：《中国模式：利益结构调整与宏观经济调控》，《当代财经》2011 年第 7 期。

[81] 孙立平：《中国亟须社会重建》，《西部大开发》2011 年第 7 期。

[82] 黄文艺：《构建中国特色社会主义法律理论体系》，《社会科学战线》2011 年第 11 期。

[83] 徐湘林：《中国转型危机与国家治理：历史比较的视角》，《复旦政治学评论》，2011 年。

[84] 高虹：《协调利益关系与利益分配格局的经济学阐释》，《商业时代》2011 年第 24 期。

[85] 姚建宗：《法学研究及其思维方式的思想变革》，《中国社会科学》2012 年第 1 期。

[86] 王琳琳：《法学体系构建方法评析》，《净月学刊》2012 年创刊号。

[87] 贾玉娇：《社会建设：利益协调与有序社会》，《重庆大学学报（社会科学版)》2012 年第 4 期。

[88] 姜明安：《再论法治、法治思维与法律手段》，《湖南社会科学》2012 年第

4 期。

[89] 钱弘道、戈含锋、王朝霞、刘大伟：《法治评估及其中国应用》，《中国社会科学》2012 年第 4 期。

[90] 黄文艺：《认真对待地方法治》，《法学研究》2012 年第 6 期。

[91] 莫良元：《社会管理创新的法治逻辑维度考量》，《求实》2012 年第 6 期。

[92] 张翼飞：《行政问责法制化的困境与对策研究》，《人民论坛》2012 年第 11 期。

[93] 陈金钊：《对"法治思维和法治方式"的诠释》，《国家检察官学院学报》2013 年第 2 期。

[94] 高峰：《论社会秩序的功能》，《理论探讨》2013 年第 2 期。

[95] ［美］裴文睿：《中国的民主和法治发展是一个问题案例还是范例？》，肖辉译，《国外理论动态》2013 年第 3 期。

[96] 姜小川：《司法体制之时弊：司法与司法行政职权合一》，《中共浙江省委党校学报》2013 年第 4 期。

[97] 姜明安：《论法治中国的全方位建设》，《行政法学研究》2013 年第 4 期。

[98] 胡玉鸿：《社会本位法律观之批判》，《法律科学（西北政法大学学报）》2013 年第 5 期。

[99] 陈金钊：《"法治思维和法治方式"的意蕴》，《法学论坛》2013 年第 5 期。

[100] 唐明良：《法治政府指标体系构建中的几对关系及其呈现》，《浙江学刊》2013 年第 6 期。

[101] 贺电、马楠：《当代中国法哲学研究范式的新发展——从权利本位范式到平衡范式》，《社会科学战线》2014 年第 1 期。

[102] 胡宁生：《国家治理现代化：政府、市场和社会新型协同互动》，《南京社会科学》2014 年第 1 期。

[103] 蒋立山：《中国法治指数设计的理论问题》，《法学家》2014 年第 1 期。

[104] 江必新、王红霞：《法治社会建设论纲》，《中国社会科学》2014 年第 1 期。

[105] 钱民辉：《社会阶层流动受阻的表现与危害》，《人民论坛》2014 年第 1 期（中）。

[106] 贺电、郭艳梅：《西方法哲学中平衡思想的历史考察》，《国外社会科学》2014 年第 2 期。

[107] 陈卫东：《司法机关依法独立行使职权研究》，《中国法学》2014 年第 2 期。

[108] 陈金钊：《如何理解法治与改革的关系？》，《苏州大学学报（法学版）》

2014 年第 2 期。

[109] 汪习根：《论法治中国的科学含义》，《中国法学》2014 年第 2 期。

[110] 尹奎杰：《法治评估指标体系的"能"与"不能"》，《长白学刊》2014 年第 2 期。

[111] 陈金钊：《法治与改革思维的冲突及消解》，《南京师大学报（社会科学版）》2014 年第 3 期。

[112] 高峰：《社会失序的机理探析》，《北京工业大学学报（社会科学版）》2014 年第 4 期。

[113] 廖奕：《转型中国司法改革顶层设计的均衡模型》，《法制与社会发展》2014 年第 4 期。

[114] 张德森、李朝：《中国法治评估进路之选择》，《法商研究》2014 年第 4 期。

[115] 鲍宗豪、赵晓红：《现代性视域下的中国社会秩序重建》，《社会科学》2014 年第 5 期。

[116] 贺电、董珊珊：《论当代中国法治精神的平衡取向》，《浙江学刊》2014 年第 5 期。

[117] 贺电、徐持：《平衡法理论对当代中国法学理论的新发展》，《吉林大学社会科学学报》2014 年第 5 期。

[118] 胡玉鸿：《通过法治的国家治理》，《法制与社会发展》2014 年第 5 期。

[119] 姚建宗：《法治中国建设的一种实践思路阐释》，《当代世界与社会主义》2014 年第 5 期。

[120] 贺电、李娜：《略论法的平衡》，《法制与社会发展》2014 年第 6 期。

[121] 郭道晖：《法治新思维：法治中国与法治社会》，《社会科学战线》2014 年第 6 期。

[122] 李以所：《现代国家治理：西方的经验和教训》，《领导科学》2014 年 6 月中。

[123] 应松年：《加快法治建设促进国家治理体系和治理能力现代化》，《中国法学》2014 年第 6 期。

[124] 贺电、刘乃源：《平衡视域下法的价值实现与整合》，《学术界》2014 年第 10 期。

[125] 付子堂、张善根：《地方法治建设及其评估机制探析》，《中国社会科学》2014 年第 11 期。

[126] 贺电、李航：《"平衡"是法的最高境界》，《行政与法》2014 年第 11 期。

[127] 陈金钊：《法治中国建设与法理学研究》，《社会科学战线》2015 年第 1 期。

[128] 陈金钊：《意识形态法治化及意义》，《北京联合大学学报（人文社会科学版)》2015 年第 1 期。

[129] 范和生、唐惠敏：《论转型期中国社会心理的重构》，《吉首大学学报（社会科学版)》2015 年第 1 期。

[130] 黄文艺：《从法律体系到法治体系：中国法治建设战略的转型》，《新长征》2015 年第 1 期。

[131] 郭道晖：《论法治社会及其与法治国家的关系》，《社会科学战线》2015 年第 1 期。

[132] 李培林、朱迪：《努力形成橄榄型分配格局》，《中国社会科学》2015 年第 1 期。

[133] 孟涛：《法治指数的建构逻辑：世界法治指数分析及其借鉴》，《江苏行政学院学报》2015 年第 1 期。

[134] 张鸿雁：《核心价值文化认同的建构与文化治理——深化改革文化治理创新的模式与入径》，《南京社会科学》2015 年第 1 期。

[135] 房宁：《国外社会治理经验值得借鉴》，《红旗文稿》2015 年第 2 期。

[136] 胡戎恩：《完善立法监督制度——兼论宪法委员会的创设》，《探索与争鸣》2015 年第 2 期。

[137] 王彩波、陈霞：《中国经济发展道路中的国家自主性》，《吉林大学社会科学学报》2015 年第 2 期。

[138] 张德淼、李朝：《中国法治评估指标体系的生成与演进逻辑》，《理论与改革》2015 年第 2 期。

[139] 公丕祥：《中国特色社会主义法治的鲜明特点及其理论逻辑》，《南京社会科学》2015 年第 3 期。

[140] 公丕祥：《中国特色社会主义法治道路的运动机理》，《金陵法律评论》2015 年春季卷。

[141] 孟涛：《论法治评估的三种类型——法治评估的一个比较视角》，《法学家》2015 年第 3 期。

[142] 汪立鑫、伍柏麟：《论社会经济制度演进的实现动力——基于利益主体博弈均衡的视角》，《复旦学报（社会科学版)》2015 年第 3 期。

[143] 周叶中、庞远福：《论"法治中国"的内涵与本质》，《政法论丛》2015 年第 3 期。

[144] 贺电、牛保忠：《平衡法视野下的分配正义观——以收入分配为例》，《吉林师范大学学报（人文社会科学版）》2015 年第 4 期。

[145] 苗连营：《立法法重心的位移：从权限划分到立法监督》，《法学研究》2015 年第 4 期。

[146] 龚廷泰：《论中国特色社会主义法治理论发展的法治实践动力系统》，《法制与社会发展》2015 年第 5 期。

[147] 孟涛：《法治的测量：世界正义工程法治指数研究》，《政治与法律》2015 年第 5 期。

[148] 钱弘道、杜维超：《法治评估模式辨异》，《法学研究》2015 年第 6 期。

[149] 陈金钊、吕玉赞：《法治改革及其方法论选择》，《学术交流》2015 年第 9 期。

[150] 朱景文：《如何开展科学的法治评估》，《中国党政干部论坛》2016 年第 1 期。

[151] 张德淼：《法治评估的实践反思与理论建构——以中国法治评估指标体系的本土化建设为进路》，《法学评论》2016 年第 1 期。

中文报纸

[1] 钱学森：《要从整体上考虑并解决问题》，《人民日报》1990 年 12 月 31 日。

[2] 李抒望：《"高度关注民生"是落实科学发展观和构建和谐社会的关键》，《济南日报》2007 年 3 月 20 日。

[3] 刘成付：《推进社会转型期话语权的媒介重构》，《中国社会科学报》2014 年 3 月 26 日。

后　记

　　理论自信离不开理论创新，走中国特色的社会失衡治理之路，需要我们以高度的自觉性和强大的创新力聚焦发展的不平衡不充分现象以及由此引发的社会心理失衡问题。平衡法理论正是肇始于对社会失衡等现实问题的观察与思考，发端于对民生、社会、国家发展的关切与思虑，是着眼于新实践的法学理论新发展。其学术思想早在 2000 年就已开始酝酿，并在我撰写的《一个崭新的维度——评〈当代中国法哲学研究范式的转换〉》（载于张文显主编：《法学理论前沿论坛（第一卷）》，吉林大学出版社 2001 年版）一文中初见端倪。

　　近年来，平衡法理论研究与时偕行，团队不断壮大，公开发表以平衡法为核心思想和研究内容的学术论文几十篇。以前期研究成果为基础，2013 年我带领平衡法理论研究团队着手论证国家社科基金项目"中国社会失衡问题的法治对策研究"，并于 2014 年成功获批立项（项目批准号：14BFX008）。彼时我们开始对项目专著的理论体系、研究框架、内容结构、章节安排等进行商讨、琢磨，历时两年完成了《走向平衡法时代》一书初稿。

　　时光飞逝、治学繁难，这项研究倾注了我们团队全体同仁的心血，倾注了我们对平衡法理论的深爱。我带领团队成员郭艳梅教授、王琳琳副教授、张翼飞副教授、孙洪波教授、张丽副教授、徐持博士、李娜（大）讲师、刘瑶博士、李航副教授、李娜（小）讲师、郑修竹博士、刘达禹副教授、刘乃源副教授反复研讨本书的体例、内容、结构等细节，数易其稿。郭艳梅教授承担了行政组织工作，王琳琳副教授、张翼飞副教授协助我进行了最后的统稿及多次修改完善，刘旸副编审参与了书稿的校对工作，姜虹为项目的顺利完成和本书的出版做了大量辅助工作，我向以上同志表示深深的谢意。

同时，这项研究也得到许多师友的关心、支持和帮助，感谢恩师张文显先生在学术思想上的启发与点化，并对平衡法理论研究给予了高度的关切和支持。2014年，我们成立了全国首个以研究内容命名的省属法学研究会——平衡法学研究会，研究会的历次会议得到了中央党校、中国社会科学院、吉林大学、四川大学、东北师范大学、西南政法大学、长春理工大学、吉林财经大学、吉林师范大学等兄弟院校以及吉林省高级人民法院、检察院、司法厅、公安厅等各级政法部门领导和专家的鼎力相助，为平衡法理论提供了宝贵的意见建议和思想资源。本书的出版还得到了人民出版社法律编辑部洪琼主任、李媛媛编辑的大力支持，在此，一并深表谢忱。

"观俗立法则治，察国事本则宜"。用中国理论解决中国问题是本书的研究者们要追求的目标和学习的本领，坚持做既能发现解释现实问题又能真正解决现实问题的科学理论是平衡法理论的独特理论品格。归根结底，是新时代、是中国的法治发展、是中国社会实现良法善治的现实需要，孕育、滋养了平衡法理论、造就了本书。平衡法理论在现有发展的基础上，尚存诸多问题有待今后进一步拓展、深究，特别是如何在中国特色社会主义法治体系和法治理论建设中深刻解读平衡法之"义"、有效建构平衡法之"体"、系统提供平衡法之"策"，此类问题的解决为我们后续的研究提供了更广阔的舞台，我们将继续慎思笃行，不断求索！

最后，诚请专家学者同仁们对我们不甚成熟的研究成果提出宝贵意见建议，以期在后续研究中不断完善。

不积跬步，无以至千里。法道平衡之意深远，我们从这里开始。

是为后记。

贺 电

2019 年 5 月 22 日

责任编辑：李媛媛

责任校对：白　玥

图书在版编目（CIP）数据

走向平衡法时代 / 贺电 著 . — 北京：人民出版社，2019.8

ISBN 978 - 7 - 01 - 020748 - 3

I. ①走…　II. ①贺…　III. ①社会问题 - 研究 - 中国　IV. ① D669

中国版本图书馆 CIP 数据核字（2019）第 077838 号

走向平衡法时代

ZOUXIANG PINGHENGFA SHIDAI

贺　电　著

人民出版社 出版发行

（100706　北京市东城区隆福寺街 99 号）

中煤（北京）印务有限公司印刷　新华书店经销

2019 年 8 月第 1 版　2019 年 8 月北京第 1 次印刷

开本：710 毫米 × 1000 毫米 1/16　印张：24.75

字数：368 千字

ISBN 978 - 7 - 01 - 020748 - 3　定价：69.00 元

邮购地址 100706　北京市东城区隆福寺街 99 号

人民东方图书销售中心　电话（010）65250042　65289539